Erziehungslehre

von

Fr. H. Chr. Schwarz,
Doctor der Theologie und Philosophie, Großherz. Badenscher Geheimer Kirchenrath und ord. Professor der Theologie zu Heidelberg.

In drei Bänden.

Dritter Band.

Unterricht der Erziehung.

Zweite, durchaus umgearbeitete, verbesserte Auflage.

Leipzig,
bei Georg Joachim Göschen.
1829.

Einleitung.

Der Unterricht ist etwas Einzelnes, das in der Erziehung geschieht. Denn im weiteren Sinne kann man unter diesem Worte jede Richtung verstehen, welche der Kraft in ihrer Entwickelung absichtlich gegeben wird, und so wäre z. B. die Erregung der Aufmerksamkeit, oder der körperlichen Thätigkeit schon ein Unterricht, ja schon das freundliche Sprechen und Spielen mit der Säuglinge, so wie in der späteren Jugend der Einfluß des häuslichen Lebens zur Erweckung der guten Gefühle; denn durch alles dieses giebt man der Kraft des Zöglings eine bestimmte Richtung *), die man, wenn sie sich selbst

*) Wir nehmen den Begriff des Unterrichts aus gutem Grunde in einem weiteren Sinne, als gewöhnlich, weil er hier als erziehender in seiner Vollständigkeit genommen werden muß. Wenn er blos die Didaktik, und zwar für Schulen, und nur in dieser Beziehung etwas von Methodik in sich begreift, so mag er wohl da dienen, aber für eine Erziehungslehre, welche so tief wie möglich auf das innere Wesen der Bildung eingehen muß, würde er zu enge seyn, so wie ihn Hr. Consist.-R. Zerrenner, Grunds. der Schul-Erziehung, der Schulkunde und Unterrichtswissensch. 1827 (S. 210.) aufstellt, mit einer Erinnerung auch gegen unsere Etymologie. Er leitet das Wort vom altd. rechan ab, welches allerdings auch sagen, erzählen heißt, aber wohl mit reccan, recken, stark seyn, und rihtan, richten in dopp. Bedeutung, die Wurzel reg, in regen (anregen, und so auch auf etwas richten) gemein haben möchte. Auf jeden Fall ist unser Unterrichten erst in neuer Zeit in diesen Gebrauch ge-

überlassen bliebe, ihr nicht zutrauen, wenigstens nicht alsdann in dem gehörigen Grade und zur rechten Zeit von ihr erwarten kann. Auf der andern Seite versteht man aber auch unter dem Unterrichten ein Geschäft bei Erwachsenen, wodurch ihnen Einsichten oder Geschicklichkeiten mitgetheilt werden. Von diesem reden wir hier nicht, sondern nur von dem pädagogischen Unterrichte, d. i. von demjenigen, welcher in den Zweck der Erziehung eintritt, also absichtlich in dem Kinde, Knaben, Mädchen und Jünglinge das entwickelt, was die sich selbst überlassene Kraft entweder gar nicht oder nicht zweckmäßig erhalten würde. Er greift ihr gleichsam unter die Arme und richtet sie auf ihren Zielpunct.

Indessen verstehen wir mit diesem Unterrichte doch nicht alles Einzelne der Erziehung, sondern gerade nur dasjenige, was sie dem Zöglinge mittheilt, daß er es lerne, also z. B. nicht, was der unmerkliche Einfluß des Hauses zur Häuslichkeit des Mädchens oder zur Treue des Knaben wirken soll, sondern was man so sagt, oder vorthut, oder sonst vorzeigt, daß der Lernende sich es zu eigen mache. So unterscheiden wir Unterricht von Erziehung überhaupt; er ist ein einzelner Theil von dem Ganzen, aber in dem geistig-organischen Bildungsgeschäfte ein großer und wichtiger Theil. Es giebt manchen guten Menschen, der unter schönen Eindrücken aufwuchs, aber er ist kein unterrichteter Mensch, und darum nennt man ihn auch nicht gebildet. Hat er aber nicht blos das eine, sondern auch das andere, und ist beides zu Einem geworden, dann ist er wohl erzogen.

So wie nun Erziehung im eigentlichen Sinne nur unter Menschen Statt findet, so auch Unterricht, denn

---

kommen, an die Stelle von Unterweisen, Anleiten, welche ebenfalls unserer Idee zusagen. Weiter wollten wir nichts mit unserm Etymologisiren, denn wir wollten nicht den Begriff aus dem Worte, sondern das Wort aus dem Begriffe bestimmen.

wir reden hier von keinem Dressiren oder Abrichten *). Er geschieht also durch das Organ der Menschheit, was die Natur uns in der Mittheilsamkeit gab, d. h. er ist ein Geschäft des Geistes; der Eine giebt, der Andere empfängt, und jenes Geben, so wie dieses Empfangen, geschieht vermittelst des Darstellungs- und Auffassungsvermögens, durch Wort oder Handlung. Der reifere Mensch wirkt hier absichtlich auf den heranreifenden, damit in diesem etwas werde, und hierzu erregt er ihn auf bestimmte Weise, und theilt ihm etwas mit. Soll dieses nun auf würdige Art geschehen, so muß es zum Zwecke der Erziehung dienen, und nicht nur die Einwirkung muß geistig seyn, sondern auch was hervorgebracht wird, muß etwas seyn, das zu der in dem Kinde angelegten göttlichen Idee gehört. Wer mag es nur ansehen, wie die Leute das Kind gewöhnlich mit Schlägen und Schelten behandeln, oder wie sie ihren Spaß mit ihm haben, und es zu ihrem Affen machen? Aber nur dem Grade nach verschieden ist es, wenn die Kinder etwas lernen müssen, das nicht in ihrer Bestimmung liegt, sondern nur der Eigennutz, oder die Grille der Eltern will, oder wenn sie zu dem, was sie lernen, mit Härte angehalten werden, oder auch wenn man ihnen nur den Schein davon beibringt. Der Unterricht der Jugend werde also in Stoff und Form würdig betrieben; er soll daher ganz mit dem Erziehungsplane zusammenstimmen, oder vielmehr ein Theil dieses Planes seyn; er soll weder den Zweck noch die Behandlungsweise verfehlen. Eine unglückliche Trennung zwischen beidem, so daß man bei dem Unterrichte mehr den Lehrgegenstand, aber nicht die eigentliche Bildung des Menschen im Auge hatte, hinderte

*) Pferde und Hunde werden dressirt, auch Vögel ꝛc. abgerichtet: dem Kinde gebührt, daß es unterrichtet werde. Es gehört zu dem Bilde eines der besseren Zuchthäuser, daß ein Züchtling in seinen Distelfinken Abrichtlinge hat, die bewundernswürdig ihr Futter und ihr Wasser heraufziehen.

die Fortschritte der Cultur augenscheinlich *). Daß es so viel Dünkel, so viel Oberflächlichkeit, so viel Halbheit in den Kenntnissen, und so wenig Streben nach Vollendung in jedem Fache giebt, — von der Trennung zwischen Kopf und Herz nicht einmal zu reden — davon liegt der Grund weit mehr in den Lehrern, als in den Schülern. Der Trieb zur Entwickelung ist da, das Kind will auffassen, die höhere Natur strebt in ihm zur Vollendung, und so dringt Lernbegierde mit den einzelnen Anlagen und mit der ganzen Tugend des Kindes hervor: erweckt und fördert man nun diesen Trieb nicht genug, so sinkt er in Trägheit zurück, und giebt man ihm eine einseitige Richtung, oder ergreift man nicht die Kraft im Tiefsten und Besten, so giebt es in dem Menschen Verirrung und Zwiespalt. Dieses zeigt sich bei dem einzelnen Zöglinge wie in dem ganzen Culturgange der Menschheit. Warum giebt es mehr Nachsprecher als Selbstdenker? warum mehr Theoretiker als tüchtige Geschäftsmänner, mehr Gelehrte als Weise? warum giebt es mehr Buchstaben als Geist? Diese Erfahrung ist unläugbar, und die Klage darüber ist laut genug geworden. So soll es doch nicht seyn. Aber es wird nicht anders, als bis man in dem Unterrichten der Jugend das Rechte trifft, und eben jene Erfahrung ist ein Beweis, daß man das Rechte noch nicht getroffen hat. Der Gegenstand verdient also die reiflichste Erwägung.

Da derjenige, welcher unterrichtet wird, etwas noch nicht hat, was ihm der Andere mittheilt, der es hat, so steht insofern jener tiefer, und dieser höher; und dieses ist überhaupt das Verhältniß in der Erziehung. Der Vater denkt vorher, was aus dem Kinde werden soll, so

*) Das Allbekannte: Qui proficit in literis, et deficit in moribus, plus deficit, quam proficit; wurde gewöhnlich nur dem Schüler gesagt, statt daß es von dem Lehrer hätte bedacht werden müssen. Und es ist noch mehr dabei zu bedenken.

denkt der Lehrer vorher, was es wissen soll, und welches der Weg ist, wie es zu diesem Wissen gelangt; er faßt das Kind bei der Hand und führt es zu sich herauf. Ganz anders ist dieses Verhältniß, wie z. B. zwischen Freunden, die etwas gemeinschaftlich unternehmen oder besprechen; diese vereinigen ihre Kräfte, Einsichten oder Geschicklichkeiten zur freiesten Mittheilung, so daß nicht etwa einer in dem andern etwas hervorzubringen die Absicht hat, sondern daß, wenn auch gleich dabei einer von dem andern lernt, sie doch völlig gleich stehen, und in ihrer Unterhaltung wechselseitig geben und nehmen. So ist z. B. das Gespräch etwas ganz anderes als die Katechisation. Der Schüler steht also insofern unter dem Lehrer. Aber er kann auch sein eigener Lehrer seyn, indem er etwas für sich selbst durchdenkt, ersinnt, übt, etwa durch Andere erregt, oder auch durch die Natur, oder ein Muster nachmachend, oder sonst auf eine Art, blos durch eigene Absicht, ohne daß der Wille eines Andern dabei war. So lernt das Kind schon blos durch Nachahmung laufen und reden, so lernt der Erwachsene immer von Andern und von der Natur, oder, wie man auch zu sagen pflegt, von sich selbst; so lernte ein Archimedes im Bade das Gesetz der specifischen Schwere, ein Newton an dem herabfallenden Apfel das Gesetz der Weltkörper: und wenn er blos durch eigene Thätigkeit etwas erlernt, so ist er der Autodidaktos, d. i. sein eigener Lehrer und Schüler zugleich. Wer dagegen eigentlich unterrichtet wird, hängt hierin von der Absicht des Andern ab, und der Wille und die Bemühung des Andern ist da, er mag lernen oder nicht.

Von dem Unterrichte ist die Eingebung zu unterscheiden, sie komme nun von der Natur, oder von Gottes Geiste. Die von der Natur kommt entweder von der niederen oder von der höheren. Jene erscheint in den Kunsttrieben der Thiere, und um so vollkommener, je niederer die Stufe derselben ist. Die Insecten, welche, ähnlich der Pflanze, ganz der Natur anheim gegeben sind, lernen gar nicht, sie können, was sie können, alsobald, so wie nur ihr Organismus entwickelt ist; sie haben keine Kindheit, und die Natur selbst offenbart ihre Kunst durch sie als durch Organe des Ganzen. Je mehr aber das Thier sich zu einer gewissen Freiheit losgerissen hat, um desto mehr nehmen auch die Kunsttriebe ab und es fängt da schon ein Lernen an. Dort spielt die Katze mit ihren Jungen und macht ihnen die Bewegungen vor, womit sie die Mäuse fangen; dort schwingt sich der Adler in die Höhe, die jungen Adler regen ihre Flügel, versuchen sich, es gelingt ihnen, und sie schweben mit den Alten in immer höheren Kreisen. Wir nennen diese Naturwirksamkeit, welche die Lehrerin des Thieres ist, den Instinct. Er thut als blinder Trieb noch fast alles, die Willkür giebt ihm nur bei den höheren Thierstufen einige Richtung.

Das freie Geschöpf der Erde, welches sich so weit von der Natur losgerissen hat, als es das organische Leben gestattet, der Mensch, hat eine Kindheit, nur er hat eine Jugend, er muß fast alles lernen, er muß gerade da lernen, wo es das Geistige betrifft, und nur in der organischen Entwickelung hat da der Naturinstinct gleichen Antheil, wo dieser in der Gestalt des sympathischen Nachahmungstriebes humanisirt auftritt; so in dem Laufen- und Sprechenlernen des Kindes. In den körperlichen Thätigkeiten wirkt die Natur am meisten, sie hängen daher meist von Anlagen ab, die bei dem einen größer, bei dem andern geringer seyn können, z. B. des ganzen Körpers, der Fingergeschicklichkeit, der Sinne, wovon denn weiter die Talente zum Tanzen, zur Musik, zum Zeichnen, zu mechanischen Künsten u. dgl. abhängen. Hieraus wird es auch begreiflich, warum sich solche Talente so früh in der Kindheit äußern, denn das Instinctartige bedarf keiner langsamen Entwickelung. Was dagegen mehr in der Vernunftkraft des Menschen liegt, das ist in demselben Grade über die niedere Natur hinausgerückt, oder als eine Gabe der höheren anzusehen. In seiner Vollendung nennt man es darum auch das Göttliche in dem Menschen, eben das, worin er selbst als höheres Wesen dasteht, und bezeichnet es manchmal zu niedrig als Instinct, öfter aber zu hoch als göttliche Eingebung *). Es ist allerdings etwas Unerklärbares darin. Wer diese hohe Gabe besitzt, ist von oben herab begeistigt, schaut tiefer als andre, und was er darstellt, steht als etwas Vollendetes da, so daß man die wirkende Kraft, welche so etwas hervorbringen konnte, als eine höhere geistige Natur personificiren möchte, als einen Genius, der in dem Menschengeiste lebt. So der Künstler, der Dichter, der Philosoph, auch der Kriegsheld und überhaupt jeder, der eins jener Ideale in seinem Wirken oder Leben aufzeigt. Die Genialität beweiset sich durch etwas Eigenthümliches, worin das Urbildliche erscheint. Als eine außerordentliche Anlage kommt sie durch die Natur, und kündigt sich in den ihr zugehörigen Talenten an, als Geistesthätigkeit aber bedarf sie der Bildung und entwickelt sich erst mit dem Ideale, also erst im Jünglingsalter **).

---

*) Bei Platon θεῖον τί; und wie der Römische Dichter ausruft: Est deus in nobis! Das Verhältniß der Bildung zur Genialität deutet jene Stelle bei Cicero (Or. p. Archia, 7.) schön an: — multos homines — — sine doctrina, naturae ipsius habitu prope divino, per se ipsos et moderatos et graves extitisse fateor: etiam illud adjungo, saepius ad laudem atque virtutem naturam sine doctrina, quam sine natura valuisse doctrinam. Atque idem ego contendo, cum ad naturam eximiam atque illustrem accesserit ratio quaedam conformatioque doctrinae, tum illud nescio quid praeclarum ac singulare solere existere. Ex hoc esse numero — — divinum hominem, (Scipionem) Africanum etc.

**) Wir verweisen auf den 2ten Band, 1te Abth., wo die Entwickelung der Jugend dieses weiter angiebt. Daraus erklärt sich auch der gereizte Zustand, wie des angehenden Jünglings so des

Die Eingebung, die von Gottes Geiste kommt, ist etwas ganz anderes. Sie geht zwar auch in den Menschengeist ein, durchdringt seine Vernunftthätigkeit, und wirkt vermittelst seiner Naturkraft, aber sie hat nicht ihr Erstes in dieser, sondern in dem höchsten Wesen selbst, von welchem sie und jede Vernunftkraft abhängt. Unerklärbar ist allerdings schon die Genialität, aber noch höher hinauf liegt die Theopneustie. Sie ist ein Zustand, worin der Mensch in unmittelbarer Berührung mit Gott steht, so daß er ein Gottbelehrter (Theodidaktos) in einer ganz eignen Art ist, davon auch die gewissenhafteste Ueberzeugung hat, und als Prophet, Seher und Sprecher ein göttlicher Lehrer für andere Menschen wird. So wie aber er selbst, oder Andere, das, was er der reinen Eingebung verdankt, durch menschlichen Unterricht weiter bestimmt, verliert sich auch jenes Göttliche in demselben Grade.

Unsere Aufgabe hat sich auf keine Art von Eingebung einzulassen, außer was seines Orts den Unterricht junger Leute betrifft. Wir haben auch die Autodidaxie nicht weiter zu behandeln, da in der Erziehung Lehrer und Schüler verschiedene Personen sind, welches Heterodidaxie heißen mag. Allerdings soll diese eben dahin

---

begeisterten Dichters, wenn ihm die neue innere Welt aufgehen will, und sie ihm nun wie mit einem Blitzstrahle aufleuchtet. Da treibt es ihn durch alle Lebenspulse:

„Ach daß die inn're Schöpfungskraft — Durch meinen Sinn erschölle!
Daß eine Bildung voller Saft — Aus meinen Fingern quölle!
Ich zittre nur, und stott're nur, — Und kann es doch nicht lassen,
Ich fühl', ich kenne dich Natur, — Und so muß ich dich fassen!" (Göthe.)

Und solche Begeisterung behält selbst in einer Art Reflexion noch ihr Poetisches, wie bei Horatius, (Od. III. 25.) Quo me, Bacche, rapis tui plenum! oder (III. 4.) Descende coelo etc.

führen, daß jeder durch eigne Erregung, daß er durch Selbstkraft lerne, daß jeder frei und tüchtig sich fortbilde, daß also jeder mehr und mehr sein eigner Lehrer, oder, wie es in der Idee der Erziehung liegt, sein eigner Genius werde. Eben das sucht die ächte Lehrkunst durch alle ihre Momente hindurch zu bewirken. Der Autodidakt, sey es nun das Buch, oder der Umgang, oder die Natur, oder, wie bei den genialen Köpfen, sein Geist, was ihn über sich selbst erhebt und ihn zum Hervorbringen des Erlernten aus ihm selbst bestimmt, hat allerdings den Vorzug der verstärkten Selbstkraft, aber er entbehrt dafür die Vielseitigkeit, die Berichtigung und den kurzen Weg. Wer dagegen durch einen guten Lehrer beständig in seine Selbstthätigkeit gesetzt und darin richtig geleitet wird, gewinnt alles dieses und verliert nicht jenen Vorzug. Das ist also, was der erziehende Unterricht leisten soll.

Er hat sich hierin nach den Gesetzen der Entwickelung zu richten, und der gute Gliederbau, der reine Sinn, der klare Verstand, die schlichte Urtheilskraft, die gesunde Vernunft des Zöglings ist das, worin der Lehrer bildet, und das so, daß etwa hier, da oder dort ein himmlischer Lichtfunke herausschlage. So gewiß nämlich der Unterricht ein Ganzes mit der Erziehung ausmacht, so gewiß rührt er überall die Geisteskraft an, um sie zu wecken, und hierauf geht sein Plan durchaus. Die Erscheinung des Urbilds ist der Endzweck des erziehenden Unterrichts, und so wie dieses nach und nach hervortritt, geht er mehr in Selbstunterricht über. Der Lehrer unterrichtet so lange den Lehrling, bis dieser den Punct erreicht, wo er sich alles, was ihm jener mittheilte, angeeignet hat, und bis also das Geben und Nehmen völlig gegenseitig wird, d. h. bis dahin, wo der Lehrer und der Schüler gleich stehen, vielleicht auch dieser bald über jenen steigt.

Der Gedanke Platons, daß in dem Gespräche eine

geistige Zeugung vorgehe, welche gegenseitig ist, vereinigt sich hier mit dem alten morgenländischen, welcher den Lehrer zum geistigen Vater des Schülers macht *). Denn der Unterricht bewirkt in der Seele des Lernenden etwas, das sich dann aus sich selbst fortbildet, und so erzeugt er also ein Wissen oder ein Können, oder beides zugleich. Es beginnt da ein neues Leben in der Kraft nach einer bestimmten Richtung hin, eine Reihe von Thätigkeiten, die mehr oder weniger geistig sind, auf jeden Fall, und selbst bei den körperlichen Uebungen, z. B. bei dem Tanzen, durch Kenntniß und eine Willensbestimmung der Freiheit dienen. Die Natur will es, daß das erwachsende Geschlecht immer von dem erwachsenen gebildet werde, und daß folglich die leiblichen Erzeuger auch die geistigen seyen. Das Kind bedarf wie der leiblichen Pflege, so der geistigen, und für beides gab ihm die Natur seine Eltern. Hiermit vereinigt sich denn auch der Unterricht mit der Erziehung. Die Mutter ertheilt den ersten, weil das Kind in seinem frühesten Daseyn zunächst an sie angewiesen ist, und auch seine Seele an ihrer Brust sich nähren soll: der Vater, weil er der Versorger ist, und als Erzieher zu dem Lehrgeschäfte mehr Naturberuf hat, als das Weib. Wie sich aber die beiden Eltern in den Unterricht theilen sollen, wird das Folgende ergeben. Und da nun im Durchschnitte die Zahl der Kinder größer ist **), als die der Eltern, so sehen wir auch, daß auf jede Mutter und auf jeden Vater, folglich nach dieser Analogie auf jeden Lehrer im

---

*) Vgl. Gesch. d. Erz. 218. 335. Bei mehreren Völkern, auch bei den Israeliten in ihrem früheren Culturstande, war der Vater der natürliche Lehrer; so auch wenigstens zum Theil bei den Aegyptern, überhaupt wo das Volk in Kasten abgetheilt lebte.

**) Etwa 3 auf jedes Elternpaar? Nach der Beobachtung, daß auf eine Familie 5 Personen im Durchschnitte kommen, und auf je 6 bis 7 Seelen der Bevölkerung Ein schulfähiges Kind (zwischen 6 — 15 Jahren).

Ganzen mehrere Lehrlinge kommen. Die Natur giebt also in dem Familienverhältnisse das Vorbild für den Unterricht, insoweit er noch in seiner Einfachheit besteht, und hiernach hat Ein Lehrer einige wenige Schüler, welche er wie der Vater seine Kinder behandelt.

Aber diese Idee erweitert sich in dem Leben. So wie nämlich die Familien zu dem größeren Organismus gehören, so muß auch der Staat und die ganze Bildung der Menschheit auf den Unterricht der Kinder einfließen, und diese haben nicht blos für sich und ihr Haus, sondern auch für das gemeine Wesen zu lernen. Es tritt also ein höheres Verhältniß als das der Familie ein. Zwar bleibt zu dem Wesen der Erziehung nothwendig, daß der Lehrer in väterlichem Ansehen bei dem Schüler wirke, aber dieses selbst steht im Dienste der Gesellschaft für die Menschheit. Je nachdem nun das gesellschaftliche Leben in Staat und Kirche geordnet ist, werden auch die Lehrer angestellt, und wird der Unterricht nach den Bedürfnissen der Civilisation verlangt; und so wird er mehr oder weniger ein öffentlicher, geht in Schulen über, und Ein Lehrer hat Viele Kinder zu bilden. So fanden wir es schon in den alten Staaten, und zwar, wo noch die Bildung geschlossen war, den Familienstämmen, Kasten genannt, besonders zugetheilt, wo sie aber eröffnet und eine christliche geworden, gilt auch der Unterricht als ein Gemeingut der Menschheit *).

Das giebt uns denn die Idee für unser Unterrichtswesen. Jedes Kind, Knabe und Mädchen, soll das lernen, was zu seinem Ideale führt, und worin sich seine Erziehung vollendet; jedes soll aber auch hierin für seine Zeit, seine Nation, seine Weltlage gebildet werden; die Cultur, die bisher gewonnen worden, soll durch jedes nach seinen individuellen Verhältnissen in weiteren Gewinn

---

*) Wir beziehen uns hier auf die Geschichte der Erziehung, zunächst auf den 1ten Theil.

für die Folgezeit übergehen; die ältere Generation soll auf solche Weise immer die Lehrerin der jüngeren seyn, und das so, daß diese eine noch bessere der dritten werde, und daß sofort das Menschengeschlecht in seiner Bildung wachse. Wir haben in der Erziehungslehre gesehen, daß dieses das Ziel und der Segen des Christenthums sey, wir müssen daher auch den erziehenden Unterricht nur in dem christlichen suchen.

Hiernach haben wir denselben nach seinen Beziehungen zu betrachten: erstens seine Gesetze, zweitens seine Gegenstände, drittens sein Ganzes in der häuslichen und öffentlichen Erziehung. Diese drei Theile, die man Methodik, Didaktik, Pädeutik nennen kann, entsprechen den drei Theilen der Erziehungslehre, indem der erste hauptsächlich die Entwickelung, der zweite die Bildung, der dritte erziehende Gesammtthätigkeit beachtet. Der erste Theil unserer Unterrichtslehre enthält also die Vorschriften der Lehrkunst, in Beziehung 1) auf das Subjekt, den Lernenden, 2) auf das Objekt, das zu Erlernende, 3) auf beides vereinigt, das Lehren selbst; überhaupt die allgemeine Methodik, wie man sie sonst nannte. In dem zweiten Theile, sonst auch die specielle genannt, werden diese Grundsätze auf die einzelnen Lehrgegenstände angewendet.

Erster Theil.

Die Methodik;

oder

von der Lehrkunst.

Erster Abschnitt.

Die Grundsätze der Lehrkunst, zunächst den Zögling betreffend.

Methode heißt das Führen auf einem Wege, den die Natur vorschreibt, hier insbesondere das Verfahren der bildenden Wirksamkeit, wie es den Gesetzen der Entwikkelung völlig entspricht *). Die Methodik stellt die Grundsätze derselben in wissenschaftlicher Ordnung auf.

Wir müssen gegen den ziemlich allgemeinen Mißbrauch dieses so bezeichnenden Wortes die Lehrkunst sichern. Man nennt gern im gemeinen Leben jede besondere Weise im Lehren eine Methode, was etwa nur Manier heißen sollte, oft die einem einzelnen Lehrer eigne: das kann aber noch weniger für das Gesetzliche gelten, als die Provinzialismen, oder die persönliche Sprechart für die Sprachregeln. Nur die Natur giebt die Gesetze der Entwickelung, und nur die Befolgung derselben ist

*) Μέθοδος, der Mitweg, nämlich mit der Natur; so ist der Lehrer minister naturae nach Bacons Worte, Gesch. d. Erz. II. S. 386. Erst seit Sturm und Trotzendorf hat man auf die Methode des Jugendunterrichts reflectirt, und, wie in der Gesch. der Erzieh. gezeigt worden, seitdem wichtige Fortschritte darin gemacht. Bei den Griechen lag sie mehr in dem öffentlichen Leben, nämlich für die Erwachsenen: für die Jugend wurde sie nur in der Gymnastik bedacht.

das rechte Verfahren desjenigen, welcher in dem Unterrichten erzieht. Es giebt da nur Einen Weg. Der wahre Bildungsgang schlägt ihn bei der Jugend ein, von ihrem frühesten an bis zu ihrem Ziele, wo der Geist reif ist, um sich den Gegenstand objectiv aus ihm selbst anzueignen, und hierzu einen Unterricht bedarf, der die wissenschaftliche Methode ist und heißt. Aber auch mit dieser dürfen wir den erziehenden Unterricht, d. i. die pädagogische Methode, nicht verwechseln, von welcher wir hier reden.

Der Methode zur Seite steht der Styl. Er ist naturgesetzliche Darstellung, worin sich das Innere ausspricht. So tritt der Geist in seinem Werke außer sich heraus, und steht für jeden andern da, welcher ihn studiren will, der Künstler wie der Philosoph, der Redner wie der Poet. Auch hier ist die Manier das Zufällige, Anklebende, Individuelle, und nie das Rechte. Je höher der Mensch ausgebildet ist, um so reiner ist sein Styl, und gewissermaßen mit ihm selbst Eins, die Erscheinung seines Wesens, das Werk seines Genius, wie die Natur in ihrem Style rein und groß dasteht. So sind die Classiker der Griechen und Römer, so die Künstler, wie Phidias, Raphael, Händel 2c. über alles, was nur den Namen Manier verdient, erhaben. Der Styl der Lehrart selbst ist die Methode, sowohl die wissenschaftliche als die erziehende; nur mit dem Unterschiede, daß in jener sich die Wissenschaft an sich aufschlägt, als ein Buch, und also dialektisch verfährt, in dieser aber der Lehrer von seiner Höhe zum Zöglinge herabsteigt, um ihn an seiner Hand hinaufzuführen, und mit ihm den Weg zu machen, auf welchem seine Kraft in ihrem Werden dahin gelangt. Das, was der Lehrer weiß oder kann, will er zu dem Wissen und Können des Schülers so werden lassen, wie es nach den Gesetzen seiner Natur in ihm entstehen und erwachsen kann. Der Lehrer der ersteren Art legt den Gegenstand vor, wie er ist, ohne sich auf das Subjective seines Zuhörers oder Lesers einzulassen: der Lehrer der zweiten Art läßt den Gegenstand in den Schüler so eingehen, daß er in demselben sich erzeuge, und wirkt so auf ihn, daß das auch in dem Schüler werde, was schon in dem Lehrer ist, er läßt sich also ganz in die Seele des Schülers ein. Das ist die Lehrart als Methode für den Jugendunterricht, und sie begreift mehrere Lehrformen unter sich. Es giebt z. B. eine katechetische Lehrform, es giebt allerlei Manieren im Lesenlehren, aber es giebt überall nur Eine Methode, welche denn auch die Wahl des einen oder andern nach Beschaffenheit des Schülers bestimmt.

Wäre sie in dem Leben vollendet, so wäre sie auch völlig Eins mit der Erziehung; denn sie entwickelt die Kraft in ihrem Werden zu ihrem Urbilde. Dann wäre in ihr das Heil gefunden. Hieraus begreift sich das Schwärmerische der Methodiker *); zu ihrer Ehre, aber nicht zum rechten Gedeihen, denn das erfolgt nur aus dem Bildungsgange der Menschheit, welchen der himmlische Erzieher selbst vorgezeichnet hat, und worin das Einzelne, das wir als Methode begreifen, sammt ihren Fortschritten, seine Stelle einnehmen soll. Auf solche Weise ordnet sich alles so zu dem großen Ziele, daß statt aller jener Einseitigkeiten die allseitige Bildung in der Gottähnlichkeit zu hoffen steht.

Die Aufgabe der Methodik ist also: diejenige Lehrart aufzufinden, wornach das Kind während seines Heranwachsens zu einem edlen Menschen, und so zu seiner

---

*) Wir verweisen auf Natich, Comenius, Basedow, Pestalozzi, u. a. in unserer Gesch. d. Erz. II. von S. 386 fgg. an. Der Kirchenvater Basilius hat die Sache wenigstens tief gefaßt, wenn er die alte heilige Lehre, daß die Furcht Gottes der Weisheit Anfang sey, so ausdrückt (in Joann. 1, 1.): τῆς γάρ τῶν τεχνῶν ἀναλήψεως ἀρχή ἐστιν ἡ στοιχείωσις, στοιχεῖα οὖν ἐστι τῆς σοφίας φόβος Κυρίου.

Bestimmung gebildet werde, und das an Leib und Seele. Es soll seine Kraft auf das vollkommenste gewinnen, und zugleich den einzelnen Gegenstand auf das vollkommenste erlernen. Soll z. B. der Knabe die Lateinische Sprache erlernen, so muß der Lehrer ihn dahin mit der Entwikkelung seiner Gesammtkraft bringen, wo er alles das weiß, was zum Verstehen, Sprechen und Schreiben dieser Sprache gehört, und darin Fertigkeit besitzt; folglich muß er die Art, wie dieses bewirkt wird, befolgen, d. h. methodisch zu Werke gehen; im entgegengesetzten Falle wäre da weniger wirkliches Lehren und Lernen, als Schein. Betrachten wir es genauer, so ist immer nur die Kraft des Lehrlings der Gegenstand des Unterrichts, indem diese durch den mitgetheilten Stoff dazu erregt wird, daß sie denselben recht auffasse, und dadurch in sich selbst an Vollkommenheit gewinne. Beides soll vereinigt seyn. Indessen läßt sich doch bald mehr an das Auffassen des Stoffes um dieses Stoffes willen denken, bald mehr an die Uebung und Stärkung der Kraft an sich, abgesehen von dem Stoffe: in jenem Falle heißt der Unterricht material, in diesem formal. So wird die Lateinische Sprache meist in ersterer, aber auch schon in letzterer Hinsicht gelernt, wenn z. B. der Schüler das Lateinische nicht braucht, aber durch dasselbe mehr Uebung im Nachdenken und mehr Begriffe erhält. Am meisten erscheint der blos formale Unterricht in der Pestalozzischen sogenannten Anschauungskunst. Hier werden Verhältnisse der geraden Linien, Winkel u. s. w. aufgefaßt, damit nur in der Seele die Fertigkeit entstehe, alle Formen rein aufzufassen, und zugleich überall richtig zu urtheilen, und damit hierdurch die Denkkraft in ihrer reinsten Thätigkeit geübt und erhöht werde. Ist nun diese Fertigkeit da, so mag man jene Linien 2c. vergessen, wie der Leseschüler sein ABCBuch wegwirft. Derjenige dagegen, welcher nach alter Weise die Rechnungs- und Feldmessungskunst nach Regeln lernt, verschafft sich blos diese Geschicklichkeit, weil er sie gerade braucht, während er vielleicht auf der andern Seite verliert, z. B. an Geiste und Geschmacke.

Die Lehrkunst muß sich also auf eine umsichtige Vergleichung des Materialen und Formalen gründen, damit kein Stoff vorkomme, welcher der Bildung im Ganzen schade, aber auch keiner übersehen werde, dessen sie bedarf, und damit der junge Mensch in der Entwickelung und Veredlung seiner Kraft zugleich alle diejenigen Kenntnisse gewinne, die ihm auf irgend eine Art Noth thun. In dem jetzigen Zeitalter, wo man so viel fordert und unter der Last der Materialien beinahe erliegt, ist diese Abwägung höchst nöthig. Wir stellen sie von ihrer doppelten Seite an: erstlich betrachten wir die Kraft des Menschen an sich, in ihren verschiedenen Hauptrichtungen, und sehen, wie sie in jeder gebildet wird, und zwar so, daß sie im Ganzen dadurch gewinnt, also blos von der formalen Seite; alsdann mustern wir die vorkommenden Unterrichtsgegenstände, und sehen, wie sie zum Zwecke solcher Bildung zu behandeln sind.

Demnach giebt es eine formale Bildung 1) der Leibeskraft, die Gymnastik mit ihren Zweigen, welche aber im Dienste der Geistesbildung stehen muß, weil alles zur Entwickelung des Höheren geschehen soll; 2) der Geisteskraft zur Aufstellung ihres Ideals, dem Naturelle und der Bestimmung gemäß. Da die geistige Kraft sowohl auffassend als ausübend wirkt, so ist sie in beidem harmonisch zu üben, und was das Erstere betrifft, so ist das Auffassen oder die Aufmerksamkeit in der Sinnenthätigkeit, das Denken, das Behalten und das Schaffen der Ideen, und alles dieses zusammengreifend zum möglichsten Grade der Vollkommenheit zu bringen. Geschicht dieses durchaus richtig, so wird der Mensch dadurch recht Mensch, d. i. gottähnlich. Aber das ausübende oder darstellende Vermögen soll ebenfalls in Einheit stehen. Der Ausdruck in Worten und in Kunstfertigkeiten muß demnach immer mit jenem übereinstimmend geübt werden, so daß z. B. der Knabe auch beschreiben kann, was er gesehen hat, oder etwa seine mathematische Figur zeichnen kann. Lernt er also z. B. rechnen, so muß er die Einheiten in ihren Zahlenverbindungen scharf sehen, er muß ferner ihre Verhältnisse denken und verstehen, aber es würde ihm nichts helfen, wenn er das, was er gestern begriffen hat, heute wieder vergäße; ebenso muß er auch durch das Erworbene weiter schreiten, und Neues ausdenken. Dieses alles wird nun theils durch Aussprechen dieser Verhältnisse eingeübt, theils durch schriftliches Rechnen, und vollkommen wird der Unterricht erst dadurch, daß der Schüler sein Rechnen auf alle diejenigen Fälle, welche in der Praxis vorkommen, geschickt anzuwenden weiß.

In dem früheren Unterrichte fällt das Auffassen und Darstellen noch meist zusammen, denn der jugendliche Geist trennt weniger seine Thätigkeiten. Wenn z. B. das Kind das Wort hört, so versucht es auch schon nachzusprechen, und so lange es den Laut nicht ausgesprochen hat, hat es ihn auch nicht völlig in seine Seele aufgenommen. Man sage dem Knaben noch so viel Schönes von der Tugend der Gefälligkeit, oder man rede von der Pflicht mit aller Würde, er wird wenig dabei lernen, wenn er nicht durch eigenes lebendig gewordenes Gefühl dabei eine solche Handlung in seiner Einbildungskraft ausübt oder wenigstens beschreibt. An dem Erlernen der Mathematik fällt dieses am meisten in die Augen, wo nicht einmal das Construiren in der Einbildungskraft genug ist, sondern der Schüler die Figur hinzeichnen muß, und wo dieses ohne Vordociren noch eher die Aufmerksamkeit und das Denken unterhält. So ist die wahre Lehrstunde auch eine Uebungsstunde, und jede wahre Schule ein Uebungsplatz. Die natürliche Entwickelung beginnt, von außen erregt, mit der äußeren

Thätigkeit des Nachahmungstriebes und geht zum innern Bildungsgeschäfte über.

Da der Unterricht eine lebendige Kraft in ihrem Heranwachsen bildet, so ist sein Grundgesetz die Erregung des geistigen Lebens zur selbstthätigen Ausbildung. Alles, was er mittheilt und wozu er auffordert, soll diesem Gesetze folgen, mithin jedem Momente der Kraftentwickelung und so der ganzen Zeit derselben gemäß seyn. Man läßt z B. das Kind etwas sehen, und sagen, was es ist, man erzählt dem Knaben etwas, und regt sein sittliches Gefühl an, man läßt ihn Sprachformen auswendig lernen, und sie in seinen Uebungen gebrauchen, u. s. w. Aus diesem Grundgesetze der Methode ergiebt sich vorerst ein negatives, dann ein positives, und in jedem eine Reihe von Regeln.

1) Das negative Gesetz: Der Unterricht sey weder ein blos äußeres, noch ein unmittelbar inneres Geben. Wenn er blos äußerlich etwas macht, so bildet er nicht einmal die organische Kraft, wie viel weniger die lebende, die geistige; und das soll er doch: wenn er innerlichst wirken wollte, ohne die äußere Vermittlung, so würde er etwas beginnen, das über allem menschlichen Vermögen liegt. Je mehr er blos die Glieder richtet, den Augen etwas vorhält, die Ohren mit etwas erschüttert rc., um so mehr ist er mechanisch, vielleicht chemisch die Seelenkraft zerstörend, höchstens thierisch: je mehr er sich unmittelbar an den Geist wenden will, um desto weniger gelingt es ihm, und um desto weniger ist er erregend. Denn der Geist kann doch einmal nicht unmittelbar berührt werden, was also dieser Unterricht leistet, ist nur scheinbar, indem gerade das Bezweckte nicht hervorgebracht wird, sondern etwas anderes, womit man sich täuscht, wie man z. B. an dem vorzeitigen Vordociren der Philosophie bemerkt. Er fange

also weder zu hoch an, noch bleibe er auf der niederen Stufe stehen, sondern begleite das Kind, den Knaben, den Jüngling stetig, bis dieser in der freiesten Selbstthätigkeit vollendeter Einsicht oder Darstellung dasteht; er begleite ihn, in allem Einzelnen und in jedem Puncte seine Kraft erregend und bildend, bis derselbe im Ganzen seine Idee erfaßt hat und in seiner Freiheit lebendig, d. h. sich selbst erregend, ausbildet. Wie also der gute Unterricht endigt mit der Begeisterung des Schülers, im Einzelnen und Ganzen, und dadurch seine Probe besteht, so beweiset sich der unmethodische theils darin, daß der Schüler nichts gelernt hat, theils daß er das, was er etwa gelernt hat, nur bis auf einen gewissen Punct besitzt, dann stehen bleibt, und es nicht einmal mit Selbstkraft und Freiheit besitzt. Da meint wohl der Lehrer, wenn er mathematische Beweise vormacht, Formeln auswendig hersagen läßt, die Länderabtheilungen auf der Karte vorzeigt, die Naturproducte in ihre Classen abtheilt, das heiße unterrichten: aber was hat denn der Schüler eigentlich gelernt, wenn man ihm Worte und Begriffe in die Ohren oder meinethalben in die Seele geworfen hat?

In der Anwendung finden sich die weiteren Regeln von selbst, z. B. der Lehrer soll nicht gerade auf die Schüler von besseren Anlagen rechnen, sondern alles so einrichten, daß ihn die mittelmäßigen Köpfe verstehen, jedoch aber zugleich so, daß auch jene Nahrung erhalten, und kräftig zur Selbstbildung aufgefordert werden. Wie sich das vereinigen läßt, wird sich im Weiteren ergeben.

2) Positiv drückt sich das Gesetz der Methode so aus: der Unterricht geht von außen nach innen, um den Lernenden in der Entwickelung seiner Kraft zu bilden. Er fängt in dem Organischen an, geht in die Seele ein, und bewirkt etwas in dem Geiste. Wir nennen ihn kurz, belebend, beseelend, begeistigend, und finden hiernach die drei Hauptgesetze

der Methode, welche darum auch als die **genetische** bezeichnet worden *).

Erstes Gesetz. Der Unterricht gehe vom Leben aus und in das Leben ein; **er sey lebendig**, sowohl von Seiten des Lehrers als des Schülers. Das ist sein erstes Erforderniß, ohne welches der weitere Erfolg nicht erwartet werden kann. Hier ist es denn die organische Entwickelung, es ist da ein Keimen, Aufwachsen, Befruchten, d. h. ohne Bild: der Unterricht sey gründlich, stetig, gedeihlich. Er fängt also gerade in dem Puncte an, in welchem das Mitgetheilte zur rechten Auffassung und Erregung eindringt, und der daher der Anfangspunct heißt **). Nicht etwa der erste Begriff, aus welchem ein System entwickelt wird, auch nicht die Elemente, aus welchen der Gegenstand selbst entsteht, sondern die erste Kraftregung in demjenigen, welcher den Begriff lernen, die Geschicklichkeit gewinnen, den Gegenstand aufnehmen soll, ist der wahre Punct, mit welchem der Unterricht anheben muß, wenn er organisch wirken und beleben will. Also nicht ein allgemeiner Begriff wie das Seyn oder Ding, nicht eine Idee wie die der Natur, nicht eine Definition wie die vom Raume, sind Anfangspuncte für den Zögling, um das Denken, die Naturkunde, die Geometrie

---

*) Zuerst von F. W. **Lindner** in einer Schrift: **Ueber die genet. Methode** 2c. 1808.

) **Trapp (Pädagogik 17.) hat zuerst dieses Wort gebraucht, aber **Pestalozzi** (Wochenschrift für Menschenb.) zuerst pädagogisch bestimmt: „Dieser Anfangspunct müßte nothwendig in der menschlichen Natur, ihren wesentlichen Anlagen und ihren unwandelbaren Verhältnissen selbst liegen — — hinter ihm könnte es nimmermehr etwas geben, das die Erziehungs- und Unterrichtskunst etwa vergessen hätte oder nachholen müßte. Führte sie nur alle Elemente der Bildung, die darin liegen, richtig und vollständig auf, so wäre sie selbst zwar eben so wenig ihrer Ausbildung, aber ihrem Wesen nach vollendet. Wir behaupten nun allerdings, daß es einen solchen Anfangspunct giebt."

zu lernen, sondern etwa der vor Augen stehende Tisch, die bestimmte Pflanze, der zu einer Linie fortgeführte Punct auf der Tafel. Führt man nun die Anfangspuncte aller Lehrgegenstände auf den ersten zurück, wo in der entkeimenden Kraft noch alles in Einem liegt, so findet man den Anfangspunct alles Lernens, und kann nun von diesem aus alle die einzelnen hervorziehen, wie sie in der Reihe des naturgemäßen Unterrichts liegen, und jedem seine Zeit zuerkennen. Das giebt denn den methodischen Gang für das Ganze des Jugendunterrichts, welcher eben hierdurch seine wahre Gründlichkeit, Stetigkeit und Fruchtbarkeit erhält; und wird er nach demselben Gesetze in allen Zweigen fortgeführt, so kommt er aus dem Innersten der Kraft und entwickelt sie selbst zum gebildeteren Leben.

Darin also hat man das gründliche Lernen zu suchen, nicht in dem, was die Unkunde gelehrter Lehrer noch immer mitunter gern so nennt. Wer kann sich da des Lächelns enthalten, wenn jener Lehrer bei dem Examen sich mit seinem gründlichen Unterrichte in der Geographie, wo seine Schüler alle Dörfer in einem entlegenen Lande aufsuchen können, gegen denjenigen etwas dünkt, der mit dem Laufe des vaterländischen Flusses angefangen hat?

Von dem ersten Puncte, worin der Lernende das aufnimmt, was ihm gegeben wird, beginnt nun etwas Neues, das in seiner Kraft entkeimt und erwächst, und so bedürfte es keiner weiteren Belebung, wenn diese Kraft stark genug, zugleich ungestört fortwirkte und alles aus sich selbst entwickeln könnte *). Alles Lehren wäre

*) So ist die Pestalozzische Idee in ihrer Strenge genommen; da muß sich alles Kennen und Können aus der Selbstkraft und für diese entwickeln; s. Gesch. d. Erz. II. S. 475. Aber da sollte folgerichtig von keinem weiteren Lehren im lückenlosen Fortschreiten die Rede seyn; man stört nur die Pflanze in ihrem Wachsthume, wenn man ihr durch Ziehen forthelfen will.

da nur das Einstreuen des Samens in den fruchtbaren Boden zur gesegneten Stunde; er wird dann schon von selbst wachsen, denn die Natur giebt unmittelbar das Gedeihen. So ist es wohl im Felde und Garten, aber nicht in der menschlichen Natur. Sie bedarf beständig der Forthülfe, und diese eben soll nach dem Gesetze der Stetigkeit, also ohne Aufenthalt, ohne Lücke, ohne Sprung in dem Unterrichte fortgehen, so daß er der fortwachsenden Kraft beständig zuvorkomme, um sie naturgemäß weiter zu erregen und zu ernähren. Man könnte das mit einem nährenden Begießen der Saat vergleichen. Aber auch das ist für die menschliche Natur nicht genug. Sie kann weder die reale, noch die ideale Welt aus sich herausspinnen, und das Kind muß fortwährend die Eindrücke von außen und Mittheilungen von Menschen in sich aufnehmen, wenn es lernen, und die Vernunft entwickeln soll. Selbst die Erzeugung des geistigen Lebens in den Schöpfungen der Vorstellungskraft, in allen Kenntnissen, Gedanken und Geschicklichkeiten bedarf der beständigen Belebung, indem der Unterricht Neues erzeugen läßt. Was der Schüler gewonnen hat, soll zu einer Blüthe werden, deren Samenstaub befruchtend sey. Wird also der Unterricht vollkommen belebend ertheilt, so giebt er von früher Kindheit an bis zur Jünglingsreife alles, was die erwachsende Kraft zu ihrer Bildung aufnehmen und üben muß; er ist also ein wesentlicher Theil der Erziehung.

Zweiter Ausdruck. Der Unterricht gehe in die Seele ein. Würde er auch die eben angegebene, belebende Kraft äußern, so bliebe er doch nur äußerlich organisch und es wäre mehr ein Gewöhnen, eine Geschicklichkeit, was durch denselben erlernt worden, als wahre Bildung. Um diese zu seyn, muß er tiefer eindringen. Seele ist die Natur des Menschen, inwiefern sie empfindend aufnimmt und selbstthätig herauswirkt, beides vermittelst des Leibes, der Sinne und Gliedmaßen. Er soll also die Aufmerksamkeit des Schülers ganz für den Gegenstand gewinnen, festhalten und zur Selbstthätigkeit erregen. Vorerst also muß er den Schüler für das, was gelehrt wird, ganz ergreifen, gerade in dem Puncte, den wir den Anfangspunct nannten, so daß der Lernende ihn rein und ungestört auffaßt, sich ganz in den Gegenstand vertieft, ihn mit seiner Seele gleichsam vereinigt *). Das ist es, was man bei der gewöhnlichen Regel zu denken hat, daß aller Unterricht faßlich seyn solle, nämlich daß man sicher darauf rechnen könne, der Schüler werde das, was man ihm giebt, gerade so verstehen, wie man es verstanden haben will, z. B. die Buchstaben zusammen aussprechen, die Feder halten, das Dreieck erkennen, den Satz richtig stellen u. dgl. Sodann muß der Schüler diesen Gegenstand lange genug betrachten oder üben, bis er sich seiner ganz bemächtigt hat; die Aufmerksamkeit, wie sie angefangen hat, muß sie auch fortdauern, indem sie sich immer tiefer auf die Sache einläßt. Hat der Lehrer z. B. die Zusammensetzung eines Selbstlauters und Mitlauters dem Schüler so vorgelegt, daß er mit den Augen und mit der Seele daran ist, beide zusammen auszusprechen, so unterhalte er das Interesse an dieser Uebung noch zu einer 2ten, 3ten Zusammensetzung, und zu mehreren, bis die Aufmerksamkeit anfängt zu ermüden. So weit wird die Kraft in der Aneignung dieses Gegenstandes geübt. Nun aber kommt das Dritte hinzu, die Thätigkeit wird angeregt, um nicht etwas blos in der Seele niederzulegen, sondern es wirklich in Seelenkraft zu verwandeln. Diese muß also aufgefordert werden, daß sie in jenem Aneignen sich möglichst anstrenge, und sich gleichsam selbst überbiete. Lernt der Schüler z. B. Geometrie, so zeichne er die Figur, vergleiche die Winkel, und suche selbst auf, was nur irgend zum Verstehen des Lehrsatzes zu finden ist. Es

*) Sit totus in re.

wird also fort und fort in die Seele eingesäet, und zugleich Lust und Liebe in derselben erweckt, so daß sie ihr eigenstes Wesen damit verstärkt fühlt. Wenn das der Unterricht in dem einzelnen Gegenstande trifft, so hat er Alles erreicht, und wo er es nicht so trifft, da ist wenigstens das Meiste verloren. Gelingt es nun dem ganzen Jugendunterrichte in jedem Puncte, die Seelenkraft hervorzuziehen, und von ihr das Gegebene völlig erfassen und mit Liebe verarbeiten zu lassen, so reihen sich alle diese Puncte zu einem Ganzen zusammen, in welchem die Bildung rein und stark erwächst.

Auch hiermit wird das noch nicht ganz geleistet, sondern erst auf der dritten Stufe, in welcher sich jenes Gesetz ausspricht: der Unterricht gehe in den Geist über. Denn der Geist ist die Vernunftkraft, und sie ist es, welche erst alles, was gelernt wird, über das Organische der Gewöhnung und Geschicklichkeit, so wie über das Psychische von Lust und Liebe zu der Humanität des begeisterten Eifers und der freien Selbstkraft erhebt. Was in dem Anfangspuncte gegeben wird, das Anschauliche, Einfache, Leichte, nimmt der Geist auf, um es zum begriffenen Ganzen zu machen, und hierin seine Kraft zu verstärken. Und so wird obiges Gesetz als ein dreifaches ausgedrückt, welches die unerläßliche Bedingung für jeden Unterricht enthält, wenn er der Erziehung angehören soll. Dieses dreifache Gesetz heißt: Der Unterricht geht 1) von dem Anschaulichen zum Geistigen, 2) von dem Einfachen zum Zusammengesetzten, 3) von dem Leichten zum Schwereren.

Da Unterrichten etwas anderes ist als das Meiseln des Bildhauers, auch etwas anderes als das Zurechtführen der Hand, und vielmehr ein Berühren der innersten Kraft, um sie in eine selbstbildende Thätigkeit zu versetzen, so muß der Geist des Lernenden von allem, was jetzt nicht mitgetheilt wird, ab-, und lediglich nur auf dieses hingezogen werden. Es fängt also von außen an, d. h. von etwas, das der Aufmerksamkeit gegeben wird, und geht in die Geisteskraft über. Was nun so aufgenommen wird, ist immer nur Eins, worauf dann wieder Eins folgt, u. s. w., und weil Eins nach dem andern in seinen Geist eingeht, so wird es dann mit dem Vorhergehenden Eins, und was ihm bis dahin ein Mehrfaches gewesen ist, nunmehr ein Einfaches. So ist der jedesmalige Anfangspunct, wie zusammengesetzt er auch einem Andern erscheinen möge, und dem Schüler selbst vorher erschienen wäre, bei dem stetigen Fortschreiten ein Ganzes, das er als Einen Eindruck, als Einen Begriff, als Eine Thätigkeit auffaßt oder ausübt. Ein verwikkelter geometrischer Lehrsatz, oder die complicirteste musikalische Fertigkeit ist dem methodisch geleiteten Schüler so einfach wie ein rechter Winkel, oder das Anschlagen einer Note. Schwer und leicht ist etwas nur beziehungsweise; wie die Kraft stärker wird, so wird das Schwerere leichter. Weil nun durch den methodischen Unterricht die Kraft wächst, so ist das Fortschreiten zum Schwereren eigentlich ein Gleichbleiben zwischen Kraft und Last, ein naturgemäßes gleichförmiges Anstrengen, ohne welches die Kraft zurücksänke.

Sie ist Anfangs schwach, sie soll erst durch die Uebung stärker werden, und dieses Stärkerwerden einer freien Kraft ist eigentlich ein Erheben über das Gewöhnliche, wozu blos die Natur führt, es ist ein Anstrengen. Das aber, was man im gewöhnlichen Zustande bewirkt, ist leicht, und um so schwerer ist etwas, je mehr Anstrengung dazu erfordert wird. Legten wir also dem Schüler das Schwerere zuerst vor, so würden wir Anstrengung verlangen, ehe sie eingeübt ist: diese würde also nicht erfolgen, wenigstens nicht im gehörigen Grade, und das Lernen wäre kein rechtes; dabei fände sich dann Verdrossenheit und Unlust ein. Dagegen geht das Leichte fröhlich von statten, und das Kraftgefühl ermuntert zu weiterer Thätigkeit; das, was zuerst schwer schien, ist leicht geworden, weil die Schwierigkeiten immer zuvor gelöset sind, und weil zugleich die Anstrengung durch die Uebung natürlich wird. Wenn man alsdann nicht zum Schwereren fortschritte, so muthete man sogar der Kraft weniger zu, als sie in ihrem nunmehrigen natürlichen Zustande leistet, d. h. weniger wie zuerst, man ließe sie also zurücksinken. Durch Befolgung jener Regel wird sie folglich weder erschlafft noch überspannt, sondern wahrhaft im Stärkerwerden gebildet; so wie der Arm des Knaben täglich mehr tragen lernt, wenn man ihm in den Beutel, den er Anfangs ohne Mühe halten konnte, täglich ein Steinchen mehr wirft, oder wie jener Milon, der das Kalb zu tragen vermochte, endlich, indem er es täglich auf die Schultern nahm, den Ochsen trug. Fast so verhält es sich bei allem Lernen, und es wird noch das gewonnen, daß man die Gedankenlosigkeit eben so gut als die Zerstreuung verhütet.

Dieses hat man wohl immer erkannt, allein man läßt sich hier gern zu einer falschen Vorstellung von dem, was leicht ist, verleiten. Der Lehrer nimmt nämlich aus Mangel der Liberalität und der Lehrgabe das, was ihm, dem Geübten, das Leichteste ist, auch für das Leichteste des Schülers, und es ist doch gerade umgekehrt. Vorausgesetzt nämlich, daß der Lehrer den Gegenstand selbst gut inne hat, ist ihm der Geist des Ganzen erschienen, und dieser steht ihm so hell vor, daß er denkt, der Schüler müsse nur erst den Geist fassen, dann werde er schon alles von selbst begreifen, und diesen sucht er ihm nun so bald als möglich in einem Hauptsatze vorzustellen, nicht bedenkend, daß der Schüler nicht den Geist sehen kann, und nur Buchstaben sieht. Unsere Erkenntniß ist discursiv, und erst dann, wenn wir das Aeußere theilweise durchgegangen haben, vereinigt sich dieses zum Eindringen in das Innere. So würde z. B. derjenige Schüler die Lateinische Sprache schlecht lernen, dem der Lehrer erst durch eine Philosophie über diese Sprache ihren Geist beizubringen meinte, ehe er ihn Wörter, Wortformen, Wortfügungen u. dergl. erst tüchtig hat erlernen lassen. Selbst der geübte Sprachforscher wird nicht so geradezu zum Geiste einer ihm neuen Sprache gelangen; der Weg zum Inneren geht überall durch das Aeußere. Ein schon geübter, vortrefflicher Lehrer kam einmal auf den Gedanken, die Vorstellung von den Meerbegränzungen des festen Landes werde am leichtesten gefaßt, wenn man den Lehrling das Meer als eindringend in die Buchten denken ließe, so nämlich, daß er die ganze Bucht sich sogleich dächte, ohne erst den Umriß zu zeichnen. Aber er besann sich bald, denn er sah wohl ein, daß ihm selbst diese Vorstellung erst gekommen war durch sein fortrückendes Auffassen des Einzelnen, und daß das, was ihm jetzt als gewonnener Gedanke sehr klar dastand, dem Schüler zu schwer seyn würde. Hat man das Ziel erreicht, so vergißt man bald den langen Weg, den man durchwandern mußte.

Wird dieses Gesetz ganz beobachtet, so gilt es auch von der Anordnung der einzelnen Lehrgegenstände. Die leichteren zuerst. Die Folge ist im Ganzen wie im Einzelnen, daß alles Schwere leicht wird, und es gar nichts Schweres mehr giebt; so wie man beim regelmäßigen Fortschreiten endlich bei dem Ziele anlangt, und der letzte Schritt nicht schwerer ist, als der erste. Dieses auf die Bildung der Kraft angewandt, würde so viel heißen, als mit dem fortschreitenden Lernen wird immer mehr Fähigkeit zur Energie gewonnen, und flößt die letzte Anstrengung auch viel Bewunderung ein, so fällt sie doch nicht schwerer, als dem Lehrlinge die erste war. Der Jüngling interpretirt in Lateinischer Sprache aus dem Stegreife die ihm aufgegebene Stelle, und dieser treffliche Beweis seines Fleißes ist innerlich nicht mehr, als seine Aufmerksamkeit in der ersten Lehrstunde der Lateinischen Grammatik war. Der methodisch geförderte Schüler rechnet sogleich eine verwickelte Bruchrechnung im Kopfe aus, mit nicht größerer Mühe, als er Anfangs Eins und Eins sind Zwei rc. zählte. Auf diesem Wege läßt sich also mit Zuverlässigkeit berechnen, wann der Schüler etwas Bestimmtes wird gelernt und im Ganzen sein Ziel erreicht haben.

Aber ganz etwas anderes ist es, wenn man alles dem Lehrlinge erleichtert, d. h. wenn man es ihn nicht durch seine eigene Anstrengung sich leicht machen läßt, sondern schon leicht gemacht ihm vorlegt. Das bildet nicht die Kraft, das erschlafft sie. Man soll vielmehr nach obigem Gesetze seiner Thätigkeit gerade so viel zumuthen, als sie leisten kann, und soll nur an dem anfangen, was ihr jetzt schon leicht ist, sie aber in so frischem Zuge fortziehen, daß sie sogar von selbst das Schwere aufsucht. Besorgt man also ein träges Zurücksinken, so muthet man ihr ein stärkeres Anstrengen zu; dieses ist besonders bei talentvollen Schülern der Fall, die daher leicht in dem Schulschlendriane verderben. Der brave Schulrector, dem der junge Lessing übergeben wurde, schrieb zurück, er sähe wohl, daß er diesem Knaben doppeltes Futter geben müsse. Eben darum muß auch das Anfangen mit dem Leichten subjectiv verstanden werden. Wenn nun z. B. einem Knaben das, was Andern schwer ist, schon leicht wäre? oder wenn ihm gar die Anstrengung als Anstrengung in der Fülle seiner Kraft zur täglichen Gewohnheit geworden? Hier muß ihm der Lehrer sogar das an sich Leichte erschweren, denn es gilt um die Bildung seiner Kraft.

Auch hier giebt es Zeichen der Fähigkeit. Wem alles leicht wird, der ist talentvoll, wem alles schwer fällt, der ist kraftlos, und wer gut anfängt, aber schlecht fortschreitet, ist ebenfalls schwach, wenn er gleich die Fähigkeit hat, etwas leicht zu fassen.

Unter diesem Gesichtspuncte läßt sich auch das erste und zweite Gesetz betrachten. Das, was der Anschauung gegeben wird, erfordert den geringeren Grad der Kraft, das Geistige aber eine stärkere Anstrengung, um es aufzufassen. Eben so verhält es sich mit dem Einfachen und Zusammengesetzten. Leicht ist auch dem Kinde ein Baum, Wald, Berg, eine Gegend, eine Handlung, u. s. w. in einen Begriff aufzufassen, und das verwirrte Herumfahren in einem Mannigfaltigen macht das Begreifen schwer und das Gemüth unlustig. Geht man aber von einem Eindrucke zum andern, und ergreift jeden erst fest, ehe man den folgenden aufnimmt, so wird dieser folgende alsbald geistig Eins mit dem ersten, und endlich begreift der Schüler das, was sonst verworren vor ihm lag, und seine Kraft zurückschreckte, mit derselben Leichtigkeit, womit er sich den ersten einfachen Eindruck aneignete. Führt man ihn so von der geraden Linie, dem rechten Winkel, u. s. w. Schritt vor Schritt fort, so steht der Pythagoräische Lehrsatz am Ende eben so als eine durchgeschauete Vorstellung, als Eins in der Seele, wie die Linie und der Winkel da. Das Anschlagen der einzelnen Note ist das erste Eins, das Abspielen des ganzen Musikstückes das letzte. Der Mechaniker hat die ganze zusammengesetzte Maschine als ein Ganzes vor sich aber er fing an der Lehre vom Hebel oder an dem Einsetzen des Rades an. Der Physiolog betrachtet zuerst die einzelnen Organe, und kommt endlich zur vollen und durchschauenden Idee dieses Organismus. Zwei Eindrücke zugleich finden nicht statt. Im Grunde betrachtet ist jeder Eindruck, auch wenn er sich in hundert Elemente zerlegen läßt, jeder Begriff, der viele andere in sich begreift, dem, der ihn wirklich hat, nur eine geistige Einheit.

Wer nicht gut von dem Einfachen zum Zusammengesetzten fortschreiten kann, ist eigentlich der beschränkte Kopf; ihm fehlt es an der vereinigenden Kraft, welche Ideen bildet, er mag also wohl für das Einzelne Verstand haben, aber für das Ganze eines Geschäftes oder einer Lehre hat er ihn nicht; es fehlt ihm an Vernunft, und er wird höchstens ein geistloser Denker. Dieses läßt sich ganz besonders bei dem Unterrichte in der Geometrie bemerken. Der Knabe, welcher den Pythagoräischen Lehrsatz bei richtiger Methode nicht ins Klare bekommt, hat schwachen Verstand, aber der, welcher etwa den Lehrsatz von Vergleichung des Kegels, Cylinders und der Kugel so durchschaut, wie den Lehrsatz von den Scheitelwinkeln, ist gewiß ein guter Kopf, aber ob ein großer Geist in ihm liege, läßt sich daraus noch nicht schließen; ein Leibnitz zeigte dabei gewiß mehr als ein Wolf.

Fängt der Unterricht mit dem Leichten, Einfachen, Anschaulichen an, und unterhält er die ganze Aufmerksamkeit, so ist er auch faßlich, und der Schüler lernt die Sache, oder es fehlt ihm an dem Willen. Schreitet der Unterricht fort, und strengt er die Kraft immer mehr an, so übt er sie auch, oder die Trägheit versagt sie. Nicht selten hält man es nur mit dem letzteren, z. B. man übt in dem Rechnen, ohne daß man alles faßlich genug gemacht hat; alsdann wird nie das gelernt, was gelernt werden soll, allenfalls bleibt nur so etwas hängen, wie man bezeichnend zu sagen pflegt; den Müßiggang hat man wohl verhütet, aber im Inneren ist wenig anders geworden. Eben so fehlerhaft ist es, wenn man blos auf die Faßlichkeit Rücksicht nimmt, ohne weitere Anstrengung zuzumuthen, z. B. wenn man nur meist die bekannten und alltäglichen Sachen in der Lehrstunde bemerken läßt, wie etwa in der Naturgeschichte, oder wenn man das schriftliche Rechnen zu einem mechanischen Regelwerke werden läßt, oder wenn in der Sprache nur auswendiggelernte Phrasen zusammengesetzt werden u. dgl. Noch häufig genug sieht man dieses kraftlose Lernen ein beliebtes Hülfsmittel der Trägheit und Erschlaffung so für Schüler als für Lehrer werden.

Faßt der Knabe auch das Faßliche nicht, so ist er dumm, faßt er wohl dieses, aber geht er nicht weiter, so ist er träge. Faßt er richtig, aber langsam, so hat er mehr Verstand, und wenn er eher behält als weiter geht, so hat er mehr Gedächtniß als übrige Vorzüge; faßt er leicht und richtig, so hat er viel Sinn und Verstand; und schreitet er lieber vorwärts als er richtig faßt und ausdenkt, so besitzt er nach Verhältniß mehr Phantasie. Das lebhafte Naturell faßt leichter, das innige tiefer, das sanfte steht in beidem zurück, das feste nimmt minder leicht auf, aber behält sicherer. Dieses lernt seiner Natur nach kräftiger, das lebhafte vielseitiger, das sanfte seelenvoller, das innige gemüthvoller, und wenn ihm von dem ersten und zweiten etwas zugemischt ist, dann geistvoller. Wir sehen auch hierbei, wie sich die Methode zugleich nach der Individualität des Schülers richtet, indem sie bei dem einen mehr auf diese, bei dem andern mehr auf jene Regel hält; z. B. den beschränkten Kopf lassen wir länger bei dem Einfachen verweilen, ehe wir zum Zusammengesetzten übergehen, den guten Kopf halten wir nicht lange bei dem Leichteren auf, den Gedächtnißschwachen lassen wir alles sich erst fest einprägen, den von träger Einbildungskraft erwecken wir mehr, und den von lebhafter erhalten wir in strengerer Achtsamkeit. Hiernach richtet sich denn auch die Auswahl der Lehrgegenstände; z. B. der letztere muß mehr Zeit auf Mathematik verwenden, und der vorhergehende etwa Mährchen hören und erzählen u. s. w. Auch wenn durch den Unterricht eins oder das andere verwahrloset worden, läßt sich so noch nachhelfen. Die wahre Methode setzt immer die Kraft in ihre vollkommenste Harmonie und Thätigkeit.

Der Schüler lernt gerade nur so viel, als er mit Aufmerksamkeit aufnimmt. Diese erste Tugend, wie wir sie in der Erziehungslehre erkannten, ist auch die Seele von allem Lernen, und so zeigt sich auch hier die Einheit der intellectuellen und moralischen Bildung in ihrem tieferen Grunde. Der Mensch soll seine Abhängigkeit richtig und thätig erkennen. Er kann keine Welt aus sich schaffen, sondern sie ist für ihn durch Gottes Willen da; er kann sie auch nicht blos sich selbst überlassen in sich aufnehmen, sondern der Schöpfer gab ihm die geistige Anlage so, daß sie durch Erziehung entwickelt werde. Eine Engelsnatur in einem Kinde bedürfte hierzu nichts weiter als der freundlichen Hindeutung, aber die Natur unserer Kinder, die in dem Egoismus beständig ihren bösen Feind erfährt, bedarf so wie überhaupt der Erziehung, so auch insbesondere eines Unterrichts, der die Kunst ausübt, sowohl die Trägheit als die Zerstreuung zu besiegen, und die Tugend der Aufmerksamkeit in jedem Momente hervorzurufen. Diese nun besteht in dem Hinachten sowohl als in dem Einbilden *), beides im Gleichgewichte und in wachsender Stärke, und verfährt der Unterricht methodisch, so verstärkt sie sich gegenseitig, wie das überall der organische Wachsthum zeigt. Daher verhüte man jede Zerstreuung, vorerst die äußere, man begünstige vielmehr nach psychologischen Regeln alles, was den Schüler bestimmen kann, sich ganz in seinen Gegenstand zu vertiefen. Aber man verhüte auch hierin das Einseitige, jenes starre Hinachten, ein träges Versinken, das oft in völlige Gedankenlosigkeit übergeht, und Dummheit zur Folge hat.

So will es die wahre Methode in allen einzelnen Lehrgegenständen, aber ihre Gesetze gelten auch für den Unterricht im Ganzen. Der Lehrplan ist hiernach so einzurichten, daß er ebenfalls von dem Sinnlichen zu den höheren, von den einfachen zu den vollständigen, von den leichtfaßlichen zu den schwierigsten Kenntnissen und Geschicklichkeiten fortschreitet. Also bilde man erst in einem Gegenstande die Kraft recht aus, und nehme nicht mehrere zugleich vor, außer in wiefern sie sich auf gewisse Art mit einander zur Bildung der Kraft vereinigen. Doch dieses erfordert bei jedem Lehrgegenstande eine eigene Erwägung, um nicht einseitig zu bilden. Denn wird einer

*) Attentio; Intentio.

hervorgehoben, so läßt sich der Schüler in demselben oft sehr weit bringen, aber freilich zum Nachtheile der Gesammtkraft. Ja, jene Vorschriften der Methode setzen in den Stand, Kunststücke in dem Unterrichte zu machen. So z. B. könnten wir eine Anweisung geben, wie ein Knabe, und das etwa ein mittelmäßiger Kopf, dahin zu bringen sey, daß er in einem Alter von 12 Jahren die ganze niedere und höhere Geometrie verstehe, und wir könnten uns für die Erreichung dieses Zieles verbürgen; auch in der Grammatik, in der Historie u. s. w. ließen sich durch solche Künste Dinge bewirken*), welche noch mehr in Erstaunen setzten, als die Wunderkünste der Taschenspieler und Aequilibristen. Aber es ist auch dasselbe Verhältniß zur Bestimmung des Menschen.

Der ganze Jugendunterricht bezweckt die vernünftige Selbstthätigkeit in allem, was von Wissenschaft und Kunst erlernt wird, nicht blos um den Bildungstrieb zu befriedigen, sondern auch ihn noch zu verstärken. Also: Eile mit Weile! Laß deinen Schüler selbst denken, auffinden, aussprechen! Setze nicht deine Thätigkeit an die Stelle der seinigen! Lerne immer seine Aufmerksamkeit fesseln, wie das die Mütter in ihrem Erzählen so gut verstehen! Laß den Schüler das festhalten, was er kann! Nichts werde nur halb gelernt! Und alles, was gelernt worden, vermehre den Durst der Wißbegierde, alles veredle den Sinn und das Gemüth! — So läßt sich eine ganze Reihe von Regeln entwickeln.

*) Man denke hiebei an Ratich, Comenius, Basedow ꝛc. Gesch. d. Erz. II. S. 386 fgg.

Zweiter Abschnitt.

Die Grundsätze der Lehrkunst, zunächst ihren Gegenstand betreffend.

Der Zögling ist es, welcher durch den Unterricht gebildet werden soll; er ist in allem Lehren der Endzweck. Inwiefern er das aber gerade für diesen Bildungszweig sey, müssen wir nun sehen. Sittlichkeit, Religion, Geschicklichkeiten, Lebensweisheit und alles Vortreffliche ist das Ziel der ganzen Erziehung, und zwar so, daß der gut und glücklich Erzogene sein Urbild gefunden habe und in sich aufstelle: aber was hierzu der Unterricht zu thun habe, was er für jenen Gesammtzweck wählen müsse, und auf welche Lehrgegenstände also die eben angegebenen Gesetze der Methode anzuwenden seyen, muß nunmehr bestimmt werden.

Es ist vorerst die Kraft selbst, welche in dem jungen Menschen durch jede Lehre und Uebung entwickelt wird, wenn der Unterricht der erziehende ist und wahrhaft bildet. Nicht als ob das ein bloßes Erregen der Selbstthätigkeit und etwa, wie man mitunter meint, ein Herausspinnen aus dem Kinde selbst wäre, wie wenn aus einem Keime das ganze Gewächs hervorgerufen wird, sondern es bedarf da der Nahrung und, wie wir im vorigen Abschnitte sahen, der Mittheilung von außen, der fortwährend einfließenden Eindrücke, ohne welche das

Kind höchstens zu einem armseligen Ich gelangte. Jene ältere Vorstellung, nach welcher die Seele eine leere Tafel war, auf welche viel einzugraben sey, damit etwas aus ihr werde, deutet auf diesen Punct. Wir können also nicht bei der Bildung der Kraft als Gegenstand der Lehrkunst stehen bleiben, sondern müssen alsobald nach dem Lehrstoffe fragen. Das führt aber leicht in ein Vielerlei. Fassen wir also die Sache möglichst einfach. Der Lehrstoff ist das, was durch den Unterricht dem Schüler mitgetheilt wird, seyen es nun Kenntnisse oder Geschicklichkeiten. Er dient entweder dem Lernenden an sich, oder der, welcher ihn lernt, soll durch ihn Andern dienen. Im letzteren Falle wird am wenigsten an den Schüler selbst gedacht, z. B. wenn das Kind zu Seiltänzerkünsten abgerichtet, der Knabe zu einem Musikanten gemacht, ein andrer in einen Sclavendienst eingeübt, auch wohl der Studirende in die Brodwissenschaft eingelernt wird: im ersteren Falle wird wenigstens vorzugsweise die Bildung des Schülers an sich berücksichtigt, welches aber wiederum in zwiefacher Weise statt findet, entweder als ob es blos um ihn allein gälte, und er, gleichsam losgerissen von Andern und den Anforderungen der Gesellschaft an ihn, wie Rousseaus Emile, dastehen sollte, oder so daß er in seinen Verhältnissen und für seine Bestimmung in der Welt als ein edles Mitglied des Gesammtlebens und der Gesammtbildung eintreten möge. Dieses letztere hat man zu viel über jener einseitigen oder vielmehr egoistischen Vortrefflichkeit außer Augen gesetzt; wir müssen uns also den Gegenstand der Lehrkunst so bestimmt wie möglich vor Augen stellen, darum freilich etwas weiter ausholen, und nochmals auf den Begriff des Lehrens zurückkommen.

Wer etwas vorträgt, thut dieses entweder blos aus einem Triebe der Aeußerung, so wie der, welcher für sich allein auf seinem Klaviere phantasirt, oder er hat die bestimmte Absicht dabei, es mitzutheilen. Im ersteren Falle redet der Geiſt zu ſich ſelbſt, gleichviel ob ein Andrer ihn vernimmt oder nicht, wenigſtens iſt ihm das eine Nebenſache. Man hat dafür den guten Ausdruck: er ſpricht ſich aus; wie etwa in ſeinem Buche, in ſeiner Muſik ꝛc., und wenn dieſes auf gute Art geſchieht, ſo hat er ſeinen Styl, dem wir oben die Methode zur Seite ſetzten. Dieſe nun wird für den zweiten Fall verlangt, wo nämlich der Eine die Abſicht hat, dem Andern etwas mitzutheilen; er ſpricht ihn an, um denſelben damit zu belehren. Geſchieht das nun in der Abſicht, um den Andern zu unterrichten, und weiter in der Abſicht, um ihn hierdurch bildend zu erziehen, ſo hat er ſich nach den Geſetzen der Methode zu richten, und nun nach den Gegenſtänden zu fragen, welche für jenen Zweck zu lehren ſind. Sie werden nach dem zwiefachen Geſichtspuncte erkannt: der erſte iſt die Bildung der Kraft an ſich, der zweite der Stoff, durch welchen ſie gebildet wird und den ſie ſich aneignen ſoll; der erſte verlangt nur eine Form, in welcher die Kraft ſich bewege, der zweite einen Inhalt, welcher in der Kraft des Menſchen wirke. So theilt ſich der Jugendunterricht in die zwei Hauptarten, in den f o r m a l e n und in den m a t e r i a l e n.

Die Methode giebt die Geſetze an, ſowohl für dieſen als für jenen, in beidem für den Endzweck der Erziehung. Sie will die Anlagen hierzu entwickeln und keinen der Keime, den Gott in die Natur gelegt hat, erſticken, aber eben darum auch keinen zum Nachtheile der harmoniſchen Bildung hervorheben; es ſey denn, daß die Natur ſich ſelbſt für ein Uebergewicht erklärt, das aber dennoch der Beſtimmung entſprechen muß. Jeder einzelne Lehrgegenſtand darf daher nichts anders ſeyn, als was zur Entwickelung der Naturanlage für die Ausbildung des Ganzen dient. In Hinſicht auf den Endzweck iſt alſo alles auf Richtung und Stärkung der Kraft abgeſehen, und iſt der Unterricht formal. Allein in Hinſicht auf die Mittel bedarf er einen Stoff, indem der

Sinn etwas erfaßt, der Verstand etwas denkt, die darstellende Kraft etwas übt, und so der Mensch etwas lernt. Dieses Etwas, welches sonach bei jedem Unterrichte vorkommt, macht ihn auch immer zugleich material. Nur ist es nicht so leicht, genau zu finden, wie einer den andern bestimmt, welcher Stoff gerade der rechte sey, um dem wahren Bildungsgange zu dienen. So z. B. giebt die Natur dem Kinde hauptsächlich Gesichtsgegenstände, dem Knaben sinnliche Kenntnisse mit Uebungen, dem Jünglinge Gedanken und Geschicklichkeiten. Würden nun hiernach alle Lehrgegenstände bestimmt, so daß der Gang der Jugendentwicklung genau ihre Reihefolge und die Art ihrer Behandlung angäbe, und daß nichts aufgenommen würde, was nicht hierdurch angegeben wäre, so entstände derjenige Unterricht, den wir wegen seiner Tendenz den formalen im engeren Sinne nennen. Diesem steht derjenige materiale entgegen, welcher von äußerlichen Zwecken und Forderungen ausgeht, wo man etwas zu lernen aufgiebt, ohne Rücksicht, ob es in jene Reihenfolge gehöre, und ob es eigentlich den Schüler bilde oder nicht. Dieser Widerstreit macht eine große Schwierigkeit in dem Lehrgeschäfte, und entzweit nicht selten den Lehrer mit der Welt, oder mit den Eltern, oder mit dem Schüler. Denn die Welt macht ihre Ansprüche auf den heranwachsenden Menschen, und der Erzieher will ihr doch keine Menschenopfer bringen, welches er glauben würde, wenn er das Ideal von der wahren Bildung seines Zöglings aufgeben müßte. Ein andrer Lehrer steht dafür lieber ganz in dem Dienste der Welt, die ja auch zu belohnen weiß, läßt seinen Schüler lernen, was man verlangt, und lacht jenen als einen Schwärmer aus. Noch mehr pflegen die Ansichten der Eltern und Lehrer aus einander zu gehen, wenn es sich um die einzelnen Lehrgegenstände handelt. Soll nun überhaupt richtig entschieden werden, so muß man die höhere Bestimmung des Menschen fragen, nach welcher keiner blos für sich allein gebildet werden soll, sondern auch für das Menschenganze, und zwar gerade für die Zeit und die Stelle, worin er sich befindet. Freilich würde jeder das treffliche Organ in dem großen Organismus seyn, der in sich selbst zu dem Trefflichsten vollendet wäre, wenn nur erst die Welt einmal wäre, was sie seyn soll. Die Welt ist aber selbst in ihrem Werden, und hiernach soll auch der Bildungsgang sich richten. Folglich muß man auch manches Opfer für den nun einmal nothwendig gewordenen Stoff bringen, und statt daß wir z. B. für das Lesen, Schreiben, die fremden Sprachen u. dergl. durchaus einen Naturgang der Entwickelung erkünsteln, gestehen wir es uns lieber sogleich, daß es dafür gar keinen giebt. Unsere Aufgabe ist also nur die, daß wir die Lehrgegenstände so naturgemäß wie möglich ordnen und einrichten, und so weit es nur irgend vergönnt ist, den materialen Unterricht in den formalen eingehen lassen. Auch gewinnt ja immer die Kraft bei guter Behandlung des Stoffes, und wenn er die Heraldik wäre.

Der formale Unterricht bildet die Kraft, indem er sie theils blos an sich übt, theils ihr etwas zugleich giebt, das er nur für diesen Zweck wählt. In jenem Falle ist er eine blos dynamische Uebung, zu welcher jeder vorkommende Gegenstand benutzt werden kann, und das die ganze Jugendzeit hindurch, z. B. die Glieder-, Sinnen- und Verstandesübungen, er gleicht der Gesundheitspflege: in dem andern Falle ist die Uebung zugleich eine Aneignung, z. B. in der Grammatik und Gymnastik. Dieser nun bildet die Fähigkeit, den Stoff aufzufassen, und enthält die Anfänge für alle Gegenstände. Wir nennen ihn deßhalb den Grundunterricht; durch ihn lernt der Schüler das Lernen. Der eigentliche materiale ist dann nichts anders, als die Anwendung der so vorbereiteten Kraft auf irgend einen äußerlich gegebenen Gegenstand. In dieser Hinsicht unterscheidet man auch wohl den Vorbereitungs-, oder Elementar- und den Anwendungs-Unterricht. Wir nennen den materialen in seinen Zweigen den Fachunterricht.

Da nun in allem Unterrichte die Kraft sich selbst durch ihre Thätigkeit bilden soll, so steigert sie sich in dem ersteren für den zweiten, aber in diesem zu ihrer Vollkommenheit. Es versteht sich, daß dieses nach dem Gesetze der Stetigkeit vom Anfange an vor sich geht, denn von dem ersten Lernen an wird immer etwas Materiales gegeben; nur ist da noch das Formale vorherrschend, welches allmählig jenem den Vorzug giebt, indem der Anwendungs-Unterricht etwa erst gegen das 12te oder 13te Jahr völlig hervortritt. Der formale Unterricht übt die Kraft im Verhältnisse zu sich selbst, und kommt deßhalb auch bei jedem andern Unterrichte vor; der materiale übt sie in ihrer nothwendigen Beziehung zur Welt, und wird zum gebildeten Menschenleben verlangt.

Hiernach erhalten die obigen Gesetze der Methode noch eine weitere Bestimmtheit: 1) der Unterricht fängt schon in früher Jugend an, wo noch körperliche und geistige Thätigkeit vereint ist, um von da aus der Vertheilung in diese beiden Hauptrichtungen bis in die kleinsten Zweige naturgemäß bildend nachzugehen; 2) er gehe also bei jedem einzelnen Lehrgegenstande von dem Puncte aus, wo er noch mit andern zusammenliegt, aber seine Knospe hervorbrechen will; 3) er durchdringe dieses Vielfache mit dem geistigen Leben, daß in der höheren Einfalt der Bildung die Vernunft herrsche.

Wir ziehen aus diesem dreifachen Gesetze mehrere Regeln, die gerade der Praxis unmittelbar angehören. Erste Regel: Man lehre nichts, was nicht vorbereitet ist: wenn es aber das ist, so lasse man auch die weitere Belehrung keinen Augenblick anstehen. Frühreife Frucht entbehrt der würzigen Säfte. Wörter lehren, ohne daß die Begriffe dafür da seyn können, und diese mittheilen, ohne daß ihre Anſchauungen da ſind und ſie verſtanden werden, giebt nur ein Scheinlernen. Zweite Regel: Man entwickele und nähre den Bildungstrieb. Das wahre Lernen bedarf keiner fremdartigen Triebfedern, z. B. des Ehrgeizes, es ſoll vielmehr Luſt und Liebe erwecken, und dieſer zur rechten Stunde entgegen kommen. Dritte Regel: Der Unterricht bilde das Auffaſſungs- und Darſtellungs-Vermögen zugleich, und führe alſo bei jenem zu dieſem, bei dieſem zu jenem über. Denn die Menſchenkraft ſoll im Ganzen dadurch gebildet werden; nun iſt aber ihre Thätigkeit in dem Auffaſſen nur das Halbe, in dem Darſtellen wird ſie erſt etwas Ganzes, es ſey nun daß dieſes ein Darſtellen durch das mündliche oder ſchriftliche Wort, oder durch eine andere äußerliche Handlung geſchehe, oder in einer blos inneren Production beſtehe, die nur gerade jetzt nicht ausgeſprochen wird; alſo hat der Unterricht alsdann aufs vollkommenſte ſeinen Zweck erreicht, wenn aus der Aufmerkſamkeit zum Empfangen eine Selbſtthätigkeit des Wirkens hervorgeht. Iſt es denn nicht das Endziel von allem Lernen, daß der Menſch dadurch zu einer gewiſſen Wirkſamkeit, wäre es auch nur eine geiſtige, geſchickt werde? Es kommt alſo nur darauf an, wann die praktiſche Uebung am beſten eintritt. Allerdings geſchieht das mit Recht jedesmal bei Beendigung des einzelnen, z. B. bei dem Lateiniſchen erſt das Leſen, dann die Uebung der Wortformen und Regeln, dann das Ueberſetzen, endlich das Schreiben und Sprechen. Aber auch in jedem einzelnen Lernpuncte muß von dort herüber und von hier hinüber gewieſen werden; z. B. wenn der Schüler die Declamation lernt, muß er ſie ausſprechen, ein anderes Wort nachbilden u. ſ. w., und indem er die Figur zeichnet, muß er ſie erkennen. Die Lehrkunſt hat gerade hierin ihre nicht leichte Aufgabe für alles, worin ſie nur unterrichtet. Es liegt in der Natur der menſchlichen Seele, daß ſie mit geſpannterer Aufmerkſamkeit auf das hört, was sie zu einem Thun bestimmt, und daß sie dieses Thun besser einrichtet, wenn es durch Verstand hindurchgeht; wird also wo möglich in jeder Lehrstunde das Auffassen mit dem Darstellen verbunden, oder vielmehr fällt beides, so wie es sich nur dazu eignet, beständig zusammen, so lernt der Schüler mit dem besten und glücklichsten Eifer. Der Schüler soll also da selbst sprechen, wo er etwas aussprechen kann, und der Lehrer nicht eher den Docenten machen, als bis der Schüler zum Zuhörer herangereift ist, d. h. bis er bei dem Anhören des Vortrags im Inneren arbeitend die Idee mit dem Lehrer ausbildet. Im letzteren Falle ist die Darstellung eine innere, wobei sich von selbst versteht, daß sie ebenfalls zum praktischen Leben, insbesondere zur Bestimmung dieses Zuhörers, abzwecken muß.

Vierte Regel. Man lasse die Lehrgegenstände in der Reihe folgen, wie sich der Bildungstrieb in demselben Grade am besten entwickelt und ernährt. Also werde zuerst auf das Bewegungs- und Sinnenvermögen der Unterricht bezogen, im Laufen, Gehen, Sehen, Hören ꝛc., womit er sich dann weiter an den Verstand, an das Gedächtniß, an die geistige und körperliche Thätigkeit wendet. Der Weg geht naturgemäß von außen nach innen, und dasjenige Aeußere ist zu wählen, wodurch der Lehrling in seinem Innersten am kräftigsten erregt wird, so daß von ihm der Eifer, von selbst weiter zu gehen, erwartet werden kann, und die Kunst besteht darin, hier gerade das Rechte zu treffen, was gleichsam der Seele den Stoß zur rechten Thätigkeit giebt. So läßt man das etwa 6jährige Kind eine Pflanze genau betrachten, die Haupttheile bemerken und angeben, so daß es dieses behält, die Pflanze wieder erkennt, Lust bekommt, mehrere Pflanzen kennen zu lernen, und dabei eine Uebung gewinnt, die Merkmale aufzufinden; aber auch zugleich werde ihm dabei der Sinn für das Schöne erweckt, und auch seine Phantasie werde wo möglich angesprochen, wie z. B. durch eine Poesie, welche sich auf diese Blume bezieht. Wenn dieses recht geschieht, so wird das Kind nicht nur in die Pflanzenkunde, und durch diese in die Natur überhaupt, sondern auch zugleich in die Geistesbildung recht eigentlich eingeführt; es arbeitet alsdann selbst weiter darin fort, und der Hauptgewinn ist Lust und Liebe an der sich entwikkelnden Geistesthätigkeit. Noch deutlicher erscheint die Anwendung dieser Regel, in Verbindung mit den übrigen, in dem Unterrichte in der Mathematik. Werden hier die reinen Formen und Größen recht angeschaut, die Grundverhältnisse durchdacht, und wird in diesem Denken der Knabe geübt, so macht er sich selbst seine Regeln, seine Aufgaben und deren Lösungen, er gewinnt so die Geschicklichkeit, sich seine ganze Mathematik selbst zu entwickeln, und durch dieselbe Gewandtheit und Freiheit des Geistes überhaupt. Es ist einleuchtend, daß wenn dieser Punct in jedem Unterrichtsgegenstande glücklich gefunden wird, die Sache am besten von statten gehen muß; ja mit diesem Ersten ist das Ganze schon mehr als halb gelernt, und leicht ist alsdann die Vollendung. Und wenn nun vollends die Lehrgegenstände alle auf ein Früheres und Erstes zurückgeführt werden, wodurch die Seele zum Auffassen und Bearbeiten derselben Lust, Muth, Entschluß und Geschicklichkeit erhält, so ist noch mehr, so ist beinahe alles gewonnen, denn der Lehrling bildet sich nun bei der gegebenen Veranlassung in dem einzelnen Gegenstande gewissermaßen selbst. Ist z. B. seine Aufmerksamkeit, sein Sinn, seine Einbildungskraft und sein Verstand schon gut geübt, so wird er auch die Pflanzenkunde, die Mathematik &c. zu seiner Zeit mit dem besten Erfolge anfangen. Offenbar ist es also eine gänzliche Verkehrtheit, wenn man meint, die Ausführung des Einzelnen bis ins Kleinliche, z. B. erst eine vollständige Nomenclatur der Pflanzentheile und dann eine vollständige Classifikation, oder eine völlige Durcharbeitung aller Sätze eines ausführlichen geometrischen Lehrbuches, das sey das rechte Verfahren. Nichts zieht im Gegentheile mehr ab von der inneren in sich selbst fortwachsenden Bildung, als diese sogenannte Gründlichkeit, die für den Schüler nur eine äußere ist, und nicht in ihm, sondern im Buche stehen mag. Das Innere vielmehr soll in seiner Grundthätigkeit aufgeregt werden, und die ersten bildenden Geistesverrichtungen, nicht das ABClernen und Buchstabiren irgend eines Systems, sind die wahren Elemente. Aller Unterricht fange also an jenem ersten Puncte an, von welchem der geistige Bildungstrieb ausgeht.

Fünfte Regel. M a n v e r w e i l e b e i j e d e m G e g e n s t a n d e l a n g e g e n u g, u n d e r s c h ö p f e i h n s o w e i t, b i s d i e T h ä t i g k e i t d e s S c h ü l e r s s i c h d a s a n g e e i g n e t h a t, w a s s i e z u m F o r t s c h r e i t e n g e r a d e f ä h i g m a c h t. So allgemeinhin läßt sich nicht sagen: bis der Gegenstand erschöpft sey; denn wo ist da die Gränze? Das würde ins Unendliche führen und die Sache nur objectiv nehmen. Hier aber ist von dem Verhältnisse zur Kraft, die gebildet werden soll, und zu ihrer Fähigkeit für die weiteren Fortschritte die Rede. Wir wollen weder Treibhausfrüchte, noch Stillestand im Einzelnen. Die Anwendung der Regel ist schwierig, und kann erst im Folgenden erkannt werden.

Mehrere Regeln anzugeben würde unnütz seyn; sie ergeben sich aus obigen Gesetzen von selbst. Werden diese durchaus befolgt, so zeigt sich denn auch, ob der Schüler schnell oder langsam faßt, ob sein Verstand dabei wenig oder viel vordringt, ob sein Gedächtniß viel oder wenig behält und ihm vorführt, ob seine Phantasie viel oder wenig daraus gestaltet, ob sein Gefühl stärker oder schwächer davon angesprochen wird. Nach der gewöhnlichen Art zu unterrichten, wo man nur gewisse Materialien einem wie dem andern beibringen will, kann man durchaus kein gerechtes Urtheil über ihn fällen.

Denn hier kann ein Gegenſtand und die Art, ihn zu lehren, dem einen gemüthlich, dem andern aber ganz zuwider ſeyn; hier wird höchſtens nur das Verhältniß der Kraft zu gewiſſen Lehrgegenſtänden geſchätzt werden können, aber ſie ſelbſt erſcheint keineswegs in ihrem reinen Verhältniſſe zu einer andern, und ihren Fortſchritten.

Dritter Abschnitt.

Das Lehrgeschäft.

Lehren heißt also dem Andern etwas in der Absicht und Weise mittheilen, damit dieser durch ein Wissen oder Können seine Kraft bilde. Es kommt in diesem Geschäfte in Betracht 1) das Wesen desselben, 2) die Form, 3) der Lehrer und Schüler. Wir begreifen in dieser logischen Abtheilung die Puncte der gewöhnlichen populären, worin auch der Lehrgang, Lehrton, und die Lehrmittel besondere Capitel geben.

1) Das Wesen des Lehrgeschäftes.

Nur der Mensch lehrt und wird belehrt. Geist wirkt da auf Geist, und beträfe es auch blos eine körperliche Geschicklichkeit so ist sie doch immer eine menschliche, und wer zu derselben wahrhaft bildet, betreibt auch hierin ein Geistesgeschäft. Wie überhaupt die Wirksamkeit eines freien Wesens auf das andere ein Geheimniß für uns bleibt, so auch das innere Wesen im ganzen Lehrgeschäfte; und wie sie zwischen Menschen vermittelt werden muß, so daß sie aus dem Inneren ein Aeußeres und aus diesem wieder ein Inneres wird, so wird auch der Schüler von dem Lehrer vermittelst des äußerlich Gegebenen gebildet. Der Unterricht hat so seinen zwiefachen inneren Punct, wovon der eine in dem Lehrenden, der andere in dem Lernenden liegt, und diesen geistig erregt, indem in der Mitte das Wort erscheint, oder die Handlung, oder der vorgehaltene Gegenstand, und zwischen beiden die Verbindung macht. Wir nennen dieses Aeußere nach einem nicht ungewöhnlichen Sprachgebrauche den Buchstaben, und das Innere, sowohl das ihn hervorbringt, als das von ihm hervorgebracht wird, den Geist; und so ist es aus den obigen Abschnitten klar, daß die **Vereinigung von Geist und Buchstaben das Wesen des Lehrgeschäftes sey.** Damit ist auch die Tiefe dieser Kunst bezeichnet; denn wer versteht das Geheimniß des Wortes? wer hat in jene Werkstätte der geistigen Natur geschaut, wo sich der Gedanke hörbar macht und das Zeichen sich in den Gedanken verwandelt? Welcher Lehrer das durchaus verstände, der hätte den Stein der Weisen gefunden *). Indessen kennen wir doch die Gesetze, eben die, welche unter der Methode begriffen sind, wornach diese Wirksamkeit statt findet, und durch deren Befolgung wir in dieser Lehrkunst das ausrichten, was in unserer Gewalt steht, vergleichbar dem Geschäfte des Arztes, und wozu ebenfalls viel Studium, aber auch Uebung, praktischer Blick und ein eignes Kunsttalent erfordert wird.

Aller Unterricht geht vorerst von innen nach außen; je bestimmter er das Innere ausspricht, um desto vollkommener ist er von dieser Seite. Dann geht er aber

*) Daher die ehemaligen Methodiker, wie mehrmals bemerkt, so leicht in das Treiben einer Art von Geheimkünst geriethen, und daher der Glaube daran in jenen Zeiten, wo man den Stein der Weisen suchte, Gold machen wollte und an Magie glaubte, so leicht z. B. von einem **Ratich** angesprochen wurde, (**Gesch. d. Erz.** II. S. 388 fgg.), dagegen aber auch die rohe Bespöttelung von einem Trichter für die Köpfe (S. 394 N.). Es giebt wirklich Kunststücke in dem Lehren, wie wir schon gelegenheitlich sagten, wodurch man in kurzer Zeit etwas Einzelnes beibringen kann, das Erstaunen erregt, wie man das Hervortreiben von Pflänzchen bei Taschenspielern sieht; oder auch wie das Erzeugen gefüllter Blumen durch eine Art von Castration der Staubfäden.

von außen nach innen; je mehr er innerlich aufgenommen und angeeignet wird, um desto vollkommener ist er auch von dieser Seite. Aber unvollkommen ist er jedoch, wenn er nur einen einseitigen Vorzug hat, denn in dem zweiten Falle entbehrt der Schüler am Buchstaben, im ersten am Geiste. Man denke ihn, wie er das Wort des Lehrers hört, oder etwas durch ihn sieht: es ist ihm noch ein Fremdes, und soll nun doch Seiniges werden; es erregt ihn, versetzt ihn in einen gereizten Zustand, macht ihm also vorerst eine Art Unlust und fordert seine selbstthätige Anstrengung zur Aufmerksamkeit auf; soll es nun eindringen und dieses bewirken, so muß es sich alsobald mit dem Selbst des Schülers befreunden, seinen Bildungstrieb gewinnen, augenblicklich aus jener Unlust die Lust des Kraftgefühls erzeugen, und in dem Ergreifen des Gegebenen diejenige Thätigkeit aufregen, wodurch es der Schüler selbst aufnimmt, bearbeitet, aneignet, ähnlich dem organischen Assimiliren der Nahrung, und also das Fremde in sein Eigenes verwandelt. Man soll daher die Fehler der Einseitigkeit auch hier vermeiden, und weder zu viel noch zu wenig Buchstaben geben. Man wirft gern einer älteren Zeit jenen Fehler vor, aber er hat sich nur in die Modeform unserer Zeit umgekleidet, und ist da bis jetzt vielleicht nur ärger geworden. Wir haben in dem Vielerlei der Lernereien wirklich zu viel Buchstaben, so daß der Geist in der Jugend durch die Außenwelt manchmal überwältigt wird *).

Die Natur zeichnet auch der Zeit nach den Gang vor. Dem Kinde ist noch die ganze Welt Buchstabe, es fängt darin an zu lesen, indem von dem ersten Sehen an die Eindrücke nach einander in sein Inneres eingehen und den Geist erweckend selbst geistiges Leben werden. Allmählig, wie es mehr der Welt gegenüber tritt, wird auch alles mehr Geist, bis der Mensch endlich ganz

*) Und so muß man oft warnen: non multa, sed multum!

in seiner Vernunftkraft dasteht, und alles geistig aufnimmt, mittheilt und beherrscht. Dieser allmählige Uebergang ist auch der Weg für die Lehrkunst. Sie hat daher ihr Ziel erreicht, wenn sie durch die weltliche Seite das Ewige in das Leben gerufen hat. Das aber ist nur in der Religion vollendet, nämlich in der einzigen wahren, die von Gott kommt und zu Gott führt *).

Die Vorbegriffe der Erziehung (2r Bd. 2r Abschn.) finden zum Theil hier ihre Anwendung, zunächst I. 10. 14. 24. 27. II. 1. 10. 11. 12. 14. 20. 28—30. 32. III. 21., so daß wir sie hier fast ausdrücklich wiederholen möchten, um daran zu erinnern, wie das Wesen des Lehrgeschäftes überall in die Tiefe des Geistes einwirkt.

Das rechte Lehren macht daher auch allseitig. Wir wollen das durch den Gegensatz anschaulicher machen. Es sey die Aufgabe, einen Knaben von gehörigen Anlagen zu einem kenntnißreichen, verständigen Menschen zu bilden, und jedes Mittel, das zu diesem einseitigen Bildungszwecke führt, ist uns recht. Vorerst also üben wir die Sinne, das Sprachvermögen und den Verstand des Kindes; wir gewöhnen es daran, wenig mit dem Gefühle, alles mit der Denkkraft aufzunehmen, alles begreifen zu wollen. Hierzu wird bald den Knaben ein ausgesuchter Elementarunterricht viele Stunden des Tages in Thätigkeit erhalten, in den andern werden wir ihn sorgfältig vor allen Zerstreuungen sichern, dann werden wir ihn mit kleinen Geschenken oder mit Lobe aufmuntern, der Ehrgeiz wird bald als Haupttriebfeder ins Spiel gesetzt, und nun kommt der angehende Jüngling auf eine öffentliche Schule,

*) Es war nur Einer, der sagen konnte: τὰ ῥήματα, ἃ ἐγὼ λαλῶ ὑμῖν, πνεῦμά ἐστι καὶ ζωή ἐστιν (Joh. 6, 63.), aber der ächte Jugendlehrer lernt das recht verstehen, und weiß sie vorerst in sich selbst Geist werden zu lassen; das besonders für den Religionsunterricht wünschenswerth ist.

wobei wir auf allen Seiten noch seinen Fleiß anspornen. Wir haben ihn von frühem an nichts lernen lassen, was er nicht begreift, wir haben ihm sorgfältig alle Mährchen, Fabeln und jede andere Poesie vorenthalten, und mußte er allenfalls etwas Religiöses lernen, so wurde dieses wörtlich durchkatechisirt. Da ist denn nun, indem er damit Lob und andere Befriedigungen seiner Lieblingsneigungen fand, die Gewohnheit, den Verstand zu gebrauchen, gleichsam zu einer Sucht geworden, alles begreifen zu wollen. Er hat dabei viel gelernt, er hat sich damit Ansehen und Selbstgefühl erworben, er weiß, daß er etwas weiß, er will gern mehr wissen, und jede Sache, worin es kein klares Wissen giebt, ist ihm zuwider. Wird nun in dieser Behandlung in den einzelnen Lehrgegenständen alles recht methodisch durchgeführt, so steht am Ende der kenntnißreiche Verstandesmensch da. Dieses läßt sich so sicher berechnen, daß sein Lehrer, sofern er nur Geld und andere äußere Mittel ganz zu seiner Disposition hat, zu dem Erfolge sich kühnlich verbindlich machen kann. Auf ähnliche Art läßt sich bei gegebenen Anlagen und Mitteln ein Gefühlmensch, ein Gedächtnißmensch und ein Phantast bilden. Freilich wird in jedem mehr oder weniger die gute Natur dennoch bei aller Einseitigkeit hervordringen, aber sie wird durch die äußere Bildung wie die Zierbäume der ehemaligen Französischen Gartenkunst um und um beschnitten und in die gesuchte Form gezwängt werden. Was ist es dagegen, das dem Unterrichte seine Allseitigkeit, und wenn das Wort erlaubt ist, seine Geistigkeit giebt? Vorerst ist es die gute Natur, und dann ist es die geistige Erregung der Kraft, um in allen Richtungen ihr Urbild zu gewinnen. Lernt z. B. jener Knabe auch wahrhaft fühlen, so bekommt er ein Gemüth, sein Herz wird edler, sein Urtheil richtiger, sein Verstand treffender, seine Erkenntniß lebendiger, seine Aeußerung bescheidener. Uebt man dabei auch sein Gedächtniß, so vermehren sich mit dem Nachdenken auch seine Kenntnisse. Doch würde er hierbei noch der wahren Selbstthätigkeit im Fortstreben entbehren, wenn nicht seine Einbildungskraft erweckt würde, um ihn über die Sinnenempfindung zu erheben und sein Denk- und Gefühlvermögen zum Streben nach dem Ideale zu begeistern. So wird sein Bildungstrieb stetig ernährt und verstärkt. Seine Aufmerksamkeit ist zur steten Regsamkeit des Geistes geworden, sein frommer Sinn lebt in göttlicher Liebe, sein Fleiß in eifriger Selbstthätigkeit, und sein froher Muth ist im Lernen und Ueben unermüdet; er wächst an Geist und Gemüth. Durch solche Allseitigkeit wird die Empfindung reiner, der Verstand klärer, die Vernunft freier, und das ganze Leben erhält seinen Werth. Man kann sogar von der einseitigen Bildung bis auf den Punct zurückgehen, wo es an dem Wesen im Unterrichte fehlte. Spricht z. B. der 14jährige Knabe schon über mancherlei ab, und weiß er über vieles bei seinem Lehrer zu schwatzen, so ist sein Kopf auf Unkosten des Herzens cultivirt; ist er folgsam und zartfühlend, aber schüchtern und unwissend, so verhält es sich umgekehrt; kann er ein richtiges Urtheil fällen, versteht aber nicht viel, so ist wohl sein Verstand geübt, aber sein Gedächtniß vernachlässigt worden; bleibt er weniger Antworten auf die Fragen, welche Kenntnisse betreffen, schuldig, als daß er das, was er sagt, mit eignem Ausdenken und Urtheilen sagt, so ist umgekehrt das Gedächtniß einseitig geübt; weiß er Beispiele anzugeben, und spricht er wahr und lebendig von der Sache, so ist sein Verstand zugleich mit dem Sinne geübt, aber nur dann, wenn er dabei selbst manches ausdenkt und sich sinnreich äußert, hat auch die Phantasie dabei ihre Cultur erhalten; dagegen wird er in Vorstellungen sich herumtreiben, Widersinniges behaupten, mit sich selbst in Widersprüche gerathen, obgleich auch wohl mit einem witzigen Gedanken glänzen, wenn der gehörige logische Unterricht fehlte. Eine sorgfältige Beobachtung kann da oft alles auf das Bestimmteste nachweisen. Auch die literärischen Charaktere, welche öffentlich dastehen, zeigen noch so die Mängel ihres Jugendunterrichts auf. Was würde z. B. aus den Phantasieen eines Jakob Böhme geworden seyn, wenn sein Tiefsinn in der Jugend Sprache und logische Leitung erhalten hätte! Dann erst wurde er ein Philosoph. Selbst ein Kant würde mit noch größerer Geistesmacht aufgetreten seyn, wenn zu seinem logischen Tief- und Scharfsinne sich mehr sein Gefühl in mehrfachen Lebensverhältnissen erschlossen hätte. Und auch du, ehrwürdiger Gellert, unvergeßlicher Lehrer des Guten, würdest eines freieren Blickes dich erfreut haben, wenn ein hellerer Strahl in die Schulstuben, wo du lerntest, eingedrungen wäre. Selbst der blitzende Verstandesmensch, Voltaire, würde vielleicht eine Tiefe des Gemüthes in sich erschlossen haben, wenn ihn sein Zeitalter und seine nächsten Umgebungen, statt ihn so früh eitel zu machen, zu frommen Gefühlen hätten kommen lassen. So ist es besonders an den Gelehrten und Dichtern nachzuweisen, was ihnen noch in ihrem Unterrichte zu wünschen gewesen wäre, und so würde eine Vergleichung dieser Geister mit dem sie bildenden Zeitalter auf die Beantwortung der interessanten Frage führen, was sie an anderm Orte unter einem andern Zeitgeiste geworden wären, und hierdurch würden wir erst zu einer gerechten Schätzung der berühmten Geister aller Zeiten gelangen. Durch die Vereinigung des Logischen und Poetischen wurde ein Platon der große Philosoph, und durch die herzvollen Blicke in die übersinnliche Welt bei dem gesunden Blicke in die wirkliche wurde Sokrates der Weise. So bildete Athen in jenem Zeitalter, anders das der abendländischen Scholastik, der morgenländische Weise schaute dagegen in mysteriösen Bildern tiefer in das Eine und Ewige.

Nun weiß unser Zeitalter gerade in dem jetzigen Puncte, da einem jeden natürlicherweise sein Standort immer der erleuchteteste zu seyn dünkt, sich so zum Erstaunen viel mit seiner Bildung und mit seinem Lehrwesen. Aber laut muß man rufen: Wollt ihr durch Lehren die Welt bessern, so lehret denn auch recht! Euer bisheriges Lehrwesen ist nicht das rechte, suchet das Bessere, oder vielmehr ergreift es nur, denn es liegt euch vor, betreibt es im vollen Sinne des Wortes als ein Geistesgeschäft.

---

2) Die Form.

Wir würden lieber den Ausdruck Lehrart wählen, gebrauchte man ihn nicht gewöhnlich als gleichbedeutend mit Methode, von welcher sie sich jedoch unterscheidet. Es giebt mehrere Lehrarten für die Eine Methode, diese spricht die Gesetze des Unterrichts aus, jene bringen die Gesetze in Ausübung, und so hat jede ihren Werth. Sie gehen aus dem hervor, was Geist mit Geist vermittelt, und das wir den Buchstaben nannten, je nachdem dieses Mittel der Einwirkung auf den Schüler selbst verschieden ist und verschieden angewendet wird. Die Lehrform ist also die verschiedene Weise, wie der Lehrer methodisch den Schüler unterrichten kann. Das Mittel selbst ist verschieden, denn es kann etwas seyn, das blos vorgezeigt, oder blos vorgesagt, oder beides vereinigend vorgehalten wird; auch die Anwendung ist verschieden, denn der Lehrer kann es entweder an sich ohne weitere Rücksicht gebrauchen, oder in der Absicht, um den Bildungstrieb des Schülers zu erregen. Um diese Verschiedenheiten deutlicher zu erkennen, müssen wir das Lehren im Allgemeinen betrachten, auch das, welches außer der Erziehung vorkommt.

Der Lehrer wirkt auf den Lernenden vermittelst der Sprache, und zwar am meisten dem Vernunftwesen gemäß, durch die Wortsprache. Je mehr diese gebraucht wird, um desto humanisirter ist der Unterricht. Die ganze Schöpfung ist schon durch ihr Daseyn Lehrerin des vernünftigen Wesens, allein das Kind wie der Erwachsene bedarf der Deutung. „Siehe hin auf diesen Baum — sagt der Vater zu seinem Kleinen, — wie der Vogel dort sein Nest baut!“ — Der Jüngling weiset seinen Freund zu dem Sternenhimmel hinauf, ohne ihm vielleicht ein Wort zu sagen, damit dieser selbst jetzt in die Seele des Nachdenkenden oder Trauernden spreche. So kann es Fälle geben, wo das Wort sogar der eindringenderen Sprache in den Weg träte, und die Natur, oder ein Bild, oder ein Beispiel spricht oft durch das stumme Daseyn stärker, als die schönste erklärende Rede. Daher kann dieses Verfahren auch manchmal in dem erziehenden Unterrichte statt finden, nämlich da, wo man die Aufmerksamkeit und Fähigkeit des Zöglings bei dieser Erregung voraussetzen kann, und seine Selbstthätigkeit gerade auf diese Weise am besten zu gewinnen hofft. Aber Regel bleibt es doch, daß das Wort als das Hauptmittel in allem Unterrichte gebraucht werden soll. Ein bloßes Vorzeigen oder Vorthun ist bei weitem noch nicht der Achtsamkeit und Einübung des Lernenden versichert, und darum geht da so viele Zeit verloren, und wie sehr bleibt der Geist da zurück, wo man unterrichtet, wie der Bauer seinen Sohn am Pfluge, der Handwerker seinen Lehrjungen, und mancher Lehrer seine Schule vor den Landkarten, Naturalien, Bildern, u. s. w.

Hiernach unterscheidet sich also die zeigende (deiktische) und redende (didaskalische) Lehrart, wenn man sie rein für sich betrachtet; beide aber lassen sich auch verbinden. Die erstere kann entweder Gegenstände oder Handlungen vorzeigen; im letzteren Falle rechnet der Lehrer bei seinem Vorthun auf den Nachahmungstrieb, z. B. wenn der Klaviermeister das Stück vorspielt, der Gymnast die Stellung und den Sprung vormacht, der Schullehrer das Lesestück zuerst mit Ausdruck vorlieset. Die redende Lehrform kann entweder den Gegenstand entwickeln, oder die auffassende Kraft des Schülers; im erstern Falle ist sie blos vortragend (docirend), im zweiten eigentlich erziehend. Obgleich auch in dem Jugendunterrichte manchmal der bloße Vortrag der Geistesthätigkeit des Lernenden angemessen seyn kann, so wird das doch nach den Gesetzen der Entwickelung erst auf einer höheren Stufe des Heranreifens statt finden, und also in der Regel das Dociren wegfallen. Es eignet sich für den wissenschaftlichen (thetischen), und nur wenig für den erziehenden (pädagogischen) Unterricht.

Hiermit ist auch schon die verschiedene Art bemerkt, wie das Vorsagen oder Vorzeigen im Unterrichten gebraucht werden kann. Ueberläßt der Lehrer den Schüler dabei ganz sich selbst, so ist das der Unterricht der Reife, sucht er aber den Schüler, zu ihm sich herablassend, so zu leiten, damit derselbe seine Kraft für das Erlernen des Gegenstandes gewinne, so ist das der Unterricht der Erziehung. Nur dieser hat Schüler, jener hat Zuhörer; dieser gebührt der Schule, der Kleinkinderschule wie der Hochschule, jener der Universität oder Akademie, und für den Hörsal geeignet heißt er auch der akroamatische Vortrag.

Es giebt noch Mischungen zwischen den beiden letzteren Lehrarten. Solche waren jene des alterthümlichen Styls für Lehrjünger, jene der Rednerschulen, jene aus dem Mittelalter noch fortdauernde der sogenannten Dictirmethode, jene aus neuerer Zeit, die man als die tabellarische Methode bezeichnete, u. a. m. Da alle diese Formen nur wenig dem erziehenden Unterrichte angemessen sind, so verweilen wir hier nicht weiter dabei, werden sie aber da, wo sie uns etwa für Einzelnes vorkommen, nicht übersehen *).

---

*) Die Gesch. d. Erz. enthält die Beispiele, so von Pythagoras I. S. 316 fgg., u. Andern II. S. 195 fgg. 288 fg. 294. 321 fg. 323 fgg. 326. 334 fgg. 369 fgg. 376 fg. 386 fgg. 437 fgg. 447 fgg.

Wir kehren zu dem erziehenden Unterrichte zurück. Für ihn giebt es drei Lehrformen, je nachdem die Mittheilung oder die Erregung vorherrscht, die erste nennen wir für diese Beziehung die didaktische, die zweite die heuristische, die dritte die erotematische. Denn der Lehrer läßt den Schüler entweder etwas auffassen, oder aufsuchen, oder wechselt mit beidem.

Läßt er etwas auffassen, so muß er das dem Schüler so geben, daß dieser es wirklich empfängt und innigst aufnimmt. Wir haben das schon im vorigen Abschnitte verhandelt, und werden bei den einzelnen Lehrgegenständen das Weitere angeben.

Verfährt der Lehrer heuristisch, so hat er nur etwas aufzugeben, oder auch das nicht einmal, sondern es etwa nur darauf anzulegen, daß der Schüler sich selbst die Aufgabe giebt; diese Lehrform heißt daher auch mitunter die problematische. „Sehet einmal, wie sich die Winkel in einem gleichseitigen Dreiecke unter einander verhalten!" so hörte ich einen Lehrer die Aufgabe mehreren Schülern ertheilen, und weiter sagte er nichts. Sie vertieften sich augenblicklich, ihre Schiefertafel in der Hand, in das Nachdenken, den Weg des Suchens wußten sie im Allgemeinen durch den vorhergehenden Unterricht; bald nun rief einer nach dem andern sein „Gefunden!" und als jeder den bestimmteren Gang, wie er

---

Zu dem, was dort von Joh. Sturm gesagt ist, fügen wir hier eine Stelle aus einem seiner Briefe an einen Lehrer: Sit omnium silentium, unus respondeat voce contenta et clara, ut ab omnibus audiatur; etiam tuam tu intendas, ut exaudiaris. Et tu interroga, et ille respondeat ex loco remotiore, non solum ut intelligant ceteri quid rogatum sit, et quid referatur, sed etiam, ut eandem rem, saepe repetitam recognoscant. Vitium magistrorum maximum (?) est, ad aures illius, qui rogatur, stare. — Daß manche akademische Lehrer für die Dictirmethode sind, wie Wyttenbach, Vita Ruhnk. p. 75., läßt sich begreifen.

es gefunden, angab, so fand sich auch hier noch Verschiedenheit. „Ich habe hier ein Insect — ruft der Lehrer seinem Karl zu — komm und siehe, was es wohl ist.“ Karl springt herzu: „Das ist ein Käfer — ja, es hat wirkliche Flügeldecken rc., es ist ein Coccinelle rc.“ Bei dieser Form hat er dem Aeußeren nach sehr wenig zu thun, so wenig, daß er vielleicht nicht einmal für einen Lehrer angesehen wird, aber im Inneren ist sein Geschäft desto schwerer. Denn er muß sich zurückhalten, er muß gleichsam vergessen, was er weiß, und vielleicht sein vordringendes Wort gewaltsam zurückweisen; dabei muß er genau den Entwickelungsgang des Schülers kennen, und ihn gerade an dem rechten Puncte anzuregen wissen; überdas muß er den Gegenstand so weit kennen, daß er weiß, was der Schüler darin richtig finden kann. Diese tiefe Kenntniß der Sache und des jungen Menschen, verbunden mit jener Selbstverläugnung bei einem unermüdeten Lehrtriebe, bezeichnet eigentlich den würdigsten Lehrer von Kopf und Herz und Talent. Es giebt wohl keinen entscheidendern Beweis für seine Vortrefflichkeit, als solche Geschicklichkeit in der heuristischen Form. Da ist das stille Wirken der bildenden Natur, wie die Sonne auf die sich entfaltende Knospe wirkt.

Nach den obigen Beispielen läßt der Lehrer den Schüler allein gehen. Er kann aber auch den Mitsuchenden machen; in diesem Falle entsteht diejenige heuristische Form, welche man die katechetische nennt, wir aber vorerst allgemeiner die erotematische nannten. Man erklärt sie gewöhnlich als die Weise, durch Frage und Antwort zu unterrichten, und legt ihr die größte Wichtigkeit bei. Mit welchem Rechte oder Unrechte dieses geschehe, müssen wir hier betrachten. Daß der Lehrer da, wo er mitsucht, von dem Schüler wieder erregt wird, und somit beide in ein wechselseitiges Verhältniß treten, welches äußerlich gleich ist, liegt am Tage. Hieraus folgt aber nun, daß dieses gegenseitige Erregen, das zugleich ein Mittheilen des Gefundenen ist, und dieses Mittheilen, das zu weiterem Suchen aufregt, unter der Form des Gesprächs erscheinen muß, denn das ist eben ein wechselseitiges Mittheilen der Gedanken, um irgend etwas zu finden. Wissen beide noch nicht, was gefunden wird, so ist die Unterredung ein freies Gespräch, worin keiner als Lehrer auftritt, jeder aber dem andern es wirklich ist, ohne daran zu denken. Ist aber einer bereits der Wissende, und will er sich vorjetzt nur seines Wissens entäußern, dann wird das Gespräch erst zu einer eigenen Lehrform, dem Dialoge, wie sich dieses am vollkommensten in jenen des Sokrates zeigt. Bei einem solchen Lehrverhältnisse muß nun jeder Satz des Lehrers fragend seyn, wenn er auch nicht in der grammatischen Form der Frage dastünde, denn er lenkt den Schüler darauf, daß er sucht, und verlangt von ihm, daß er das Gefundene sogleich mittheile. Vielleicht fragt auch mitunter der Schüler, und das giebt dem Dialoge einen lebendigeren Gang. Wenn aber nun der Lehrer seinen Schüler bestimmt fortführt, und von ihm beständig verlangt, daß dieser ihm sage, was er gefunden hat, dann verfährt er im eigentlichen Sinne katechetisch. Daher ist er hier allerdings immer der Fragende und sein Schüler der Antwortende, und jener erscheint durchaus als der Lehrer. Als Muster einer solchen Weise führt man jene Episode in dem Platonischen Menon an, wo Sokrates einen Sclaven durch Frage und Antwort selbst finden läßt, wie man ein Quadrat macht, das noch einmal so groß sey als ein gegebenes; obgleich auch hier jene Ueberführung von dem Nichtwissen vorkommt. Daß man aber das Katechisiren für die Sokratische Lehrform ansah, war eine Unkunde, die Verwirrung brachte. Denn die Ironie jenes Weisen mit seiner eignen Entbindungskunst*) war etwas ganz anders als die Herablassung

*) Μαιευτική, s. Gesch. d. Erz. I. S. 379 fgg. mit dem Weiteren über Sokrates.

des Jugendlehrers zum Knaben; sie hatte es mit Erwachsenen zu thun. Auch hat man den Werth der Katechetik allerdings in der neueren Zeit überschätzt, darum aber auch in der neuesten zu viel herabgesetzt. Sie ist nur eine besondere Anwendung der heuristischen Unterrichtsweise, und so giebt es eigentlich nur eine Katechisirkunst, die allerdings gelehrt und geübt werden kann. Einer großen Wissenschaft der Katechetik, wie man gemeint hat, bedarf es da nicht *). Ihre Hauptlehren sind kürzlich folgende: Katechisiren heißt durch Fragen, die der Lehrer thut, und durch Antworten, die er von dem Schüler erwarten kann, denselben in einem bestimmten Gegenstande unterrichten. Frage heißt nämlich ein Satz, der so ausgedrückt wird, daß er eine Antwort verlangt, sey nun diese die Ergänzung des Satzes, oder die bloße Erklärung über denselben, oder die Hinzufügung eines andern. Die Kunst zu fragen ist also hierbei die Hauptsache. Man hat die Fragen sowohl nach ihrem Inhalte als nach ihrer Form zu beurtheilen. Die materialen Erfordernisse sind Deutlichkeit, Bestimmtheit und Zweck-

*) Zuerst für den Religionsunterricht durch Luthers kl. Katech., dann durch Spener mehr praktisch, und so weiter bearbeitet, bildete Gräffe eine Wissenschaft der Katechetik in seinem Lehrbuche, 3 Bände 1795, welche sich aber nicht halten konnte. Wolfrath, Lehrb. einer allgem. Katech. 1807, und Versuch eines Lehrb. der rel. moral. Katech. und Didaktik 1808, unterschied bestimmter diese Lehrform von dem Religionsunterrichte. Verf. d. hat in seinem Lehrbuche für den Religionsunterricht, Katechetik von Schwarz, 1818, diesen Unterschied scharf zu beobachten gesucht. Gräffe's Verdienste für die Katech. als Kunst betrachtet, d. i. in der Angabe der Regeln, sind in dankbarem Andenken zu erhalten. Die vorzüglichsten Regeln der Katechetik 1810, sind (von Dinter) kurz und gut zusammengestellt. Seitdem kann man die Theorie dieser Lehrform als abgeschlossen betrachten. Muster dieser Kunst hat besonders Dolz in seinen Katechisationen aufgestellt, aber sie ist seitdem zu viel in eine leere Schulmeisterei übergegangen.

mäßigkeit, d. h. die Fragen müssen von dem Schüler verstanden werden, es muß immer nur Eine richtige Antwort möglich seyn, und sie müssen zum Ziele führen, ohne Lücke und ohne Abweg. Das formale Erforderniß ist, die Frage soll selten dialektisch, auch nicht oft disjunctiv, sondern in der Regel kategorisch seyn, d. h. sie soll nicht ein bloßes Ja oder Nein zur Antwort verlangen, auch nicht leicht ein bloßes Wählen zwischen vorgelegten Antworten, sondern ein entschiedenes eignes Urtheil, weil sonst die Selbstthätigkeit nicht genug angeregt würde. Hierbei sind auch Regeln zu beobachten, wie der Lehrer in seinem Fragen einlenke und es verändere, wenn keine oder nicht die gehörigen Antworten erfolgen. Eigentlich aber muß er auf diese sicher rechnen können, wenn er seinen Schüler kennt, und seine Disposition macht. Er hat zum Ziele, einen Begriff zu entwickeln, so daß der Schüler ihn selbst erzeugt; in welchem Falle die Katechisation etwas erfragt. Sie kann aber auch mehr examinatorisch seyn, wo sie blos abfragt. Das erstere ist das eigentliche Katechisiren; es läßt Begriffe und Urtheile entstehen, gehört also für die genetische Methode, d. i. für den erziehenden Unterricht, hat zunächst den Verstand zu bearbeiten, eignet sich für diejenigen Gegenstände, die aus der Seele selbst geschöpft werden, z. B. Mathematik, und ist hauptsächlich für das Alter von 10—14 Jahren anzuwenden.

Es läßt sich auch eine erotematische Lehrform denken, wo der Schüler fragt, allein sie ist wenig in dem Erziehungsunterrichte anzuwenden, da Kinder nicht zu fragen verstehen und sich nur damit zerstreuen, ältere Schüler aber sich viel damit wissen, den Lehrer ablenken, und nur von ihm zum rechten Fragen angeregt werden können. Die sogenannte tabellarische Methode*) wurde

*) Oder Literalmethode von Hähn und Felbiger seit 1777.

manchmal als ein klägliches Buchstabenwerk betrieben, allein zur rechten Zeit, besonders zu Wiederholungen gebraucht, ist sie nicht so geradehin abzuweisen. Denn es ist ein wahres Suchen und ein logisch übendes Finden, wenn man aus dem Stammbegriffe die einzelnen Zweige herauswachsen läßt, und weiß nur der Lehrer dieses mit jener Selbstverläugnung zu thun, die dem Schüler nicht vorgreift, so kann er ihn auf diese Weise dahin bringen, daß sich ihm in seinem Geiste selbst der ganze Begriff in allen seinen Theilen aus einander legt. Wo dieses anzuwenden seyn möchte, davon ebenfalls in der Folge.

Andere, untergeordnete Formen sind die synthetische und die analytische, jene läßt etwas aus den Elementen erwachsen, diese zerlegt es in dieselben. Wo und wie sie gelten, sehen wir am besten bei den Lehrgegenständen.

Eine eigene Art von einem Vorzeigen, welches aber im höchsten Grade heuristisch ist, findet sich in der symbolischen Lehrart. Sie läßt durch Bilder oder Handlungen die Vorstellung von etwas entstehen, welches durch jene Zeichen angedeutet wird. So lehrte Kyrus dort ein ganzes Volk durch einen Arbeitstag und einen Festtag. So lehrten Pythagoras u. A. durch Sinnsprüche ꝛc., so andere durch Bildertafeln; so die Aesopischen Fabeln, die Parabeln und mehreres nach dem Geiste der alten Welt. Die Lehrweisheit Jesu liebte diese Form. Vieles kann davon auch bei der Jugend benutzt werden, und es wäre vielleicht ein Gegenmittel gegen den Wortdienst im modernen Lehrwesen, der im Katechisiren nur zu sehr genährt worden. Ueberhaupt ist die Form für den erziehenden Unterricht Erregung der Selbstthätigkeit.

---

3) Das persönliche Verhältniß.

Das Verhältniß des Lehrers zum Schüler wurde schon oben als das des Vaters zum Sohne erkannt;

hier ist es nun genauer anzugeben. Der Lehrer ist der Vermittler zwischen seinem Geiste und dem Geiste des Schülers, um in diesem das entstehen zu lassen, was er als Idee in sich trägt. Also ist er gleichsam das lebendige Buch für seinen Lehrling, die Methode ist in ihm persönlich geworden, und individualisirt sich durch die angemessene Lehrform. Jenes Verhältniß ist also bei jedem Gegenstande des Unterrichts ein geistiges, und das giebt ihm seine Würde. Der gute Lehrer findet den rechten Ausgangspunct, wo sein Geist in das rechte vermittelnde Wort eingeht, und langt gerade in dem Puncte der Aufmerksamkeit des Schülers an, worin dieser am besten zum Auffassen erregt wird. Und so treffen Lehrer und Schüler in Einem Puncte zusammen, worin sie ihre Kraft vereinigen, und was der Schüler lernt, ist das gemeinsame geistige Erzeugniß in Stoff und in Form.

Die Person und der Charakter des Lehrers steht also in gewisser Einheit mit der Methode. Alles Unterrichten gedeiht nur unter Ernst und Liebe, das Herz und der Geist des Lehrers müssen hiermit zusammenstimmen. Auch muß er den ganzen Gegenstand so beherrschen, daß er in jedem einzelnen Theile ihn zu lehren und den Gang des Unterrichts genau zu ordnen weiß. Damit besteht indessen unter Umständen der Fall, daß neben dem Hauptlehrer, der allerdings die Sache vollkommen verstehen muß, noch ein Unterlehrer arbeiten kann, der nur das Einzelne zu wissen, und nur etwa ein Paar Schritte vor dem Schüler voraus zu seyn braucht; weil dann der eigentliche Lehrer durch diesen unterrichtet. Ja, es kann in vielen Fällen sogar besser seyn, weil ein solcher Unterlehrer einestheils dem Schüler näher steht, und anderntheils doch auch von dem oberen das Nöthige empfängt, und folglich als vermittelndes Organ wirkt *). Er könnte eine Annäherungsgabe besitzen, welche sich in

*) Wie dieses bei dem wechselseitigen Unterrichte vorkommt; hiervon unten im 3ten Theile.

das Gemüth des Schülers einläßt, die dem obwohl geschickteren älteren übrigens abginge. Denn der vollkommne muß den Gegenstand bis zur deutlichsten Einsicht besitzen, und zugleich sich zu dem Kinde, Knaben, Jünglinge mit liebender Selbstverläugnung herablassen. Selten ist dieses in einer Person und in gleichem Grade vereinigt, selten ist darum der vollkommene Jugendlehrer. Daher mögen lieber zwei Personen auf jene Weise die Einheit der moralischen vertreten, statt des Einen unvollkommenen. Das Alter des Lehrers kommt allerdings in Betracht. Für manche Gegenstände und manche Schüler ist ein bejahrter wirksamer als ein junger, für manche ist es umgekehrt besser. Als Regel scheint es gut, wenn sich das Alter und die Jugend in zwei Personen getrennt, aber in der Methode vereint den Schüler lehren.

Da die Methode das Allgemeine ist, wodurch der Unterricht nothwendig lehrend seyn muß, so ist sie das Gesetz des Lehrers, aber er muß es in sich aufgenommen haben, in ihm muß es lebendig seyn, völlig eins geworden mit seiner Person, und so muß es sich in seinem ganzen Geschäfte aussprechen, ohne Zwiespalt zwischen ihm und seiner Aufgabe ganz als Naturerguß, den keine Reflexion stört. Die Methode ist daher anzusehen als die innere Gesetzmäßigkeit des Lehrers, welche zugleich seine Freiheit ist; sie ist seine Virtuosität. Sie lebt in seiner Eigenthümlichkeit, und so hat allerdings auch der genialste seine Manier, d. i. seine individualisirte freie Gesetzmäßigkeit. Auf solche Weise ist sein Lehren natürlich, gemüthlich, schön und anmuthig.

So selten auch der geniale Lehrer ist, vielleicht fast so selten als der Bildhauer, so sollte doch wenigstens kein widriger, kein abgeschmackter, kein gemüthloser Mensch Lehrer seyn. Er ist in sich selbst dazu verdorben, und besäße er auch centnerschwere Gelehrsamkeit und wüßte von der besten Methode zu sprechen. Der Pedant war mit Recht immer der Gegenstand für die Geißel der

Satyre, er mag mit Latein, oder mit Schmetterlingen, oder mit der Schiefertafel auftreten; und das gebührt auch dem unfrommen und lieblosen; sein Thun ist nur das Ausstreuen eines tauben Samens und was sein Schüler lernt, hat dieser wahrlich nicht ihm, sondern irgend einer Freundlichkeit der Natur zu verdanken. Daher sollte man auch bei keinem Lehrer irgend einen Verstoß gegen den guten Geschmack, wie es z. B. manchmal in beliebten Späßen zu geschehen pflegt, kein irreligiöses Wort, keine Verspottung des kindlichen Gefühls, dulden. Ich wüßte kaum etwas, wodurch ein Lehrer sich strafbarer machte. Denn es ist nicht blos das, daß er damit die doch so nöthige Bildung des Geschmacks und der Religion frevelhaft zerstört, sondern es ist etwas noch weit Schlimmeres. Er zerstört den Bildungstrieb in seinem Lebenskeime, und seine Lehren sind Regentropfen, welche mit Gifte geschwängert auf die zarte Pflanze herab fallen, wenn sie auch eine Zeit lang in die Blätter treiben *). Auch mögen da weder die Musen noch die Grazien lange weilen. Man ist um so strenger verpflichtet, gegen solche Lehrerverbrechen zu warnen, da sie gerade dem Halbkundigen den Schein des Verdienstes vorlügen und geltend machen, und da man das innerste Heiligthum der Jugend gegen diejenigen am meisten schützen muß, denen eine Macht über sie zugestanden wird. Heil dem Lehrer, der seinem göttlichen Berufe mit ganzer Seele lebt! Und wenn gleich wenige jene Virtuosität haben, die einen Genius voraussetzt, so ist doch das, was die Wurzel dieses Wortes enthält, in der Natur und Freiheit des Mannes angelegt, und durch Studium und Uebung kann er sich die Lehrertugend erwerben. Viele junge Männer könnten sich zu wahren Lehrern bilden, wenn sie es nur wollten. Wenn man nur einmal die natürliche Lehranlage ausbildete, so würde sich das Gedränge der

*) Blätter, welche bald verwelken. Der 1te Psalm könnte ein Text auch für Lehrer und Schüler seyn.

unberufenen, die zum Verderben der Jugend angenommen werden, von selbst verlieren, und die Welt hätte sich der würdigen zu erfreuen. Das geistigste Geschäft will auch mit Begeisterung getrieben seyn, und wo kann diese höher und mächtiger wirken, als durch den Gottesgeist der Liebe? Je reiner er in dem Lehrer und Schüler waltet, um desto schöner gedeiht das Werk. Dieses verdient von mehreren Seiten eingesehen zu werden.

Der Lehrer erregt absichtlich den Schüler, denn in ihm liegt zuerst die Idee von dem, was in diesem entstehen soll; er sieht das schon im Geiste voraus, und auch die Art, wie es entstehen wird. Nun treibt ihn aber zugleich ein Verlangen, daß es wirklich werde, und er fühlt den inneren Beruf, hierzu selbst Hand anzulegen. So übernahm ein Sokrates seinen Xenophon und Platon *). Wenn nun der Lehrer in solchem Berufe den Zögling übernimmt, so muß er selbst vorjetzt auf alles verzichten, was er sonst weiß, weil er mit jenem anfangen und fortgehen will, er muß gleichsam alles, was er vor jenem voraus hat, ablegen, und nur so viel behalten, als zur fortgehenden Erregung dient, er muß sich zu ihm herablassen, und ihn mit freundlichem Ernste ruhig behandeln. Immer ist dieses eine Entäußerung, welche Mühe macht, eine Selbstverläugnung, worin aller Egoismus verschwindet, eine freie Vereinigung mit dem Andern, um dieses Andern willen, und das ist Liebe der höheren Art, eben jener Geist der wahren Bildung. Und wo kann er so tief und wahr, so licht und kräftig aus einem Lehrer herauswirken, als wenn dieser ein Christ, wenn er ein in Gottes Ebenbilde sich selbst verklärender Mensch ist, der es in dem Gotteskinde hervorrufen will, und in dem hohen Gedanken, daß solcher das Himmelreich sey, sie in allem, was sie lernen, dahin zu bilden sucht? Darum liebt auch der christliche Lehrer die Lehrgegenstände

*) Gesch. d. Erz. I. S. 384.

selbst. Zuerst treibt ihn diese höhere Liebe dazu hin, daß er den Schüler sucht; oder ganz naturgemäß: der Vater hat kaum das Kind auf seine Arme genommen, so wünscht er es auch an seiner Hand zu führen, und er freut sich darauf, allmählig seinen Geist zu entwickeln. Wenn das künstliche Verhältniß sich diesem natürlichen annähert, so wird der Lehrer sagen können: Ihr habt nicht mich, sondern ich habe euch erwählt. Dann flößt ihm auch diese Liebe immer den rechten Ernst und die rechte Gefälligkeit ein, womit er sein Geschäft fortsetzt, und läßt ihn eher nicht ruhen, als bis das, was er weiß und kann, auch seinem Zöglinge eigen geworden.

Der Schüler wird in seinem Bildungstriebe von dem Lehrer erregt, und das will er, so gewiß als dieser edle Trieb in ihm lebt, also in dem Grade, als er seine eigene Vollkommenheit liebt. Allein die Kraft möchte theils ungebunden hervortreiben, theils ist sie mehr oder weniger träge. Daher ist ihm die Anstrengung immer einigermaßen zuwider, und was der Lehrer an ihm thut, empfindet er mehr oder weniger als Zwang. Er muß also seine Trägheit überwinden und von reinem Eifer durchdrungen seyn, wenn er gut lernen soll. Da nun das sein Streben zur Vollkommenheit ist, und da er diese in dem Lehrer immer mehr schauet, in ihr auch seine eigne künftige ahndet, so wird seine Lust und Liebe zur Sache auch allmählig Liebe zur Person des Lehrers selbst, und je mehr sie dieses wird, um desto besser gedeiht seine Bildung. Nirgends kann daher diese besser erfolgen, als wenn schon kindliche Liebe ihn bereitwillig auf seinen natürlichen Führer achten ließ; und nur durch das Vertrauen auf diesen wird er dem andern Führer, welchem ihn sein Vater übergiebt, kindlich vertrauen. Bei seiner weiteren Entwickelung wird er, wenn er von der Idee seines Berufes ergriffen ist, den Mann, der ihn in demselben unterrichten kann, schon zum voraus verehren, weil er gerade in dem Manne desselben Berufs auch sein

Ideal erblickt. Auf solche Weise giebt es auch eine Liebe, welche den Lehrling vom Anfange mit dem Lehrer verbündet, aber dann desto mehr während des Unterrichtes wächst. Anfangs ist die Folgsamkeit mehr kindlich, sie bleibt immer Pietät, und wenn auch der Jünger geworden ist, wie sein Meister, oder mehr noch, so äußert sich seine Liebe gegen ihn nur desto mehr als Bescheidenheit und Dankbarkeit.

Dieses ist das rechte Verhältniß, unter welchem nur allein wahrhaft gelernt wird. Die Probe des ächten Unterrichts ist also nicht blos das, daß der Lehrling in dem Examen gut besteht; denn das kann, wo nicht etwa Gedächtnißwerk, doch Nachsprecherei und Wortwerk seyn. Was ist es denn auch in tausend Beispielen anders, als nichtiger Schein? Oder wer will es im Ernste behaupten, daß unser Gelehrtenstand, wo doch noch am ersten die Rede von Bildung seyn kann, auch wirklich gebildet sey? Nein, die ächteste Probe ist, daß Lehrer und Schüler Eines im Geiste geworden sind, und daß sie nun ein Zug der höheren Welt auf ewig verbunden. In den Sohn ist der Geist des Vaters übergegangen, und darin hat sich nun auch seine Originalität frei entwickelt, weßhalb der Vater sich wie ein Schöpfer seiner neuen Welt, worin er ein anderes und besseres Selbst erblickt, innigst erfreut. So erquickte sich der alte verfolgte Galiläi an seinem Viviani, und so winkt dort dem Meister seine Muse auf den Jüngling hin, welcher auf sein Gemälde schaut, und welcher jetzt glüht, den Einfluß seines Geistes zu empfangen; sie zeigt ihm in diesem, wie er selbst Jahrhunderte auf seines Gleichen zur Verherrlichung der Kunst fortwirkt, wie die gute That, das schöne Wort unsterblich fortstrebt, und verkündigt ihm so tröstend seine Apotheose. Dieses hehre Bildungsverhältniß ist schon manchmal im Gebiete der Künstler erschienen, warum so selten im Gebiete des eigentlichen Bildners? Wie viel schöner noch wird das Licht zwischen dem lehrenden Erzieher und dem lernenden Zöglinge strahlen!

Die Wirklichkeit zeigt freilich kein solches Beispiel auf, denn überall ist dieses selige Verhältniß durch den Egoismus mehr oder weniger gestört. Dieser macht, daß der eine lehrt, um etwas zu gelten, der andere, um recht zu haben, der dritte, um durch die Lehre nur selbst zu herrschen rc.; er hindert jeden, sich genug zu dem Schüler herabzulassen, und dessen freies Streben bildend genug anzuerkennen; er flößt ihm den Wahn ein, daß er damit alles geleistet habe, wenn er nur Lehrsätze dahin giebt oder sonst Aeußerliches in dem Andern aufstellt. Da ist an keine väterliche Zuneigung, an kein geistiges Erwerben des Lehrjüngers zu denken; und wenn ihm auch etwa das forthilft, daß der Schöpfer sein Geschöpf liebt, so wird ihm auch diese Freude zu oft verdorben, und nun will er das, was das Herz nicht bewirkt, durch Verweise oder Schmeicheleien erzwingen. Darum ist die wahre Liberalität des Lehrers eine so seltene Tugend, und darum überläßt der eine Lehrer zu viel der spielenden Freiheit, der andre engt seinen Schüler mit selbstischer Strenge nur ein. Unwissenheit und Ungeschicklichkeit, überhaupt Schwäche, setzen ihn vollends herab. Wenn er einmal dem Schüler Blößen giebt, so ist sein Ansehen oft auf immer verloren.

Nun erwächst aber auch in dem Schüler der Egoismus. Das Kind wird träge, es wird faul, es mag die dargebotene Hand nicht gebrauchen, es mag nicht hinaufschauen, und nun wird es dazu gezwungen. Da giebt es entweder Schläge oder Zuckerbrod. Aber der Zwang bewirkt Widersetzlichkeit, und die guten Worte zernichten endlich auch den Gehorsam. Das Lernen wird indessen immer mehr als Nothsache gefühlt und getrieben. Der Lehrer ist dem Knaben ein Uebel, wie dem schlechten Soldaten der Korporalstock, und wenn er ihn auch nicht etwa haßt, oder verachtet, so sehnt er sich doch nach der glückseligen Zeit, wo er ihn los zu werden hofft. Der Jüngling führt dieses fort, und je unbescheidener er seinen Lehrer behandelt, um desto höher glaubt er selbst sich erhaben. Gemeiniglich haben es auch beide mit einander verdient, denn solchen Fluch bringt der Egoismus. Darum hört man fast in allen niederen und höheren Schulen von gekränkten Lehrern und von einem unartigen Betragen der Schüler, als ob sie an jenen ihren Muth kühlen wollten; oder rühmen sie auch etwa den einen, so ist es doch oft nur, um den andern herabzusetzen, und auch dem verehrten Manne treten sie, sobald sie sich nur durch seine Lehre etwas fühlen, manchmal mit höhnender Lust auf den Kopf. So manche Erscheinungen in der gelehrten Welt widerlegen das gerade nicht. Zwar dort sagen sie; die Person ist nichts, die Wahrheit ist uns alles. Ja, sich halten sie für die Wahrheit. Glänzende Gelehrte, vielgewandte und kunstfertige Männer giebt es viele, aber was sind manche als Menschen? und sie, gerade sie, sollten doch die besten seyn. Was sie ihren Lehrern thun, begegnet ihnen dann auch selbst; drei Jahre glänzen sie, oder dreißig, oder auch einige mehr, dann geht vorüber ihre Herrlichkeit der Welt.

Schlimm ist noch dazu die Wechselwirkung zwischen der Schlechtigkeit des Lehrers und der des Schülers. Ist jener z. B. zornsüchtig oder zänkisch, so stört schon sein Anblick den Schüler und macht ihn muthlos oder gar widerspenstig; da sagt dieser denn seine Lection schlechter auf, wird verblüfft und verwirrt, reizt den Lehrer nur noch mehr und macht das Uebel ärger. Auch flößt jede andre Unsittlichkeit des Lehrers den bösartigen unter den Schülern nicht blos Abneigung und Verachtung, sondern auch Widersetzlichkeit, und manchmal recht boshafte, ein. Ist der Lehrer gut, und der Schüler schlecht, so sucht er ihn durch alles, was die Aufmerksamkeit gewinnt, was dem Gemüthe gute Gesinnungen einflößt, was ermuthigt und den Bildungstrieb verstärkt, möglichst zu verbessern, und es wird ihm in den meisten Fällen gelingen. Aber hierzu ist die ganze pädagogische Kenntniß und Geschicklichkeit des Lehrers nöthig, und nichts ist armseliger als sein ewiges Klagen über die Faulheit, Unachtsamkeit rc. der Schüler, denn alle diese Klagen fallen gewöhnlich auf den Lehrer selbst zurück. Dafür sollte er das Naturell und Gemüth seiner Schüler studiren und seine eignen Fehler im Unterrichten kennen lernen. Einige Beispiele: Ernst hört wohl Stunden lang ruhig zu, giebt auch leichte Antworten, aber mag sich nicht anstrengen, etwas selbst zu machen. Sein Lehrer docirt ihm vor, läßt ihn auswendig lernen, katechisirt ihn. Und so geht es von einer Lehrstunde zur andern alltäglich fort. — Karl sitzt auch in der Zwischenzeit gern ruhig, hat wohl ein Buch vor sich, lieset, sieht gedankenlos hin, und in der Schule sagt er die aufgegebene Lection ganz ordentlich auf, weil der Lehrer dafür sorgt, daß sie eben keine Mühe kostet. Er gilt für einen guten Schüler, aber wird er etwas lernen? So wenig wie jener. Sein stilles Naturell geht in Phlegma über; erhielt es eine kräftige Erweckung, so wurde er ein innerlich thätiger Mensch. — Bernhard, ihm in dieser Anlage ähnlich, hat dabei einen Hang zur Gleißnerei und Tücke; er hört den Lehrer an zum Scheine, und macht ihm seine Arbeiten zum Scheine, zugleich sucht er sich bei ihm auf schlaue Art geltend zu machen, ob er ihn gleich im Herzen haßt, und so lernt er eigentlich gar nichts. — Fritz ist von aufgeweckter Natur, aber er mag nicht gern viel thun. Während des Lehrens ist er zerstreut, und er faßt das Wenige kaum halb. Aber es wird ihm doch etwas zu machen aufgegeben, und er kann nicht umhin, er muß endlich an die Arbeit gehen, so lange er sie auch aufzuschieben sucht, und nun liefert er ein flüchtiges Etwas. Wie kann je aus ihm ein tüchtiger Mann werden? — Jakob hat einen entschiedenen Haß gegen den Lehrer, weil er gegen alle Zucht zügellos ausschlägt. Er muß sich zwar dem strengen Zwange fügen, aber wo er irgend kann, ist er geradezu widerspenstig, er ärgert sich über die Lehre, weil sie von diesem Lehrer kommt, sein Herz mag sie nicht, und was er davon annimmt, ist nur aus Noth. Ein Widersprecher mag wohl aus ihm werden, aber schwerlich ein gebildeter Mann. — Auf solche Art findet man Beispiele von mancherlei Form, je nachdem die Unarten sind, die der Lehrling an sich hat, schon bei gemeinen Anlagen: bei dem talentvollen Knaben ist es noch viel schlimmer. Seine Trägheit läßt es entweder nur bei dem Einen, das ihm leicht wird, und etwas anders mag er nicht lernen, oder wenn er in diesem Gegenstande, wozu er Talent hat, Unterricht erhält, so verschmäht er leicht die Regeln und die regelmäßige Uebung, in dem Wahne, daß ihm alles von selbst komme. Der geniale Jüngling ist am schwersten zu unterrichten, weil er schon als Knabe seinen eignen Weg gesucht hat, und vielleicht nicht verstanden worden ist, jetzt aber, wenn er auch verstanden würde, ist er durch den eignen Flug seiner Phantasie so verwöhnt, und findet da so vieles, daß er seine Trägheit beschönigt, alles andre verachtet, und so auch den Lehrer selbst, und daß er sich durchaus keine regelmäßige Anstrengung gefallen läßt. Denn nur die reine Liebe zu der Idee, womit ihn sein Genius begeistert, d. i. zur Vortrefflichkeit überhaupt, kann ihm den gewöhnlichen Unterricht, der ihn wenigstens aufzuhalten scheint, erträglich machen: der mindeste Egoismus aber wird den Hang zur Regellosigkeit in ihm dem Lehrer gegenüber verstärken. Wie nöthig ist also dem Lehrer, auch schon blos um des gedeihlichen und fröhlichen Unterrichtens willen, daß er ein guter Pädagog sey! Er wird selbst solche Schüler, die man sonst aufgiebt, oder noch mehr verdirbt, auf den guten Weg bringen.

Ist dagegen der Schüler guter Art so unglücklich, einen schlechten Lehrer zu haben, so wird er vielleicht diesen selbst verbessern, wenn er in seinem Fleiße, in seiner Bescheidenheit, in seiner Liebe unüberwindlich ist, und ihn so am Ende zwingt, selbst mit Lust und Liebe zu arbeiten. Es finden sich auch Beispiele der Art; wie ja manchmal ein gutes Kind den Vater oder die Mutter gebessert hat.

Von dem Lehrer soll eigentlich die Verbesserung des Schülers ausgehen, kommt ihm nun vollends von diesem die rechte Gesinnung entgegen, so erwächst zwischen beiden eine Sympathie, worin dieses Verhältniß beide veredelt, der Lehrer gewinnt durch den Schüler die Sache, dieser durch die Sache den Schüler fortwährend lieber, und jeder durch beides das hohe Ziel der Menschheit. So ist das Geschäft des Unterrichts auch für den Lehrer an sich schon bildend und würdevoll; es ist zugleich Erziehungsgeschäft und gehört zu der höchsten Lebensbestimmung. Je mehr der Lehrer von dieser Idee begeistert ist, desto demüthiger erkennt er auch seinen Beruf, und desto eifriger strebt er, ihn zu erfüllen. Auf solche Art bildet er sein Herz. Aber im Lehren lernt er auch. Was wir Andern darlegen, das legt sich auch uns klärer vor, und wir sind genöthigt, auch das festzuhalten, was wir sonst übersahen. Ferner beobachten wir da das Wissen und die Geschicklichkeit in ihrem Entstehen, wir sehen es in dem Lehrlinge lebendig werden, wir sehen, was da wird, und wie es wird: dadurch aber gewinnen wir, uns losreißend von eigner Manier und von Vorurtheil, freiere und richtigere Einsicht, und zwar nicht nur in die Sache, sondern auch in den Menschen und in dessen Verhältniß zur Sache. Endlich giebt sogar auch der Lehrling immer etwas dem Lehrer, indem derselbe mit jedem Handgriffe oder Worte die gespannte Aufmerksamkeit des Lehrers zu weiterem Nachdenken erregt, und in ihm neue Ansichten erzeugt; so lernt der Meister mit seinem Schüler, und das um so mehr, je mehr er Meister ist. Indem er also geistig empfängt, ist das Lehrgeschäft sein unmittelbarer Lohn. Da bedarf es denn auch keiner ausdrücklichen Verpflichtung für den ächten Lehrer, daß er sich für sein Geschäft immer mehr vervollkommne. Er wird sich sein Ziel von selbst immer höher stecken, um es dahin zu bringen, daß jedes seiner Worte ein Lebenskeim in der Seele seines Schülers sey, ja daß sein Leben selbst schon im stillen Daseyn in denselben geistig eingehe und als Lichtkraft wirke.

Eben deßhalb kann man den guten Lehrer gar nicht und nicht genug bezahlen, denn welche Schätze mögen diese göttliche Wirksamkeit aufwiegen? Aber darum soll man ihn für das äußerliche Bestehen anständig belohnen *).

Aber wir vernehmen eine starke Einwendung gegen alles jenes Freundliche im Verhältnisse des Lehrers zum Schüler. Wird die Kraft nicht am stärksten durch das, was ihr widrig entgegen kommt, zur Selbsterfassung aufgeregt? Sind es nicht meist feindselige Mächte in der Natur, welche den Menschen aus der Dumpfheit erweckten, welche Erfindungen und Cultur erzeugten **)? Und lehrt nicht noch immer die Erfahrung, daß Knaben, die mit den härtesten Schwierigkeiten zu kämpfen hatten, ausgezeichnete Männer wurden? Schüler von gehässigen, bösartigen Lehrern, große Gelehrte? u. s. w Wir müssen das zugestehen, ebenso, wie manchmal Kinder lasterhafter Eltern wohl gerathen, und sogar nicht kräftiger gegen das Schlechte verwahrt werden konnten, als durch das böse Beispiel des Vaters oder der Mutter. Aber sollen wir das nun als Erziehungsmittel vorschreiben, und lehren: „laßt uns Böses thun, damit Gutes dar-

*) Von Protagoras, der zuerst den Ehrensold einführte, und seinem Grunde hierzu s. Gesch. d. Erz. I. S. 426. Uebrigens ist die Besoldung der Lehrer doch alt.

**) Gesch. d. Erz. Einl. S. 15. 19 fg. Das Beispiel Trotzendorfs (II. S. 322.) ist eines der auffallenden, wie die Noth den Bildungstrieb stärkte.

aus komme?" Wir wollen sogar zugeben, daß oft die Erregung einer Opposition den Verstand, den Eifer, die Selbstständigkeit, die Einsicht mehr aufbietet, als ein sanftes, entwickelndes Einwirken, und daß insbesondere in höheren Schulclassen der Schüler sich mehr anstrengt, wenn ihm die Aufgabe noch durch eine gewisse Härte der Forderung ohne alle Herablassung des Lehrers geboten wird. Allein eben das zeigt uns auf den rechten Punct hin. Es soll nämlich immer das rechte Reizmittel, seiner Zeit also auch ein scharfes, angewendet werden, so wie es die Natur und der Charakter des Schülers gerade zur zweckmäßigen Anspannung seiner Thätigkeit bedarf. Und daß eben hierin nicht Ungerechtigkeit, nicht Haß, nicht Willkür, sondern weise Ueberlegung des Lehrers walte, und daß dessen Liebe hindurchblicke, daß sie auch wenigstens am Ende vom Schüler dankbar erkannt, daß dieser überhaupt zur Humanität in allem diesem gebildet werde, das, das können wir doch nicht anders wollen?

So bleibt das, was man den Lehrton nennt, die bildende Liebe des Lehrers. Diese als der Grundton soll durch alles hindurchsprechen, und in dem Gleichartigen des Schülers wiedertönen, ihn selbst auch dazu stimmen. Da kann und soll es denn auch nicht an Dissonanzen fehlen, aber auch nicht an dem Meister, welcher sie jedesmal zur Harmonie des Ganzen aufzulösen versteht. Solche Dissonanzen, — Mißklänge dürfen es nie seyn, — sind nicht nur die Bestrafungen des fehlerhaften Schülers, sondern auch die Belohnungen zum Aneifern der möglichen Lässigkeit. Denn das eigentliche Reizmittel ist das Lernen selbst durch die wahre Methode, der hierdurch gesteigerte Bildungstrieb. Indessen können sie so wenig entbehrt werden, als die Unarten ausbleiben; und auch der beste Schüler bedarf des wachsamen Mentors und mancher Warnung oder fühlbaren Strenge. Sie sind nur nach den Gesetzen der Reizmittel zu gebrauchen, nämlich ohne zu überreizen und ohne abzustumpfen. Rohere Schüler bedürfen härtere, aber so, daß sich eine Abnahme dieser Zwangsmittel absehen läßt, daß also z. B. auf den Stock das Carcer, auf dieses das Sitzenbleiben, hierauf der öffentliche, dann der Privat-Verweis, endlich die freundliche Erinnerung erfolge, zuletzt das Lob, welches überall mehr wirkt als Tadel, aber vielleicht gefährlicher, und gleich dem hitzigen Getränke nur sparsam ertheilt werden darf. Bei einzelnen Lehrgegenständen darf die Strafe oder Belohnung nicht das Ganze der intellectuellen und moralischen Bildung aus den Augen lassen, weil sich nun das nach der Individualität des Zöglings richtet, so läßt sich darüber sehr wenig allgemein verordnen, und Gesetze, die dem Lehrer hierin die Hände binden, so daß er einen Schüler wie den andern behandeln muß, wirken da sogar öfters der wahren Bildung ganz zuwider. Manchmal ist schon das ein Heilmittel, daß der Schüler in einem Gegenstande Fortschritte macht, und seines Kraftgefühls inne wird, wenn also der Lehrer z. B. den flüchtigen Kopf durch das, was ihn anspricht, fesseln kann, oder einen zerstreuten durch mathematischen Unterricht, nur ächtmethodisch ertheilt, zum geordneten Denken bringt, oder auch von der einseitigen Richtung zurückzieht, und also dem Schüler seinen Lieblingsgegenstand etwa so lange versagt, bis er seinen Fleiß genugsam den andern gewidmet hat. Hier eröffnet sich ein weites, noch wenig bebautes Feld für die Lehrweisheit. Aber auch ihr Anfang und Weg ist jene göttliche Liebe im ganzen Lehrgeschäfte. Auf diesem Wege wird jede Lehrstunde belebend, beseelend, begeistigend, indem der Unterricht lebendig, gemüthlich, vernünftig ist, und in dem Lehrer der Geist lebt, der in die Bildung des Schülers übergeht. Last und Lust bleiben in dem Lehrgeschäfte an sich so ziemlich im Gleichgewichte, aber der rechte Grundton giebt der Lust den Ausschlag, und der gute Lehrer fühlt schon zum voraus und in dem Fortgange immer froher den Schluß seiner Composition vom höchsten Style in der Vollendung seiner Idee, die in seinem Schüler erwächst. Der Grundton spricht sich dann wechselnd in Milde und Strenge aus als freundlicher Ernst.

Von den Lehrmitteln ist hier nur im Allgemeinen zu sagen, daß sie das Geschäft dem Lehrer erleichtern sollen; das Bestimmtere ergiebt sich bei jedem einzelnen Gegenstande. Man rechnet dahin sowohl die Bücher als die Apparate, nämlich Sammlungen, Werkzeuge, Abbildungen, Charten, u. dgl. Eigentlich ist es die Person des Lehrers, in welche alles ein- und von welcher alles ausgehen muß, und außer ihm ist die Welt das Buch. Das erkannte z. B. Comenius, führte aber seine Idee in ein Buch als die „gemahlte Welt" (Orbis pictus) über, und seitdem giebt es Bücher über Bücher für Kinder, denn schon zum Verstehen jenes Buches wurde wieder ein anderes nöthig; so giebt es nunmehr eine Bücherwelt für den Schulgebrauch. Wir werden also auch hier auf mehr Einfachheit zurückkommen müssen, um so mehr, da die lebendige Lehrerbildung selbst in unsern Zeiten ein Ersparniß an jenen Hülfsmitteln erwarten läßt.

Von Lectionsplanen wird erst im dritten Theile die Rede seyn.

Der Lehrer, wie er seyn soll, kennt vorerst das, was er lehrt, lernt aber auch immer besser seinen Schüler kennen, er versteht die rechte Lehrweise und wendet sie überall gut an, er übt sein Geschäft durch inneren Beruf getrieben, mit zunehmender Liebe und Kunst, und das in allen Zweigen, worin es ihm aufgegeben ist, sowohl in dem Grundunterrichte bei der Kindheit, als in dem Fachunterrichte bis durch das Jünglingsalter.

Zweiter Theil.

Didaktik;

oder

von den Lehrgegenständen.

Erster Abschnitt.

Der Grundunterricht.

Im Anfange ist die Kraft noch ungetheilt, und so treibt sie in dem Kinde zur Bildung hervor; sie wird in ihrem Ganzen erregt, ernährt und entwickelt. Je jünger das Kind, um desto mehr ist der Unterricht blos Gewöhnung und Uebung seiner Thätigkeit und Kraft an sich, also das, was wir den formalen oder vorbereitenden nennen. Er legt den Grund zu allem folgenden, indem er die Thätigkeit in ihrem Beginnen für ihr Ziel entwikkelt. Da liegen noch alle Anfangspuncte der künftig vereinzelten Kräfte zusammen, die Anfänge von allem, was mit der Zeit erlernt werden soll, weßhalb er auch oft Elementarunterricht heißt. Wir haben statt dieses Wortes lieber das obige gewählt, weil man die Elemente gewöhnlich als die äußeren Grundstoffe, hier nämlich der Lehrgegenstände, zu denken pflegt, z. B. die Buchstaben, wir aber hier vielmehr an die organischen Grundregungen, an die hervortreibenden Richtungen des Keimes, zu denken haben. Es wird nicht eine Anatomie des Objects verlangt, sondern das Subject selbst ist der Gegenstand, die Seele soll in Körper und Geist entwikkelt und gebildet werden, und so ist es psychologisch zu untersuchen, welches die Anfangspuncte alles Lernens in dem Kinde sind, wie sie ursprünglich zusammenliegen, wie sie zur Verzweigung aus einander gehen, und wie man sie gleichzeitig und nachzeitig zu behandeln hat. Wir müssen uns also auf die Entwickelung beziehen, die wir auch in dieser Hinsicht im 2ten Bande, 1te Abth. ausführlich aufzufinden suchten.

Man kann jene Anfänge (psychische Elemente) auf zweierlei Wegen betrachten, entweder indem man das, was gelernt werden soll, auf die Anlagen, welche zu diesem Lernen gebracht werden, gleichsam auf die organischen Grundfasern, zurückführt, oder indem man von diesen ausgeht, und sie hinausführt zu dem, was der Unterricht mittheilt, und innerlichst aufnehmen läßt. Immer muß die Brücke gefunden werden, auf welcher die Grundthätigkeit zur Aneignung des Gegebenen gelangt. Das ist von großer Wichtigkeit, von größerer als man vielleicht denkt. Denn hat man alle elementarische Anlagen oder vielmehr Thätigkeiten aufgefunden, und zwar von ihrem gemeinsamen Grunde aus, dann erst kann man wissen, was zu thun ist, wie, zu welcher Zeit und Stunde das Rechte der Erregung und Leitung geschehen müsse, um die Kraft rein aus sich selbst und vollständig zu bilden. Erst alsdann kennt man den ächten Elementarunterricht, der seiner Natur nach nicht atomistisch, sondern dynamisch, nicht mechanisch, sondern genetisch verfährt. Würden wir diesen Unterricht verstehen, so hätten wir das Mittel, jedes Kind seiner Natur und seinem Genius gemäß zu bilden, so daß in ihm der junge Mensch in seiner Wahrheit zu seinem Ideale heranwüchse. Diese Auffindung verlohnte sich noch mehr der Mühe, als der Stein der Weisen. Denn wäre es auch nur um alles, was der Unterricht mittheilt, in das Gold der Wissenschaft oder Kunst zu verwandeln, so wäre es schon der reichste Gewinn. Aber es ist noch weit mehr, denn es setzt den Menschen in seine wahre Kraftthätigkeit, d. i. in seine Tugend, und löset die Aufgabe der Erziehung. Das ist es auch, was die Methodiker immer bis zu der Aussicht auf eine Weltverherrlichung begeistert hat. Allein so ist es nicht in der Wirklichkeit, weil der Bildungstrieb nicht rein in dem Kinde hervordringt, sondern vom frühesten an mit dem Egoismus befangen, von Unarten gehemmt, durch das Böse befleckt ist; und so wird man nie jenes Wundermittel auffinden. Gewiß aber lassen die bisherigen Erfindungen und Fortschritte in dem Elementarunterrichte erwarten, daß man den Zusammenhang des bildenden Lehrstoffes mit der Vorbildung der Grundthätigkeiten entdeckt, einsieht und durchführt *). Eine würdige Aufgabe für unsere Zeit.

Die Sache hat eine mathematische Seite, als Verstärkung einer Kraft. Diese erfolgt durch die beiden Factoren: ihr Bildungstrieb, und das, was ihm zur Aneignung gegeben wird; das Product ist die Grundbildung. Diese ist nun weiter ein Factor, und der weitere Lehrstoff ein anderer, das Product ist die materiale Bildung, die Kunst oder die Wissenschaft, wodurch sich also die Menschenkraft gleichsam zu einer höheren Potenz steigert.

Nun erinnern wir an die beiden Hauptrichtungen dieser Kraft **); die auffassende (mathetische) und die

---

*) Die Alten haben so etwas wohl geahndet, aber weil da die Bildung mehr im Ganzen und Einfachen bestand, in jener Harmonie gesucht, die Pythagoras wohl am tiefsten begriffen hatte. Erst in der modernen Zeit der Atomistik wurde die Idee einer Elementarmethode hervorgerufen, bei Ratich, Comenius, Rousseau, Basedow, aber im Subjectiven und Dynamischen mehr bei Pestalozzi; s. Gesch. d. Erz. II. S. 475. Ins Schullernen ist sie eingeführt von Graser, und zu den neuesten Fortschritten von Denzel; s. dessen Erziehungs- und Unterrichtslehre für Volksschullehrer, 2 Theile.

**) Bei den Griechen die μουσικὴ und γυμναστική. Gesch. d. Erz. S. 365.; unsere Sprache sagt es durch die beiden fast gleichlautenden Wörter: das Kennen und das Können, die Kunde und die Kunst. In den Zeiten des Ritterthums hieß es von den Söhnen Heinrichs von Schwaben im 14ten Jahrh.: „Sy kunden schriben und lesen — Darzu turnieren und stechen — Und die sper ritterlich darstellende (technische). Wir haben also hiernach zuerst von jener zu reden. Sinn, Verstand, Gedächtniß, Einbildungskraft sind die vier Thätigkeiten, in welchen jene erste Hauptrichtung gebildet wird. Wir folgen daher dieser Eintheilung.

I. Sinnenübung *).

Die Natur dringt von allen Seiten auf die Sinne ein und fordert überall die Seele auf, sich den Eindrükken zu eröffnen. Die Seele nun nimmt diese auf, so wie sie in buntem Gemische einfließen, gewinnt dadurch einen unendlichen Reichthum innerer Fülle, und bildet sich so als die mitten in der Sinnenwelt stehende und sie beherrschende Menschenkraft. Wollte man nur Weniges in die Sinne des Kindes eingehen lassen, und seine Aufmerksamkeit nur an gewisse Gegenstände und an eine bestimmte Weise binden, so würde man die Kraft in ihrer freien Entfaltung beschränken und sie zur Armuth verdammen. Wollte man alles blos der Natur überlassen, so würde das Aufnehmen nicht gelernt, die Eindrücke würden verfließen, in ihrer Verwirrung das Gemüth selbst verwirren, und dem bloßen Sinnenreize hingeben. Der Mensch würde dann noch thierischer als das Thier,

---

zerbrechen;" und i. J. 1493 wurde von Markgr. Jakob von Baden (der 1453 starb) geschrieben (Hartm. Schedels Chron. übersetzt v. Alle) „— ein fürst under den Teutschen an Gerechtigkeit und klugheit hochberumbt. Der do erkennet das ime zu menschlicher seligkeyt nichts dann schriftlicher Kunst geprече, hat sein sunn zu lernung der schrift angehalten." Man sieht da den Uebergang des Alten zum Neuen.

*) Gutsmuths Gymnastik, Hergang, kleine Gymnast. der Sinne 1806, Spielschule zur Bildung der 5 Sinne, 1806.

welches doch durch seinen Instinct das hat, was ihm die Stelle unserer Aufmerksamkeit vertritt.

Der Unterricht muß also hier vermitteln, daß die Seele möglichst viele, richtige und fruchtbare Sinneneindrücke empfange, und sich hierin der Sinn selbst im rechten Auffassen übe und für die Humanität entwickle. Diese Uebung betrifft also nicht den Sinn allein, sondern den ganzen Geist. Vorerst freilich müssen die Sinnorgane in einem guten Zustande seyn, und dafür hat die physische Erziehung zu sorgen. Geübt werden sie nun in dreifacher Hinsicht, welche zugleich in drei Stufen der Bildung ausgeht. Die erste ist die unmittelbare Empfindung durch den Sinn, die Vorstellung, welche in der Anschauung besteht und dem Verstande zugeführt werden soll, damit sie Wahrnehmung werde. Z. B. das Kind sieht den Vogel, daß es dieser Vogel ist. Die zweite besteht darin, daß diese Vorstellung die ganze Sinnen- und Seelenkraft durchdringe, stärke und erhöhe; z. B. das Kind bekommt Freude und Geschicklichkeit in der Wahrnehmung der Gegenstände. Die dritte ist die dadurch erregte Vernunftidee, die zur ästhetischen Anschauung erhobene Wahrnehmung. Auf der ersten Stufe sind die beiden Factoren der Sinneneindruck und die Geistesthätigkeit, auf der zweiten diese einzelne Thätigkeit und die Geisteskraft; auf der dritten diese in dem Sinnlichen thätig und das Uebersinnliche einwirkend. Diese letztere findet nur in dem Grade statt, als der Sinn mehr geistig ist, eigentlich also nur bei den zwei oberen Sinnen, oder etwa wie ein Wiederschein bei den unteren. Zur Wahrnehmung sind alle Sinne geeignet, jedoch unter der Herrschaft der oberen. — Ohne Unterricht würde die sich selbst überlassene Natur vielleicht wohl manchmal einen dieser Zwecke, aber weder ganz, noch für den Endzweck erreichen.

Die Sinnenübung bezweckt demnach: 1) für die Wahrnehmung, daß jeder Sinn scharf und richtig, durch die Festigkeit der Kraft, daß er dabei leicht und viel durch die Empfänglichkeit auffasse, und diese Vorzüge vereinige; 2) für die ästhetische Anschauung, daß die Sinne zur Empfindung des Schönen gestimmt, insbesondere die beiden oberen für den Geschmack und das Gefühl gebildet werden; 3) für die Stärkung der Kraft, daß sie vermittelst der Sinne stärker, freier, für die Darstellung geübter, im Ganzen vortrefflicher werde. Die Wahrnehmung ist das Product, worin der äußere Factor, das Gefühl das, worin der innere überwiegt, beides vereinigt sich in dem mittleren zur Erhöhung der Kraft. Mehr Thätigkeit in der Wahrnehmung bezeichnet die gemeine, aber gesunde Seele, mehr in dem Gefühle, eine geistigere, die aber im Idealen ein Uebergewicht erhalten kann; jene ist mehr Werk der Natur, diese mehr der Bildung *).

Unser Karl wurde von seiner Kindheit an gewöhnt, Form und Farbe richtig zu sehen, die Gegenstände scharf zu unterscheiden, und, so wie er Sprache erhielt, dieses mit Worten auszudrücken. So ließen wir ihn unendlich viele Vorstellungen einsammeln, und seiner geübten Aufmerksamkeit wurde das immer leichter. Als 3jähriger Knabe weilte er mit Wohlgefallen vor der Blume; er wußte sie bald zu pflanzen, Schmetterlinge zu fangen u. s. w. So ist sein Geist aufgeregt worden, froh und frei steigt er in seiner Thätigkeit; und bis er ein 7jähriger Knabe ist, muß er mit Worten beschreiben können, was er sieht und hört, von der Natur sich angesprochen fühlen, auch in Zeichnungen und Tönen zu äußern versuchen, und mit erweckter, richtig geleiteter, kräftiger Empfänglichkeit die Welt in sich aufnehmen.

*) Die Lilie steht da; aber welcher Unterschied zwischen dem, der sie nur so sieht, und dem, der ihrer Pracht sich erfreut, oder dem, der das Bild der Unschuld und Freiheit in ihr erblickt, oder dem, welchem die Parabel von den Lilien auf dem Felde in den Sinn kommt!

Wird der Mensch in seiner Sinnenthätigkeit blos der Natur überlassen, so wird er, wie bemerkt, weniger hierin als das Thier: wird er zu viel darin geregelt, so wird seinem Gemüthe die volle Weltanschauung verschlossen, und es strömen weder genug Eindrücke in die Seele ein, noch erstarkt die Vernunft genug durch Aneignung des Reichthums zu ihrer Freiheit. Es giebt also eine gewisse Mittellinie, daß man weder zu viel, noch zu wenig in diesen Uebungen thue. Es müssen geregelte angeordnet werden, damit man gegen Trägheit, Einseitigkeit und Verwilderung zur Rechten erhebe; es müssen aber auch freie statt finden, damit der natürliche Bildungstrieb nicht beengt oder gelähmt, sondern in seinem Spiele fröhlich hervortreibe. Wie viel aber durch einen Unterricht nach Regeln bewirkt werden könne, beweiset die Erfahrung.

---

1) Der Gesichtssinn.

Er entwickelt sich am früheſten und iſt einer vorzüglichen Bildung in jener dreifachen Hinsicht fähig.

Karl sah in seinen ersten Lebenstagen nach dem helleren Puncte; wir ließen ihn nicht in ein zu helles Licht schauen, damit seine Augen nicht litten; durch den allmähligen Uebergang der Dämmerung zum hellen Tageslichte, wozu wir ihn schon in den ersten Wochen führten, gewann sein Gesichtssinn Stärke. Nun ließen wir ihn immer mehr Einzelnes nach den Graden der Hellung unterscheiden, und bald bemerkte er auch Formen und Farben. Jetzt gewöhnten wir ihn, das Einzelne so in die Augen zu fassen, daß er es wieder erkannte, und sich dessen freuete; wir zeigten ihm, so viel wir konnten, schöne Naturgegenstände, Vögel, Blumen, Bäume, und übten seinen Farbensinn, so daß er als 2jähriger Knabe wohl schon viererlei Roth unterschied. Noch ehe er sprach, sagten wir ihm bei vielen Gegenständen den Namen vor *), dann sprachen wir öfters fragend den Namen aus, und deuteten auf den Gegenstand hin; bald deutete er uns nicht nur den Gegenstand selbst an, sondern benannte ihn auch, und zwar ungefragt, oft von weitem. Dann führten wir ihn auch in den Mondschein, und ließen ihn da manche Gegenstände erkennen, wir wanderten mit ihm bis in die dunkle Nacht; der 3jährige Karl konnte schon im Dunkeln den Pfad finden, und er sah den Baumstamm nicht für einen Menschen an. Aber wir versagen ihm das schärfere Hinsehen auf das Kleine in der Dämmerung, weil das die Augen angreift. Dagegen lassen wir ihn manchmal neben uns zu dem Sternenhimmel hinaufsehen, wir machen ihn auf größere Sterne und auffallende Sterngruppen aufmerksam, und bald schauet er von selbst hinauf, befreundet sich mit diesem oder jenem hellen Sterne, poetisirt vielleicht dabei, und wir haben die große Freude, den wunderbaren Eindruck zu bemerken, womit das Firmament in heiliger Nacht schon auf die junge Seele wirkt. Mittlerweile ist er auch im Sehen in die Ferne geübt worden. In seinem 4ten Jahre erkannte er den Thurm auf einige Meilen weit, und den bekannten Menschen schon in beträchtlicher Strecke; dabei entging ihm nicht der Vogel im Fluge und der laufende Sandkäfer vor seinen Füßen. Wir übten ihn zugleich, das, was sich schnell bewegt, mit seinem Blicke zu fixiren, und unter mehreren sich durch einander bewegenden Gegenständen den gesuchten herauszufinden **). Da er mit uns Anhöhen bestiegen hat, da er von Felsen, vom Thurme

*) „Durch Benennung wird das Aeußere wie eine Insel erobert, und vorher dazu gemacht;" sagt die Levana.

**) Ein 3jähriges Kind erkannte auf ½ Stunde eine bekannte Person unter mehreren, hauptsächlich an der eben nicht lebhaften Farbe der Kleidung.

herabschauete, und manchmal klettert, so ist er auch gegen Schwindel gesichert; und sieht er nun z. B. den fortströmenden Eisgang des Flusses von der Brücke herab, oder aus der Kutsche die Bäume vorüber laufen, so wird sein Blick nicht mehr fortgerissen, und er hält immer wieder seinen Gegenstand fest. Dagegen gaben wir nicht zu, daß er sich schnell im Kreise herum bewegte; weil dieses dem freien Festhalten der Augen schadet, und eben so wenig gestatteten wir die Schaukel, weil diese äußere Bewegung weniger gesund ist als der Trägheit wohlthut.

Auf solche Art hat unser 7jähriger Knabe einen wohlgeübten Gesichtssinn. Wir fahren so fort, nun auch durch regelmäßige Uebungen.

1) Für die Wahrnehmung. Er muß nahe und ferne Gegenstände, und unter verschiedenem Lichte, erkennen; er muß in dem Gesichtsfelde alles bezeichnen; versteht sich im Anfange nur Einen Gegenstand, dann mehrere, und so fortschreitend zur zusammengesetzten Gruppirung; in immer weiterer Entfernung wird das Erkennen versucht, auch das Lesen; so auch, was mit dem Finger in die Luft geschrieben wird, und das bei immer geschwinderer Bewegung. Dann werden die Formen der Linien und Figuren bemerkt, benannt, gezeichnet, senkrecht, schief, kreisrund ꝛc., so auch die Farben. Endlich wird auch das Augenmaß geübt. Hiermit geht diese Sinnenübung in die mathematische über.

2) Für das Aesthetische. Karl sieht scharf die Umrisse des Blattes und des Baumes, und weiß sie abzuzeichnen; und da er dabei auf die eigentliche Form und Größe, wie die Gegenstände in dem Gesichtsfelde erscheinen, d. i. auf die Perspective aufmerksam gemacht wird, so lernt er auch Massen sehen und zeichnen, ohne durch das Denken des Wirklichen geirrt zu werden und das Malerische zu verlieren. An dieses gewöhnen wir ihn jetzt zugleich dadurch, daß wir ihm gemalte Landschaften vorzeigen, und ihn mit diesen die Erscheinung

der vor ihm liegenden vergleichen lassen. Mit 14 Jahren sieht Karl die malerischen Partieen und Gegenden, und sammelt sie auf seinen Wanderungen in sein Portefeuille. Der Sinn für das Symbolische wird hauptsächlich durch Gedichte erweckt *).

3) Für die Stärkung der Sehkraft sind außer den angegebenen Mitteln keine besonderen nöthig.

Einige Uebungen: Eine weiße Figur steht auf einer schwarzen Tafel, man läßt sie in näherer und weiterer Entfernung erkennen, allenfalls zum Wetteifer von mehreren Kindern zugleich. — Weiße Linien, und endlich Puncte auf dieser Tafel läßt man in der Ferne zählen. — Eine schwarze Scheibe mit weißer Mitte stellt man zur Zielscheibe für das Werfen, Bogenschießen rc. auf; sind sie hieran geübt, dann etwa eine gewöhnliche weiße mit schwarzer Mitte. — Man läßt das Kind die Sachen auf dem Tische oder in dem Zimmer genau ansehen, und wenn es sich entfernt hat, so verrückt man sie, ruft es wieder herein, und läßt es die Ordnung wieder herstellen. — Man läßt im Dunkeln einen nicht ganz unsichtbaren Gegenstand suchen, nur sey er nicht zu klein **). — Auf Spaziergängen werden die Entfer-

---

*) Eine einfache Parabel, ein Blumenbild wie in Göthes Distichen, und manchmal selbst höhere Poesie, z. B. die Klopstocksche:

„Schön ist, Mutter Natur, deiner Erfindung Pracht,
Auf die Fluren verstreut, schöner ein froh Gesicht,
Das den großen Gedanken
Deiner Schöpfung noch einmal denkt."

Indessen richte man seinen Blick auch wohl nach dem grünen Zweige hin, der sich vor dem blauen Himmel bewegt, als wolle er mit der kindlichen Seele sprechen; man zeige ihm, wie die Pappel hinauf deutet, man lasse sein Auge der fliegenden Farbenblume, dem Schmetterlinge folgen, wenn dieser von einer an ihrem Schafte festgehaltenen zur andern fliegt, u. dgl.

**) Rousseau, Emile I. giebt hierzu einige gute Spiele an.

nungen mit dem Gesichtssinne geschätzt, und zwar auch nach dem Lichtschimmer. — Die Farben des Regenbogens werden immer feiner unterschieden, dann die vielfachen Abstufungen jeder Hauptfarbe; und diese allenfalls nach bekannten Blumen benannt. — Dabei wird manches gezeichnet während des Sehens, bald auch erst nachher, und zugleich aus der Phantasie regelmäßige und schöne Linien und Figuren, welche man zur Uebung des Augenmaßes abtheilen läßt; aber sie werden auch mit wirklich vorhandenen verglichen, z. B. diese mehr elliptische, oder diese mehr leicht geschwungene ꝛc. mit einem bekannten Pflanzenblatte; auf ähnliche Art macht man es mit Farbenmischungen. — Beim Botanisiren werden Gewächse mit forschendem Blicke von weitem entdeckt; auf ähnliche Art Käfer im Sitzen, Schmetterlinge im Fluge beim Insectensammeln; auch die Ornithologie wird durch solche Beobachtung der Vögel im Freien angefangen. — Bei Musikübungen läßt man die Fingerbewegung des Spielenden sehen, angeben, nachmachen ꝛc., und so bei andern künstlichen Bewegungen; man könnte es dahin bringen, endlich dem Taschenspieler seine Kunst abzusehen. — Am Sternenhimmel lehrt man zuerst die Sterne der ersten Größe und die am meisten in die Augen fallenden Sterngruppen kennen, wiederfinden und beschreiben; dann geht man weiter zum Auffinden der 6ten oder 7ten Größe, oder zum Erblicken der Venus beim Sonnenscheine. — Alle Uebungen dieses Sinnes stelle man so viel möglich im Freien an. — Die vorzüglichste ist aber das Abzeichnen mit Worten. Das Kind sieht z. B. zuerst das Blatt, und beschreibt dieses im Sehen nach einer gewissen Ordnung, dann das ganze kleinere Gewächs, dann etwa den Baum, dann Baumgruppen, endlich die ganze Gegend, oder was sonst sein Gesichtsfeld ausmacht. Anfangs geschieht diese Abzeichnung mit Worten während des Sehens, nachmals mit abgewandtem Gesichte, endlich nach einiger Zeit zu Hause, z. B. als Wiederholung einer Fußreise. Damit können nun Handzeichnungen verbunden werden. Es ist zum Erstaunen, wie viel hierdurch das Kind nicht nur an Bestimmtheit, Richtigkeit und Schärfe in seinem Sehen gewinnt, sondern auch an Ordnung, Deutlichkeit, und überhaupt an Aufmerksamkeit, auch an Bildern für das Gedächtniß, besonders aber auch an dem Sinne für das Malerische. Eine vorzügliche Uebung, welche eben sowohl zum ästhetischen Zeichnen als zu den geographischen und mathematischen Vorstellungen unmittelbar hinführt.

Der Vortheil, welcher durch eine methodische Uebung des Gesichtssinnes erreicht wird, ist erstens material. Eine Menge der wichtigsten Anschauungen und Eindrücke werden so gefaßt, daß sie wahr, frisch und helle in der Seele bleiben. Dem Verstande wird so der nothwendige Stoff, dem Gedächtnisse die reichste Saat, der Phantasie der fruchtbarste Boden, und dem Gefühle das Feld des Schönen und Bedeutenden gegeben. Der Geist wird so durch den ersten und früheſten Sinn mit den Reichthümern der äußeren Schöpfung für seine innere ausgestattet. Der andere Vortheil ist formal, und vielleicht noch höher anzuschlagen. Wird das Kind dem natürlichen Hinsehen überlassen, so wird sein Blick träge, seine Seele sinnlich. Denn da wird keine Aufmerksamkeit geübt, außer durch die thierischen Triebe auf das Essen, und was ihm sonst dient, oder auch, was ihm Furcht einjagt; und so wird der oberste Sinn vom frühesten an in den Dienst der niederen Macht untergeben und eingewöhnt, er wird Sclave der Sinnlichkeit. Wenn das Kind alles darauf ansieht, ob man es auch essen kann, so darf uns die Thierheit im Blicke und in der Gier des Erwachsenen nicht wundern. Es kann nicht anders seyn, als daß hierdurch, d. h. wenn keine Bildung für das Sehen schon frühzeitig eintritt, die sinnliche Denkart herrschend werde; und so erklärt sich schon hieraus die Gemeinheit in der niederen Volksclasse und der edlere Sinn unter denen, welche das Glück einer guten Erziehung gehabt *). Hieran schließt sich der Vortheil einer freien Selbstmacht an. Durch den Gesichtssinn ist der Mensch von Kindheit auf der Natur hingegeben, in die Außenwelt gleichsam eingefangen, und ein Theil von ihr, so wie sie von ihm geworden. Dieses Einwurzeln und Einwachsen ist das, was die Gewohnheit zur andern Natur macht, und hieraus erklärt sich die Sehnsucht nach dem heimischen Berge, Hause, Herde rc. Da muß also eine Gewöhnung entgegenwirken, wenn der innere Mensch nicht soll gefesselt werden; das Kind schon muß geübt werden, in seinem Gesichtssinne frei zu seyn, und das Auge für den Dienst der Vernunft zu gewinnen. Gerade hierzu dienen jene Uebungen, sie führen dem Geiste die Außenwelt zu, daß er sie beherrsche. Auf diese Vortheile hat man bisher fast gar nicht geachtet; und das ist doch nur erst die negative Seite. Die positive ist nicht minder wichtig. Es wird die Aufmerksamkeit durch den Gesichtssinn am besten und frühesten gebildet, und es erweckt dieser

---

*) Nos ne nunc quidem cernimus ea, quae videmus; — — viae quasi quaedam sunt ad oculos, ad aures, ad nares a sede animi perforatae etc. Cic. T. Q. I. 20. — Der Morgenländer ist vielleicht noch mehr als der Europäer der Sinnlichkeit durch den Gesichtssinn hingegeben; doch sind auch dem letzteren die biblischen Redensarten, wie ἡ ἐπιθυμία τῶν ὀφθαλμῶν und Stellen wie Matth. 5, 29. genugsam verständlich, aber kaum reicht unser Gefühl dahin, um mit ihm die hohe Bedeutung von dem Schauen des Göttlichen, worin der Geist sein freies und seliges Wesen im Gegensatze gegen den Weltdienst errungen hat, zu erfassen, und also in der ganzen Tiefe der Bedeutung zu verstehen, was die Worte sagen: Licht, Auge, wie Matth 6, 22 fg. Joh. 3, 19 fgg. Gott schauen, wie in mehreren Stellen des A. T. Bes. Jes. 1, 1. 6, 1. Ps. 17, 15. Hiob 19, 26., und bestimmter im N. T. z. B. Joh. 1, 18. 14, 8 fgg. 1 Joh. 4, 12. u. a. m. Das θεᾶν trennt hiernach nicht so scharf das Praktische von dem Theoretischen, wie wir es in der Contemplation und dem beschaulichen Leben finden, denn es enthält ein Hingeben in den Dienst mit ganzer Seele. — Das führt noch weiter.

äußere Sinn den inneren für das Wahre, Schöne und Gute, und gießt gleichsam Heiterkeit in das Gemüth. Da nämlich der Gesichtssinn der klarste und bestimmteste ist, so gewöhnt sich durch ihn der Geist, dessen Innerstes sich überall durch das Aeußere der Sinne aufschließt, und gestaltet zum Denken des Wahren mit Klarheit. Schon die Sprache deutet dieses an, da sie das Wahrnehmen und Gewahren am meisten dem Sehen zuerkennt, wie umgekehrt das Sehen zum Einsehen und zur Scharfsichtigkeit der Urtheilskraft übergeht. Die Schönheit erscheint hauptsächlich dem Auge, damit aber dieses sie fasse, muß es ruhig, frei und scharf sehen: es muß zugleich die fließenden Linien, den Farbenschimmer, und die beleuchteten Massen malerisch zu schauen gewöhnt seyn. Unsre Uebungen bilden demnach unvermerkt, aber desto tiefer den Sinn für die schöne Natur, und führen durch diese zum reinen Geschmacke und zur überirdischen Welt. Schon aus dem Sinne für das Wahre und Schöne erschließt sich der für das Gute, aber auch unmittelbar kann jene methodische Uebung dahin führen. Denn in der Aufmerksamkeit des Auges erscheint die Freundlichkeit, und in beidem, wie wir oben sahen, das Erste der Tugend; das Auge ist ein Organ der Liebe, das nicht zur Lüsternheit oder zum Liebäugeln, sondern zur schöneren Verbindung der Seelen führen soll; denn der seelenvolle Blick strahlt aus reiner Tiefe durch ein reines Auge hindurch in Auge und Herz. Von Licht und Wärme verklärt spricht es ein ruhiges, freundliches Gemüth aus. Heiter sagt man von der Landschaft, wie von der Seele, worin sich jene spiegelt. Ordnung thut dem Auge wohl, Verwirrung macht unmuthig: was würde aber alle Ordnung helfen, wenn wir sie im Sehen verwirrten? Ein geübtes Auge sieht Ordnung in die Natur hinein, und erfreut dadurch das Gemüth. Die stille, sanfte Beschäftigung des Zeichnens, Stickens u. dgl. gewöhnt das weibliche Gemüth zum ruhigen Frohsinne; und der Umgang mit Blumen, die Befreundung mit Thal und Berg und Baum und Wald, das ruhige Weilen vor den Herrlichkeiten der Natur und der Kunst — welche Quelle der reinsten und lieblichsten Gefühle! Dann wandeln wir mit frommer Dankbarkeit unter den Schönheiten, welche uns umfließen, denn wir haben sie schauen, ja wir haben die tiefere Sprache gelernt, worin die Natur in unsern Geist spricht, bald tröstend, bald aussöhnend, bald entzückend, und ihn noch in höhere Welten versetzt. Es steht dann in der hohen Buche, die sich dem Mittagsstrahle entgegen breitet, in der majestätischen Eiche, die im ernsten Walde gebietet, in der hinaufdeutenden Pappel, über welche sich noch leise das Gold der Abendsonne hinzieht — es steht uns dann in allem, was sich dem Auge darbietet, ein Wort voll tiefer Bedeutung vor der Seele; Gott spricht zu uns durch die Natur, und seine Majestät erscheint uns im heiligen Lichte. — Platon, der sich durch seinen äußeren Gesichtssinn auszeichnete, schauete klar in die Ideenwelt *).

---

*) Gesch. d. Erz. I. S. 393. Das erinnert an den sinnvollen Mythus in den alten Orphischen Mysterien, den Plutarch. (Erot. p. 69. Wyttenb.) anführt, daß Eros ein Sohn des Zephyrus und der Iris sey; wobei Plut. schreibt: „Gleichwie die Knaben nach dem Regenbogen zu haschen suchen, so gehe die Liebe zum niedern Selbst auf das Sinnliche, das immer schwindet und nie befriedigt, indem das wahre Selbst sich nur im Spiegel sieht, und dieses Spiegelbild für das wahre nimmt; indessen werde doch durch das Körperliche die edle Liebe wie durch Refraction, auf das Göttliche und die übersinnliche Schönheit zurückgeworfen. Ficino stellt das vor als Leitung des Jünglings zu seinem Engel, und durch diesen zu Gott. Es giebt wohl nicht leicht ein schöneres Bild von dem Hinweisen in der Sinnenwelt zum Uebersinnlichen. (S. von Ficino Gesch. d. Erz. II. S. 233.) Man lese dabei jene Stelle in Plut. Erot. mit Vergleichung der altpers. Vorstellung von den Feruer und dem guten Dämon, wovon auch Platon sagt, daß er die Geburt des Kindes anordne, und sich seiner das Leben hindurch

2) Der Gehörsinn.

Dieser Sinn, den manche den der Vernunft, wie den Gesichtssinn den des Verstandes genannt haben, wird auf ähnliche Art gebildet.

1) Für die Wahrnehmung. Man läßt den Schall und Laut erkennen, Richtung und Entfernung beurtheilen, u. dgl., besonders aber auf die Sprache achten.

2) Für das Aesthetische eröffnen sich die Uebungen der Musik in den Tönen der Harmonie, u. s. w.

3) Für die Seelenkraft gewöhne man an leises Vernehmen, auch in starkem Geräusche an Horchen rc.

Wir hatten an Karl schon in seinen ersten Lebenswochen bemerkt, daß er den Gehörreiz empfand; nach einigen Wochen weiter vernahm er den Schall, und nun ließen wir ihn oft einen freundlichen Zuruf vernehmen. Er kannte bald die Stimme seiner Mutter, und hierauf auch die Stimme anderer Menschen. Und da er sich an einem Orte befand, wo er täglich mancherlei Geräusch hörte, so wurde sein Gehörsinn immer in einer gewissen Thätigkeit erhalten, aber noch nicht sehr angestrengt. Wir ließen ihn nur etwa, außer dem Reden, auf die Stimme des Hundes, der Kuh rc. in einiger Entfernung merken. So wie er laufen konnte, rief man ihm öfter von weitem zu, manchmal lauter, manchmal leiser, und so war er gewohnt als 2jähriger Knabe scharf aufzuhorchen. Dann ließen wir ihn mehrere Thiere an den Stimmen unterscheiden, wir brachten ihn auch manchmal zu einem stärkeren Getöse, z. B. in eine Mühle, und wir sagten ihm zuweilen etwas mit leiser, kaum vernehmbarer Stimme. Als 3jähriger Knabe kannte er schon manchen Vogel an seinen Tönen; und hörte er unter

---

als Führer annehme. (Cod. Leid. ad Plat. Alcib.). — Wir benutzen diese Veranlassung, um es nachträglich an die Gesch. d. Erz. Platon betr. anzuknüpfen.

mehreren lautredenden Personen die Stimme eines Bekannten, so gerieth er in Freude; mitten im Lärmen der Spiele entging ihm nicht das Wort seiner Eltern. Es ward ein Klavier in dem Zimmer gespielt, wo er sich oft befand; wir sahen, daß er manchmal aufmerksam darauf hörte, auch war er von Kindheit an gewohnt, lieblichen Gesang um sich zu hören: nun führten wir ihn öfter zum Instrumente und ließen ihn eine Reihe Töne nach einander hören, vorerst die Tonleiter, die Octaven, dann die Quinten und die Terzen, so daß sein Gehör diese Töne, wenn sie auf einander folgten, wohl unterschied. Mittlerweile hörte er auch manche leichte Melodieen, die er nachzusingen versuchte. Das war der erste freie Unterricht in der Musik. Nach einem Jahre war sein Ohr so geübt, daß er den harmonischen Dreiklang von Dissonanzen wohl unterschied, und nun erhielt er als 5jähriger Knabe förmlichen musikalischen Unterricht, besonders in dem Singen. Sein Gehör mußte auf verschiedenerlei Instrumenten, blasenden und Saitenspiel, die Töne erkennen. Von einer Windharfe vernahm er aus der Ferne schon den kaum noch hörbaren Klang. Aber wir sorgten, daß er kein betäubendes Getöse, z. B. keinen Schuß und keine Trommel, ganz in der Nähe vernahm, bis es sein Ohr allmählig vertragen konnte; und doch verwahrten wir ihn auch hier noch so viel möglich gegen solche Abstumpfung des Gehörs. Wie Karl 6 Jahre alt war, besaß er so ein wohlgeübtes Gehör. Wir ließen ihn nun immer feiner sowohl die musikalischen Töne, als auch jeden Laut unterscheiden, und er war bald im Stande, auch den leiseren zu erkennen und dabei die Richtung anzugeben, woher er kam. Auch mußte er öfters im starken Geräusche etwas anhören. — Dieses führten wir fort durch folgende Uebungen.

Die Augen des Hörenden werden verbunden, und er giebt den an, dessen Stimme er hört; weiter in einiger Entfernung im Freien werden Knaben nach verschiedenen Seiten hingestellt, und jener muß mit verbundenen Augen angeben, woher und von wem der Laut kommt; ferner: er muß, ohne es zu sehen, anzeigen, was er den Andern thun hört, z. B. wenn er sich niedersetzt, aufsteht, schreibt, die Feder schneidet, nach welcher Seite gerichtet dieser redet u. dergl. m.; oder: welcher Körper das ist, der den Laut giebt. Weiter: es wird in einiger Entfernung etwas gelesen, es werden Namen hergesagt rc., und dieses mit leiser Stimme, und der Horchende muß es wiedersagen. — Auf dem Klaviere wird ein Ton angegeben, ohne daß er es sieht, und er muß diesen Ton wiederfinden; oder: er giebt mit verbundenen Augen eine Reihenfolge von Tönen an; und so wie seine Stimme mehr geübt ist, singt er die Töne nach. — Die weitere Uebung ist: Anhören und Wiedererzählen des Gehörten; öfteres Zuhören beim Lesen der Gedichte, und Gewöhnung, etwas blos durch das Gehör auswendig zu lernen; auch mündliche Aufträge, und manchmal viel auf einmal.

Der materiale Nutzen der Uebungen dieses Sinnes besteht theils in einer Menge von seinen Vorstellungen, theils in dem Festhalten der andern Vorstellungen durch das Wort. Das Gehör erregt vermittelst der Sprache unmittelbar den Verstand, um den Gegenstand zu denken, es bereichert und begeistigt das Gedächtniß, es erregt die Phantasie bei den erhaltenen Bildern, und es eröffnet das innerste Heiligthum, um das Geistige zu vernehmen, denn in dem Gehöre entwickelt sich vermittelst des Wortvorraths hauptsächlich die Vernunft. — Und noch weiter: wer gut hört, vernimmt das Geistige nicht nur deutlicher und stärker, sondern läßt es auch tiefer in seinen Geist eindringen; er wird empfänglicher für das höhere Schöne und für das Uebersinnliche, und sein Geschmack wird mehr von dem Irdischen losgerissen; die heiligsten Gefühle werden durch das Seelenwort, mit Liebe gesprochen, aufgerufen; zugleich geht hierin die Aufmerksamkeit am frühesten in Besonnenheit, in Ueberlegung und in ein ergebenes Aufmerken auf den Willen der Menschen über; aus dem guten Anhören wird ein Horchen auch auf das leiseste Wort, und dieses führt, wie schon unsere Sprache andeutet, zum Gehorchen. Das Ohr vernimmt in dem Laute das Tiefste der Natur, und wird schon dadurch wunderbar angesprochen, aber es ist auch das Organ für die Geisterwelt. Wie der Morgenländer in dem Donner die Stimme Gottes vernahm, so vernimmt sie das Kind in dem Ausspruche der Eltern, und so jedes fromme Herz in dem Worte der Weisheit. Wer gewöhnt ist, auf das Wort des Andern zu merken, hat ein Gegenmittel mehr gegen den Egoismus. Ein Pythagoras erkannte in dem Zuhören ein solches Bildungsmittel, und in den Tönen eine Tiefe, welche zur Sphärenmusik erhob *). Gewiß eröffnet sich im Gehörsinne eine Bildung zur Seelenharmonie, zur Herzensreinheit, zur himmlischen Liebe und zum geistigen Leben, die noch lange nicht genug gewürdigt worden.

*) Gesch. d. Erz. S. 312. Wir fügen hier noch hinzu, daß sein Ausspruch, die Flöte wirke mehr zur sittlichen Bildung als die ganze Philosophie (Sext. Emp. adv. Math. 6.), auch Pythagoräisch will verstanden seyn. Sokrates ging noch in seinem Alter mit den Knaben zu dem Kitharöden Lampron in die Schule, weil es weniger schimpflich sey die Musik spät, als gar nicht zu lernen (Athen. Deipn. 14, 11.), und Plutarch. glaubte, ein frühzeitiger Unterricht in der Musik bewahre dem Menschen die Reinheit und Unsträflichkeit. — Wie viel das Geräusch der Stadt, der sanfte Naturlaut des Landes, das lärmende militärische oder sonst festliche Getöse, wenn man daran gewöhnt wird, in dem Volkscharakter wirke, verdient bedacht, und der glückliche Einfluß, den das Glockengeläute und der Kirchengesang unter uns hat, dankbar erkannt zu werden.

3) Der Geruchsinn.

Die Natur gab ihn dem Menschen zu einem höheren Zwecke als dem Thiere. Das Kind soll durch denselben 1) die nähere oder entferntere Gegenwart von Dingen wahrnehmen lernen, z. B. Rauch und Feuer, schädliche, heilsame Dünste ꝛc. 2) der reinen Wohlgerüche sich erfreuen, und zu einer gewissen stillen Theilnahme an dem Leben der Natur hingezogen werden; 3) sich stärken, auch üblen Geruch, wo es Noth thut, zu ertragen, unbeschadet der Feinheit im Riechen.

Wir bemerkten, daß sich dieser Sinn bei Karl nach seinem 3ten Jahre aufschloß, und suchten ihn vor Abstumpfung vom Anfange zu verwahren. Wir ließen ihn daher nicht an Orten sich aufhalten, wo Uebelgeruch die Luft erfüllte, aber wir verschonten ihn auch mit starken Wohlgerüchen. — In freier und reiner Luft sog er die balsamischen Düfte der Pflanzenwelt ein. Dadurch wurde er empfindlich gegen jeden übeln Geruch, und lernte dadurch Schädliches vermeiden; auch lernte er Gegenstände schon von weitem an ihrem Ausduften bemerken. Eben so ließen wir ihn durch starke Wohlgerüche nicht überreizen, dagegen gewöhnten wir ihn an den lieblichen Duft der Blumen.

Uebungen. Er sucht Gewächse auf blos durch den Geruchsinn; er lernt auch Insecten ꝛc. hierdurch aufspüren. — Mit verbundenen Augen muß er die in einiger Entfernung liegende Blume angeben, und zwar auch mehrere von einer Art, z. B. ob es eine dunkle Nelke war oder eine helle; oder er muß dem Papiere anriechen, was sich daran befindet oder befand. — Man trägt unbemerkt etwas vorüber, das er am Geruche erkennen muß. — Mit der Zeit übt er sich auch, die chemischen Bestandtheile durch diesen Sinn zu unterscheiden. Sein Organ werde von Kindheit auf rein gehalten, und nur späterhin mag es nun als Reizmittel gegen Kopfübel zu wirken erlaubt seyn, die Nase an den Gebrauch des Tabaks zu gewöhnen.

Die Physiologen haben uns manches über den Geruchsinn aufgeschlossen, manches aber noch nicht. Er liegt in der Mitte zwischen den oberen und unteren Sinnen, er verbindet Vergangenes und Gegenwärtiges, mitunter auch Kommendes, Entferntes und Nahes, verräth Leben und Tod, u. s. w.

Kant hat unrecht, daß er diesen Sinn für den undankbarsten und entbehrlichsten hält, dessen Verfeinerung eben nicht belohnend sey, weil er uns so oft wider unsern Willen Ekel und Unannehmlichkeit zuführe. Allein eben darum fördert er die Bildung. Denn er berichtigt den Geschmacksinn, um das Schädliche als widrig zu meiden, und flößt das richtigste Gefühl für Reinlichkeit ein. Schon material betrachtet giebt er uns eine Menge charakteristischer Merkmale, die wir durch keinen andern Sinn erhalten, z. B. dem Physiker und Arzte und manchem Handwerker; oft schon wurde z. B. eine Feuersbrunst durch einen feinen Geruch verhütet rc.; auch erhält er uns durch die naturgemäßen Wohlgerüche die Kindheit in einer wunderbaren Erinnerung fest. Aber die Ausbildung dieses Sinnes hat gewiß auch einen noch nicht genug erkannten formalen Nutzen für den Geist. Man nennt einige vorzüglich geistvolle Männer, z. B. Haller, bei welchem dieser Sinn ausnehmend scharf war. Ob nun gleich seine Schärfe gerade kein Zeichen von scharfer Urtheilskraft seyn kann, da es sehr verständige Menschen giebt, die diesen Sinn ganz entbehren, so muß doch die Cultur desselben mehr mit dem Geistigen zusammenhängen, als man bis jetzt noch bestimmt erkannt hat. Auch lehrt die Erfahrung, daß Gerüche die Nerven angreifen, daß Parfümerieen den Geschlechtstrieb reizen, daß Veilchen im Zimmer Schlagflüsse bewirken können; es wird also auch in dieser Hinsicht desto wichtiger seyn, daß man ihn nicht überreize, abstumpfe, verwöhne, sondern naturgemäß und mit Vorsicht ausbilde. Vielleicht wird dadurch etwas zur Verfeinerung der Urtheilskraft des Geschmackes und des reinen Natursinnes bewirkt, vielleicht wird durch ihn unvermerkt die Späh- und Unterscheidungsgabe auch in Hinsicht des Geistigen geübt, und jener feine Tact mehr entwickelt, der das weibliche Geschlecht auszeichnet, bei welchem eben dieser Sinn gewöhnlich feiner ist. Denn in dem äußeren Sinne entwickelt sich der innere; in einer naturgemäßen Ausbildung des Organismus muß jedesmal der Geist gewinnen, und wenn auch der unmerkliche Einfluß, den die Vollkommenheit des einzelnen Sinnes auf das Innere hat, uns noch nicht bekannt geworden, so dürfen wir ihn doch vermuthen. — Noch verdient es aber die Untersuchung der Naturforscher, welchen Antheil der Geruchsinn an manchen unaussprechlichen Gefühlen hat, und warum Wohlgerüche in Verbindung mit Musik so wunderbar das Gemüth ergreifen, wie man z. B. in katholischen Kirchen erfährt. Sollten nicht die Gerüche, da sie so wundersam, ohne die Substanzen zu verzehren, gleichsam wie beständig ausgesprochene Laute, bestimmt seyn, uns das innere Leben der Natur aufzuschließen und dem reinen Gefühle in den Wohlgerüchen gleich Tönen zu verkünden, und den Menschen liebend in das Leben einer reinen Schöpfung hereinzuziehen *)?

---

*) Weihrauch und Thierleben wurde von alten, auch gebildeten Völkern, den Göttern geopfert; und selbst in dem Offenbarungsvolke wurden dem Ewigen solche Opfer gebracht, und die bedeutsame Sprache des alten Morgenlandes sagt: „— zu einem süßen Geruche!“ Der Geruch des Lebens kehrt zum ewigen Lebensquelle zurück, und die ganze Erde ist sein Altar, auf welche die Lebensfülle immer neu herabströmen und in ihrer Frische dem Menschen entgegen duften soll.

4) Der Geschmacksinn.

Daß auch dieser Sinn für das Erkenntnißvermögen wichtig sey, lehren schon die vielen Wörter in den Sprachen, welche seine Wahrnehmungen bezeichnen, ganz besonders aber die chemischen Wissenschaften. Dem edlen Gefühle dient er mehr negativ, indem er gegen eine thierische Gaumenlust geschützt und zum reinen Wohlgeschmacke an gesunden einfachen Speisen gewöhnt wird; und in dieser Hinsicht möge er auf das hindeuten, was wir Geschmack im höheren Sinne nennen. Hiermit wird er denn auch für die Sinnen- und Seelenkraft geübt, sowohl durch scharfe Unterscheidung der Geschmäcke, als durch Erhebung über das Thierische ihrer Lust oder Unlust.

Unser Karl unterschied in seinen ersten Monaten wohl Süß, Bitter, Sauer, aber weiter übten wir ihn nicht, um ihn nicht von dem Natürlichen abzuziehen. Denn das ist gerade in dem Geschmacksinne sehr nothwendig, weil er die Auswahl der Speisen richtig leiten soll und den Magen nicht durch Lüsternheit des Appetites verwöhnen darf. Wir bildeten ihn also nur durch den Genuß einfacher Speisen, und verschonten die Zunge mit Salze und Gewürze, damit sie nicht abgestumpft und vor der Zeit für die stärkeren Reize empfänglich, folglich lüstern würde; deßhalb gewöhnten wir den Knaben auch gerade nicht an Zucker. Die Mehl- und Milchspeisen blieben ihm desto länger angenehm, und nur die Gabe, welche die Natur selbst wohlzubereitet jedem anbietet, besonders aber der Jugend, das Obst, ward sein Leckerbissen. Dadurch wurde sein Geschmacksorgan gut und rein erhalten, so daß er nun z. B. die Obstsorten aufs feinste unterscheiden kann. Wir stellen damit allerlei Uebungen an; er lernt z. B. auch das Wasser an dem Geschmacke erkennen, und so auch bei chemischen Untersuchungen die Salze, die Bestandtheile von mancherlei Mischungen u. dgl.

So könnte er z. B. in der Unterscheidung der Weine, in mancher Materialienkenntniß, in der Chemie 2c. vieles genau erlernen. Da es nämlich vieles giebt, welches nur durch den Geschmack erkannt wird, so hat die Cultur auch dieses Sinnes ihren materialen und formalen Nutzen. Vielleicht daß auf diesem Wege auch der Geschmack im geistigen Sinne eher seine Reinheit erhält; gewiß aber gewinnt der junge Mensch in sittlicher Hinsicht, wenn sein Gaumen nur im Dienste des Magens, dieser aber in dem der Gesundheit steht; wenn er nicht durch denselben in der Empfindung der höheren Sinne gestört wird, und wenn er ihn mit Freiheit zur Prüfung mancher Dinge anwenden kann.

---

5) Der Tast- und Gefühlsinn.

So niedrig dieser Doppelsinn auch steht, gleichsam mitten im Thierleben, so wichtig ist seine Cultur für die Humanität. Er ist vorerst eine Quelle von einer Menge Kenntnisse, die dem Menschen dienen, über die Oberflächen der Körper, über die uns umgebende Atmosphäre, u. s. w. genauer zu bestimmen. Er ist aber auch zweitens in dem unmittelbaren Dienste des ästhetischen Gefühls, theils negativ durch Entfernung von thierischem Genusse, theils positiv durch die Empfindung der wohlgeformten Oberfläche, durch das ausdrucksvolle Berühren der Saite, und durch das Wohlbehagen an reiner Luft in freier Natur. Er wird auch drittens zur Stärkung der Kraft geübt, im Ertragen von Hitze, Kälte und durch ein naturgemäßes Abhärten, auch gegen Körperschmerz.

Karl ist nie verhätschelt worden; dieser Sinn hat ihn also nicht dem Thierischen überliefert. Da der Knabe vielmehr an Ertragung von Wärme und Kälte allmählig gewöhnt wurde, und durchaus an Reinlichkeit, so ist jetzt sein Lebensgefühl naturgemäß, kräftigend für den Organismus und freimachend für den Geist. Um destomehr ist dieser Sinn in seinem eigenthümlichen Organe, in der Hand, geschärft und für die Wahrnehmung geübt worden. Karl hat als 7jähriger Knabe eine Menge von Vorstellungen durch ein verständiges Betasten der Körper erhalten; wir üben ihn darin weiter und lassen ihn auch die Flächen fühlen. Zugleich muß er immer mehr in jeder Temperatur aushalten lernen, wobei wir ihn jedoch vor Abstumpfung der Nerven verwahren *). Ist es möglich, so kommt er durch Reinlichkeit und Aufmerksamkeit dahin, auch durch das für die Lebensempfindung allgemein verbreitete äußere Gefühle den Wechsel der Atmosphäre, doch ohne in seinem Wohlbehagen gestört zu werden, zu empfinden. — Wir ließen ihn zur Uebung mit verbundenen Augen Münzen zwischen den Fingern erkennen, erst gröbere, dann feinere; ferner ließen wir ihn die Zahl der Blätter eine Buches zwischen den Fingern schätzen; auch mußte er ein Gewächs blos nach dem Anfühlen erkennen und beschreiben, besonders dabei auf die Härchen und Wimpern merken; endlich auch die vor das Gesicht gehaltene Hand, oder was es sonst ist, in einiger Entfernung verspüren. So auch ließen wir ihn nach und nach Personen erkennen, indem er ihr Gesicht befühlte; so den Körper, den wir ihm unter die Finger gaben; endlich auch das Blatt, ob es beschrieben oder unbeschrieben war — und er kommt vielleicht dahin, eine erhabene Schrift mit den Fingern zu lesen. Zugleich mußte er allerlei mit den Fingern machen, ohne es zu sehen, unter andern: man führt ihm die Hand, und er sagt von selbst, was er schreibt; auch schreibt er im Dun-

*) Wir wollen auch keine Spartanische διαμαστίγωσις (Gesch. d. Erz. 277), aber der Knabe soll doch den Schmerz einer Wunde eher verbeißen, als dabei weinen; und wer in der Welt, wo es wenigstens viel Zahnweh giebt, seine Leiden nicht vermehren soll, muß schon als Kind nicht wehleidig seyn.

keln; er schneidet im Dunkeln etwas aus, oder verfertigt in Thon etwas u. dergl. m. Hierzu besonders die musikalischen Uebungen, im stärkeren oder schwächeren Niederdrücken des Klavis, oder der Saite. Um Kälte und Wärme nach Graden zu unterscheiden, wird Wasser von verschiedener Temperatur genommen, und etwa nach einem Thermometer taxirt; auf ähnliche Art wird in der Hand das Gewicht geschätzt.

Eine Menge Wahrnehmungen gewinnt so der junge Mensch, wodurch seine Bekanntschaft mit der Außenwelt erst ganz vollständig wird. Aber ein großer Vortheil ist es auch, daß er Schein und Sinnenwahrheit zu unterscheiden sich gewöhnt, und den Sinn sowohl für plastische Schönheit als für musikalischen Ausdruck mehr entwickelt, und ihm mehr Zartheit und Richtigkeit einübt. Wir können dabei erwarten, daß das von außen reinlich gewöhnte Kind ein Zartgefühl für Seelenreinheit erhalte, und daß also insbesondere der weiblichen Jugend solche Uebungen — wie sie ja auch mehreren weiblichen Arbeiten angehören — nützlich sind. Gewiß ist es auch, daß die methodische Behandlung dieses niederen Sinnes die Seele für die oberen desto freier erhält. Von Alterthumskennern erzählt man, daß sie die Schönheit der Statuen mit der Hand empfinden konnten. In dem Streite der plastischen Kunst mit der Malerei erkennt der Blinde jener den Vorzug zu.

Der Magnetismus steht zunächst mit dem Gefühlsinne in einer gewissen Verbindung, aber es ist ein noch lange nicht genug erklärter, und der Somnambulismus ein krankhafter Zustand.

Oft ist es der Fall, daß der Mensch einen Sinn entbehrt, oder eine natürliche Schwäche daran erleidet. Er wird damit viel und auch Geistiges entbehren, wie es leider die sogenannten viersinnigen Kinder erfahren, denen entweder die Gesichts- oder die Gehörvorstellungen fehlen *). Wo die beiden oberen Sinne zugleich fehlen würden, da könnte sich nur ein animalisches Daseyn ergeben; wo einer der unteren mangelt, wie z. B. Manchen der Geruchsinn, oder wo der Gefühlsinn abgestorben wäre, da bemerkt man gerade keine Nachtheile für die Geisteskraft, allein daraus folgt doch nicht, daß sie nicht mit der Cultur derselben zusammenhängen. Zwar wird der fehlende Sinn durch die vorzügliche Ausbildung eines andern insoweit ersetzt, daß seine Vorstellungen leichter entbehrt werden, z. B. das Gesicht durch das Gefühl; auch wird durch eine vorzügliche Geisteskraft dennoch vieles geleistet, was bei den gewöhnlichen Naturen erst des stärkeren Reizes von außen bedarf, z. B. die Heiterkeit eines Blindgebornen, die Seelenreinheit eines armen Mädchens, das im Schmutze aufwuchs; und endlich hat gewöhnlich derjenige, welcher alle Sinne im gesunden Zustande besitzt, sie doch darum nicht zum rechten Gebrauche geübt, und wird von dem vielleicht übertroffen, der nur vier hat, aber mit seinen wenigeren Pfunden desto mehr wuchert. Es wird also allerdings der Fall manchmal seyn, daß ein Mensch mit natürlichem Mangel eines Sinnes die inneren Vorzüge in weit größerem Grade besitzt, als der andere, aber darum dürfen wir weder die Vortheile der Cultur jedes einzelnen verkennen, noch die Wichtigkeit ihres Zusammenseyns geringer ansehen.

Für die ganze Bildung des Menschen ist es also um so mehr nöthig, daß der Mangel des einen Sinnes

---

*) Dieses gilt hauptsächlich von denen, welche die Sprache entbehren, dagegen haben sich manche, die das Gesicht vom Anfange entbehrten oder früh verloren, geistig und besonders in der Tonkunst ausgezeichnet, wie (Homer und Ossian?) Milton, Galiläi, Euler, Pfeffel, von Baczko, der Flötist Dulon, die Virtuosinnen Kirchgeßner und Paradieß, der edle Altdörfer u. a. beweisen.

durch einen andern Sinn möglichst ersetzt werde, z. B. daß der Taubgeborne durch das Gesicht und das Gefühl in dem Mundorgane die Vorstellungen, welche eigentlich das Gehör giebt, so viel möglich erhalte. Es ist höchst erfreulich, wie weit man es in der Bildung der Taubstummen gebracht hat, sowohl theoretisch als praktisch *). Nicht minder erfreuliche Fortschritte sind der Menschenfreundlichkeit für den Unterricht der Blinden, auch der Blindgebornen, in den neuesten Zeiten vergönnt worden. Der Tast- und Gefühlsinn wird bei ihnen dahin ausgebildet, daß er Eindrücke gewährt, welche den Gesichtsanschauungen, man möchte fast sagen, nahe kommen. Man suche allen diesen Unglücklichen so viel möglich eine innere Quelle zu eröffnen, aus welcher ihnen Sicherung gegen Unmuth, und auch so viel möglich Entschädigung fließe. Der Blinde ist nicht selten von fröhlicher Gemüthsart, und der Taubgewordene von verdrießlicher. Jenem ist nämlich eine liebliche innere Welt in seiner Phantasie, und unter dem geistigen Einflusse der so lieben Menschenstimme aufgegangen: dieser dagegen entbehrt die Annehmlichkeiten des Gesprächs, und wird doch jeden Augenblick daran erinnert, indem er die Menschen um sich sieht und indem die äußere Welt ihm das Leben in der inneren der Sprache verdeckt. Dazu kommt, daß in den Gesichtern weit mehr Verdrießliches gelesen als in den Reden gehört wird. Wenn man also dem Tauben recht wohlthun will, so erscheine man ihm nur freundlich und

---

*) Seit jenen Spaniern Ponce und Bonet (Gesch. d. Erz. II. S. 504., sind die Namen von Holden und Wallis (in Engl. 1696. 1653.), Ammann (in Holland 1692.), de l'Epée (in Paris gest. 1790), Heinicke (in Leipzig), und dessen Nachfolger Petschke, Eschke (in Berlin), Stork u. May (in Wien) Pfingsten (in Kiel), Keller (in Zürich), Arnoldi (in Großenlinden bei Gießen, gest. 1783), als praktische Lehrer für Taubstumme dankbar zu nennen, wozu noch als Theoretiker kommen: Cäsar, Arnemann, Wolke, u. A.

dem Blinden rede man aus theilnehmendem Herzen; diesem werde der Geist für das Poetische, Musikalische gebildet, jenem für die Gesichtswelt, beiden aber für die Kenntnisse, deren sie fähig sind, und zugleich zur Frömmigkeit und Menschenliebe, so erhalten beide ziemlich oft viel Entschädigung und ein frohes Gemüth.

Der Taubstummen-Unterricht kann entweder von der Sache ausgehen, oder von dem Worte, oder von beidem vereinigt. Nach der ersten Methode bedient sich der Lehrer besonders der Geberdensprache, nach der zweiten der Schriftsprache, nach der dritten sucht er jene mit dieser geschickt zu associiren, und die Gehörvorstellungen der Wortsprache zu bezeichnen. Daß diese letztere am weitesten führt, ist offenbar, aber die beiden ersteren möchten doch wohl methodisch als Vorbereitung vorausgehen *). — Der Blinden-Unterricht **) hat es leichter, weil er sich sogleich des Hauptmittels der Bildung, der Gehörsprache, bedienen kann, und zwar bei einer schär-

*) Die erste Methode war die des Abbé de l'Epée, woran er die Wortsprache nur äußerlich anknüpfte, so daß diese leer blieb, anschauungslos, und man ihm den Vorwurf machte, er bilde bloße Copisten. Sein Nachfolger an dem Pariser Institute Sicard verbesserte diesen Grundfehler durch jene dritte Methode, nachdem die zweite auch von einzelnen mit nicht geringen Schwierigkeiten angewendet worden. Diese Methode, welche er in seinem Cours d'instruction d'un sourd-muet etc. (1800) theoretisch entwikkelt, und in seiner Anstalt praktisch bewährt hat, besonders durch seinen trefflichen Schüler und Nachfolger Massieu, möchte sich wohl als die richtigste vollenden. Wir verweisen auf ein Hauptwerk: Allgemeine Taubstummen- und Blinden-Bildung, besonders in Familien und Volksschulen von M. W. F. Daniel, Pfr. zu Zuffenhausen bei Stuttgart, 4 Bände 1825 fg., für Obiges bes. I. S. 13 fgg.

**) Als Schriftsteller über den Blinden-Unterricht haben sich vor den eben angezeigten verdient gemacht: Wolke, Baczko (selbst blind) Klein, Hauy, Struve, Altdörfer, und vornehmlich Zeune rc.; die beiden letzteren durch ihre Institute in Schaffhausen und Berlin wohlthätig.

feren Aufmerksamkeit des Zöglings in seinem Hören. So werden die durch den Gefühlsinn eingehenden Vorstellungen deutlicher wie bei dem Sehenden bemerkt und begriffen. — Der Unterricht solcher, die früher hörten oder sahen, nähert sich dem gewöhnlichen an. Man sollte übrigens auch sehende Kinder dahin üben, daß sie bei Augenübeln im Stande wären z. B. zu schreiben, ohne die Augen zu gebrauchen.

Ein Hauptfehler bei den Vollsinnigen ist, daß ein Sinn zum Nachtheile der andern verstärkt wird; z. B. die Menschen ohne gute Erziehung werden meist von dem Geschmacksinne beherrscht, auch sind in ihrer Seele die Vorstellungen des körperlichen Gefühls näher als die des Gesichts, und die Gesichts- und Gehörvorstellungen dienen ihnen wiederum nur für die gröbere Sinnlichkeit. Daher kommt es, daß der Mensch von dem gemeinen Schlage nur das Handgreifliche begreift, das Augenscheinliche einsieht und das Grobsinnliche wählt. Man vernachlässige also keinen Sinn, jeder werde für seine Bestimmung gebildet *), aber man übe sie alle so, daß die oberen die Herrschaft behalten. Doch auch hier ist Vorsicht nöthig. Die unteren Sinne dienen den oberen zur Berichtigung; würde z. B. nicht durch den Gefühlsinn die Vorstellung von dem Körper und der Entfernung erhalten, so hätte das Auge nur den Schein vor sich, und das verleitete zu einem falschen Urtheile über die Wirklichkeit. Die unteren Sinne geben am meisten das Reale; durch ihre Cultur lernt man daher auch am besten über

*) So z. B. ist für die Musik der Gehörsinn bestimmt, so wie für das Aesthetische der Formen das Auge; in beiden wird dann das Uebersinnliche der reinen Verhältnisse empfunden, und der tiefe Zusammenhang von Licht und Laut wird durch die Chladnischen Schallfiguren angedeutet. Aber die Idee einer Farbenmusik mußte man aufgeben; oder sollten wir noch gar an eine Musik der Gerüche und Geschmäcke denken? Allenfalls noch die, welche der Harmonikaspieler in seinen Fingerspitzen fühlt.

dasselbe urtheilen, aber man fesselt sich auch daran, und dann leidet Verstand, Gedächtniß und Geist. Die beiden oberen eröffnen den inneren Sinn für das Ideale, ihre Cultur zieht daher aufwärts, aber ist sie einseitig, so verliert sich die Wahrheit der Sinnenerkenntniß, und so giebt es leicht einen Schwärmer. Wird z. B. der Gesichtssinn in Verbindung mit den unteren vorzugsweise geübt, so gewinnt die Anschauung und der Verstand, wie auch das Gedächtniß, doch aber bleibt beides ziemlich geistlos, es giebt etwa Buchstabenmenschen; die Phantasie bleibt zurück. Der Gesichtssinn, wenn er zugleich zum Idealen erhebt, erhält dagegen die Phantasie blühend und geordnet, folglich in ihrer Schönheit, und das Gemüth in seiner Haltung, begünstigt also auch die Tugend. Wenn die Herrschaft des Gehörsinnes dem Menschen mehr Tiefe giebt, er sey nun Musiker, oder Poet, oder überhaupt dem Uebersinnlichen zugewendet, und wenn sie sein heiligstes Leben aufregt, daß es sich in das äußere ergießt und nicht selten verliert, so führt die des Gesichtssinnes mehr zur Oberfläche hin, aber auch mehr zur Stille und zur reinen Gestaltung. Wie nöthig ist also zur wahren Erziehung, daß man alle Sinne cultivire in reiner Harmonie! Jeder wird auch alsdann vollkommen frei, denn nur in Allseitigkeit der Kraft reißt sich das Einzelne aus dem befangenen Zustande los; und so gelangt erst in der Ausbildung aller Sinne jeder einzelne zu seiner wahren Vollkommenheit. Nur so gewinnt durch die Sinnenübung der ganze Mensch; und hier kann man so recht sehen, was Bildung heißt, und wie sie in der Naturentwickelung rein und gut gestaltet.

Es sind also regelmäßige Uebungen nach den Gesetzen der Methodik anzustellen, vorerst für den Gesichtssinn, dann auch für den Gehörsinn, erst beide gesondert, bald aber vereinigt, und so weiter mit den übrigen Sinnen, einzeln und in Verbindung. Man kann schon mit dem 4jährigen Kinde bestimmte Lectionen hierin anfangen, die bis zu dem Alter von etwa 8 Jahren immer geregelter fortgesetzt werden, wobei jedoch die freien, z. B. in manchen Spielen, nicht fehlen dürfen.

Auch der innere Sinn entwickelt sich am besten in dieser Harmonie. Denn dieser besteht theils in der Form, durch welche alle Eindrücke in die Seele eingehen, theils in der inneren Empfindung, welche auch getrennt von der Anschauung statt findet. Das erstere, die Form, wird hauptsächlich durch die Sinnenwahrnehmung hervorgezogen; sie ist Raum und Zeit, und durch die Uebung in der Wahrnehmung wird die Auffassung dieser Formen an sich vorbereitet. Wer mehr die Aufmerksamkeit mit Reflexion auf den Gegenstand selbst wendet, wird dadurch von der inneren Empfindung abgezogen. Nun kommt es darauf an, ob er mehr auf den in der Erfahrung gegebenen Stoff merkt, oder lieber die reine Form selbst auffaßt. In dem letzteren Falle übt er sich mehr mathematisch, denn er merkt auf die Verhältnisse in der reinen Form von Raum und Zeit. Die Reflexion auf die reine Form der Zeit ist insbesondere die Sache der mehr in sich gekehrten Gemüther, die aber doch nicht an dem Innigen des Gefühls Gefallen finden, wie z. B. die Menschen, welche sich im Rechnen, oder in algebraischen Gleichungen vertiefen, die Mathematiker in dem strengsten Sinne. Bei solchen leidet leicht sowohl die Klarheit und Gewandtheit in der Sinnenerkenntniß, als auch die Innigkeit der Anschauung, Geschmack und Gefühl. Dagegen wird der mehr innige Mensch ebenfalls etwas Verworrenes in der Sinnenerkenntniß haben, und zum mathematischen Denken eben nicht aufgelegt seyn. Es ist also leicht einzusehen, wie nur gerade in jener harmonischen Ausbildung aller Sinne der innere in seiner Allseitigkeit sich aufschließe, so daß hier Form und Stoff sich völlig durchdringe, und der Geist eben so gut die mathematische Klarheit als die ästhetische Tiefe erhalte *). Wollte man z. B. einen einseitigen Mathematiker haben, so lasse man ihn nur regelmäßige Formen sehen, und behandle alle Sinneneindrücke blos als Einheiten die Aufmerksamkeit mit aller Gewalt abziehend von dem Afficirtwerden durch den Gegenstand. Oder wollte man einen sentimentalen Menschen haben, so müßte man ihn sorgfältig von Betrachtung der Winkel, Zahl, Maßstab und auflösender Reflexion zurückhalten, er müßte z. B. empfindungsvoll vor der Landschaft stehen, aber den fernen Thurm aufzusuchen, dürfte ihm nicht einfallen, und noch weniger die Entfernung zu messen.

Hiernach giebt es auch einige Zeichen der intellectuellen Fähigkeiten. Wenn der Knabe einen stärkeren Gesichtssinn für die Wahrnehmung hat, so verräth er vorzügliche Verstandesanlagen; hat er den Gehörsinn für die Enpfindung stärker, so wird vermuthlich seine Phantasie vorherrschen. Verbindet sich diese aber mit dem Sehen so hat er Anlage zur Poesie und zum Schauen in das Innere; und nur dann, wenn die Einbildungskraft nicht die reine Gesichtsanschauung verwirrt, sondern in gleichem Grade der klare Verstand hinzutritt, ergiebt sich die Anlage entweder für die Naturbeobachtung, oder, bei dem Zeichnungstalente und dem leichten Auffassen der schönen Formen, für die Malerei. Auf ähnliche Art zeigt der Gehörsinn entweder mehr Anlage zur Musik und Poesie, oder zum Reden und zur Besonnenheit. Zieht sich der Knabe gern von der äußeren Sin-

*) Nach einer naturphilosophischen Ansicht, welche die Sinne in zwei Reihen theilt, in die positive und negative, und jener das Gesicht und Gefühl, dieser das Gehör, den Geruch und Geschmack zuscheide, jene für die Endlichkeit, diese für die Zeitlichkeit wirken läßt, giebt es noch weitere Speculationen für das Gleichgewicht der Seelenkraft. Erfahrungslehre aber ist es, daß Einzelnes bilden, im Uebergewichte gegen das Andere, so nachtheilig ist, wie wenn man einen einzelnen Muskel oder Nerven stärken wollte.

nenwelt zurück, bei übrigens guten Fähigkeiten, so neigt er sich entweder zur Empfindungslust oder zur Betrachtung, und in diesem letzteren Falle zeigt sich bald, ob er mehr die metaphysischen oder die mathematischen Unterhaltungen liebt. Auch die Physiognomie hilft hier auf die Spur. Das musikalische Gehör pflegt sich durch einen gewissen Ausdruck des Gefühls im Auge anzukündigen, der sich, so wie die Gesichtsmiene dabei, nicht mit Worten angeben läßt; der malerische Blick verräth sich dagegen durch eine eigene Schärfe und Festigkeit des Auges. — Die Oberherrschaft der niederen Sinne bezeichnet übrigens das Volk der Erde, in allen Ständen den Pöbel.

Da nun der offenbare und der geheime Einfluß der allseitigen Sinnencultur auf die Geistesentwickelung so groß ist, so bleibt es auch eine der ersten Pflichten des Unterrichts, den Zögling hierauf zu prüfen, und den vernachlässigten Sinn baldmöglichst zu verbessern. Der Gesichtssinn eröffne durch seine äußere Klarheit die innere und hiermit den Sinn für Wahrheit, der Gehörsinn durch sein Aufmerken auch den inneren Sinn für das Tiefe und das gebietende Wort, die Vereinigung von beiden das geistige Leben und unter dem Zuströmen der Eindrücke durch die übrigen Thore einen unendlichen Reichthum für den Geist, der in allem diesem seine Herrschaft über die Welt und sich selbst gewinnen soll.

II. Verstandesübung.

Der Gebrauch der Sinne übt schon von selbst die Denkkraft, sofern nur das Kind überhaupt Verstandesanlage mitbringt, aber es giebt doch außerdem noch einen eignen Unterricht, welcher unmittelbar die Denkthätigkeit bildet *).

Das Denken ist jederzeit ein Zusammenfassen des gegebenen Mannigfaltigen zur Einheit, oder eine Beziehung des Begriffes und der Anschauung auf einander. Entweder bezieht sich nun der Begriff unmittelbar auf das, was dem Sinne gegeben wird, dann ist es der anschauliche Begriff, wie er in der Sinnenerkenntniß vorkommt: oder er bezieht sich wieder auf andre Begriffe, die sich vielleicht erst durch mehrere hindurch an die Anschauung anschliessen, in diesem Falle ist es ein abstracter Begriff; oder er ist eine Verdeutlichung der Vernunftidee. Alles dieses soll geübt werden, aber das erstere gehört mehr der früheren, das letztere der späteren Jugend an.

Es kommt also vorerst darauf an, ob die Anschauung den äußeren Stoff behandelt, wie z. B in der Pflanzenkunde, oder ob man von dem äußeren abstrahirt, und nur die Form überhaupt als inneren Stoff festhält, nämlich die reine Form der Anschauung, Raum und Zeit, durch Denken bestimmt. Das erste ist das sinnliche, das zweite das mathematische Denken. Hierzu kommt dasjenige, welches blos mit der Bestimmung des Begriffes zu thun hat, das logische. Das sinnliche Denken übt den Verstand in seiner Thätigkeit für die Anschauung, das mathematische für die reine Form in ihren Verhältnissen, das logische in dem Bilden der Begriffe und dem Beziehen derselben; das eine oder andre allein übt ihn

*) „Bei dem Unterrichte liegt in den meisten Fällen an dem Denken mehr als an dem Gedanken; und durch die Form des Stoffes muß der Geist in Spannung gesetzt, und mit einer gewissen Gewalt von der Passivetät zur Thätigkeit fortgerissen werden. Vorstellungen und Begriffe dringen überall in ganzen Massen in die Seele; aber der Verstand erkennt nur, wo er unterscheidet. Das Gemüth verhält sich während des fortlaufenden Vortrags mehr leidend als thätig, und der Geist besitzt nichts, als was er thut (und selbstthätig aufnimmt).“ Schiller, Horen 9tes St.

einseitig, beides zusammen bildet ihn vollkommen. Gemeinsam ist die reine Denkthätigkeit, wie sie in dem Zählen vorkommt, 1 + 1 + 1 ꝛc., um das Aufgefaßte als Eins zu begreifen.

Wir haben also drei Uebungen für die Denkkraft, in wie fern wir diese blos als Verstand betrachten. Es fragt sich nun, wann und wie sie eintreten.

Die sinnliche Uebung in den unmittelbaren Sinnenvorstellungen wird schon durch das Augenmaß eine mathematische, geht in die Formen- und Größenlehre über, und endigt mit der Mathematik selbst. Sie läuft durch die ganze Jugendzeit hin.

Die dritte Verstandesübung ist die logische. Sie besteht in dem Urtheilen, um Gegebenes auf den Begriff und diesen auf Gegebenes, wie auch Begriff auf Begriff zu beziehen, zu trennen, zu verbinden, zu abstrahiren, zu reflectiren und sowohl die Verstandesbegriffe als die Vernunftideen zum Bewußtseyn zu bringen. Zuerst ist das Denken blos sinnlich, aber auch jene Begriffe kommen schon in der frühesten Kindheit, wie in einer Dämmerung, zum Vorscheine; denn so wie sich der Säugling freut, wenn er z. B. an die Brust gebracht wird, so fühlt er die Wirkung zum voraus, und fängt auf solche Weise an, den Begriff von Ursache und Wirkung zu entwickeln. Da nun das zur klaren Erkenntniß, und zwar nach allen Verstandesbegriffen hinweiset, so lassen sich früh schon Uebungen anstellen, und nicht selten mit jenen der Sinne verbinden. Karl mußte daher über die Gegenstände urtheilen; wenn er nämlich die Merkmale durch den Sinn aufgefaßt hatte, mußte er sagen, was es sey, und warum er es dafür erkläre; ferner, wozu es diene, was man damit machen könne, woher es komme, wie es sich zu andern Dingen verhalte, u. s. w. So z. B. weiß er von dem Bache hinter dem Garten zu sagen, wo seine Quelle ist, wie er die Wiese bewässert, mit andern Bächen sich vereinigt ꝛc.;

ferner: daß alles Wasser bergab fließt, was Quellen sind, und daß sie gewöhnlich aus Bergen kommen, daß aus den Bächen Flüsse werden rc. Dergleichen Verstandesübungen wurden ungesucht angestellt, und zwar so, daß Karl gemeiniglich selbst fragte. Denn konnten wir seine Aufmerksamkeit nicht gerade passend damit unterhalten, so gestatteten wir ihm lieber das Spiel seiner körperlichen oder geistigen Thätigkeit, und wir ließen uns etwa von ihm selbst fragen. Wir sagten ihm wenig vor, führten ihn nur auf das Rechte, und er selbst mußte bemerken und aussprechen. So wie er hiernach einen allgemeinen Begriff gefaßt hatte, so mußte er auch diesen wieder auf einen Gegenstand anwenden, und zur besseren Uebung ließen wir ihn Beispiele angeben, z. B. bei den Worte Bach ließen wir ihn uns diesen oder jenen Bach, den er kannte, sagen, oder auch wohl eine Beschreibung von so etwas geben. Weiterhin übten wir ihn in dem Abstrahiren, welches immer das Schwerere in dem Denken ist, weil man sich dabei von Vorstellungen losreißen, folglich die Denkthätigkeit frei in seiner Gewalt haben muß. Wir ließen unsern Karl in Gewächsen, Thieren rc. nur das bemerken, was sich an mehreren findet, und gewöhnten ihn so zu Begriffen von Arten und Gattungen mit deutlichem Bewußtseyn hinaufzustigen; er mußte aber beständig bei seinen Classificationen Beispiele angeben, und also in den Gattungsbegriffen zugleich auch absteigen. Solche Uebungen wurden bis in sein 8tes Jahr nur gelegentlich getrieben, wie sie gerade durch die frühe Gewöhnung der Aufmerksamkeit und dann des Beobachtungsgeistes so herbeigeführt wurden, daß sie der Knabe lieb gewann. Das regte seine Wißbegierde an und verstärkte sie fortwährend. Allmälig wurden die Verstandesübungen regelmäßiger angestellt, und mit dem materialen Lernen verbunden. Von der Zeit an wurde förmlich katechisirt, um die Begriffe zu entwickeln, zu trennen, zu verbinden, zu vergleichen, und auch zusammengesetzte deutlich zu machen. Kael mußte z. B. einen Tisch nach seiner Form und nach seinen Theilen beschreiben, dann ein Gewächs, ein Haus, eine Strecke Landes u. dergl.

Damit indessen der Verstand nicht eingeengt würde, theils blos für die Sinnenwahrnehmung, theils für das Spiel mit Begriffeformen, so wurden die erhaltenen Kenntnisse in dem Gedächtnisse niedergelegt, und zugleich die Phantasie dabei erregt, um neue Begriffe zu erzeugen. Der Knabe mußte daher das Einzelne und die Arten ꝛc., die er kennen gelernt hatte, mit ihren Namen behalten, und manches dabei ausdenken, z. B. was erfodert wird, um einen Tisch zu machen, um das Gewächs gut zu behandeln ꝛc. Zur Erweckung dieser Thätigkeit ließen wir ihn öfters Erzählungen und Beschreibungen machen, gaben ihm Räthsel und Charaden auf, ließen ihn selbst dergleichen erfinden, spielten zu Zeiten das Vergleichungsspiel, das Ausfragespiel u. s. w.

Das Denken ist durch die Sprache bedingt, so wie umgekehrt diese durch jenes; nur in der Einigung von beidem ist der Verstand, und was wäre er ohne die Sprache *)? Wir haben den Begriff erst mit dem Worte, und unmittelbar ist uns mit dem Worte, wenn es nicht ein leerer Laut, z. B. des Papageies, wäre, der Begriff geworden.

Diese Denkübungen führen nun immer tiefer in die Grammatik, und durch diese in die Logik selbst ein. Der Lehrling bestimmt den Begriff an sich in seinen verschiedenen Verhältnissen, dann lernt er im Satze auf die

*) Ob die Thiere Verstand haben? Gewiß nicht, was wir so nennen; denn sie haben keine Sprache, und wo diese fehlt, wissen wir nicht, was Denken seyn soll. Mag man auch über den Elephanten, das Pferd, jenen Pudel auf dem Theater erstaunen: was in ihrer Seele vorgeht, wissen wir nicht; sie können nicht sprechen, es ist also kein Denken.

Verbindung von Subject und Prädicat achten, und wei ter lernt er Sätze verbinden, um einen ganzen Gedanken darzustellen, und dieses alles immer mehr in den feineren Gedanken- und Sprachverhältnissen. — Dabei üben wir ihn auch in Definitionen, wo er immer schärfer den allgemeinen Begriff bestimmen muß, und eben so in Divisionen, wo er umfassend angeben muß, was der generelle Begriff Specielles enthält; Uebungen, welche die ganze Jugendzeit fortlaufen.

Soll man nun zuerst die Gattung, oder die Art, oder das Individuum benennen? Thier, Hund, Spitz, — woran soll das Kind zuerst seine Vorstellung knüpfen? Immer an das, was gerade seine Vorstellung enthält, und diese ist individuell; sie soll aber mit der weiteren Denkthätigkeit zur allgemeineren aufsteigen. Die erste und naturgemäßeste Bezeichnung ist also dem Kinde der Name. So wenig es die Mutter zuerst Mensch nennt, sondern Mutter, und das mit der allerindividuellsten Beziehung, so wenig kann es diesen Birnbaum in dem Garten, den es von frühem an kennt, mit einem allgemeinen Worte bezeichnen, ohne die bestimmte Anschauung zu verlieren. Andere Einzelwesen aber, die es nur überhaupt sieht, und die ihm nicht so gleichsam in der Seele liegen, wird es in eine allgemeine Vorstellung fassen, d. i. einen wie den andern, ohne sie zu unterscheiden, und auch also mit einem Gattungsworte bezeichnen. Man folge daher auch hierin der Natur, und nenne dem Kinde den Gegenstand, so wie es ihn ansieht, den Birnbaum, das Huhn, den Haushund Spitz, die andern Dinge der Art aber allgemein: Baum, Vogel, Hund, und andere noch mehr allgemein: Gewächs, Thier; bis es auch solche findet, die es auch nicht in diesen höheren Classen unterscheidet, und die man ihm Naturwesen, oder aufs allgemeinste Ding nennt. Denn die Natur selbst schlägt sich dem Kinde nicht als ein geordnetes Naturaliencabinet, sondern in unendlicher Mannigfaltigkeit auf, und die Bildung will nicht, daß sie von ihm in ein Fachwerk, sondern in eine lebendige Seelenthätigkeit aufgefaßt werde. Das zeigt auch jede Sprache, in welcher ein Kind erwächst, jede hat ihr Eigenes und keine ist eine abgeformte Logik, jede hat ihr Gemüthliches, und keine entbehrt der Anklänge, welche bis in die Nebenwörtchen herab durch das Leben hindurch aus der Kindheit nachtönen, jede hat ihr Poetisches, und keine wird wahr und schön gesprochen, welcher durch das Machwerk der abstracten Begriffe diese Lebendigkeit geraubt worden.

Die intellectuelle Bildung wird nur auf diesem Wege naturgemäß zur grammatischen. Das Kind scheidet frühzeitig den Gegenstand und sich selbst von einander, und seitdem lenkt sich sein Denken auf die Objecte. Aber indem es diese bezeichnet, fühlt es noch immer sein Subject hereingezogen, und so deutet es ein Verhältniß an zwischen dem, was es in seiner Vorstellung auffaßt, und seiner Thätigkeit dabei, zugleich in der Zeitform. So bezeichnet das Wurzelwort der kindlichen Sprache eigentlich einen Zustand, der ausgesprochen wird, wenn er vorüber ist, weil man nicht eher auf denselben reflectirt, und den man alsdann auch objectivirt; das ist denn die dritte Person der einfachen Zahl in der vergangenen Zeit. Bei weiterer Reflexion aber scheidet sich das Subjective und Objective aus, und in dem letzteren steht das Nomen da, in dem ersteren das Verbum. Das Nomen enthält einen vorgestellten Gegenstand, ist also Substantivum, bezeichnet aber zugleich alle seine Beschaffenheiten, die erst späterhin als Adjective besonders gedacht werden. Wie sich nun die Begriffe weiter trennen, und wie sie durch Abstrahiren und Combiniren die Redetheile hervorbringen, läßt sich für die Grammatik leicht ausführen. Man übersehe aber nicht, wie das ganze Sprachgewächs in unendlich vielfacher Verflechtung hervortreibt, und schon in der Wurzel nicht ganz einfach ist. Die ruhige Besinnung spricht das Wort aus, so daß es zugleich Zeitwort ist, und noch unbestimmt, die dritte Person der vergangenen Zeit und der Infinitiv. Wenn z. B. das Kind seiner Mutter sagt: „Hund,“ so will es ihr erzählen: „ein Hund ist da gewesen;“ oder wenn es sagt: „Karl laufen,“ so spricht es in diesem Infinitiv zugleich das Präteritum aus: „Karl ist gelaufen.“ Aber neben dieser Wurzel ist auch schon die der ersten Person vorhanden in dem Bezeichnen dessen, was gegenwärtig ist, und eben jetzt in dem Gemüthe des Kindes vorgeht. Das sind denn der Natur nach Ausrufungen; und so giebt es auch Wurzelwörter, welche Interjectionen sind, aber zugleich ein Verbum und ein Nomen einschließen. Das Kind ruft: „Mutter!“ wo es später sagen würde: „ich will zu dir;“ oder: „ich sehe dich;“ oder: „du bist da, Mutter;“ oder: „ach!“ (Mutter) In der Tiefe des Gemüthes ist dieses alles als Gefühl in Eins verflossen, die scheidende Kraft des Verstandes unterscheidet immer weiter objectiv und subjectiv, Ich, Du, Er, Zeit, Verhältniß, u. s. f. Geht man nun der Entwickelung der Redetheile nach, so findet man die naturgemäße Verstandesbildung vermittelst der Sprache, also den elementarischen Gang in der Wortgebung. Wir versuchen dieses in den Hauptpuncten anzudeuten.

Das Nomen scheidet sich zuerst unter den Redetheilen aus. Zugleich unterscheidet sich dadurch das Subjective, d. i. der innere Zustand und die Handlung, schärfer von der Bezeichnung des Gegenstandes, das Kind spricht also jetzt auch Zeitwörter; aber weil das Aussprechen des Zustandes durch einen Begriff Reflexion voraussetzt, und diese immer eine spätere Sache ist, so mischt sich noch Anfangs die Vorstellung des Gegenstandes in das Zeitwort, und dieses wird erst später als das Nennwort rein bestimmt. Alles, was das Kind als Object überhaupt ansieht, wird von ihm unter einen allgemeinen Begriff gefaßt, der in jedem Besonderen liegt, aber jedesmal da zum Bewußtseyn kommt, wo das Kind keinen

Namen für das Besondere hat. In unserer Sprache ist dafür das allgebrauchte Wort Ding. Diesem gegen über faßt das Kind das auf, wessen es sich in allen seinen Zuständen in sich, im Gegensatze gegen die Objecte, bewußt wird, um alles, was blos in der Zeit vorkommt, und alles Innere allgemein damit zu bezeichnen. Da nun die Grundanschauung des Inneren Thätigkeit ist, so hat jede Sprache ein allgemeines Wort, der Art wie unser Thun oder Machen. So wie sich ferner die Vorstellungen von dem, was im Raume und in der Zeit ist, scheiden, so sind auch die beiden Wörter Ding und Thun da, und sie bleiben immer, obgleich der Gebrauch derselben bei weiterer Aufhellung und Vermehrung der Begriffe abnimmt. Außer diesen allgemeinsten Wörtern giebt es noch viele untergeordnete, welche in der Kindheit angewöhnt bis ins Alter fortdauern, weil nie der Mensch mit seinem Begreifen fertig wird, und also immer manches in das Fach des Allgemeinen zurücklegt. Wie nun das Kind sich selbst unterscheidet, so sagt es Ich, und fast gleichzeitig damit, doch wohl etwas später (noch fehlt es an Beobachtungen) sagt es auch Du, und durch diese beiden ersten Personen ist nun auch die dritte, die vorher schon da war, schärfer unterschieden, und die früheren Fürwörter sind gewonnen. Um dieselbe Zeit bemerkt das Kind das Wechselnde an den Gegenständen, und lernt das getrennt vorstellen, was sich an dem Bleibenden befindet, z. B. die Wärme an dem Ofen, die grüne Farbe, welche im Frühlinge die Gewächse wieder erhalten; so sondert sich das Substantivum und Adjectivum. Das Verbum ist im Anfange noch ganz nahe mit dem Nomen verwandt, d. h. ein Infinitiv, hernach bezeichnet es den vergangenen Zustand in der dritten Person, hierauf erfolgen die persönlichen und Zeit-Beziehungen. So ist auch das Adverbium im Anfange mit dem Nomen und Verbum verflossen, es drückt also zuerst immer Zustände und Ort und Zeit aus, z. B. „da!“ sagt bei dem Kinde so viel, als da ist etwas; wie sich nun jenes mehr sondert, so bekommt auch das Adverbium seine eigene Bestimmung, und aus dieser scheiden sich nun allmählig wieder Pronomina aus, z. B. dieser aus da, und die Adjective, z. B. der warme Ofen, und der Ofen ist warm. Ja und Nein gehören zu den ersten Adverbien, weil sie den inneren Zustand zugleich bezeichnen; sie sind also Anfangs zugleich Interjectionen, und werden erst bei schärferer Unterscheidung Adverbien, woraus dann auch andere entstehen, z. B. Nicht. Die Präpositionen sondern sich auf dieselbe Art aus. Die Conjunctionen waren ebenfalls vorher in dem Ganzen des Ausdrucks eingeschlossen, so wie dieser nun in seine einzelnen Begriffe zerfällt, treten jene auch ausdrücklich hervor, z. B. aus da! wird: „da ist die Puppe und das Kleid ꝛc.," oder aus dem Anknüpfen des vorhergehenden Zustandes erzeugen sich auch Conjunctionen, z. B. eben das Und, das Ja ꝛc. Die Interjectionen, welche das Erste waren, bleiben nun als das Letzte, was sich in der Sprache von dem übrigen unterscheidet. So weit ungefähr kommt es gemeiniglich bis zu dem vierten Jahre. Auch sind es nun nicht mehr einzelne Wörter, was das Kind spricht, sondern ganze Sätze, nur ist Subject und Prädicat darin noch nicht so genau bestimmt, und vieles wird im Sinne behalten. Anfangs ist die Sprache eine bloße rücksichtlose Mittheilung, wozu die Empfindung treibt, und gemeiniglich mit einem Begehren, d. h. mit irgend einer Anforderung an Andere, verbunden: aber allmählig geht auch hier eine Scheidung vor, denn bald will das Kind blos seine Empfindung mittheilen, bald verlangt es bestimmt etwas, und endlich will es auch etwas wissen. So sondert sich Erzählung, Bitte oder Forderung, endlich Frage und Antwort, und der Ton ist es hauptsächlich, wodurch sich diese verschiedene Arten der Reden von einander auszeichnen, weil die Gefühle, womit sie gesprochen werden, wesentlich verschieden sind, und diese sich im Tone unwillkürlich ausdrücken. Selten wird man von jüngeren als dreijährigen Knaben viel Fragen hören, und noch länger dauert es, bis sie die Fragen verstehen und zu antworten wissen. Von Tage zu Tage geht nun das Geschäft des Denkens und Empfindens weiter, und in demselben Grade wird die Sprache bestimmter, gesonderter und regelmäßiger, die feineren Unterscheidungen der Redetheile kommen zum Vorscheine, die Declinationen und Conjugationen formen sich, und was vorher in der Geberde, Gesichtsmiene und in der Art der Aussprache lag, wird nun allmählig förmliches Wort.

Ist nun auch die Menge der Wörter in allen Redetheilen durch den Verstand gewonnen, so bleibt doch noch vieles in der Empfindung des Redenden unausgesprochen, und er wählt hierzu die noch unbestimmten Worte, nämlich die Partikeln und sogenannten Flickwörter. Sie enthalten das Tiefere der Empfindungen, was nicht zur Klarheit des Begriffenen gebracht werden kann, das Gemüth der Sprache. Darum sind solche Wörter nicht nur der Kindheit und dem roheren Menschen eigen, sondern sie leben auch in dem Munde des gebildetesten Menschen. Wie Homerus und Platon sprechen, wird man auch von den Kindern nicht ungern hören. Auch die Art und der Ton, womit ein solches Wörtchen ausgesprochen wird, macht oft einen großen Unterschied in der Bedeutung; man denke nur an die unendlich vielen Nuancirungen des Flickwörtchens Ja.

So läßt sich denn ein Stufengang in der Sprachbildung, um zugleich den Verstand zu üben, anordnen. Zuerst werden die Gegenstände theils mit den Namen, theils mit allgemeinen Nennwörtern bezeichnet, und das mitunter noch in der Kindersprache, z. B. die Mukuh, doch allmählig mehr in der reinen. Dann kommt die Reihe an die Beschaffenheitswörter; weiter an das substantive Zeitwort und folgends an die Verba überhaupt;

hiermit an einfache Sätze, an zusammengesetzte und so fort. Auch das alles greift so vielfach zusammen und die Kinder haben schon früh so viel gesammelt, daß man nicht schulmäßig genau diese Uebungen anzuordnen hat. Wenn man sie anstellt, so können die Kinder schon über eine Menge Sachen reden, schon vielerlei Verhältnisse angeben, und schon ganze Sätze zu kleinen Perioden zusammenfügen. Aber sie behalten dabei noch vieles zurück, und drücken bei weitem nicht alles, was sie im Sinne haben, wörtlich aus, theils weil die Reflexion sich noch nicht auf alles gelenkt und für alles die Worte gelernt hat, theils weil noch viel Gemüthliches in allen ihren Aeußerungen vorkommt, was sich nur als dunkles Gefühl in ihnen regt.

Die Sprachbildung greift noch tiefer in das Gemüth ein, sie geht bis in das Herz der Sittlichkeit. Denn der Verstand soll ganz im Dienste der Wahrheit stehen, und seine Thätigkeit im Sprechen soll aus dem innersten Grunde die Wahrhaftigkeit erzeugen; davon aber sind gerade die neueren Denkübungen vielfach abgewichen, so wie ein großer Theil der sogenannten Aufklärung; wir sind also genöthigt, bei diesem Puncte etwas zu verweilen.

Vorerst erinnern wir, daß die Wahrhaftigkeit im Worte etwas anderes ist, als die in der Sache, und nur wenn sie zugleich diese ist, ihren Namen eigentlich verdient. Zuerst sey das Gemüth wahr, und dann auch das Wort, indem es das wahre Gemüth ausspricht. Wo man aber Angelerntes oder Leeres spricht, da fehlt die innere Wahrheit, und das Kind daran gewöhnen, ist eine ärgere Entstellung der Menschennatur, als jener Mißwachs, den man wohl an mißgestalteten Blumen bemerkt, wo die Knospe statt der Blüthe eine Menge verwachsener Blätter herausstößt, und um nichts unschuldiger als die Verderbung im Geschlechtstriebe. Denn das Wortwerk, wozu man jenes Alter nöthigt, ertödtet die wahre Empfindung und Erkenntniß. Wenn man früher von etwas spricht, ehe man es hat, so versperrt man sich durch lauter Worte den Weg dazu; was man wirklich fühlt, das ist dem Herzen zu heilig, als daß es viel davon reden will, auch findet es dazu nicht leicht das Wort. Es ist bei dem Erwachsenen eine ziemlich zuverlässige Regel, daß sie gerade diejenigen Gemüthszustände am wenigsten kennen, wovon sie viel schwatzen: bei Kindern gilt das noch mehr. Das Aeußere ist das Erste, was sie in Begriffen auffassen und mit Worten bezeichnen, und doch befindet sich noch der Jüngling oft in Verlegenheit, wenn er es durch die Sprache mittheilen soll. Daher gerathen auch Kinder leicht in einen gereizten Zustand und werden ärgerlich, wenn sie sich nicht ganz auszudrücken vermögen. Ihr Inneres vollends, ihre Gefühle, sind sie noch lange nicht im Stande auszusprechen, denn sie sind noch zu sehr mitten darin, noch zu sehr davon befangen, als daß sie dieselben zu einem Gegenstande gemacht, oder wohl gar mit Worten bezeichnet hätten, und fast möchten wir es für einen Beweis von Mangel des Gefühls halten, wenn sie so viel Zeit haben, auf Worte zu denken. Denn der Natur nach würden sie das vorerst im ganzen Aeußeren, im Tone, in Ausrufungen zeigen. Verschweigt doch der Mensch sein Innigstes meist sich selbst, und den Kindern verschweigt es noch die Natur, und versagt ihnen noch ganz und gar das Wort für das, was auch dem Erwachsenen unaussprechlich bleibt. Daher bemerkt man an den jungen Leuten eine gewisse Scheu, von ihren frommen, kindlichen, herzlichen Empfindungen zu reden; sie sind ihnen zu heilig. Wer wollte sie ihnen also profaniren? Und sie Redensarten darüber nachsprechen lassen, hieße ihnen das Unwahrseyn einimpfen. Dafür macht die Natur die Sprache der Kinder desto geläufiger für das, was außer ihnen liegt, was sie wollen, wornach sie trachten.

Wohl klingt es angenehm in die Ohren, wenn das Kind immer sagt: „liebe Mutter! — O, ich habe dich gar lieb!" u. dgl.; aber soll denn dein Kind Ausdrücke seines Heiligsten als Maskeraden aufführen? und willst du eine klingende Schelle lieber hören, als in seinem seelenvollen Auge lesen? Laß ihm doch seine Wahrheit, und fodre es lieber gar nicht zu solchem Sprechen auf, dann erfreut dich desto eher ein Ausruf des überwallenden Herzens, womit es sich um deinen Hals wirft, und da wiegt ein Laut alle die gewohnten Phrasen auf. Noch auffallender ist jene Unwahrheit, wenn das Kind auch gegen Personen, die es nicht leiden kann, (z. B. ma chère bonne, wo es im Herzen vielleicht heißt, o vous affreuse!) so reden muß. Zwar wirken die Worte auch zurück auf die Seele, und wer sich freundliche angewöhnt hat, stimmt damit sein Inneres eher liebevol, als durch unfreundliches Reden. Aber darüber darf man doch die innere Wahrheit nicht aufopfern, und die Worte für die heiligsten Gefühle nicht zu alltäglichen entweihen *). Den Ausruf bei dem Schmerze: „wie

*) Sehr recht erinnert Pestalozzi, daß die Mutter nur dann dem Kinde die Worte Liebe, Dankbarkeit, u. s. w. aussprechen solle, wenn es wirklich diese Gefuhle hat, und „daß das Maulbrauchen' gerade hierin eine Entweihung sey. Gesch d. Erz II. S. 476. Unser Wort soll dem Kinde nie etwas anders bezeichnen, als was gerade in seiner Seele ist, damit sich das rechte Wort nur an die rechte Sache befestige, und also die Wahrheit des Gemüths in sich aufnehme. Denn das ist eben die Täuschung vieler Menschen, daß sie sich für wahrhaftig halten, wenn ihre Worte mit ihren gemachten Begriffen übereinstimmen, d. h. immer wieder mit Worten, und nur mit andern Worten, hinter welchen denn am Ende die geheime Leidenschaft ihr Spiel treibt. So macht man sich einen Begriff von einer Tugend oder von einer Verdorbenheit, und legt nun flugs jene sich selbst, diese dem Nachbar bei, auf gut pharisäisch, aber so fein, daß man selbst gegen das Gleißnerische ein erkläter Wahrheitsfreund zu seyn wähnt, während man in dieser Selbstgefälligkeit an den geheimen Dünkel und die Lieblosigkeit gar nicht denkt, und die Begriffe, deren Anwendung man gern

wehe!" vergönne man ihnen eher, als Aeußerungen der Sentimentalität, z. B. „wie wunderschön! wie rührend!"

Wer wahrhaftig seyn soll, muß aufrichtig seyn, und das hat Gott in die Seele des Kindes gelegt: die Eltern oder Erzieher, welche dagegen viele Künste suchen, verfälschen nur diese Seele. Man lasse es also frei von Herzen wegsprechen, und die Bildung im Denken und Sprechen mehr die Außenwelt als die Innenwelt zum Stoffe nehmen. Daher lasse man lieber die Kinder erzählen, auch wohl mit ihrer Phantasie ausmalen. Wenn sie auch da zusetzen, ändern, poetisiren, so sind sie doch nicht unwahr, denn sie sprechen ihre Vorstellungen aus, ohne damit etwas zu wollen, und würden nur dann unwahr damit werden, wenn man ihnen Reflexion und Absicht in die Seele schöbe. So aber ist es nur ein freies Spiel der Seelenthätigkeit und eine Uebung im wahren Aussprechen des Inneren. Doch wir reden hier vorerst von Denkübungen. Sollen die Kinder sich ganz frei in ihrem Sprechen äußern, so müssen sie sich bei ihres Gleichen fühlen, oder an keine Zurückhaltung bei Vater oder Mutter, oder andern älteren Personen gewöhnt seyn. Wo der Knabe nur die mindeste Besorgniß hat, daß ihm aufgehorcht und ein Wort übel genommen werde, oder

---

hat, für Wahrheiten hält, da sie doch falsche Erzeugnisse sind, welche der faule Baum hervorbringt. Von solcher Scheinwahrhaftigkeit, d. i. die des Buchstabens, wird häufig die ächte Wahrhaftigkeit, d. i. die des Geistes, in unserer Wortcultur verdrängt, und so ist es sogar öffentlich von einem geltenden Redner ausgesprochen worden als ein Fortschritt der Zeit, das Wort regiere. Das Wort! Ein Demosthenes redete freilich auch Worte, aber welche! Nein, besser: wenig Worte und viel Kraft. Und da ist die Rede edel. Tiefliegende Wahrheit ist, was Hamann schreibt, von „dem Schlangenbetruge der Sprache —— jeder Sophist ist also nicht nur ein Lügner, sondern auch ein Heuchler, und bedient sich der Sprache als eines leeren Puppenspiels, sein Idol, das eitle Gemächte menschlicher Kunst für einen Ausfluß göttlicher Vernunft und eine leibhafte Tochter der Stimme auszugeben."

daß er etwas Dummes sagen möge, da ist er schüchtern, und beharrt in seiner Blödigkeit. In dieser Beziehung ist sie mit Unrecht verrufen, denn sie ist nichts anderes, als Achtung gegen die verständigeren Menschen bei dem Bewußtseyn der eigenen Ungeschicklichkeit im Reden und Urtheilen, und dabei ein wohlgegründetes, wenn gleich falsch angebrachtes Ehrgefühl. Da ist nun auch nicht jenes schale Schwatzen, anmaßende Absprechen, kopf- und herzlose Faseln zu besorgen, sondern da erwächst die Bescheidenheit mit der zunehmenden Geistesbildung, und alsdann geht daraus jenes schöne Betragen des Jünglings hervor, daß er mehr höret als redet, aber nicht verstummt, sondern auch das Seinige vorbringt, wo es sich ziemt, mit Kraft und Feuer spricht, und sich gern in verständige Unterhaltungen einläßt. Gewiß ist es weit leichter mit Erwachsenen ein Gespräch zu führen, als mit jungen Leuten, und mit Kindern so schwer, daß es selten ein Fremder versteht. Denn dazu muß man das Kind verstehen, und aus seiner Seele seine Sprache erklären, sonst giebt man ihm nur unwahre Worte, für das Kind unwahre, eben darum, weil sie nur dem Gemüthe des Erwachsenen, welches schon ganz anders seine Begriffe und sein Sprachvermögen bestimmt hat, wahr seyn können. Selbst der Ton, zwischen Scherz und Ernst wechselnd, ohne zu tändeln, ist schwer zu treffen, um dem noch mehr spielenden Verstande jenes Alters sein Wahres aus- oder vorzusprechen.

Soll nun die Verstandesübung mittelst der Sprache die Kinder zum Wahrdenken führen, so müssen sie immer fest darauf hingehalten werden, den Gegenstand so aufzunehmen, wie er ist, also nicht eher, als bis sie im Stande sind, ihn zu fassen. Der Lehrer sey hiermit gegen den Wahn gewarnt, als sähen sie die Dinge an, wie er sie ansieht, und dächten bei den Worten, was er dabei denkt. Wenn er in die Seele des vier- oder sieben-, oder selbst vierzehnjährigen, oder auch noch älteren jungen Menschen blickte, wie würde er es da ganz anders finden! Wo er meinte verstanden zu seyn, war er es gerade am wenigsten, und wo er froh war, dem Kinde eine Wahrheit beigebracht zu haben, pflanzte er gerade ein Vorurtheil in seine Seele, und was er als Gold bewundert, das aus dem Munde des Knaben kommt, ist vielleicht schon ein Versuch der Falschmünzerei, die dann ihr Werk in diesem jungen Menschen fort und fort treibt, womit er allerdings eine erwünschte Geschicklichkeit, um in unserer Culturwelt sein Glück zu machen, gelernt hat. Wer aber zur Wahrheit lehren will, darf nicht vor der Zeit von Dingen reden, welche noch nicht im Gemüthskreise des jungen Menschen liegen oder liegen sollen.

Und hier erst löset sich die Frage des Erziehers, wie man sich bei den Fragen des Kindes verhalten solle *)? Fragt das Kleine etwas, das noch nicht in seinem Gemüthe liegt, so ist es ihm mit der Sache kein Ernst; sein Fragen ist nur ein Spiel der Unterhaltung, oft ganz gedankenlos, und man würde ihm weniger als nichts geben, wenn man sie im Ernste beantwortete, statt daß man entweder seine Aufmerksamkeit ernstlicher mit etwas, das ihm vorliegt, beschäftigen, oder auf etwas änderes, vielleicht scherzhaft, da es doch Zeitvertreib sucht, hinlenken sollte. Z. B. der 6jährige Karl fragt, während du ihn in seinem Büchlein lesen lässest, nach dem nebenstehenden Bilde; da wirst du doch nicht seiner Zerstreutheit auch nur einen Moment nachgeben? vielmehr ist er augenblicklich von dem Bilde zurückzuziehen. Oder er thut auf dem Spaziergange Fragen, wie z. B.: „warum giebt es denn arme Leute?“ und er wäre doch

*) Wer die Kindesseele nicht kennt, dem wird man vergeblich darüber sprechen; denn auch die Sittenlehre schwankt hierin zwischen Meinungen, und die richtige wird nicht gefunden, wenn wir nicht auch in diesem Sinne werden wie die Kinder, d. i. die Einfalt und Wahrheit des Gemüths erkennen.

eigentlich nicht aufgelegt, jetzt weiter darüber zu denken, wie er denn ohnehin noch nicht fähig ist, den Sinn seiner Frage und die Antwort zu verstehen, so würde deine Belehrung eine zur Unzeit angebrachte Vorlesung seyn, denn Karl hat vielleicht schon bei dem nächsten Schritte vergessen, was er gefragt, hat wieder etwas ganz anderes im Kopfe, und was du ihm sagst, wird doch überhört, nur halb zu Ohren, falsch zu Verstande genommen, und noch obendrein, ihm und dem Lehrer die Täuschung beigebracht, er wisse es nun. Dafür war ihm kurz zu antworten, etwa: „das will ich dir einmal zu einer andern Zeit erklären;" oder; „wer nicht arm ist, soll Gott danken, und dem Armen helfen;" oder: „sieh, dort ist ein Kind gefallen, laufe doch hin, und hilf ihm auf;" oder lächelnd: „nun, was wirst du nicht noch alles fragen!" u. dgl. Man bemerkt auch meist, daß die Kinder nicht einmal die Antwort abwarten, sondern immer wieder mit einer neuen Frage kommen; und wird das nicht oft noch als eine Unart bei Erwachsenen bemerkt, daß sie eine Reihe von Fragen hinter einander thun, oder ehe sie die Beantwortung der ersten anhören, die zweite schon auf der Zunge haben. Es wäre also ein schädlicher Pedantismus, wenn man meinte, man müsse dem Fragen des Kindes Rede stehen; denn man würde damit nur jene Unart und Zerstreuungssucht begünstigen. Ja noch mehr, es giebt Kinder, welche das benutzen, um die Eltern oder Lehrer nur zu Gebote zu haben, und da wäre es eine mitleidswerthe Meinung, wenn man das für Wißbegierde hielt, was eigentlich Muthwille oder gar Herrschsucht ist, und Zurückweisung verdient. Fragt aber das Kind etwas, das wirklich in seinem Gemüthe liegt? Hier muß der Führer erst tiefer in dasselbe blicken, um zu sehen, ob reiner Bildungstrieb oder Eitelkeit und Begierde nach Lobe zum Grunde liege, oder Fähigkeit zu fassen da sey, und hiernach muß er seine Antwort einrichten, oder allenfalls die Frage vor der Hand abweisen. So z. B. die Frage, woher die Kinder kommen? Man wird sie am ersten noch in dem Alter der Unschuld hören, später kaum mehr. Keinem jungen Menschen kann man sie beantworten, der nicht etwa schon die Physiologie gründlich studirt, denn keiner ist noch fähig, die Belehrung richtig zu verstehen, schon darum nicht, weil die Phantasie dabei viel zu geschäftig ist, als daß die Sache so wahr gedacht werde, wie sie der Arzt denkt. Also gäbe man dem jungen Menschen damit doch nur halbe, d. i. Scheinwahrheit, und entzündete dagegen allzufrüh seine Lüsternheit. Ein verständiger Erzieher wird ihm also geradehin sagen: „das können nur die Erwachsenen recht verstehen, man muß alles nur zu seiner Zeit lernen, du hast ja jetzt noch so vieles, das du nicht weißt, und was gerade jetzt dein Nachdenken fordert," u. dgl. Dem Kinde antworte man auf solche Frage kurz, etwa: „von Gott." Oft ist auch Stillschweigen die beste Antwort, denn in der Kinderseele zieht jeden Augenblick etwas anderes vorüber.

Ueberhaupt aber gewöhne man die jungen Leute auch in ihrem Fragen an Bescheidenheit. Sie wissen sich sonst zu viel damit, fragen um zu fragen, das schmeichelt ihrer und des Lehrers Eitelkeit, dabei wird nichts gelernt, sondern höchstens der Hang zum Kritisiren und zur Rechthaberei begründet *). Man vergesse nur nicht, daß jedes Alter sein Recht hat, daß der Verstand nicht vor den Jahren kommt, und daß man die Naivetät der Kinder in dem mythischen Spiele ihrer Vorstellungen nicht verletzen soll. Denn es hieße sie unwahr machen, wenn man ihren Hang zum Wunderbaren, den die Natur müt-

*) Auch hierin hat die neuere (philanthropisch-egoistische) Erziehung viel verschuldet, da sie meinte, wenn nur die jungen Leute recht viel fragten! und nicht bedachte, daß das zum mindesten der Zerstreuungssucht, gewöhnlich aber dem Dünkel dient, und daß eine seltene Reife der Aufmerksamkeit dazu gehört, um vernünftig zu fragen, und viel Selbstverläugnung der Wahrheitsliebe, um nicht das Kritisiren zu lieben und alles besser wissen zu wollen.

terlich eingeflößt hat, zerstören, und sie mit Erklärungen gleichsam verfolgen, sie über jedes Wort zur Rechenschaft ziehen wollte. Solches verfrühete Reflectirenlassen ist nicht besser, als wenn man an der eben aufknospenden Blume die Staubfäden mit einer Pincette hervorziehen wollte. Darum soll man das gemüthliche Sprechen des Kindes auch nicht durch Corrigiren der Aussprache u. dgl. unterbrechen.

Aber neben diesem freien Spiele soll ein schulmäßiger Unterricht hergehen, und das sind die eigentlichen Verstandesübungen. Zuerst sind sie, fast blos formale, wie wir sie angegeben haben, sie gehen aber bald in die materialen, besonders in die grammatischen über. Bis gegen das 8te Jahr sind sie für beide Geschlechter so ziemlich gleich, dann aber verlangt die Verstandesbildung des Mädchens einen andern Weg, da der weibliche Geist nicht zu reflectirten Begriffen, wie der männliche, bestimmt ist, also auch nicht so mit den Verstandes- und Sprachformen mittelst der Regeln unterhalten seyn, sondern mehr durch die Anschauungen fassen und das Allgemeine in dem Besonderen finden will. Statt zu systematisiren, Definitionen zu machen u. dergl., wird das Mädchen schicklicher die mannigfaltigen Beziehungen eines Gegenstandes auf den andern bemerken, und etwa Beschreibungen liefern. Die Sprachen wird es nie so ganz wie der Knabe nach Regeln lernen dürfen. Gut ist es freilich, um die Einseitigkeit zu meiden, wenn das Mädchen auch einigen Unterricht der Art erhält, allein wird die Gränzlinie nur im mindesten überschritten, so leidet immer die Weiblichkeit.

Auch bestätigt oder berichtigt sich dem Lehrer die Verschiedenheit der Köpfe, welche er bei den Sinnenübungen entdeckt hat. Der Knabe, welcher leicht abstrahiren und allgemeine Begriffe bilden kann, hat gute Anlagen für das metaphysische Denken; wenn er den allgemeinen Begriff, oder die Regel leicht auf den vorkommenden Fall anwendet, so hat er viel Urtheilskraft, die nach Umständen theils mehr für die Lehre sich eignet, wenn er z. B. leicht das Beispiel zum Satze zu finden weiß, oder mehr für das praktische Leben dient, als guter Hausverstand und judicium discretivum; in beiden Fällen hat er Mutterwitz. Denkt er gern richtig und klar die Sachen und Verhältnisse, die ihm vorkommen, so hat er einen guten Verstand im engeren Sinne, und je nachdem er alles fein und richtig bestimmt, hat er viel Schärfe. Mancher denkt mit viel Leichtigkeit, läßt aber bald vom Gegenstande ab; ein anderer dagegen faßt schwerer, aber hält fester; noch ein anderer hat Denkscheu, weil ihm diese Anstrengung zu schwer fällt. Ein anderer liebt mehr das mathematische Denken, der Natur nach mehr der Knabe als das Mädchen.

Ein gebildeter Verstand giebt dem Gemüthe Ruhe, Besonnenheit und Haltung. Die Verstandesübungen haben zum nächsten Zwecke, den Schüler an leichtes, ausdauerndes, scharfes und nur richtiges Denken zu gewöhnen.

III. Gedächtnißübung.

Sinn und Verstand übergeben den Eindruck hauptsächlich durch das Wort dem Gedächtnisse. Dieses bedarf aber einer eigenen Cultur *), und zwar in dreifacher Richtung. Das Behalten des Gegenstandes erfordert nämlich 1) reines Einprägen, 2) festes Aufbewahren, 3) freies Wiedererinnern. Die Gedächtnißübung

*) Die Wichtigkeit dieser Cultur wurde seit alter Zeit erkannt, und erst seit den neueren Methodikern vernachlässigt; aber es fehlte nicht an Schriften, wie Gedike, über Gedächtnißübungen, welche dieses rügten.

soll daher ein leichtes Auffassen der Eindrücke zu einem Reichthume derselben und zu völliger Freiheit in deren Gebrauche bewirken. Ein treues Gedächtniß nennt man das, welches die Eindrücke behält, wie sie sind, behält es viel, so heißt es ein starkes, fallen sie uns leicht ein, so ist es ein glückliches; das gute hat alle diese Vorzüge. Wir übten also vor allen Dingen Karls Gedächtniß dadurch, daß wir ihn richtig sehen und scharf hören ließen, und daß er uns dieses wiederholen mußte. Hierdurch lernte er die Sache. Er mußte nun das Erlernte recht oft wiederholen, und so lernte er es erst vollkommen, denn so prägte er es sich unauslöschlich ein; und so fanden wir es immer wahr, daß die Mutter alles Lernens die Wiederholung sey*). Was durch den Gesichtssinn eingegangen war, wurde öfters mit Worten beschrieben, auch wohl auf eine Tafel hingezeichnet; was Karl gehört hatte, mußte er ebenfalls öfters wieder hersagen, und was er so auswendig lernte, geschah blos durch das Vorsprechen, und noch nicht durch das Ablesen. So war es bis gegen das 8te Jahr hin. Da er nun lesen lernte, so gewöhnte er sich nun auch allmählig an dieses Auswendiglernen.

Das Gedächtniß bedarf vielleicht am meisten unter allen Seelenthätigkeiten der Uebung, wenn es gut werden soll. Es nicht stärken, heißt, es schwächen. Die Uebung ist aber durch die psychologischen Gesetze der Associationen möglich, wornach sich ähnliche, gleichzeitige, auf einander folgende, äußerlich oder innerlich verbundene Vorstellungen so zusammen verweben, daß eine die andere hervorruft.

Eine Hauptsache der Uebung ist, daß die Eindrücke lebhaft, wahr und unverworren aufgefaßt werden, und

*) Repetitio mater studiorum; Mnemosyne, die Mutter der Musen. Tantum scimus, quantum memoria tenemus. Als wünschenswerth wurde angesehen memoria capax et tenax.

daß sich die Worte unwandelbar auf die rechte Anschauung beziehen; denn sonst behält man theils etwas anderes, als man behalten will, theils behält man es falsch, schwankend, verwirrt. Das gewöhnliche Auswendiglernen bezieht sich nur auf Wortformen, Namen, Wörter u. dergl. Aber Karl mußte vor allen Dingen selbst sehen, hören, denken, was man seinem Gedächtnisse einprägte; er mußte dieses mit deutlichem Bewußtseyn, und er durfte während dem auf keine andere Vorstellungen seine Aufmerksamkeit verwenden. Selbst der Ort, wo er so lernte, war nicht gleichgültig; im Anfange mußte er einen einsamen und stillen wählen, aber nach und nach mußte er sich gewöhnen, auch im Geräusche und unter Zerstreuungen auswendig zu lernen. So war er endlich im Stande, auch das zu behalten, was er nur im Vorübergehen vernahm.

Auch ist es wichtig, das Gedächtniß für die Form und künstlerische Darstellung zu üben. Dieses kann sehr leicht geschehen, wenn man z. B. den Zeichnungsschüler das, was er eben auf der Tafel sah, nachzeichnen läßt, nachdem man es ihm weggenommen hat. An dieser Uebung scheint es meist den Künstlern zu fehlen. Denn daß sie so viel von der Laune in ihren Arbeiten abhängen, scheint von dem Mangel eines solchen Gedächtnisses zu kommen. Indessen haben andere, besonders aber Dichter, oft nur zu viel sogenannte Reminiscenzen.

Das andere Erforderniß der Gedächtnißübung ist die Festigkeit im Behalten. Da man hier an kein Aufbewahren denken darf, wie man Bücher u. dgl. in ihre Fächer stellt *), sondern an eine lebendige, geistige Thätigkeit, welche denselben Eindruck jedesmal gerade so wie er aufgefaßt worden, reproducirt und vergegenwärtigt,

*) Gleichwohl hat man es manchmal physiologisch durch Grübchen in dem Gehirne u. dgl., so daß man wohl von Hirnkammern reden konnte, erklären wollen!

so kann sie nur in solcher Fertigkeit bestehen, und also nur durch Gewöhnung, d. i. Wiederholung erworben werden. Das dritte Erforderniß ist die Leichtigkeit und Freiheit der Wiedererinnerung. Diese kann nicht anders bewirkt werden, als durch ein festes Anknüpfen der behaltenen Vorstellung an irgend eine oder mehrere andere, welche uns jeden Augenblick zu Gebote stehen, wodurch wir also jene immer reproduciren können. Karl mußte daher, wenn er z. B. Wörter auswendig lernte, dabei an die Sachen denken, welche sie bezeichnen, und das Wort in der einen Sprache mit seiner Bedeutung in der Muttersprache zusammen aussprechen. Man erklärte sie ihm wohl, suchte sie ihm verständlich und interessant zu machen, und ließ sie ihn nicht leicht anders lernen, als wenn er erst im Zusammenhange, worin sie vorkamen, ihre Bedeutung vernommen hatte, aber man ließ sie ihn auch manchmal blos dem Laute nach lernen, um desto mehr das Gedächtniß als Gedächtniß zu üben. Auf ähnliche Art verfuhren wir mit Begebenheiten, Jahrzahlen, Sentenzen, Sprüchen, und das alles zu seiner Zeit. Es wurde für sich durchdacht und mit Bekanntem zusammen vorgestellt, aber auch an sich eingeprägt und wiederholt, und das zu verschiedenen Zeiten, z. B. Morgens und Abends *), und unter verschiedenen Umständen, z. B. in heiterer und in trüber Gemüthsstimmung, im Zimmer und im Freien, einsam und in Gesellschaft. Besonders gut ist es hierbei, wenn man mehrere Kinder zusammen die Wörter aussprechen läßt, und täglich diese Uebung mit ihnen anstellt.

Weil nun hauptsächlich der Gesichtssinn die Vorstellungen fixirt, und sie klar und ruhig auffaßt, so

---

*) Wir erinnern hierbei an die treffliche Uebung der Pythagoräer, Gesch. d. Erz. I. S. 316 fg. Quintilianus giebt die Regel: quotidie adjiciantur singuli versus. Auch läßt sich hierauf anwenden: nulla dies sine linea.

nimmt man diesen für die Associationen zu Hülfe. Hieraus nun ergiebt sich eine künstliche Gedächtnißkunst. — Ihre erste Regel ist: die Vorstellung mit einem sichtbaren Gegenstande, wäre er auch nur ein gedachtes Bild, zu verbinden; die zweite Regel: daß dieses ein solches Bild sey, das man sich leicht vorhalten kann. Ist nun die Sache selbst, die man behalten will, schon ein Gesichtsgegenstand, so verbinde man ihn mit einem solchen, der ihn leicht wieder hervorruft. Wir pflegen nach diesen Regeln zu verfahren, wenn wir uns z. B. einen Knoten in das Schnupftuch machen, und an die Sache dabei bestimmt denken. Bei den Kindern scheint nichts besser hierzu zu seyn, als die beiden Hände. Man kann damit das Mnemonische der ganzen Geschichte einüben; etwa die linke Hand vor Christi, und die rechte nach Christi Geburt, und nun benennt man jeden Finger mit einem wichtigen Namen und seiner Jahrzahl, so daß sie in gehörigen Zwischenräumen von einander abstehen, und daß man für jedes Gelenk die Zwischenperioden behält, welche man denn mit der Zeit auch so einübt. Nur alles langsam, daß sich das Eine erst befestige, ehe das Andere verwirren kann. — Oft ist es auch nicht gerade nöthig, einen wirklich gesehenen Gegenstand zum Anknüpfen der Vorstellung zu erwählen. Wir machen z. B. unserm Knaben eine interessante Beschreibung von einem Orte, so daß er diesen in seiner Einbildungskraft stehen hat, und daran lassen wir ihn denken, wenn er etwas dahin gehöriges behalten soll, z. B. das ehemalige Rom, eine Flußgegend, ein Zimmer ꝛc. — Oefters ist auch eine Gehörvorstellung hinlänglich, oder doch erleichternd, um die Erinnerung geläufig zu machen. So macht z. B. Versmaß und Reim, daß der andre Vers und Reim sogleich einfällt.

Dieses alles kann man zu einer Uebung gebrauchen, wodurch man sich überhaupt zum Wiedererinnern an jeden beliebigen Gegenstand geschickt macht, d. h. man kann sich mnemonisiren, welches als eine eigne Gedächtnißkunst, (memoria artificialis) von den Alten behandelt worden *). Sollten wir nämlich unsern Knaben gegen sein 12tes—14tes Jahr hin zu einem Manne bestimmt glauben, der vieles behalten müsse, so könnten wir diese Kunst ihn folgendermaßen lehren: Er muß eine Zeit lang jeden Morgen bald nach dem Aufstehen sich an einen stillen Ort begeben und sich ein Zimmer denken, das er in seiner Einbildungskraft macht und uns beschreibt, bis er darin so einheimisch ist wie in seinem wirklichen Zimmer. Hierauf unterscheidet er die Wände durch gewisse Merkzeichen, z. B. Fenster, Farbe ꝛc. Alsdann bezeichnet er in Gedanken an den Wänden mehrere Plätze, jeden etwa durch ein Bild, und stellt sich diese jeden Morgen nach einer bestimmten Ordnung vor, welche immer dieselbe bleibt. Dieses wird vielleicht einige Monate geübt, bis er dieses Zimmer mit seinen Plätzen jeden Augenblick in der gewohnten Ordnung beschreiben kann, und steht es ihm nun so fest in der Seele, so lassen wir ihn diese Plätze mit irgend einer Geschichte, die er behalten soll, ausfüllen. Wir durchgehen sie nämlich in der gewohnten Reihenfolge, und bringen die Begebenheiten der Geschichte, der Zeitfolge nach, einzeln in jeden, indem wir sie ihm anschaulich erzählen, und ihn an jedem Platze einen Hauptzug gleichsam hinein malen lassen. Nun muß er dieses mehrere Tage nach einander so durchgehen und uns wieder erzählen, bis er diese Geschichte völlig in diesem Zimmer an der Wand hängen hat, und sie, so oft es verlangt wird, durch Plätze und Ordnung wieder darstellen kann. Alsdann lassen wir ihn sich ein andres Zimmer auf diese Art einrichten. Hieran muß er sich nun die Sachen zur Wiedererinnerung

*) Simonides wird als Erfinder der Mnemonik genannt; s. Gesch. d. Erz. I. S. 423., sie wurde seit dem 16ten Jahrh. in Italien aufs neue cultivirt II. S. 371 fg.

aufbewahren, indem er an jedem Platze sich etwas, das er behalten will, vorstellt und gleichsam daran hängt, welches sogar mit Reden während des Anhörens geschehen kann. Und so wird es ihm leicht geworden seyn, sich mehrere Zimmer einzurichten, und endlich ganze Häuser zu beliebigem Gebrauche. Dabei hat er mehrere, die für das dienen, was er nur eine Zeit lang behalten will, deren Plätze also veränderliche Zeichen erhalten, oder die er bei unterlassener Wiederholung bald vergessen wird. Auf solche Art könnten wir ihn für sein ganzes Leben mnemonisiren *).

Was damit gewonnen wird, ist nicht nur das Materiale, indem eine Menge Dinge so entweder auf Zeitlebens behalten, z. B. die Geschichte, oder für einen bestimmten Gebrauch auswendig gelernt werden, z. B. eine Rede: auch die formale Bildung kommt hierbei in Betracht. Das Gedächtniß wird zubereitet, um in dem erfoderlichen Falle recht vieles getreu zu behalten, und es wird von der Seite der Erinnerung geübt. Der Hauptvortheil ist wohl in unsern Zeiten nur die Geschichtskunde, und auch dieser ist zu unbedeutend schon gegen den Zeitverlust bei jener Einübung. Allein die Sache hat im Ganzen weit mehr Nachtheile, sie schadet dem Geiste, füllt die Seele mit unnützen, abgeschmackten Bildern, und entwöhnt von dem Auffassen mittelst der Denkthätigkeit. Es ist also wenigstens viele Vorsicht dabei nöthig, um alles Abgeschmackte zu vermeiden, die Einbildungskraft nicht mit bleibenden Vorstellungen zu überladen, und nicht ihre freie Thätigkeit zu hindern, um die Vorstellungen sich in andrer Verbindung zu denken,

---

*) Die Mnemonik der Alten, wie bei dem Auct. ad Herennium, ist nach Schenkl von Herrn von Aretin und Klüber wieder hergestellt worden. Auch giebt Kästners Mnemonik (1805) darüber ausführliche Belehrung. Der Verf. dieses hat selbst Beispiele dieser Kunst nach jener neueren Anleitung gesehen, die Erstaunen erregten.

sie zu berichtigen, erweitern ꝛc., und sich nicht zu viel an Hilfsbilder zu gewöhnen und die Kraft etwa zu verlieren, mit Freiheit und ohne Kunst sich leicht auf etwas zu besinnen. Also möchten wir diese Kunst ganz aus dem erziehenden Unterrichte ausschließen, und nur die gewöhnlichen grammatischen versus memoriales und dergleichen Hülfsmittel zulassen.

Man soll überhaupt nicht einseitig das Gedächtniß üben. Wer z. B. gewöhnt wird, an bestimmte Dinge sich zu erinnern, blos um sie wieder so vor sich zu haben, wie er sie einmal gefaßt hat, der erhält dadurch keine Geistesbildung, ja er hemmt sie sogar, sie befestigend in das, was in der Seele gleichsam zu einem dürren Zweige geworden. Der begeistigende Hauch muß beständig die erlernten Vorstellungen durchdringen, damit sie sich innerlich mit frischer Kraft neu bilden und andre erzeugen. Denn der Geist ist ja nicht etwa eine Sammlung von aufbewahrten Schätzen, sondern eine Kraft, welche Fertigkeiten besitzt; und seine Vollkommenheit besteht in der geschickten Thätigkeit, wo möglich alle seine erhaltenen Vorstellungen sich beliebig wieder zu machen, auch neue zu schaffen, und alles Gedachte in Einem zu denken. Er wird also von Seiten des Gedächtnisses auch nur in dieser Hinsicht gebildet, und das geschieht, wenn man nur das Zweckmäßige, und dieses nur so auswendig lernt, daß man es überhaupt leicht und getreu auswendig behält, und sich nicht die Freiheit der Phantasie beengt. Die gewöhnlichen Uebungen, die in einem klaren, richtigen und lebhaften Einprägen und in öfterer Wiederholung bestehen, mögen also auch die gewöhnlichen bleiben; die künstlichen nur für außerordentliche Fälle; und was auswendig gelernt wird, beziehe sich immer zugleich auf Anschauung, Begriff und Ideenerzeugung.

Die wichtigste Zeit für die natürlichen Gedächtnißübungen ist, wie wir oben sahen, zwischen dem 8ten und 14ten Jahre. Die nachmaligen Vielheiten der Lebenseindrücke, selbst auch im Geistigen, im Lernen, und hierzu alle die Zerstreuungen, wie sie jetzt fast unvermeidlich sind, erschweren sehr die Gedächtnißcultur, machen sie aber im frühen Alter um so nothwendiger. Man verhüte daher das Lesen unnützer Dinge; so z. B. nehmen die Romane nicht nur der Geschichte den Platz weg, sondern gewöhnen auch an ein Herumflattern in Vorstellungen. Die Uebung sey also von frühem an methodisch, zu immer Mehrerem und Schwererem fortschreitend.

Das gute Gedächtniß belebt das Gefühl mit einem Reichthume von Vorstellungen, unterstützt den Willen mit Erinnerungen zu guten Gewöhnungen, zur Erneuerung guter Vorsätze, zur Dankbarkeit *) u. s. w.; es hilft dem Verstande in dem Zusammenfassen des Einzelnen zum Begriffe, und in dem Durchdenken der Wahrheit, und es gewährt im Ganzen ein frohes Selbstgefühl in der freien Herrschaft über eine Menge von Vorstellungen: es hat also auf die ganze Geistesbildung einen durchgreifenden Einfluß.

Auch hier entdeckt sich bei den Zöglingen eine Verschiedenheit der Köpfe. Wer leicht auffaßt, hat selten auch die Anlage, lange und getreu zu behalten; wer richtig auffaßt, lernt gewöhnlich nur langsam; wer vieles auffaßt und behält, pflegt meist eine verworrene und ungetreue Erinnerung zu haben; wer getreu behält, ist meist ein nicht sehr geistvoller Kopf, und wer überhaupt ein gutes, d. i. ein getreues, leicht wiedergebendes und viel behaltendes Gedächtniß hat, wird selten von Seiten der Urtheilskraft und Phantasie, d. i. des Geistes, sich auszeichnen. Solche lernen auch gewöhnlich leere Worte,

*) Herbart spricht in seiner Pädagogik vortrefflich von einem Gedächtnisse des Charakters, und ein taubstummer Schüler zu Paris antwortete auf die Frage, was die Dankbarkeit sey: c'est la memoire du coeur; hieran erinnert auch unser Deutsches Wort. Man bedenkt nicht genug, wie viel Einfluß ein gutes Gedächtniß auf edle Gesinnung und sittliches Betragen hat.

z. B. Kalendernamen und Formeln am liebsten auswendig. Zu einem guten Kopfe gehört, daß er leicht durch den Sinn und Verstand zugleich auffasse, und sich frei, lebendig und mit glücklichen Ideenverbindungen daran wieder erinnere, so daß wohl manchmal die eingeprägten Vorstellungen erloschen zu seyn scheinen, aber in den daraus erzeugten desto schöner wieder auferstehen. Hiernach hat man in dem Unterrichte Einseitigkeiten zu verhüten und gut zu machen.

Der Lehrer muß es sich angelegen seyn lassen, daß er seinem Schüler zeigt, wie er auswendig lernen soll; hierdurch erspart er sich Zeit und Mühe für die Zukunft. Er sage also im Anfange dem Schüler vor, was dieser auswendig zu lernen hat, eins nach dem andern, lasse es mit lauter Stimme wiederholt nachsprechen, und gehe nicht eher zu dem folgenden über, bis er sich das erste recht eingeprägt hat; dann beobachte er ihn, damit er das Auswendiglernen aus dem Buche gerade so treibe, bis er an dieses langsame und feste Einprägen völlig gewöhnt worden. Es muß auch jene dreifache Gedächtnißübung möglichst vereinigt werden. Das Memoriren ist ohne das erste Einprägen leer, und ohne das freie Besinnen unnütz. Kant hat das Memoriren in das mechanische, durch wiederholtes Hersagen, in das ingeniöse, durch gute Associationen, und in das judiciöse, durch das Denken und den Begriff, nicht ohne praktischen Nutzen eingetheilt. Gemüthsbewegungen, besonders die traurigen, schwächen das Gedächtniß; auch ist ihm nur eine gute Diät in der Regel zuträglich. Das lebhafte Naturell faßt wohl am leichtesten, aber das feste prägt am tiefsten ein, das sanfte beides am wenigsten, das innige beides vielleicht am meisten.

IV. Geistesübung, oder Uebung der Einbildungskraft.

Alles was durch die Sinne eingeht, was gedacht und was behalten wird, soll Geist werden, d. h. es soll die Geistesthätigkeit freier machen, verstärken und erweitern. Diese Thätigkeit ist schöpferisch, sie wird durch den Eindruck erregt, bildet ihn geistig aus, und erzeugt aus dem Gegebenen neue Vorstellungen. Wir bezeichnen diese innere Schöpfungskraft oft auch mit dem Worte Phantasie, welches indessen oft mißverstanden wird; ohne sie giebt es also keinen Geistesschwung. Ob nun gleich durch die Cultur der übrigen drei Thätigkeiten, welche für das Lernen zu unterscheiden sind, auch diese schon so ziemlich von selbst erfolgt, so bedarf sie doch, um wahre Bildung zu bewirken, und auch von dieser Seite das Möglichste zu thun, noch besonderer Rücksicht und Uebung. Das geschieht nach drei Momenten: 1) bei der Beschäftigung des Sinnes, Verstandes und Gedächtnisses soll sie Lebendigkeit in die Vorstellungen bringen, 2) sie soll für sich selbst geübt werden, 3) sie soll in Vernunftthätigkeit, in Schaffen der Ideen übergehen.

Also vorerst jene Erregung. Der Sinnengegenstand darf nicht blos das Bild in dem Auge, den Schall in dem Ohre zurücklassen, sondern der Geist soll etwas hinzuthun, was er nicht sieht und hört, ohne doch den Sinneneindruck zu stören und zu verfälschen, und zwar etwas, das zunächst den Sinn in der Einbildungskraft beschäftigt. Dieses geschieht theils in Absicht der Form, durch das eigentlich Aesthetische, theils des Stoffes, durch das Gefühl.

Sobald unser Karl gut sehen, d. h. Formen und Farben unterscheiden konnte, so machten wir ihn auf die Schönheit, die sich hier darbietet, aufmerksam, wie schon oben angegeben worden. Dieses aber nicht etwa durch Ausrufungen, „o wie schön!“ oder dadurch, daß er von der Schönheit schwatzen lernte; denn hier ist das Wort sehr am unrechten Orte, da es von aller wahren Empfindung abzieht: vielmehr ließen wir ihn recht viel Schönes, besonders in dem Reiche der Gewächse, sehen, Zeit und Stunde dem himmlischen Einflusse überlassend; dabei ließen wir ihm nicht durch schlechte Gegenstände, Fratzen, fade Menschen ꝛc. den Geschmack im Keime ersticken, auch anatomirten wir ihm nicht vor der Zeit Blume oder Schmetterling, und fesselten ihn nicht an ein System früher, als an die Natur: und um seine Aufmerksamkeit noch besonders zu erregen, dazu bedienten wir uns noch bewährter Mittel, wie folgt. Wir gingen mit dem Knaben manchmal lustwandeln, wo wir uns einander dieses und jenes Schöne zeigten; er mußte dabei zuweilen, nach der oben angegebenen Uebung, die schöneren Formen mit Worten zeichnen; wir ließen ihn gute Abbildungen von Blumen u. dergl. sehen, die er in der Natur wiederfand: er zeichnete selbst; und, was vorzüglich dient, wir gaben ihm allerlei kleine malerische Gedichte auswendig zu lernen, z. B. Es lächelt aufs neu ꝛc. — Der Winter hat mit kalter Hand ꝛc., und ließen sie ihn bei Gelegenheit hersagen, doch ohne sie ihm in Verstandesbegriffe auszukatechisiren. So hatten wir das Vergnügen, den 8jährigen Knaben schon mit der Empfindung des Schönen, das der Gesichtssinn zwar darlegt, aber die Phantasie erst dem Geiste vorstellt, so vertraut gemacht zu haben, daß er nach einiger Zeit schon selbst kleine schriftliche Versuche machte, die er aber freilich verschämt zurückhielt, wie billig. Bei dem Mädchen erschloß sich dieser Sinn durch jene Mittel noch früher und lebhafter. Auf ähnliche Art verfuhren wir mit den Gehörgegenständen. — So werden schon Kinder in das eigentlich Aesthetische eingeführt, und sind sie das einmal, so bilden sie sich von selbst darin fort, es bedarf nur der fortgehenden Unterhaltung durch Naturgegenstände, Kunstwerke, Lieder und andere Gedichte, eigene

Darstellungen, Lectüre, Gespräch u. s. w. Man lege alles dieses zu dem Ziele an, daß sich das Ideale der Formen erzeuge. Wir sehen zugleich, daß sogar die Wahrheit und Reinheit der Sinnenempfindung durch diese Uebung gewinnt.

Während dieser Uebungen kommt Karl auf Vergleichungen, die in seinem Gefühle vorgehen, und es entwickelt sich allmählig der Sinn für das, was nur empfunden und in der Sprache nur angedeutet werden kann. Es wird ihm in der Betrachtung der Natur auf eine ganz eigene Art wohl. Auch hierzu dienen die obigen Mittel, wenn man zugleich die kindlichen Gefühle, besonders die Liebe gegen die Eltern und Geschwister, recht hegt und pflegt. Gute Erzählungen, worin man diese darstellt, fördern das sehr. — Glücklich, wenn man von dem zarten Kinde Aeußerungen hört, und ganz ungesucht, wie wir sie seines Orts anführten, z. B. „die Blumen dort — sie sehen mich an — sie haben blaue Augen;" — „dort regnet es Blumen vom Himmel;" — „dort der Stern! — reiche mich hinauf — dann reiche ich dir die Hand, und du kommst zu mir!" „Wäre ich nur die Rose — dann bräche ich mich dir ab, und gäbe mich dir." — Was kann lieblicher seyn, als solche Phantasiespiele der Kinder. Schönere Frühlingsblumen sehet ihr nirgends; sie sind noch die reinen Erzeugnisse des lichten Kinderhimmels, ehe ihn das Irdische überzieht. Aber ihr könnet ihn schützen und fördern, wenn ihr überall das Kind in solchen Aeußerungen freundlich anhört, und es dann auch wohl lehrt, Blumenkränze zum häuslichen Feste zu flechten. Nur verfälscht nicht diese Gefühle, indem ihr sie ins Angesicht bewundert, oder gar das Kind damit zur Schau stehen lasset; sie sind heilig und zart, und gedeihen nur in der Stille der liebenden Familie.

Die Phantasie führt so in der Sinnenwahrnehmung zur höheren Welt, die dem Geiste aufgehen soll. Hier hat nun allerdings auch der Verstand sein Geschäft, allein es schließen sich doch auch Uebungen zunächst an den Verstand an, da nämlich jene schöpferische Kraft aus dem Wahrgenommenen und Begriffenen zur höheren Wahrheit führt. Die Mathematik stellt dieses in dem Multipliciren, in der Lehre von den Verhältnissen, von den Driecken, u. s. w. anschaulich dar, wie man aus einigen gegebenen Größen die unbekannte findet, und Neues hervorbringt. Ein ähnliches Geschäft hat die Denkkraft unbemerkt bei jedem Urtheile, aber ausdrücklich bei den Vernunftschlusse; die Thätigkeit der Vernunft in ihren Erkennen der Wahrheit hängt auf diese Weise von der Wirksamkeit der Einbildungskraft ab.

Wir lassen daher unsern Karl nicht blos bei dem, was er sieht und denkt, stehen bleiben, sondern wir verlangen von ihm weiteres Nachdenken über Ursache, Wirkung, Zusammenhang ꝛc., und suchen ihn auf neue Gedanken zu leiten. Die Mathematik und Naturkunde gewöhnen ihn dazu. Dabei fragen wir ihn zuweilen, legen ihm Bedenklichkeiten vor, freuen uns seiner eigenen Urtheile, machen bald den Lehrer, bald den Schüler, so wie es nur Interesse für ihn hat. Z. B. er sieht das Gebälke eines Hauses dastehen; wir machen ihn aufmerksam auf die Stützen, auf die Größe des Daches, auf die Wirkung des Wetters an dieser oder jener Stelle ꝛc., und lassen ihn urtheilen, warum das wohl so ist, und was entstehen würde, wenn es anders wäre. Auf gleiche Art muß er Maschinen ansehen, Gewächse u. s. w. Bei den letzteren besonders, so wie überhaupt bei Naturgegenständen, führen wir ihn auf die zum Grunde liegende Urform, und so allmählig auf die tieferen Naturgesetze. Er sieht z. B. viele Blätter in drei Theile getheilt, viele auch in fünf, sieben ꝛc.; wir machen ihm die Aehnlichkeit darin bemerkbar, so daß er endlich darauf kommt, wie die Kraft sich in zwei Richtungen zerspaltet, wie aber in der Mitte noch etwas liegen bleibt, wie sich dieses manchmal wieder zertheilt u. s. f. Hier lassen wir ihn aber ganz in seinen Bemerkungen selbst gehen, und sie allmählig sich selbst berichtigen; das Corrigiren würde sein eigenes Vordringen nur hemmen, denn es gilt hier nicht um Einsammlung von Kenntnissen, sondern um die erfindende Vernunftkraft.

Das ganze Reich der übersinnlichen Wahrheiten beruht auf dieser Kraft. Ohne Geistesschwung gelangt der Geist nicht zur Religion, und findet nie seine wahre Heimath. Daher kann das tiefere Einführen in die Natur zugleich eine Weihe für das, was über der Natur liegt, seyn, wenn damit nämlich die Entwickelung des Göttlichen in der sittlichen Anlage, folglich in den kindlich frommen Gefühlen, so verbunden wird, daß der Geist in der Sinnenwelt die Wirksamkeit einer Weisheit erkennt, die sein heiligster Trieb anzubeten treibt. Aber eben darum ist eine methodische Uebung erforderlich, um nicht in abgeschmackten und unvernünftigen Vorstellungen herumzuschwärmen; unser Knabe muß daher lernen, in Vergleichung des bereits als wahr Erkannten zu dem Uebersinnlichen in einem steten und zusammenstimmenden Zusammenhange, also logisch richtig fortzuschreiten. Unter diesen Uebungen gewinnt die schaffende Ideenkraft ihr Aufstreben und bleibt dennoch im Dienste der Wahrheit; gerade da kommt es nicht zum Vorurtheile und Aberglauben, aber die Aufklärung macht auch alsdann das Gemüth nicht leer, sondern eröffnet ihm seine Tiefe.

Vollständig wird aber erst dadurch diese Uebung, daß sie das Gedächtniß zugleich in Thätigkeit erhält. Die bereits eingesammelten Kenntnisse werden nämlich immer in Erinnerung gebracht, um die neuen daraus zu bilden, zu berichtigen, und alles Gedachte in Einen Gedanken erblühen zu lassen. Karl muß sich erinnern, z. B. bei der Beurtheilung jenes Gebälkes, was er etwa von wagerechten und senkrechten Linien, von Schwerkraft, von Beschaffenheit des Holzes u. s. w. gelernt hat; so auch bei der Maschine, bei dem Gewächse ꝛc. — Je mehr er nun eigentlich gelernt hat, um desto weiter wird er in Erkenntniß der Wahrheit vordringen, und nur so wuchert das Wissen; wer viel hat, dem wird viel gegeben. Auf diesem Wege bleiben wir sicher, daß Karl sich nicht durch Geniesprünge um die wahren Einsichten täuschen, und auch bei den kühnsten Ansichten der Natur kein Phantast werden wird, wohin der am ersten geräth, der in allem diesem sich selbst überlassen bleibt. Die rechte Uebung dagegen bewirkt die bei jeder Veranlassung in Thätigkeit gesetzte Einbildungskraft in Verbindung mit Sinn, Verstand und Gedächtniß die tieferen Einsichten in die Wahrheit.

Wie sehr die Natur selbst dazu treibt, lehrt die Beobachtung der Kinder. Man lasse sie nur zutraulich erzählen, wie sie sich so manches gedacht haben. Z. B. ein 10jähriges Mädchen sagte: „Ich habe sonst gedacht, daß die Erde dort weit in der Ferne aufhöre, dann habe ich aber wieder gedacht, daß doch auch da was seyn müsse — aber was sollte nur da seyn? — da habe ich es immer wieder anders gedacht rc., aber jetzt weiß ich es, das geht fort, wie an einer Kugel, und da schwebt die Erde rc." Dieses Mädchen hatte noch keinen bestimmten Unterricht von der Kugelgestalt der Erde gehabt, sondern nur nach gelegenheitlichen Belehrungen sich selbst dieses und mehreres andere ausgebildet; und gerade darum, weil man es darin nicht störte, die wahren Vorstellungen ganz als seine eigenen erhalten. Man sieht hierbei, wie schlecht die Behandlung ist, wenn man den Kindern alles sogleich lehren will, wie es ist, und sie gar nicht zum eigenen Forschen kommen läßt; als wollte man ihnen durch das Vordociren die Wahrheit in die Seele gleichsam hineinjagen.

Eine eigene Richtung der Phantasie geht auf das Verstehen des Bedeutsamen, und dieses ist bei den Neueren fast ganz vernachlässigt worden. Die Alten hielten viel auf das Symbolische, in dem gewöhnlichen Unterrichte, bei uns dagegen bleibt der Sinn dafür, so auch für die religiösen Gebräuche, meist verschlossen. Er kann aber allerdings gut gebildet werden. Und hierzu giebt die Jugend schon von selbst Veranlassung. Das Mädchen bildet in seiner Puppe das Gesellschaftsleben ab, oder es legt in den Kranz von Vergißmeinnicht eine Bedeutung; der Knabe macht vielerlei aus seinem Stocke, oder zeichnet für den Freund ein Denkmal, das etwas sagen soll. Nun dürfen wir nur unsern Knaben mit den richtigen Bedeutungen bekannt machen; z. B. bei der Eiche zeigen wir ihm den Ausdruck der Stärke; bei der schlanken Pappel das Aufstreben; bei dem Veilchen die bescheidene Tugend; bei der Tulpe das gefällige Aeußere u. dergl., wie die Blumensprache der Morgenländer, aber wir greifen seiner Phantasie nicht zu viel vor, und leiten sie auch nicht früher zu diesen Ansichten. Kleine Gedichte, besonders Mährchen, Fabeln und Parabeln sind das Mittel zu diesen Uebungen *). Bei weiterer Geistesbildung verfolgen wir diesen Weg zur Mythologie und zum tieferen Verstehen der Natur. Man wird sich nach den angegebenen Grundsätzen leicht selbst die Methode vorzeichnen, und dabei die Gesammtentwickelung des Geistes im Auge behalten; man wird viel damit ausrichten.

---

*) Parabeln von Fr. Ad. Krummacher (1805 2 Bändchen) geben dem Erzieher viel Vortreffliches; er lese besonders auch die Vorrede. Auch die zu früh vergessenen Palmblätter (von Herder der 1. Theil, die andern von Liebeskind.) Die Erzählungen des Verf. mehrerer frommer Kinderschriften, wie Karl von Eichenfels, u. a. (Schmidt) haben sich ungemein zweckmäßig bewiesen. Die Erzählungen von v. Houwald (1820) und dessen Bilder (1829) sind für ältere Kinder sehr zu empfehlen; auch seine Grundsätze in der Vorrede zu dem letzteren den Lehrern. Für die noch mehr herangewachsenen sind die Lesebücher von Fr. Jakobs, wie Alwina und Theodor, Rosaliens Nachlaß (dieses für Mädchen) rc. vortrefflich. Wir beziehen uns auf mehreres, was oben bei Uebung des Gesichtssinnes vorkam, und wovon wir hier einiges wiederholen mußten.

Die Gründe, welche Rousseau *) bei seiner scharfen Zergliederung der Fabel vom Raben und Fuchse u. a. gegen die Fabel überhaupt vorbringt, sind allerdings sehr einleuchtend, sobald man nur die Wirksamkeit jenes bildenden Geistesvermögens verkennt, wie es durch ihn gerade verkannt worden. Da beweiset er uns freilich, daß das Kind aus der einen Fabel die niedrigste Schmeichelei lerne, aus der andern Unmenschlichkeit, aus der dritten Ungerechtigkeit u. s. w. Aber er kennt hier nicht den kindlichen Sinn; er weiß es nicht, daß bei einem verständigen Kinde von natürlichem Gefühle die Einbildungskraft in diesem Bilderspiele Verhältnisse des Menschenlebens ahndet, und gegen Thorheiten gewarnt, für weises Benehmen erwärmt wird, so daß ihm das, was es erst späterhin im Leben verstehen lernt, dann von der rechten Seite und mit Erweckung des richtigen Gefühls erscheint, und daß also mittelbar Sittlichkeit und Vernunft nur desto mehr dabei gewinnt. Der Hauptvortheil der Fabel in den früheren Jahren ist nicht der Inhalt der Fabel an sich, sondern die Eröffnung einer Phantasiewelt, besonders für Knaben; für Mädchen scheint mehr das Mährchen zu seyn. — Da müßten denn auch freilich die schönen Künste sammt den Herrlichkeiten der Natur für die Humanität lästige Dinge seyn, da sie weder Sittensprüche noch triviale Lebensmaximen vorpredigen. Eben darum verschonen wir das Kind mit der nachschleppenden Moral an der Fabel, damit es nicht in seinem eigenen Sinnen, Ahnden und Erfinden gestört werde. Es soll, wie gesagt, zunächst Uebung der Einbildungskraft seyn, Verstand und Sittlichkeit werden durch andern Unterricht zunächst bearbeitet. Genug wenn alles in Harmonie bleibt. Noch sind Uebungen für die Phantasie **): die Auflösung von Räthseln, Charaden rc., die

*) Gesch. d. Erz. II. S. 458.

**) „So werden namentlich dergleichen kleine Puppentheater,

Erfindung derselben, das Verstehen einer Zeichensprache, Erfindung einer Chiffreschrift und Dechiffrirung, Erforschung oder Aussinnung von Allegorieen, wozu auch die Heraldik dienen könnte, die ehedem manchmal auf Schulen gelehrt wurde, nur nicht in der besten Art, Lectüre und Auswendiglernen schöner Gedichte, eigene Versuche, Fabeln oder andere Gedichte zu machen, Studium der schönen Künste, Besuchen der Concerte und, unter den in den Erziehungsvorschriften seines Ortes angegebnen Bedingungen, auch wohl der Schauspiele, Lustreisen, und endlich alles Studiren, das mit Geiste betrieben wird. Eines der natürlichsten und schönsten Mittel, besonders für Mädchen, ist die Blumengärtnerei. Warum wird das doch so sehr vernachlässigt? Aber wir meinen hier nicht die luxuriöse Sitte von Modeblumen u. dergl., sondern die Ausführung eigner Ideen in dem Pflanzen dieser Naturschönheiten.

Die Träume der Kinder sind gewissermaßen ihre Poesie, und gemeiniglich zusammenhängender und lebhafter, als die der Erwachsenen; als ob die Kindheit eine dunkle Welt im Inneren trüge, welche vor der hellen Wirklichkeit allmählig verschwindet. Oft ist es äußerst interessant, wenn 6jährige oder ältere Kinder ihre Träume unbefangen erzählen. Man unterhalte sich dieses Vergnügen, man hat alsdann den doppelten Vortheil, erstens, daß man die Kinder dadurch in ihrem Innern kennen, und sie auch richtiger behandeln lernt, und zweitens, daß man ihnen die beste Uebung in dem Darstellen ihrer poetischen Bilder verschafft.

---

wie sie der auch für die Kinderwelt zu früh verstorbene Zachariä in seinem König von Kinderland und in dem Kronprinzchen angegeben hat, eine unschuldige, und ihren Reiz nie verlierende Unterhaltung seyn, und zugleich die Erfindungsgabe und den Witz auf mannigfache, heitere Weise üben." Strack, Vorschule, 2. H. (1824).

Die Naturen unterscheiden sich in der Einbildungskraft darin, daß eine sehr lebhaft ist, welcher es dann gemeiniglich an Ordnung und Dauer fehlt; die andere reich an Zufluß von Bildern und Gedanken, wo es ebenfalls an Ordnung und dabei an der Gestaltung zu fehlen pflegt; die dritte mehr aussinnt und denkt, welcher es aber meist an Zuflusse fehlt; die vierte trifft glücklich und gestaltet gut, aber sie dringt nicht vor und ist arm. Daß nun diese Geisteskraft reich werde und kühn unter einem vielseitigen Zuflusse von Gedanken, daß sie mit Lebhaftigkeit ergreife und schaffe, und doch dabei geordnet sey zum Gestalten des Schönen, anhaltend zur Ausführung und in jedem Momente energisch durchblitzend, das ist das Ziel ihrer Bildung. Im Ganzen soll man durch sie die Geisteskraft erheben und stärken, besonders auch gegen Flüchtigkeit der Köpfe zur andauernden Anstrengung gewöhnen. So entwickelt sich der vorzügliche Denker, und wenn dabei die Natur dieser Bildung freigebig und ordnend zuvorkommt, so zeigt sich ein Genius. Und während der Entwickelung der Phantasie bedarf es nur des kindlichen und frommen Sinnes, so hat sie den glücklichsten Einfluß auf die ganze Geistesbildung. Es ist also von der größten Wichtigkeit, daß man sie von der frühesten Zeit an ihrer Entwickelung gemäß zu ihrer Blüthe im Jünglingsalter erziehend begleite.

Die Vereinigung des Sinnes und Verstandes mit Gedächtniß und Phantasie giebt dem Geiste seine Vernünftigkeit; würde also eine dieser Richtungen in der Kraft allein geübt, oder auch nur vorzugsweise, so litte der Geist im Ganzen. Man forsche nur bei dem Erwachsenen nach, der sich in dem einen oder andern auszeichnet, ohne doch das geworden zu seyn, was man wünschte, gewiß liegt es an solcher einseitigen Bildung. Der Eine z. B. weiß nie recht zu gestalten, weil die Anschauung zu lebendig in ihm, ihn ganz beherrscht, und sich vielleicht besser in seinen Geberden, als in seinen Worten ausdrückt; wäre sein Verstand genugsam gebildet worden, so stände in ihm ein vernünftiger Mann da. Der Andre tritt als Schriftsteller auf, weil ihn die productive Kraft treibt, er glaubt Ideen zu haben, er hat sie auch, und ist von ihnen in dem neuesten Zeitgeiste erregt: aber was dasteht, ist ein verworrenes Bilderspiel, ausgesprochen hat er eigentlich nichts, weil es ihm an Ordnung im Denken fehlt, und lehren kann er nur schlecht, weil er selbst zu wenig gelernt hat. Ein Dritter hält das Erlernte für sein Eigenthum, unerachtet er selbst wenig recht gesehen, noch weniger durchdacht und nichts selbst erfunden hat; er schreibt etwa auch, allein es sind Reminiscenzen und Formeln. Ein Vierter spricht sehr bestimmt und dringt überall auf deutliche Begriffe, allein diese sind leer, Worte um Worte*), denn es fehlt ihm an Anschauung, und wie jenem an Geiste.

Das ist es also, was der Unterricht zu thun hat, um das Auffassungsvermögen zum vollen geistigen Leben zu bilden. Er verhütet zugleich die Einseitigkeiten, worein die sich selbst überlassene Thätigkeit doch immer geräth, und macht also den Geist von dieser Seite frei. Da nun die Köpfe von Natur verschieden sind, indem der eine sich mehr zum Verstande, der andre mehr zum Gefühle, der dritte mehr zum geistigen Schaffen, der vierte mehr zum Behalten hinneigt, so muß der Grund-

---

*) So hat sich eine alles erklärende Aufklärung sogar geltend gemacht, wie man sie nicht nur in Katechisationen hört, die sich im Zirkel der Worte herumdrehen, während sie als Aufhellung der Begriffe bewundern lassen, sondern auch selbst in Wissenschaften genugsam, so daß sie die Persiflage unsers Dichters verdienten:

„Blau und Gelb giebt das Grüne, das Grüne und Gelbe das Blaue;
So wird aus Gurkensalat wirklich der Essig gemacht.“

unterricht ein gewisses Gleichgewicht herstellen, ohne doch die Naturanlage zu stören. Wir werden also z. B. den logischen Kopf keinesweges zum Gefühlmenschen bilden wollen, aber wir werden ihn mit Kenntnissen bereichern, und ihn beständig anhalten, seine Begriffe auf Anschauungen zu beziehen und auch Neues auszudenken. Und so soll man aus dem künftigen Künstler nicht einen Gelehrten, oder aus dem künftigen Gelehrten nicht einen Künstler herauszwingen wollen, allein wen die Natur zu diesem oder jenem bestimmt hat, dem soll der Unterricht durch Vielseitigkeit helfen, es recht zu werden.

Auch die Seelenharmonie leidet durch Einseitigkeit des Kopfes. Wer sich dagegen im freien Besitze von Kenntnissen fühlt, von welchen er den rechten Gebrauch zu machen versteht, in wahrer Einsicht und in fortsteigender Geistesthätigkeit, der erfreut sich seiner Kraft, wie z. B. der gebildete Künstler, oder der geistvolle Gelehrte. Selbst in der Schule ist es erst alsdann dem Schüler recht wohl, wenn er mit zunehmenden Kenntnissen die Befreiung seines Geistes mehr und mehr empfindet. Wer freut sich nicht seines Reichthums, den er in sich selbst besitzt! Wenn dem reinen Sinne die Natur ihr Heiligthum eröffnet, so erheitert sein treffender Verstand auch seinen forschenden Blick, und die Schätze seines Wissens lassen ihm Gedanken zufließen, womit sein Geist tiefer eindringt, inniger fühlt und lebendiger schafft. So gedeihet das geistige Leben in Wärme und Licht.

Nun wäre noch von der andern Seite der Kraftbildung zu reden, von dem, was für das Technische, für das Darstellungsvermögen und die Fertigkeiten begründet werden soll. Aber dieses knüpft sich so genau an die einzelnen Lehrgegenstände an, daß wir es füglich dahin versparen und vertheilen.

Zweiter Abschnitt.

Fachunterricht.

Die einzelnen Lehrgegenstände treten aus dem Grundunterrichte so heraus, wie die heranwachsende Kraft die weitere Bildung verlangt und die Bestimmung des Menschen die Kenntnisse und Geschicklichkeiten darbietet. Wir müssen uns also ihre vollständige Verzweigung vorlegen. Sie betreffen sowohl das Darstellen als das Auffassen, und so ergeben sich die beiden Hauptäste: die technischen und die mathetischen Lehrgegenstände. Die folgende Uebersicht bedarf nach dem Bisherigen keine weitere Erläuterung.

I. Die Technik besteht in den Uebungen zur Geschicklichkeit

1. der Leibeskräfte an sich — Gymnastik;
   a) der allgemeinen, Stärke und Gewandtheit;
   b) der angewandten — Turnen, Tanzen, Reiten 2c.
2. der Handfertigkeiten;
   a) allgemeine — Schreiben, Zeichnen;
   b) angewandte — für die Musik, Kunstzeichnung, Plastik, Nadelarbeiten u. dgl.
3. mit dem mathetischen Lernen verbunden
   a) für die Stimme an sich — Singen,
   b) für die Sprache — Lesen, mündlicher Vortrag.

II. Die Mathetik enthält die Gegenstände für das Lernen im engeren Sinne, d: i. das Aufnehmen in den Geist, und also das, was von außen, und das, was von innen aufzunehmen ist.

1. Für die Außenwelt —
   a) ihre reine Form — Mathematik.
   b) ihre Gegenstände — materiale Kenntnisse
      α) der Welt im Aeußeren — Erdkunde, Himmelskunde,
      β) der Welt im Inneren — Naturkunde: der Producte und Kräfte;
2. Für die Menschheit —
   a) ihr Leben
      α) Sprache — lebende, todte,
      β) Geschichte,
         1. Weltgeschichte (Historie)
         2. Zustand und Betriebsamkeit;
   b) ihre Bestimmung
      α) äußere Ordnung
      β) Religion.

I. Der technische Unterricht.

1) Die Gymnastik.

Sie besteht in der naturgemäßen Uebung der Leibeskraft für die Bestimmung des Menschen, damit der Körper als starkes und gewandtes Organ dem Geiste diene. Die Bedeutung und Wichtigkeit der Gymnastik ist von den Griechen so erkannt worden, daß wir sie dort nicht nur im Leben vollendet finden, sondern auch viel Belehrung darüber erhalten. Wir verweisen also auf das, was in der Geschichte der Erziehung darüber angegeben worden *), und fügen nur das hinzu, was für unsere Zeiten und Verhältnisse nöthig scheint.

Sie giebt fast durchaus eine formale Bildung des Körpers, hiermit auch allerdings des Geistes, und nur die Anwendung auf gewisse Geschicklichkeiten verleiht ihr mehr materialen Werth. Ihre ersten Uebungen sind daher die der körperlichen Entwickelung, Laufen, Gehen, Bewegung überhaupt und Kräftigung. Mit diesen hat sie also auch anzufangen, und anzugeben z. B. die Stellung der Füße bei dem Gehen, ob nach unserer Sitte das Auswärtsgehen, oder wie Andre wollen, die parallele Richtung das Rechte sey, die Gewöhnung der Wirbelsäule zum Geradehalten, und was hierin für das Kind, wie auch was erst für spätere Zeiten paßt, u. dgl. Erst nach den Kinderjahren tritt die Gewöhnung ein, den Kopf gerade, die Schultern nach hinten zu halten und die Arme natürlich herabzuhängen, (nicht nach der modischen Verkehrtheit Französischer Tanzmeister, sie mit den Armen vorwärts zu biegen), die Brust heraustreten zu

---

*) Gesch. d. Erz. I. S. 253. 293 fgg. 365 fgg. 403 fg. 416. Von Mercurialis II. S. 379. Seit Basedows Philanthropin zu Dessau sind die Leibesübungen bei uns schulmäßig geworden, und die neueren Pädagogen haben sie von dieser Zeit an fast einstimmig empfohlen. Auch Aerzte, schon früher Französische, dann auch mehr noch Deutsche, insbesondre Frank in seinem Systeme der medicin. Polizei, lehren ihre Wichtigkeit für die Jugendbildung, selbst als Angelegenheit des Staats. Von der medic. diätetischen Seite ist besonders Friedländer, körperl. Erz. d. Menschen Cap. 7. (S. 158 fgg.) nachzulesen. Beinahe gleichzeitig haben sich Vieth und Gutsmuths durch eine neue Bearbeitung der Gymnastik verdient gemacht seit etwa 1790, ersterer in seinem Werke: Versuch einer Encyklopädie der Leibesübungen 1795, letzterer in seinem Unterrichte zu Schnepfenthal, und der hieraus entstandenen classischen Belehrung: Gymnastik für die Jugend, 2te Aufl. 1804. Seitdem sind kleinere Anweisungen erschienen, z. B. Muhl, Elementar-Körperbildung 1819. Mehr angewandt auf kriegerische Kräftigung sind die Turnübungen von Jahn und aus dessen Schule.

lassen, den Bauch dagegen mehr einzuziehen, die Kniee zu strecken. Bei den Uebungen, die man mit dem Kinde vornimmt, ist besonders die Vorsicht nöthig, daß man seinen zarten Körperbau nicht verletze, also z. B. es nicht an den Aermchen, sondern unter den Achseln fasse, wenn man es in die Höhe heben will. Die Burzelbäume sind zuträglich, und die vorwärts unbedenklich.

Das Gehen und Laufen sind die natürlichsten Uebungen, sie bedürfen indessen einer gewissen Schule, wenn sie sowohl der Gesundheit zuträglich, als zur möglichsten Vollkommenheit führend statt finden sollen. So wird auch die Lunge dadurch gestärkt, sogar bei Kindern von kurzem Athem. Und wie weit es Menschen im Gehen und Laufen bringen können, ist bekannt *). Insbesondere ist für Mädchen diese Uebung (die Kunst der Atalante) zu empfehlen.

Der gymnastische Unterricht kann eingetheilt werden in den reinformalen und den für allgemeine Geschicklichkeiten. Der erste findet in jenen frühesten Uebungen statt, aber mehr noch nachher, z. B. im Gehen die Fußspitze nach außen und zugleich etwas abwärts zu richten, und so mehreres zum guten Gehen. Er sucht sowohl die Nervenkraft zum Unternehmen und Aushalten, als auch die Muskelkraft an sich zu stärken, und im Einzelnen zu üben, in den Füßen, in den Armen und in den Körpertheilen zusammen, also auch im Springen, Schwingen, Ringen ꝛc. Er übt aber auch dasjenige der Bewegung, worin die Besonnenheit oder Selbstbeherrschung beständig erscheint, d. i. wo das Organische und Geistige in der Bewegung zusammenfällt, und dieses ist der Tact. In dem Tacte wird der Wille zu einer gewissen Bewe-

*) S. System d. Erz. 2te Abtheil. Man ersehe auch dort aus dem Entwickelungsgange des Körpers, wann die Uebungen naturgemäß eintraten, z. B. Tanzen ist dem Gliederbaue des 7jährigen Kindes und weiterhin unschädlich, aber Reiten schadet dem Knochenbaue vor dem Jünglingsalter.

gung so bestimmt, daß man sicher auf Tausende rechnen kann, die man etwas nach dem Tacte thun läßt, und auf der andern Seite wird diese Bewegung auch durch den Willen bestimmt, so daß jeder von diesen Tausenden sich in derselben frei fühlt; in ihm vereinigt sich organische Nothwendigkeit und geistige Freiheit. Wunderbar wirkt er daher in allem Mechanischen, was man mit einigem Aufwande der Kraft thut; und alles, was im Tacte in das Gemüth eindringt, geht bis ins Tiefste, wie mit einer Zaubergewalt. Die Tactübungen lassen sich von der frühesten Jugend auf anstellen, sie sollten statt finden, und man sollte sie bei allen mechanischen Uebungen anwenden, wo es nur irgend geschehen kann. Daher treten sie auch in manchen Theilen der Gymnastik ein. Sie werden als gebundene Uebungen in der Musik gelehrt, aber als freie kommen sie in vielen willkürlichen Bewegungen und Gesängen der Kinder vor.

Der andere Unterricht in der Gymnastik übt vereint mit jenem, und meist nur durch das Absichtliche verschieden von ihm, die Bewegungskraft für die Erreichung gewisser Zwecke, die der Natur gemäß sind, wie z. B. das Springen, das Werfen, das Schwingen, das Klettern, das Schwimmen, das Gleichgewichthalten und das Ringen, welche sämmtlich nicht nur in vorkommenden Fällen zur Hülfe dienen, sondern auch die Gliedmaßen gewandt und kräftig machen, wie auch die Lunge und überhaupt die Gesundheit stärken, selbst auch die moralische Kraft, wenn sie gut geleitet werden.

Insbesondere übt er die Hand; denn dieses Glied ist ganz eigens für die Thätigkeit des gebildeteren Menschenlebens gemacht (wie das Wort Handeln andeutet). Hier werden also Handgriffe gelernt, so wie sie bei der Behandlung gewisser Gegenstände vorkommen, und hierdurch greift diese Uebung mit dem Zeichnen und Schreiben zusammen. Auch sind Handgriffe für die Musik und für plastische Arbeiten so zu lehren. Es würde sich auch hierdurch eine für das weibliche Geschlecht besonders geeignete Gymnastik ergeben, wo es mehr auf die feineren Fingerbewegungen ankommt. Der regelmäßige Gang ist hierin noch nicht bestimmt. — Ein guter Unterricht (wie der nach Gutsmuths) macht alle diese Uebungen gefahrlos, benimmt dem Kecken die Unbesonnenheit, flößt den wahren Muth ein mit dem richtigen Gefühle des Kraftmaßes, und geht methodisch zu Werke. Er übt einfache Bewegungen und Stellungen ein, und fährt im stetigen Gange fort, so daß man bei täglicher einstündiger Uebung voraussieht, wie der 8jährige Knabe, der heute die Stellung an der Schwingstange lernt, als 10 bis 12jähriger sich vielleicht noch einmal so hoch als er selbst ist, schwebend in die Luft erheben wird. Der Lehrgang ist: der Lehrer giebt mit Worten an, zeigt dabei nur die Stellung vor, und der geübtere Schüler ist das Muster und die Aufmunterung der andern. Auch kann das Vorzeigen von Abbildungen dienen.

Als freie Uebungen dienen manche Spiele und Belustigungen, z. B. Ballspielen, den Reif treiben, Schlittenfahren, Schlittschuhlaufen. Dieses Letztere hat die Oden eines Klopstocks wohl verdient *), und die diätetische Empfehlung eines Frank. Knaben können es sehr früh lernen, und dann werden sie desto sicherer. Auch ist das Stelzengehen nicht übel.

Es giebt zwei Fehler, welche in dieser Hinsicht oft begangen werden, der eine besteht darin, daß man die Kinder zu steif behandelt, und sie durch Tanzmeister und Hofmeister in allen ihren Bewegungen dressirt, am Lerntische und am Speisetische, im Sitzen, im Gehen u. s. w.; der andere ist, daß man in allem diesem das Kind sich selbst überläßt, woraus Ungeberdigkeit und Plumpheit

*) Die Kunst Tialfs; der Eisgang. Daß Frank in seiner medic. Polizei diese Bewegung für die zuträglichste unter allen hält, weiß der Schreiber dieses aus eigner Erfahrung.

erfolgt. Am schlimmsten, wenn sich beide Fehler vereinigen, wie in vornehmen Häusern nicht selten geschieht, wo man den Domestiken-Fluch über die Kinder bringt. Dort lernen sie oft nicht einmal die gemeinsten Handgriffe; denn der Bediente kriecht vor dem jungen Herrchen und bindet ihm die Schuhe zu, dann versuchen alle Dressirmeister ihre Kunst an ihm. Wären diese von pädagogischem Sinne, so würden sie besser lehren, als gewöhnlich. Für den angewandten Unterricht, d. i. hauptsächlich im Tanzen, Reiten, Fechten, militärischen Uebungen, sollte man solche Lehrer haben.

---

2) Die Handfertigkeiten.

Der Anfangspunct, von welchem der Unterricht in denselben ausgeht, liegt in dem Gebrauche der Hände, wenn das Kind etwas erfaßt, und bestimmter noch, wenn es etwas macht. Es muß zuerst regelmäßig seine Finger einüben, um durch ihre Bewegung und durch ihre Haltung bei der Bewegung der Hand etwas hervorzubringen. Die einfachste Thätigkeit hierin ist auch die gemeinsame für mehrere, welche mehreren Geschicklichkeiten zum Grunde liegen. Zunächst betrachten wir die der allgemeinen Bildung, d. i. die für das Zeichnen und Schreiben; denn beides ist in seinen Anfängen noch Eine Thätigkeit *).

Das erste ist die Graphik, daß die Kinder zwischen den Fingern einen Griffel oder etwas der Art fassen, womit sie Puncte, Linien u. dgl. hinzeichnen. Noch

---

*) Der vereinigte Anfang von Schreiben und Zeichnen liegt schon in der γραφική der Griechen; Gesch. d. Erz. I. S. 421. Wie in neuerer Zeit Paccioli und nachher Albr. Dürer, auch Lion. da Vinci das Zeichnen zur Grundlage des Schreibens machten, s. Gesch. d. Erz. II. S. 201. 370.

früher könnte das ein Stock in der Hand, welcher in dem Schnee oder Sande Figuren macht, indessen tritt schon bei dem 3jährigen Kinde die bessere Fingerübung hierzu ein. Das Material ist am leichtesten ein Griffel mit einer kleinen Tafel, gewöhnlich von Schiefer, oder auf einer mit Sand bestreueten Fläche *). Doch wird bei täglicher Uebung bald ein feineres Material, also wohl Bleistift und Papier, erforderlich, und weiterhin für das Schreiben der schwierigere Gebrauch der Feder. Wir reden hier vorerst von dem Zeichnen **). Der methodische Gang lehrt erst die einfachen Handgriffe, um Linien, sowohl gerade in mehrfacher Richtung als geschwungene zu ziehen, und das mit stärkerem und schwächerem Drucke. Hierauf folgen die Zusammensetzungen, fortschreitend von leichteren zu schwereren, dann das Nachbilden immer höherer Muster, und hiermit zugleich das freie Produciren. Hier giebt es nun zwei Wege, die um den Vorzug streiten. Der eine fängt von den Formen an, die elementarisch geübt werden, und führt bis zum Zeichnen nach der Natur fort. Er ist entweder objectiv oder subjectiv; jener legt die gegebene Correctheit zum Grunde, in gewissen Normallinien, fängt also in der Regel mit der Zeichnung der Köpfe und der Perspective, in Landschaften rc. an: dieser, der die Thätigkeiten aus ihrem Keime entwickelt, ist ge-

*) Diese alte Manier, jetzt noch bei den Hindus (Gesch. d. Erz. I. S. 59.) ist durch Dr. Bell nach England, nunmehr auch in Europäischen Schulen gekommen.

**) Genauere Belehrung für Schulen, insbesondere als Vorübung für das Schreiben ertheilt Denzel, Einl. in d. Erz. und Unt. L. 3r Th. S. 159 fgg. (3te Aufl.), und über den Zeichnungsunterr. an sich, Zerrenner, Grunds. der Schul-Erz. rc. S. 448 fgg. Ausführlichere Anweisungen findet man in: Ramsauer, Zeichnungslehre, 2 Thle. 1821. Pet. Schmidt, Anleit. zur Zeichnenkunst rc. 1809. Sickel, prakt. Formenlehre rc. 1824, außer den Anweisungen für den Unterricht der Kunstbildung und den Vorlegeblättern; z. B. von Ausfeld.

netisch, also in dieser Hinsicht der eigentlich methodische, nur muß er auch in dem Gesichtspuncte der Bildung fortgeführt werden, und das geschieht nur in der Verbindung mit dem objectiven. Denn ist einmal durch die Vorübung die Lust erweckt und die Thätigkeit in ihrem rechten Gange, so muß sie selbst das Richtige und Schöne suchen, und es tritt alsdann jenes Festhalten an dem Correcten hinzu. Aber auch dieser allein würde darin einseitig seyn, daß er nicht die Kraft für diese Richtung gehörig anregt, die ersten Thätigkeiten nicht genug ins Leben bringt, mehr Schüler abstößt als anzieht, also nur bei besondern Talenten, bei künftigen Malern, seinen Zweck erreicht. Für die allgemeine Bildung ist es sonach zuträglicher, wenn die Schüler nicht zu früh an die Zeichnungen der Köpfe, Gesichtslinien u. dgl. angehalten, sondern mehr nach Lust und Liebe mit andern Gegenständen, Blumen, Landschaften u. dgl. beschäftigt werden.

Der andere Weg fängt mit der Naturzeichnung an und führt zu den Regeln und den Mustern der Kunst zuletzt. Dieser scheint natürlicher, aber scheint es auch nur. Denn das Sinnlichgegebene macht hier nicht die Hauptsache aus, sondern die durch das Auge aufgeforderte Fertigkeit in den Fingerspitzen. Ist diese nun noch nicht vorhanden, so tritt ein zwiefach gereizter Zustand ein, die Aufmerksamkeit kommt in Verwirrung, der Schüler wird mißmüthig, er soll sogleich das Schwerere leisten, ohne durch das Leichtere dahin geführt zu seyn — und so ist dieser Weg der Methode gerade zuwider. Daher müssen denn auch künstliche Vorrichtungen gebraucht werden, um zu vermitteln. Indessen wird er dann mit Nutzen und methodisch einzuschlagen seyn, wann der Schüler schon das Zeichnen vom Absehen einigermaßen geübt hat.

Der höhere Unterricht für den Künstler im Zeichnen, Malen, Kupferstechen, wie auch in der Plastik gehört nicht mehr in den Kreis der Erziehung. Die Anwendung des Zeichnens für irgend eine andere Bestimmung, z. B. Gewerbe, weibliche Arbeiten rc., ergiebt sich aus jenem allgemeinen nach Maaßgabe der Berufsbildung.

Das Schreibenlernen hat also sein Erstes mit dem Zeichnen gemein. Es übt Grundstriche ein, gerade, geschwungene, verstärkte, geschwächte, und das nach verschiedenen Richtungen; und es trennt sich da von jenem, wo der Lehrer absichtlich die Züge der Schrift hervorbringen will. Da nun hier Buchstaben an sich und in ihren Zusammensetzungen vorkommen, so vereinigt es sich anfangs mit dem Lesenlernen *). Der Gesichtspunct für den Unterricht im Schreiben ist eine schöne, fließende, geläufige Handschrift.

Auch hier finden sich zwei Wege im Gebrauche. Der eine geht von dem Nachmalen der Buchstaben aus, als den Elementen, zwar nicht mehr nach der steifen, veralteten Weise, sondern nach der Ordnung vom Einfacheren und Leichteren zum Zusammengesetzten. Der andere Weg läßt aus der Fertigkeit im Zeichnen die Schrift erzeugen. Daß dieser und nicht jener der methodische sey, bedarf keiner Erinnerung, aber einseitig würde er seyn, wenn er nicht nach hinreichender Einübung in jenen einlenkte. Der erste mildert sein Unmethodisches einigermaßen dadurch, daß er dem Augenmaße Formen, insbesondere das Quadrat, zum Grunde legt. Dieses Steife beweiset sich als unnütz, außer zur Vergleichung dessen, was der Schüler geschrieben hat, wenn er die Grundzüge tüchtig eingeübt, und sein Augenmaß im Absehen einige Bestimmt-

---

*) Die Königl. Dänische Commission zu Eckernförde, die zur Vervollkommnung und Verbreitung der wechselseitigen Schuleinrichtung seit 1824 angeordnet worden, hat „das Schreibenleselehren" sehr gut elementarisch behandelt und erprobt; ihre Lese- Schreib- und Rechentabellen mit Begleitungsblättern, von Eggers und Hansen rc. 1825, dienen für diesen Grundunterricht. S. die Freim. Jahrb. f. d. Deutschen Volkssch. 5r B. 1s H. S. 111 fgg.

heit hat. Die Erleichterung durch Handführen, Schreiben auf Schiefertafeln, auf welche Parallellinien eingegraben sind, fallen ebenfalls bei der genetischen Methode weg, nur dient letzteres für Schulen, um viele Kinder zugleich zu unterrichten. Das gerade Sitzen, das Halten des Stiftes und der Feder, das Legen der Tafel und des Papiers, gehört zur ersten Gewöhnung bei der ganzen Graphik. Der Lehrer hat bei diesem Unterrichte wenig zu sprechen, auch wenig selbst zu machen; er hat hauptsächlich nur aufzusehen.

Anfangs macht der Lehrer dem Schüler den einzelnen Zug vor, und erst dann, wenn dieser ihn abgemerkt hat, legt er ihm denselben zum Nachmachen vor, und endlich läßt er ihn von einer vollkommenen Musterschrift kopiren, versteht sich, unter Aufsicht. Endlich muß aber der Schüler für sich selbst die Vorschrift schön nachschreiben. Eben so läßt ihn der Lehrer zuerst zwischen zwei Linien schreiben, dann auf einer, und vielleicht erst spät ohne Linien *).

Damit verbinden sich freie Uebungen mit der Feder in Schnörkeln u. dergl., und endlich im Geschwindschreiben. Dieses letztere darf aber nicht eher eintreten, als bis die Hand die Schrift ganz in ihrer Gewalt hat; denn sonst wird sie vom Anfange verdorben. Ueberhaupt ist immer erst das Einzelne zur Fertigkeit zu bringen, bevor man weiter fortschreitet.

Die beste Musterschrift zur ersten und Hauptübung im Schreiben ist die Englische. Wenn man sie erst tüch-

---

*) Die Tactübung kann hier ebenfalls mit Nutzen angewendet werden, im Auf- und Abfahren der Hand ꝛc. wie ein Freund vom Verf. erfunden hat; man spart da das Lineiren, so daß durch das Zeitmaß, also das Gefühl, das Raummaß, also das Absehen, ersetzt wird. Das möchte auch im Blindenunterrichte oder für schwache Augen von Nutzen seyn. Von der Manier der Griechen und Römer, auf Wachstafeln durch Nachziehen in den Furchen u. dgl. zu lernen, s. Gesch. d. Erz. I. S. 481.

tig geübt hat, wird die Deutsche Handschrift schöner und fließender. Bei der Deutschen Current sollte man besonders darauf sehen, daß sie sich im Geschwindschreiben gut erhält, was bei wenigen Musterschriften der Fall ist, so schön sie auch dastehen. Hat man aber nur jene erlernt, so bildet man sich leicht seine eigene gute Handschrift, ohne sich gerade an eine Sächsische oder Rheinische ꝛc. zu binden. Billig sollte das jeder thun.

Gut ist es, wenn man die feste geübte Hand auch die Stenographie und Tachygraphie lernen läßt, weil das Abkürzungs- und Geschwindschreiben in unserm Culturstande oft verkannt wird.

Das Schreibenlernen erfordert die Uebung vieler Jahre, und zwar täglich etwa vom 6ten bis zum 12ten, und doch befestigt sich die Hand erst mit dem Charakter im Jünglingsalter.

Ein anderer Zweig der Graphik ist ihre mathematische Anwendung in der Formenlehre; wir verbinden sie in der Mathematik mit der Raumlehre.

---

3) Musikalische Uebung.

Sie hat ihre Anfangspuncte sowohl in den oben angegebenen Gehörübungen, als in dem Tacte, der auch sonst in dem früheren Unterrichte vorkommt. Zunächst ist das Singen zu üben. Es besteht in der Stimmthätigkeit, welche tactmäßig Töne nach einander hören läßt. Die erste Stufe ist also das Unterscheiden der Töne nicht nur in dem Hören, sondern auch in dem Anstimmen. Hierauf folgt die Rhythmik, oder die Einübung des Zeitmaßes, vorerst an Einem Tone, dann an mehreren. Nun schließt sich das Auffinden der Töne an, wie sie wechseln und das eigentliche Singen, oder die Melodik. Nachdem der Unterricht lange genug hierbei verweilt hat, so daß der Schüler nicht nur die Tonleiter auf- und absteigend fertig singt, sondern auch die Octave, Terz, Quinte ꝛc., und endlich die halben Töne rein treffen, nunmehr auch ein ganzes Lied absingen kann, so folgt der Vortrag mit stärker oder schwächer gehaltener Stimme, d. i. die Dynamik. Diese drei Stufen werden von der richtigen Methode vorgeschrieben, und erst dann, wenn die Fertigkeit in jeder einzelnen erworben ist, schreitet die Uebung zum Kunstgesange.

Wenn nun gleich diese drei Stufen auf einander folgen, so greifen sie doch auch in einander ein, und es würde sehr unmethodisch seyn, jede einzelne erst ganz vollenden zu wollen, welches auch nicht einmal recht ausführbar wäre. Vielmehr ist jede Uebung bis auf einen gewissen Punct einfach vorzunehmen, und dann mit der andern gewonnenen Fertigkeit zu verbinden. Also vorerst übt man im tactmäßigen Anstimmen Eines Tones, welches täglich mehrere Wochen lang fortgesetzt wird, bis der Schüler die mehrfachen Tactarten, langsamer und geschwinder, inne hat. Nebenbei wird täglich die Scala gesungen, bis sie rein ertönt. Nun wird das eingeübte Zeitmaß auf die geläufig gewordene Tonleiter angewendet, und jetzt folgen die Uebungen im Wechsel der Töne, vorerst für sich, dann mit dem Tactschlage verbunden. Das erfordert, indem es täglich fortgesetzt wird, eine Zeit von vielleicht mehreren Monaten. Während dessen wird die Bezeichnung der Töne gelehrt, sey es nun nach den gewöhnlichen Noten, oder mit Ziffern; doch ist ersteres für den vollständigen Singunterricht vorzuziehen, wenn sich gleich die letztere Manier in Volksschulen vortheilhaft bewiesen hat*). Hiermit wird das Singen zu-

*) Rousseau schlug Ziffern statt der Noten vor; in neuester Zeit ist diese Weise durch Pfeiffer, Nägeli, Natorp, Koch, u. A. ausgebildet worden. Von dem trefflichen Erfolge des musikalischen Unterrichts, wie ihn Pfeiffer nach der Methode von Pestalozzi zu Lenzburg ertheilte, war der Verf. i. J. 1808 selbst Zeuge.

gleich ein musikalisches Lesen, welches denn lange Uebung erfordert, bis es zur Fertigkeit kommt. Zugleich wird auch jeden Tag das Rhythmische und Melodische fortgeübt, neben dem Notenlesen, damit es nicht unter den Schwierigkeiten, welche dieses hat, vergessen werde. Das Dynamische mag wohl mittlerweile frei aus dem Gefühle fließen, aber verstanden wird es erst später, und wenn der Schüler eine ziemliche Fertigkeit in Absingung einer

---

Er verfuhr auf folgende Weise: 1) Tactübungen; 2) Unterscheidung der Töne, und zwar nach den nächstliegenden Intervallen; 3) Verbindung von beidem; das Vorgesungene wurde auch immer von den Kindern aufgeschrieben; 4) Harmonie und Tonarten; 5) Gesang mit Verstande und Ausdrucke; hierauf das musikalische Instrument. Die nächstliegenden Töne werden in allen möglichen Versetzungen versucht, und mit den Fingern und Ziffern bezeichnet, also 1. 2. und 2. 1.; dann 1. 2. 3.; 3. 2. 1.; 2. 1. 3.; 3. 1. 2.; 1. 3. 2.; 2. 3. 1.; u. s. w. mit 4 Ziffern, auch noch mit 5. Alle diese möglichen Combinationen müssen die Kinder selbst suchen. Es ist also vollkommen elementarisch. Ob es aber nicht besser zuerst durch Aussuchen der nächstverwandten Töne betrieben werde, mögen weitere Bearbeitungen zeigen. Auch sah der Verf. den Versuch eines Lehrers, welcher die Kinder erst die ganze Tonleiter gleichsam durchschleifen ließ, bis sie der Natur nach zuerst den Ruhepunkt in der Octave fanden, dann dazwischen in der Quinte, hierauf in der Terz, und endlich in allen 7 Intervallen. Wenn dieses in gleichfortgehender Zeit geschieht, so giebt es eine Aehnlichkeit mit dem Räumlichen, als wenn man fließende Linien zieht. Es wäre hierin noch viel zu thun. Die Pfeiffersche Lehrweise hat den Vortheil, daß sie sich für viele Kinder zugleich eignet. Noch ist die Sache nicht entschieden, und nachdem mehrere Bearbeitungen der Ziffermanier in Schulen eingeführt worden, hat man wieder der Notenmanier den Vorzug geben wollen; jedoch hat jene immer ihre Vertheidiger, z. B. Engstfeld (1825). Wohl durchdacht und abgewogen finden wir das Für und Wider in Denzel, Einl. in die Erz. und Unterr. Lehre für Volksschull. 3te Aufl. 3ter Th. (1828) S. 256 fgg. Auch hat Zerrenner, Grundsätze der Schulkunde rc. (1827) S. 457 fgg., zweckdienlich die Ziffermanier u. s. w. gezeigt. — Alle diese Verbesserungen verdienen um so mehr Dank, da bisher der musikalische Unterricht mehr verstimmte als musikalisch machte.

Melodie nach Noten besitzt, ist es Zeit genug, diesen Vortrag zu lehren *).

So weit geht die allgemeine Bildung im Gesange. Sie hat den formalen Zweck, die Stimme stark, rein und schön zu machen, nebenbei auch die Brust zu stärken, den materialen Zweck aber, diesen Zweig der Humanität recht ins Leben zu setzen. Es ist wenigstens wünschenswerth, daß jeder ein gutes Lied für sich, und in der Gemeinde den Choral gut mitsingen kann.

Das mehrstimmige Singen geht schon in das kunstmäßige über, welches einem besonderen Unterrichte zukommt, indessen hat es doch der allgemeine anzufangen, und bis zur Fertigkeit, so weit die Schüler dessen fähig sind, zu bringen. Es vereinigt sich mit der Uebung der Töne in dem Treffen der Noten.

So weit ist alles methodisch nach dem Gange der Naturentwickelung, und gehört also zum erziehenden Unterrichte. Ist nun dieser vollendet, welches mit dem 12ten bis 14ten Jahre zu erwarten steht, so kann die Methode der eigentlichen Kunst, wie sie Sänger und Sängerinnen besitzen, mit desto besserem Erfolge eintreten. Es versteht sich, daß die Stimme nicht auf eine schädliche Weise, und am wenigsten während ihrer Entwickelung im Anfange der Pubertät, angestrengt werden darf. Sehr gut ist es, wenn der natürliche Ton eines jeden Schülers gefunden wird.

---

*) Zu diesem Singunterrichte dienen dem Lehrer: zunächst Natorp, Anleitung rc., erst. u. 2ter Curs. 1820, sammt dem Lehrbüchlein; Gläser, Anweisung rc. mit Notentafeln und musik. Schulgesangbuch, 1821. Wolbold, kurze Anl. zum Singen mit Zahlen rc. 1819. Kübler, Anl. zum Gesangunterr. in Schulen rc. 1826. Stephani und Muck, musik. Wandfibel rc. 1815, und weiter die Gesangbildungslehre von Nägeli und Pfeiffer, 1810. 1812, wie auch Abh. von Rousseau, projet, concernant de nouveaux signes etc., außer den höheren Anweisungen.

Der Lehrer hat bei dem Singunterrichte wenig zu sprechen, manchmal den Ton selbst zu singen, gewöhnlich aber durch ein reines Instrument anzugeben oder zu halten. Er beschäftigt sich bald mit Einem Schüler, bald mit mehreren zusammen, denn der Gesang verlangt oft ein Mitsingen, und wird durch dasselbe gehoben. Im Singen steht man besser, als man sitzt.

Für das Ganze der Bildung gehört auch das Spiel eines musikalischen Instruments, am meisten des Klaviers, indessen geht das auch schon über den erziehenden Unterricht hinaus. Die obigen Grundsätze der Methode sind jedoch auch hier anwendbar, und bestehen hauptsächlich in dem Stufengange der Fingerübung, des Tactes und des Notenlesens. Sehr zu wünschen wäre, daß die Musiklehrer, statt daß sie mit dem Schweren anfangen, und durch das Zusammengesetzte verwirren und unmuthig machen, den rechten methodischen Gang befolgten *).

---

4) Das Lesen.

Die Denkübungen führen in die Sprache und zu der Bezeichnung derselben durch die Schrift. Sie ist für die geistige Cultur nothwendig, und muß daher schon in der Jugend erlernt werden. Der Unterricht hierin verbindet das Schreiben- mit dem Lesenlernen, und hat also, wie wir oben sahen, beides im Anfange in Einem **). Bald indessen trennt sich das Lesen, und zwar

---

*) Auch hierin hat die Unterrichtskunst Fortschritte gemacht, namentlich im Klavierspielen nach Logier, welches zugleich auf die leichteste Weise in den Generalbaß einführt; der Verf. hat sich auch hiervon selbst überzeugt.

**) Bei den Alten, Gesch. d. Erz. I. S. 374. 481., von den neuesten Fortschritten hierin war oben (N. 2.) die Rede.

besonders der Druckschrift, von der Schreibeübung als eine eigne Fertigkeit. Sie besteht in einem geläufigen Auffassen und Aussprechen der gedruckten (und geschriebenen) Sprache, so daß der todte Buchstab in das lebendige Wort verwandelt wird. Das ist denn die formale Bildung hierin, und nur das, alles andere ist material, zugleich aber Geübtheit des Auges und der Stimme; und da ist nichts von Naturgemäßheit zu bedenken, als die leichteste Art, die Zeichen in den Laut zu übersetzen. Man hat nur zwei Wege für diese, an sich mechanische, Einübung, den subjectiv und den objectiv elementarischen. Wir betrachten vorerst den subjectiven.

Da alle Uebung von dem Einfachen zum Zusammengesetzten fortschreiten soll, so fängt man am richtigsten mit dem Laute des Buchstaben an, geht von diesem zum Zeichen, und also zum Namen des Buchstaben, dann zur Zusammensetzung in Sylbe und Wort. Nicht als ob die Buchstaben Naturelemente wären, gleich den Tönen, sie sind vielmehr ganz willkürliche Laute, die man um der Bequemlichkeit willen einmal so angenommen hat, statt der Bilderschrift; auch wären Wort-Chiffern, wie im Chinesischen, zu unbequem. Die Zahl der Buchstaben ist aus demselben Grunde in den meisten Sprachen auf 24, oder einige drunter oder drüber gesetzt. Es sind eigentlich Annäherungen, denn man könnte unendlich viele Zeichen annehmen, da es unendlich viele Nüancirungen der Laute giebt, schon blos unter den Selbstlautern, ja jedes Wort eigentlich ein und nur Ein Laut ist, und da selbst dieser sich nicht nur in jedem Munde, sondern auch nach seinem Zusammenhange in der ganzen Rede anders und anders ausnimmt *). Die Worte sind viel-

---

*) Bei den Israeliten, Griechen und Römern wurde buchstabirt; Gesch. d. Erz. I. S. 203. 372 fg. 481. (der Gebrauch elfenbeinerner Buchstaben, wie bei Basedow gebackner aus Lebkuchen! II. S. 463). Im J. 1534 gab Ickelsamer eine Leselehrart ohne

mehr einfache und gleichsam lebendige Erzeugnisse der Sprache; jedes ist ein Ganzes, eine Geistesblüthe in

Buchstabiren an; II. S. 370; Venzky schrieb 1721 ebenfalls gegen diese Methode, und Nachsinner (ein angenommner Name) gegen das „zornerweckende" Buchstabiren. Aber erst Olivier (früher am Philanthrop. zu Dessau) ging tiefer ein, in seinem Ortho-epo-graphischen Elementarwerk, 1808, worin er mit dem sorgfältigsten Fleiße die Buchstaben als Naturlaute auszuscheiden sich bemühete; man kann diesem Fleiße eine vorzügliche Achtung, aber auch ein Bedauern nicht versagen, daß so viel auf eine Untersuchung verwendet ist, die doch nicht die Natur trifft, sondern nur zu einer Künstelei geführt hat. Doch darf man diesem edelsinnigen Pädagogen nicht den Dank entziehen dafür, daß er die Aussprache zu reineren Lauten gewöhnt. Insbesondere hat aber die Lautmethode für das Lesenlernen Stephani, seit 1805 bearbeitet, eingeführt und sich hierdurch ein großes Verdienst um die Volksschulen erworben. Seine Wandfibel, seine Handfibeln findet man da mit Recht verbreitet; sein Kurzer Unterricht rc. 1808 und mehrere seiner Schriften belehren darüber. Wir verweisen auch hier auf Denzel im a. B. S. 84 fgg., und auf Zerrenner i. a. B. S. 331 fgg., ferner auf Niemeyer, Grunds. d. Erz. u. d. Unterr. II. §. 37., in welchen Büchern auch von den Streitschriften über die rechte Leselehrart geredet wird. Die Sache ist wirklich bis in die kleinlichsten Schulmeistereien in den Blättern, die dergleichen lieben, gerathen. Die Lehrarten von Wolke, Teumer, Pöhlmann, Krug u. A. sind nicht zu übersehen, besonders ist die von letzterem, Krug, ausf. Anw. die hochdeutsche Sprache recht aussprechen, lesen und schreiben zu lehren 1808, auszuzeichnen, und nun auch die von Graßmann, Sprachbildungslehre rc. 1828. Die Leselehrart, welche Gedicke vorschlug, vom Worte anzufangen, und die Buchstaben allmählig herauszufinden, war wohl für das Sprechen naturgemäß, und mehr als die von Olivier, aber nicht für das Lesen, welches, wie Schreiber dieses aus Erfahrung weiß, den doch so nöthigen Mechanismus desselben nur hinderte. Daß aber die alte Buchstabirmethode ihn fördert, weiß derselbe aus vieler Erfahrung, und aus seiner eignen. Nach dieser hat er bei seiner Mutter leicht und freudig, wie sie sagte, gelernt, so daß er schon im 5ten Lebensjahre geläufig lesen konnte, und im 6ten die Bibel im kleinsten Drucke bei ihr durchgelesen hatte. Es muß allerdings früh genug vor dem Vordringen der Einbildungskraft geschehen.

einem Momente erwachsen. Wie man die Blume zergliedert, auch chemisch auflöset, so mag das immer mit dem Worte in Sylben und Buchstaben geschehen, aber damit macht man erst die letzteren, aus Bedürfniß der Schrift, Naturlaute sind es nicht, und den lebendigen Hauch mag man so wenig chemisch zerlegen als den Blüthenduft. Die sogenannte Lautmethode vereinfacht also den Leseunterricht, verfeinert auch das Sprechen, aber sie ist darum doch kein naturgemäßes Erziehungsmittel weiter als jede richtige Uebung einer Fertigkeit. Sie bewirkt den Mechanismus des Lesens richtig und bald; das ist ihr Lob. Vorerst wird das Kind zum deutlichen, schönen Aussprechen gewöhnt, und das eigens der Selbstlauter, hierauf auch der Mitlauter, mit leiser Bezeichnung ihres Namens, z. B. b', 'l, z', und wie sie zum Aussprechen fest aufgefaßt sind, mit dem gewöhnlichen Namen, z. B. be, el, zed. Dann setzt man sie vorerst ganz einfach zu den Selbstlautern, geht zu den zusammengesetzten Sylben immer weiter fort, hierauf zu mehrsylbigen Wörtern, und so bis zu ganzen Zeilen. Dahin kann das 4 bis 6jährige Kind bei täglicher Uebung schon in 2 bis 3 Monaten recht gut gelangen. Hierauf folgt das Aussprechen der Sylben nach dem Tacte als die erste eigentliche Leseübung.

Ist das Lesen im Tacte bis zur Geläufigkeit erlernt, so folgt das Lesen nach dem Verstande. Hier, und nur hier, muß der Schüler den Inhalt verstehen, und der Lehrer macht ihn so aufmerksam darauf, daß er selbst die Abtheilung der Sätze und den Nachdruck der Hauptwörter auffindet. Die Leseübung schließt sich also hier an die grammatische. Nachdem auch hierin die Fertigkeit ohne anzustoßen gewonnen ist, erfolgt das Lesen mit Ausdrucke, d. h. dasjenige, worin sich das Gefühl des Schülers ausspricht. Dieses kann also nicht eher eintreten, als bis er schon dieses Gefühl hat, sonst giebt es Affectation, und es bleibt immer etwas Angelerntes. Damit verbindet sich die Declamation. Es wird Zeit genug für die vorhergehenden Leseübungen hingehen, wenigstens bis gegen das 10te Jahr. Vielleicht könnte schon das 7jährige Kind dazu gelangen, aber weil ihm in der Regel noch nicht genug das Gemüth aufgeschlossen ist, so mag nur fortwährend das Lesen nach dem Tacte und Verstande desto mehr geübt, und mit dem übrigen Lernen verbunden werden. Ausgemacht ist es, daß in zwei Jahren eine vollkommene Lesefertigkeit erworben werden kann, und je früher, desto leichter. Denn schon bei dem 7jährigen Kinde stört die Aufmerksamkeit auf andere Dinge und selbst auf den Inhalt der Worte das Hinachten der Augen auf den Buchstaben und das begleitende Aussprechen mehr als man denkt. Je früher also der Lesemechanismus eingeübt worden, desto verständiger wird das Lesen, denn es ist dem Geiste zum Organe gleich Auge und Mund geworden.

Dabei findet noch eine freie Uebung statt, welche jenen regelmäßigen Gang fördert. Man läßt vorerst die Kinder die Wörter, Sylben, Laute nachsprechen und beliebig zusammensetzen; alsdann läßt man sie selbst versuchen, die Wörter in Sylben, und diese in Buchstaben zu zerlegen; nun sagt man ihnen die letzteren vor und läßt sie das Ganze aussprechen. Die Namen der Buchstaben müssen da, wie sich versteht, völlig bekannt seyn. Diese Uebungen waren in der alten sogenannten Buchstabirmethode die Hauptsache; sie haben allerdings in dieser eben bemerkten Form, gleichsam als Analyse, ihren Nutzen. Sobald das Kind im Tacte mit Fertigkeit lieset, tritt jene freie Uebung ein, und wird ihm so gewöhnlich, daß es lieset, ohne sich deutlich der Buchstaben bewußt zu werden, mit den Augen ohne den Mund, und darin die größte Fertigkeit erhält. Man lasse es, sobald es mit Verstande lieset, auch erzählen, was es gelesen hat, auch manches auswendig lernen, und wie mit Verstande lesend, hersagen.

Es ist die Frage, ob nicht das erste Lesen mit Ausdruck das Lesen religiöser Gedanken seyn sollte, d. h. solcher, worin die kindlichen Gesinnungen vorkommen. Denn sie gehören unter die ersten wahren Gefühle der Kinder, und sie sind zugleich tief. Gewiß würde dieses Buch, das man so zuerst zu lesen giebt, dem Kinde für sein ganzes Leben heilig werden. Daher begreift sich das wohl bewährte Festhalten an das Lesenlernen aus der Bibel, was nebenbei auch den Vortheil gewährt, wie keines der gewöhnlichen Lesebücher, daß die schweren Namen das Hinachten besser üben, welches durch das immer wieder Gelesene leicht erschlafft. Auf solche Art bildet das Lesen zugleich formal durch Gewöhnung an eine pünctlich hinachtende und doch schnell fortfahrende Aufmerksamkeit, wozu denn ganz besonders der Tact hilft, der alle mechanische Thätigkeit humanisirt und erleichtert. Daher lernen die Kinder in der Regel leichter und richtiger mit mehreren zusammen lesen, und es ist die beste Lehrform, wenn sie bald einzeln, bald im Chore, bald einander sylbenweise unterbrechend und folgend diese Uebungen betreiben.

Der mündliche Vortrag und das Declamiren schließt sich an die Leseübung an. Das Kind erzählt. Dieses allgemeine Talent läßt man es frei üben, unter den Seinigen, oder wo es ihm gemüthlich ist, und man erweckt es durch Vorerzählen interessanter Dinge. Zu dieser freien Bildung des mündlichen Vortrags kommt nun eine geregelte hinzu. Diese besteht darin, daß man die Sätze mit dem gehörigen Accente aussprechen, dann etwas Vorgesagtes oder Gelesenes förmlich wiederholen, Beschreibungen machen, zuerst einfachere, weiterhin empfundene Stellen mit Ausdruck vortragen und so endlich declamiren läßt, welches letztere dem Lesen mit Ausdruck parallel geht, also vor dem 10ten Jahre nicht anders als vorbereitend geübt werden kann. Der Schüler muß nämlich zuerst auswendig gelernte Stücke, besonders poetische, mit Ausdruck hersagen, nach einer Stufenfolge, dann auch wohl selbstgemachte (prosaische), und endlich muß er auch mit Declamation vorlesen, welches oft eine schwerere Sache als der freie Vortrag zu seyn scheint. Der Lehrer muß verbessern, aber auch selbst vortragen, um ein Muster zu geben.

Dieser zwiefache Gang führt zum mündlichen Vortrage überhaupt, und in Verbindung mit der durch die höhere Tanzkunst geübten Gesticulation zum dramatischen, übt also in der Schauspielkunst, so weit sie zur Bildung der Jugend dienen mag.

Man hat bemerkt, wie das reinere Lesen und Aussprechen in Schulen auf die Mundart des Volkes in den verschiedenen Deutschen Provinzen zurückgewirkt hat. So erwächst eine gemeinsame Aussprache, welche aber mehr eine künstlich hervorgebrachte als naturkräftige seyn möchte *).

II. Der mathetische Unterricht.

1) Die Mathematik.

Die reine Form von Raume und Zeit giebt einen Lehrstoff, der bis ins Unendliche führt, und in dem Weltall wie auf der Erde Räume, Zeiten, Kräfte und Gesetze berechnet; und das Griechische Wort Mathematik bezeichnet, daß in ihr das Lernen vorzugsweise statt fin-

*) Wir wollen damit den Werth der gereinigten Aussprache nicht verkennen. Verlangt doch ein Milton (Tractat on Educ.) von seinen Landsleuten, da, wie er humoristisch sagt, being for northerly do not open our mouths in the cold air wide enough, — daß sie ihre Aussprache, besonders der Vocale, zu der Deutlichkeit der Italiänischen bilden sollten.

de *). Sie übt das Denkvermögen in seiner ersten Beziehung, aber, recht betrieben, übt sie auch die Phantasie durch das Einbilden der reinen Form, die allem sinnlichen Anschauen zum Grunde liegt, und strengt so die Denkkraft in ihrer gesetzlichen Thätigkeit an. Auf solche Art ist sie wahrhaft eine Gymnastik des Geistes. Das ist denn auch ihr großer formaler Nutzen, und darum ist sie einer der Hauptgegenstände in dem erziehenden Unterrichte. Aber auch ihr materialer Nutzen eignet sie für die allgemeine Bildung, und darum sind einige Zweige ihrer Anwendung ebenfalls für die Jugend nothwendig geworden.

Der Unterricht in dem Mathematischen fängt mit den Gesichtsübungen, insbesondere im Augenmaße, wie auch im Hinzeichnen der Linien und Figuren an, nimmt dann seinen eigenen Gang, und bildet die Kraft die Jugendzeit hindurch, indem er bis gegen das 15te Lebensjahr zu dem Puncte gelangt seyn kann, wo er in die wissenschaftliche Methode übergeht. Er begreift in dem ersteren Stadium die Raumlehre und Zahlenlehre, in dem letzteren die Geometrie und Arithmetik als strenge Wissenschaft, und erst hier die Algebra, und weiter auch die angewandte Mathesis. Der erziehende Unterricht hat 1) die Formen- und Größenlehre, und zugleich 2) die Zahlenverhältnisse oder das Rechnen zu seinem Gegenstande, und zwar mathematisch, d. i. als nicht bloßes Anschauen, sondern auch als Einsehen, und als eigentliche Erkenntniß der Lehren von Gleichheit, Aehnlichkeit, Verhältnissen in Winkeln, Figuren, Proportionen rc., so

*) Wohl sprachen manche Lehrer unter den Griechen der Mathematik ihren Nutzen ab; Aristippus deßhalb, weil in ihr gar nicht von Gutem und Bösem die Rede sey. Aristoteles urtheilt darüber (Metaph. II. 2.) und findet darin, daß sie mit dem Unbeweglichen zu thun habe, den Grund, warum sie von dem Praktischbewegenden, dem Sittlichen, getrennt sey.

daß nur in der Methode der Unterschied von der wissenschaftlichen, sowohl der Euklideischen als der Algebraischen liegt, aber dasselbe bis auf einen gewissen Punct gelernt wird *).

a) Die Formen- und Größenlehre.

Die Form ist die allseitige Begränzung des Raumes, und bis aufs Unendlichkleine zusammengezogen wird sie als der mathematische Punct gedacht. Sie kann also auf zwei Wegen gezeigt werden: entweder geht man, und wie es scheint, naturgemäß, von dem ersten aus, d. i. von dem, was sich dem Auge im Raume darbietet, also von dem Körper, oder von dem letzteren, was man nur im inneren Sinne sich vorstellen kann. Welcher Lehrgang ist hier der methodische für die Erziehung **)?

*) Dieses ist der Unterricht, welcher eigentlich verdient, die Pestalozzische Methode zu heißen. Denn die Idee hatte zuerst dieser berühmte Pädagog, s. Gesch. d. Erz. II. S. 476. Sein ABC der Anschauung (schauen = sehen, wahrnehmen) wurde für die Maß- und Zahlenverhältnisse von Lehrern seines Instituts seit 1802 bearbeitet, bald aber auch von Andern mehrfach verbessert. Vgl. auch Herbart, Pestalozzis Idee zu einem ABC der A. 1802. Seitdem hat jene Methode mehr Bearbeiter, Anhänger und Gegner gefunden, doch im Ganzen den Sieg behalten.

**) Der Schullehrer findet in den angef. Büchern von Denzel und Zerrenner das, was zur Erwägung und Anwendung nöthig ist. Die Formen- und Größenlehre v. Jos. Schmidt 1809 und 1811. hatte ihren damaligen Werth. Zweckmäßiger bewies sich der Leitfaden des Unterr. in der F. u. G. v. W. von Türk 3te A. 1823. Vorzüglich ist die Raumlehre rc. v. Harnisch 1822, und besonders methodisch ist die Rauml. f. Volksschulen v. Graßmann seit 1817. Von einer andern Seite dienen dem Lehrer: Ladomus, Geometrische Constructionslehre rc. 1812, und die Praktische Formenlehre v. Sickel 1824. Für das Aufsteigen zur wissenschaftlichen

Nur scheinbar der erste; denn er müßte eigentlich von dem ganzen Gesichtsfelde ausgehen, da erst der einzelne Gegenstand in demselben, oder vielmehr dessen Umriß, herausgesehen werden muß, welches schon eine Anschauungskunst voraussetzt, die man doch erst auf jenem Wege lernen soll. Ueberdas ist das Gesichtsfeld etwas so Unbestimmtes und Verworrenes, daß dabei am wenigsten Klarheit und Einfachheit der Vorstellung statt findet. Dann ist auch eine schon ziemlich stark gewordene Kraft im Abstrahiren erforderlich, um den mathematischen Körper statt des physischen, um seine Flächen und deren Gränzen, die Linien und Puncte, abgesondert zu denken. Dieser Weg setzt also in der Kraft des Schülers das schon voraus, was sie erst auf demselben erhalten soll, er ist also nur objectiv, nicht aber subjectiv elementarisch.

Das nun ist der zweite Weg; er führt jenem gerade entgegengesetzt von innen nach außen, von dem Einfachsten in der Vorstellung zum Ausgedehnten des Raumes nach den drei Dimensionen, und sein Anfangspunct ist der mathematische Punct. Allerdings wird dieser erst hingezeichnet, und ist, so klein er auch auf der Tafel dastehe, doch insofern ein physischer, aber er ist nur symbolisch, da der Lehrer dem Schüler ansinnt, ihn so klein zu denken, daß er gar keinen Raum einnehme. Und das kann man ihm ansinnen, denn es ist leichter als jenes Abstrahiren, dem etwa 7jährigen Kinde und auch dem älteren, und es ist der wahre Anfang des mathematischen Denkens, welches den Schwung der Phantasie zum Eingebil-

Behandlung und doch vom Anschaulichen ausgehend, sind die Anweisungen von F. A. Diesterweg trefflich, die Geom. Combinationslehre ꝛc 1820, und der Leitfaden f. den ersten Unterr. in der Formen-, Größen- und räuml. Verbindungsl. ꝛc. 1822, für den weiteren Unterricht dann seine Raumlehre od. Geometrie nach den jetzigen Anforderungen d. Pädagogik, 1828.

deten der reinen Form durchaus verlangt; es ist gerade der leichteste Anfang, und er führt unmittelbar in dieser Anschauung des inneren Sinnes durch das äußerlich dem Auge hingezeichnete, in stetig fließender Folge fort. Der Lehrer läßt nämlich nun den Schüler 2 Puncte auf seine Tafel zeichnen, und hiermit die möglichen Richtungen bemerken; hierauf 3, und dabei die gerade und die sich verändernde Richtung. Die möglichen Fälle von der Lage mehrerer Puncte gegen einander können noch bis zu einer geläufigen Uebung eine Zeitlang gesucht werden, indessen sie alle zu erschöpfen, würde bei etwa mehr als 4 Puncten ir erschlaffende Weitschweifigkeit führen. Vielmehr folgt alsobald die Unterscheidung von geraden und krummen Linien. Die möglichen Richtungen und Verbindungen von 2 geraden Linien, hiermit auch die möglichen Winkel, werden dann aufgesucht, sodann von 3 und weiter von 4 geraden Linien, wodurch die Begriffe der Figuren von Dreiecken und Vierecken gebildet werden. Mit der Zeit geht man auch weiter auf die Verbindung mehrerer geraden, vorher aber zeichnet man mehrere krumme Linien, und hält lange genug bei der regelmäßigsten, dem Cirkel, fest. Während dem läßt man den Schüler in freien Uebungen gerade und krumme Linien zusammensetzen, und allerlei Figuren erfinden, wobei die productive Einbildungskraft theils für das Mathematische, theils für das Aesthetische geübt wird, und mit derselben die Handfertigkeit im Zeichnen.

Wenn der Lehrer diesem Gange täglich etwa eine Stunde widmet, so wird sein Schüler mitten in der Geometrie seyn, ehe er sich es selbst versieht. Denn solches Fortlernen nöthigt schon im Zeichnen und Ansehen zum Vergleichen und Messen, zum Erkennen der Gleichheit und Aehnlichkeit, zum Einsehen der Gründe, und zum deutlichen Darlegen der Beweise, so daß der Lehrer nur immer das Nachdenken darauf zu leiten hat. Auch werden die Beweise selbst erfunden und geistig belebt; der

Schüler sieht zugleich die Entstehung der Figuren und ihrer Verhältnisse, und warum es so seyn muß. Da ist es also etwas ganz anderes als mit jenem Einengen, das der Geist sonst gewöhnlich durch die Mathematik erfährt, vielmehr erweitert er sich, denkt die sich erzeugenden, die continuirlich wachsenden Größen, und dringt damit bis zu den Naturkräften und in ihre Gesetze ein, geht also in die Philosophie über *).

Man kann also darauf rechnen, daß der etwa 14jährige Knabe, der so methodisch geführt wird, die sogenannte niedere Geometrie samt der Stereometrie und Trigonometrie durchschauet hat. Die Lehrform ist meist heuristisch, mitunter katechetisch, am besten mit mehreren Schülern, die der Lehrer zum wetteifernden Suchen auffordert. Er selbst spricht wenig, regt nur an, und läßt das Gefundene aussprechen, allenfalls, wenn es wichtig ist, von allen zusammen im Chore.

---

b) Das Rechnen.

Die Zahlen sind Verhältnisse der Einheit zur Vielheit, und so sahen wir seines Orts, wie das Kind zuerst zum Dreizählen kommt, und dann allmählig weiter zählen lernt. Das ist also das Erste für diesen Unterricht. Wenn nun so das 7jährige etwa bis auf zehn zählen kann, daß es die Einheiten in dieser Gesammtheit anschaut, nämlich in der Einbildungskraft, so wird es geübt, das Vermehren und Vermindern der Zahl zu denken, welches dann bald zum Vervielfältigen und Vertheilen führt, somit auch von den Zehnern zu den Hunderten, auch zu den Verhältnissen, Brüchen u. s. w. Alles dieses ist Thätigkeit des inneren Sinnes, der hiermit formal für das Denken, wie wir seines Orts be-

---

*) Vgl. Gesch. d. Erz. I. S. 407. 420.

merkt haben, geübt wird; es ist eine Thätigkeit der productiven Einbildungskraft, und vom Anfange an nicht mechanisch, sondern organisch, genetisch und also wahrhaft Geist bildend *). So weit ist es noch bloßes Kopfrechnen, ohne Ziffern.

Aber der formale Nutzen soll sich mit dem materialen verbinden, und das Leben in unserer Cultur verlangt eine aufs höchste getriebene Rechenkunst. Dazu verhelfen die Ziffern **). Sie sind die Bezeichnungen der Zahl, und durch die Abkürzungen, welche sie möglich machen, erleichtern sie die Berechnungen. Wer den erziehenden Unterricht mit ihnen anfängt, fängt mit dem Zeichen an, statt mit der Sache, also verkehrt und unmethodisch, und so muß das Einmaleins als todte Zeichentafel den Geist im Rechnen ertödten. Läßt man dagegen die Anschauung der Zahlentabellen vorausgehen, so tritt bald der Punct ein, wo der Schüler das Zeichen schon innerlich fordert, und man ihm also das rechte geben und die Verbindung mit den angeschauten Zahlen leiten muß. Da vereinigt sich denn mit dem Kopfrechnen das Ziffer- oder Tafelrechnen; es wird numerirt, und dann die vier Species hindurch in den zusammengesetzten Rechnungsarten fortgeübt. Der also methodisch geleitete Schüler wird bis zu seinem 15ten Lebensjahre alle Exempel in Bruch- und Proportions-Rechnungen geläufig lösen kön-

---

*) Auch hierzu dient eigentlich die Pestalozzische Methode durch ihre Behandlung der Zahl. Die angeführten Bücher für Volksschullehrer geben dazu weitere Anweisung, bes. Denzel a. a. O. S. 169 fgg. Viele Lehrbücher nach jener Methode sind erschienen, so von Tillich, W. v. Türk u. A., insbes. dient die Anweisung zum Rechnen v. Harnisch, und für das höhere Fortschreiten der Leitfaden f. d. Unterr. in der allgem. und prakt. Arithmetik ꝛc. v. F. A. W. Diesterweg 1823. Wir übergehen die Menge auch der brauchbaren Rechenbücher, Tabellen u. s. w.

**) Gesch. d. Erz. I. 419 fg. II. 433.

nen, und nun der strengen wissenschaftlichen Arithmetik bedürfen. Die Uebung ist der in der Formen- und Größenlehre analog und parallel.

Unläugbar ist indessen, daß nach der älteren Lehrart des Zifferrechnens viel bewirkt worden ist. Denn was haben die Menschen in unserm Zeitalter besser gelernt als Rechnen? Nur wäre ein Weg zu erfinden, wie man die Jugend auf die Art tüchtig rechnen lehrt, daß der Geist, und was noch mehr ist, auch das Herz dadurch gewönne!

---

2) Weltkunde *).

Die Außenwelt bietet sich uns zur Erkenntniß dar, und da der Mensch bestimmt ist, in derselben zu leben, so soll er seine Stelle, seinen Wohnort und dessen Lage kennen, und so weit wie möglich zur Einsicht des Weltganzen und seines Verhältnisses zu demselben belehrt werden. Dieser Unterricht begreift die Erd- und Himmelskunde, wie auch die Naturkunde in sich.

---

a) Die Erd- und Himmelskunde.

1) Die Erdkunde oder Geographie **). Sie lehrt die Erde als zusammenhängendes Ganzes in ihrer

---

*) Als allgemeines Lehrbuch hierin für den ersten Unterricht diente ehedem Sulzer, Vorübungen zur Erweckung d. Aufmerks. rc. 1780, jetzt empfiehlt sich hierzu besonders Harnisch, die Weltkunde, ein Leitf. bei d. Unterr. in d. Erd-Mineral-Stoff-Pflanzen rc. und Geschichtskunde 1820.

**) Seit dem Basedowschen Philanthropin wurde der anschauliche Unterricht in der Geographie angeregt, aber erst durch die Ideen des Unterr. in d. Geogr. von Ritter 1812, und dessen Belehrungen über die Erdoberfläche konnte sie ihre rechte

Form und Beziehung auf die Naturproducte so wie auf den Menschen kennen. Da nun alles Lernen von der Sache und nicht von dem Zeichen ausgehen muß, so muß man dem Schüler vorerst einen anschaulichen Begriff von der Erdoberfläche zu ertheilen suchen. Dieses würde eigentlich nur durch den Anblick selbst, also durch Reisen geschehen können. Weil nun das nicht möglich ist, so muß die Phantasie in Anspruch genommen werden, um die Reisen in Gedanken zu machen, und man muß dem Schüler helfen, die Ansicht der Erdoberfläche so hervorzubringen, als sähe er sie in der Wirklichkeit. Dieses kann auf zweierlei Art geschehen. Erstens auf einem freien Wege. Das ist zuerst, etwa mit dem 8ten Jahre, ein Herausführen aus einem Lande der Träume in die Wirklichkeit, und zu einer Art Entdeckung unbekannter Länder. Man läßt etwa das Kind auf eine Gegend hinschauen, und macht es auf den Zusammenhang derselben, auf Berg und Thal rc. aufmerksam; dann erzählt man ihm von den Strecken, die jenseits seines Gesichtskreises liegen, von Ländern, Bergen, Flüssen, Meeren, Inseln rc., und berichtigt dabei seine Vorstellungen, wenn es wieder davon erzählt, die immer noch eine Art Homerischer Erdkunde seyn mögen. Nun mag es dann

---

Weise erhalten. Bergeshöhen, Gebirgzüge, Stromgebiete, Bekken rc. gaben das Chorographische an, wornach dann auch das Physische seine Bestimmtheit erhielt, und hiernach das Topographische, Statistische, Politische, sammt der Verbesserung der Charten. Nach diesem Gesichtspunkte sind seitdem mehrere Lehrbücher für den methodischen Unterricht bearbeitet worden. So insbesondre Henning, Leitfaden bei method. Unterr. in d. Geogr. 1812. Mehrere andere Bücher dienen dabei dem Lehrer mit Materialien; so die von Gaspari, Stein, von Schlieben (1828 mit sehr instructiven, sauberen Charten), u. A. nebst den mancherlei trefflichen Charten. Zeune, Erdkugel und Lehrb. d. phys. Geogr. ist dem Lehrer viel werth, und zugleich giebt ihm die nach den Stromgebieten ausgeführte Geographie von Dittenberger 1827, auch den nöthigen historischen Stoff.

etwa im Garten diese Gegenden nachformen, oder auf der Tafel den Lauf des Flusses zeichnen u. s. w. Dieses ist denn die Vorübung zum förmlichen Unterrichte, welcher methodisch von irgend einem Standpunkte aus zur Kenntniß einzelner Länderstrecken und sofort bis zu der Uebersicht der ganzen Erdoberfläche führt. Hierzu muß der Schüler vorerst die Regel lernen, wornach man sich orientirt, also die Weltgegenden, alsdann beschreibt man ihm hiernach den Lauf eines Flusses von seinem Ursprunge bis zu seinem Ausflusse, und läßt ihn das nach der Beschreibung hinzeichnen; die wichtigsten daran liegenden Städte werden als Merkzeichen angegeben. So verfährt man mit den Hauptflüssen in Deutschland, im westlichen Europa, u. s. w. Nun macht man es eben so mit den Gebirgsketten, die schon etwas schwerer im Zusammenhange vorzustellen sind, als die Flüsse. Allmählig läßt man im Zeichnen dieses alles zusammensetzen, wobei man auf die dazwischen liegenden Strecken, sammt ihren Erhöhungen und Vertiefungen, aufmerksam macht. Endlich beschreibt man dem Schüler die Umgebung des Meeres in seinen Formen. So wird zuerst Europa, dann der übrige Continent, etwa minder ausführlich, gelehrt, und so weiter die übrigen Länderstrecken, Meere und Inselgruppen. Der Schüler zeichnet und versteht dieses alles um so besser, je mehr er schon durch Sinn und Einbildungskraft und in der Formenlehre geübt ist, so daß er alles dieses auch ohne Zeichnung, den Blick vor sich gerichtet, so beschreiben kann, als ob er es vor sich sähe. — Hiermit gewinnt er die Kenntniß von der Oberfläche der Erde, als eines Ganzen im Zusammenhange, d. i. die chorographische, welche mit der Belehrung über die Kugelgestalt unsers Planeten den ersten Cursus in der Geographie beschließt. Denn diese anschauliche der Erde, und nicht die der Landcharten, ist doch der Natur nach das Erste in diesem Unterrichte, und der Schüler muß sie so vor Augen haben, als wenn er sie durchreiset hätte; alle die Gebirgsgegenden und Ebenen, die er so in seinen Gedanken durchwandert hat, müssen ihm in seiner Einbildungskraft stehen, wie seine Heimath, wenn er sie von einer Höhe überschaut. Zur Uebung läßt man ihn Reisen von einem Orte zum andern angeben. Jetzt erst, da er die Sache kennt, kann er die Zeichen, nämlich die Landcharten, verstehen, da sie sich zur Erdkunde verhalten, wie die Schriftcharaktere zu dem gesprochenen Worte. Eher bekommt er auch keine in die Hand, als eben jetzt, am Ende des ersten Cursus, wo er sich seine Charte selbst gezeichnet hat, und sie nun nach der gegebenen etwa berichtigen kann. Zuletzt wird ihm der Globus gezeigt. Wer das gleich im Anfange thut, erschwert nur die anschauliche Kenntniß, und muthet dem Schüler zu, über die Erdkugel hinaufzufliegen, auf welcher er doch mit seinen Füßen, und das in einem kleinen Kreise, steht und geht.

Der zweite Cursus besteht in Reisebeschreibungen, die der Schüler hört oder lieset, und nacherzählen muß. Dabei durchgeht man die Landcharten mit ihm genauer, nur nicht zu sehr im Detail, läßt ihn die wichtigsten Landesprodukte, Berge u. dergl. bemerken, und sowohl ausgeführtere Charten aus seinem Kopfe zeichnen, als auch nach der oben angegebenen Weise mündlich beschreiben. Mit den Uebungen in Reiseangaben fährt man fort. — Dieser Cursus schließt mit dem Unterrichte über die Zonen und die klimatische Verschiedenheit.

Der dritte betrachtet die Erdoberfläche als Wohnplatz, und lehrt die Hauptproducte sammt der physischen Beschaffenheit der Länder kennen, so auch die Nationen in ihren Sitten und Nahrungszweigen, und bemerkt hierbei die wichtigsten Länderabtheilungen, die Bevölkerung, die Regierungsform, Staatseinkünfte, jedoch nur so weit, daß er in die Statistik hinüberführt, welche übrigens eine Wissenschaft für Erwachsene ist. Der Schüler mag dabei sein Gedächtniß mit der Volksmenge der

Länder und Hauptstädte mit Angabe der Berghöhen u. dergl. üben, woran man ihn dann in der geographischen Lehrstunde nur zu erinnern braucht. Dieser letzte Cursus schließt mit der Lectüre der Zeitungen und ausführlicher Reisebeschreibungen. Bis dahin hat der Jugendunterricht zu führen, denn eine genauere geographische Kenntniß gehört nicht zur allgemeinen Bildung, und wird auch im Leben selbst erlernt. Die mathematische Geographie aber vereinigt sich mit

2) der Himmelskunde *). Jeder soll doch im Allgemeinen die Lage unsers Planeten und die Beschaffenheit des Weltgebäudes wissen. Die natürliche Methode verlangt auch hier einen freien Weg, der früh schon eingeschlagen wird, wenn man dem Kinde den Sternenhimmel zeigt, und es Gestirne aufsuchen lehrt. Auch gehört hierher die gelegenheitliche und einstweilige Belehrung über die Jahres- und Tageszeiten. Jetzt nun wird der dritte Cursus der Erdkunde mit dem Unterrichte über die kosmischen Verhältnisse in fortschreitendem Lehrgange beendigt. Da würde es denn ebenfalls verkehrt seyn, wenn man alsobald eine Himmelskugel aufstellen, und alle die sphärischen Linien, die da vorkommen, vorzeigen wollte. Die Erfahrung lehrt genugsam, wie sehr man damit verwirrt und erschwert. Man fange vielmehr mit dem einfachen Verhältnisse der Erde zur Sonne und zum Monde an. Eben so bestimmt man nur im Wesentlichen die der übrigen Planeten zur Sonne. Dann zeigt man das verwickeltere der Erde gegen die Körper unsers ganzen Sonnensystems, und erklärt die scheinbaren Veränderungen des Sternenhimmels ꝛc., so auch gründlich die Jahres- und Tageszeiten. Ein erhebender Blick nach dem Weltall beschließt das Ganze. Und nun erst kann man den sphärischen Apparat mit Nutzen aufzeigen, und

---

*) Auch dafür haben die neueren Fortschritte gesorgt, und man hat gute Erd- und Himmelsgloben, Tellurien und Planetarien.

den Schüler damit für sich selbst bei seinem Besitze mathematischer Kenntnisse so weit studiren lassen, als er Lust hat.

Der Anfangspunct der Weltkunde liegt in den Sinnenübungen; dann scheidet sich der geographische Unterricht aus, dessen erster Cursus bis etwa über das 10te Lebensjahr hin, der zweite bis gegen das 13te, der dritte so lange man ihn ausdehnen will, fortdauert, doch kann schon nach Jahresverlauf die eben bezeichnete mathematische Belehrung eintreten. Wöchentlich 2 Stunden sind hinlänglich. Die Lehrform ist mündliches Erzählen oder Andeuten und von dem Schüler Nacherzählen, Aufschreiben, Beschreiben und Hinzeichnen.

---

b) Naturkunde.

Die Natur ist der Inbegriff der Dinge in der Welt, nach ihrem Aeußeren und Inneren als ein Ganzes betrachtet. Jedes Weltwesen lebt in der Natur, und sie in ihm; so ist es ein Naturwesen. Es steht jedes mit der Welt durch die umgebenden Dinge in wirksamer Verbindung, es nimmt ihre Einflüsse auf, es fließt auf die Gegenstände ein; nur der Mensch steht zugleich auf einer höheren Stufe. Die Vernunft tritt in ihm hervor, der Natur gegenüber, mit ihr nimmt er die Welt auf und wirkt auf sie ein, er begreift die Dinge, er lernt die Natur kennen und sie nach Zwecken behandeln. Das kann er nun nicht anders, als inwiefern er sie kennt. Da nun dieses zu seiner Bestimmung gehört, so soll so viel möglich jeder Mensch die Naturkunde erlernen; je mehr er sie besitzt, desto vollständiger ist seine Bildung. Sie gehört also nothwendig in den Unterricht der Jugend. Ihr formaler Nutzen ist das Freiwerden des Geistes in dieser Erkenntniß, welche ihn dahin erhebt, daß er über die Erde herrschen kann. Hiermit ist der materiale Nutzen verbunden, der zweckmäßige Gebrauch dieser Kenntnisse für das Leben in vielen Zweigen.

Die Natur lernt man kennen, wenn man sich ihre Producte, Kräfte und Gesetze, ihr Aeußeres und Inneres, so umfassend und tief wie möglich bekannt macht, um sie in ihrer höchsten Einheit zu erfassen. Dahin bringt es zwar kein Mensch, denn die Natur ist ein Unendliches, aber das wahre Studium derselben geht doch darauf hinaus. Die Idee der Natur soll also bei dem Lernenden hervorgerufen werden, so daß er gewissermaßen die Natur in sich nachbildet. Wie in dem Auge die Außenwelt, spiegelt sie sich in dem betrachtenden Geiste. Eben hierin wird die endliche Vernunft das Abbild der höchsten, deren Gedanke die Welt hervorbringend durchschaut. Darin ergiebt sich ein Punct, worin der erziehende Unterricht in der Naturkunde mit dem Religionsunterrichte zusammentrifft *).

Man theilt sie füglich in die drei Zweige (nach Kant): 1) die Kenntniß der Natur in ihrem Aeußeren, in ihren Producten, die Naturbeschreibung; 2) die Kenntniß der Natur in ihrem Inneren, in ihren Kräften und Gesetzen, die Naturlehre; 3) die Kenntniß der Natur in der Einheit des Inneren und Aeußeren, in ihrer Entwickelung, die Naturgeschichte. Nach den Gesetzen des Jugendunterrichts, die von der Anschauung des Aeußeren auszugehen gebietet, befolgt der methodische Unterricht in der Naturkunde so ziemlich gerade diese Ordnung.

---

1) Naturbeschreibung **). Schon das Kind lernt die Formen unterscheiden und weiterhin auch be-

*) Vorzüglich hat diesen Punct getroffen G. H. Schubert, Naturgeschichte für den ersten Unterricht 1825 (2te A.)

**) Eine ganze Bibliothek sammt vielerlei Sammlungen und Abbildungen kann für dieses Fach der Lehrer zur Hand haben; er

schreiben; das ist denn der Anfangspunct für den Unterricht über die Naturerzeugnisse. Auch hierin giebt es einen freien und einen geregelten Gang. Der freie besteht darin, daß das Kind von selbst viele Producte der Natur sieht und bemerkt, daß es Lust bekommt, immer mehrere kennen zu lernen, daß es sammelt, Insecten, Pflanzen, Steine ꝛc., und daß es wenigstens die Namen gern weiß. Der geregelte Gang ist der, daß man es eine systematische Anordnung der Naturalien lehrt. Man läßt hierzu das Charakteristische der drei Naturreiche bemerken, an mehreren aufsuchen, und überhaupt einprägen, um sie fest im Gedächtnisse zu behalten. Alsdann lehrt man es eben so anschaulich die Hauptabtheilungen in jedem Reiche, und nun geht man zu einem derselben besonders, etwa vorerst zur Botanik, um hierin die wichtigsten Unterabtheilungen zu erlernen. Nur übe man den Schüler darin, daß er die Merkmale selbst auffindet, und so das Einzelne in seine Gattungen und Arten bringt. Wäre das nur etwa in 8—10 Gattungen der Pflanzenwelt durch mehrere Species fortgeführt, daß der Schüler eine Anzahl von Gewächsen nennen und ordnen gelernt, und dabei eine Fertigkeit im Auffinden so wie eine Lust zum Aufsuchen errungen hat, so ist er damit in die ganze Botanik eingeführt. Eben so geschehe es in den andern Naturreichen. Und das ist genug, denn damit kann man im Leben selbst das Studium, das an sich doch endlos ist, so weit man will, fortsetzen, und nur der, welcher diese Kenntnisse einst zu seinem Berufe macht, muß

soll aber das lebendige Buch seyn, sonst ist der ganze Reichthum ein vergrabener Schatz. Funke, Naturgesch. und Technologie 3 Th. 1812, (6te A.), Bechstein, gemeinnützige Naturgesch. 4 Th. 1807, (N. A.), Melos, Naturgesch. für Bürger- und Volkssch. 1823. Eckerle, Naturgesch. zum Schul- und Selbstunterr. mit Steindr. 1825—26, 2 Th. Stieffel, Naturgesch. f. d. Schulunterr. und Selbstgebrauch 1826, werden ihm gute Dienste leisten.

alles Bekannte erschöpfen. Wollte man dieses schon in der allgemeinen Jugendbildung bewirken, so würde man sich mit einer unendlichen Fülle belasten, die edelste Zeit daran verlieren, und das weit Wichtigere zurücksetzen, und diese vermeinte Gründlichkeit wäre in dem Lernenden selbst doch nur Ungründlichkeit. Eben so verhält es sich mit den Nomenclaturen für die einzelnen Formen, z. B. der Blätter. Auch hier gehe man doch nicht ins Einzelne und Kleine, sondern man lasse nur das Charakteristische für die wichtigeren Abtheilungen, und zwar nicht voraus im Abstracten, sondern gelegenheitlich an dem angeschauten Gegenstande bemerken. Hat der Schüler nur den Weg gut gelernt, wie er die Naturproducte erkennen und ordnen kann, und Lust hierzu gewonnen, so hat der allgemeine Unterricht hierin sein Ziel erreicht.

Die Lehrform ist vorerst die der freien Sinnenübungen, etwa auf Spaziergängen. Der Lehrer giebt nur das an, worauf man zu merken hat, z. B. die Theile der Blüthe, und läßt hiernach den Gegenstand sorgfältig betrachten und mündlich beschreiben; das letztere zur Abwechselung und Wiederholung auch schriftlich. Er gebe nie zu viel auf, verhüte alle Verwirrung und halte sorgfältig auf die größte Präcision. Der Schüler trage dann etwa die Namen der Producte, die er kennen lernt, in ein Buch ein, und füge auch wohl Zeichnungen bei. Von Zeit zu Zeit könnte das der Lehrer mit ihm wiederholend durchgehen. Das Vordociren ist dagegen erschlaffend für den Schüler, und führt zu gar nichts, als etwa zu Spielereien mit den vorgezeigten Sammlungen oder Bildern; es ist die elendeste Manier, womit man die Schüler in das Gaffen und Zerstreutseyn so recht eingewöhnt. Auf Schulen wird viel Unwesen mit diesem Unterrichte getrieben. Dort zeigt man den Kindern die Pflanze, sie strecken die Köpfe vor, sprechen die Terminologieen nach, werden katechisirt, schwatzen, tändeln, fahren unruhig herum, und wenn es nun heißt: „In 4 Wochen, ihr guten Kinder, sind wir mit dem Pflanzenreiche fertig, dann kommen wir an das Thierreich," so klatschen und lärmen sie. Dort legt man ihnen den ganzen Apparat vor, und sie schweifen nur mit den Augen herum, und der Lehrer hat seine Noth, ihre Finger zurückzuhalten. Dort läßt man die Gattungen und Arten pünctlich nach einander in den trockenen Stunden lernen. — Was soll doch alle diese Lernerei? Haben solche Kinder die Schule verlassen, weg ist dann alles Interesse für das Naturstudium, vergessen, wie das ABCbuch, der Unterricht! Da bringt es der Knabe noch eher bei seiner Schmetterlingsjagd zu etwas. — Linnée ward bei den Gartenarbeiten seines Vaters und im freien Aufsuchen der Gewächse der große Naturforscher.

---

2) Naturlehre *). Aber auch in die Kenntniß der Kräfte und Gesetze der Natur soll der Jugendunterricht einleiten. Die Natur selbst fordert dazu auf, und schon das Kind sieht nachdenklich auf den Blitz, und hört Sturm und Donner mit Aufmerksamkeit. Auch fängt es an, auf sie zu wirken, und in ihren Kräften seinen Willen geltend zu machen. Zur vollkommenen Beherrschung derselben gelangt aber der Mensch erst durch vollkommene Kenntniß ihrer Gesetze, wenn er sie ganz durchschaut. Das ist das Ziel aller Naturlehre, obwohl unerreichbar, aber das Streben darnach liegt doch in der menschlichen Bestimmung.

Der Unterricht nimmt hierin ebenfalls vorerst einen

*) Auch hier ist reichlich für Lehrbücher und Apparate gesorgt; nur sind immer die neuesten vorzuziehen, weil die Wissenschaft täglich fortschreitet. Dem Lehrer dienen: Melos, Naturl., welche zugleich auf den Schöpfer hinweiset, 1822 (2te A.); Eckerle, Naturl. 1822. Muncke, Naturl. für höhere Schulen 1825; auch Vieth, physikal. Kinderfreund, 10 Th. 1797—1810, und Hellmuth, Volksnaturl. 1810, (6te A.)

freien Gang, und dieser geht von der kindlichen Poesie aus. Bei dem Donner rollt ein Wagen, bei dem Blitze thut sich der Himmel auf, der Wind wird vom Kinde gescholten, in den Gewächsen lebt etwas, das Thier will etwas u. dergl. Man höre nur die Kleinen, und lese die kindlichen Sprachen, z. B. des morgenländischen Alterthums. Für diesen freien Unterricht muß man also der Phantasie der Kinder ihre Rechte lassen, sie jedoch auf die wahre Ansicht hinlenken, ihnen nicht alle Fragen beantworten, und ihren Beobachtungsgeist mehr und mehr bestimmen. Alsdann wird mit fortgehender Entwickelung des Verstandes die wahre Ansicht sich schon von selbst bilden, und aller Aberglaube, welcher nur in der Kindesansicht der Natur bei reifem Verstande, also in Verwandlung des Kindlichen zum Kindischen besteht, gewiß verhindert werden. Es verhält sich hiermit ganz, wie mit der Religion. Vielleicht gehört dieser Unterricht über die Natur zu dem schwersten, weil er eben so sehr die kindliche Poesie gelten lassen als zur Wahrheit der reifen Vernunft führen muß. Bisher hat man ihn noch so gut wie gar nicht öffentlich anerkannt; und eine Anleitung hierzu für Lehrer wäre der größten Meister in der Physik würdig.

Der geregelte Gang in der Naturlehre giebt indessen erst den eigentlichen Unterricht. Seinen Anfangspunct hat er in den Verstandesübungen, für welche er reichen Stoff darbietet, insbesondere für die Begriffe von Ursache und Wirkung. Auf diese Weise wird manches über Wärme, Dünste, Gewitter bemerkt, das führt zu Experimenten und zu den Begriffen der Grundkräfte. Von diesen steigt man herab zu den weiter untergeordneten, bis der Schüler im Stande ist, manche vorkommende Naturerscheinungen zu erklären. Daß man hier so wie in der Naturbeschreibung von oben anfängt, ist nur scheinbar, weil wirklich schon so vieles Anschauliche vorausgegangen ist, wodurch der Schüler geübt worden, zum Allge meiner aufzusteigen, und nun auch die Uebung an der Reihe ist, das Besondere unter das Allgemeine zu subsumiren. Allmählig verbinde man damit den Gebrauch der Mathematik.

Auch in diesem Gegenstande erwähle man jene Lehrform. Man docire nicht viel vor, sondern mache auf die Gesetze und Kräfte der Natur nur aufmerksam, spreche ihre Namen aus, und lasse den Schüler sie hier und da selbst finden. Es wird gut seyn, wenn man ihm öfters aufgiebt, irgend eine Erscheinung zu beschreiben, bald mündlich bald schriftlich, und mit seinem eigenen Urtheile sie zu erklären. Da giebt es denn Gelegenheit zu Berichtigungen und Erweiterungen. Man mache die Experimente nur sparsam, um nicht zu zerstreuen; stelle auch wohl den Schüler an, sie selbst mit Sorgfalt zu machen. Und so führe man den Schüler dahin, daß er einige der wichtigeren Phänomene, z. B. der Elektricität, mit aller Präcision gründlich erkläre, so weit er nämlich dieses aus einzelnen Gesetzen vermag, da er jetzt noch nicht das Allgemeine und Ganze gefaßt hat. Wenn dieses nur in einigen einzelnen geleistet worden, mit jener Tendenz zum Ganzen, so ist er völlig auf den Weg gebracht, worin er die Naturlehre immer weiter entwickeln wird, und was zur allgemeinen Jugendbildung gehört, ist vollendet. Man würde das Wesentliche verfehlen, wenn man die Gründlichkeit des Unterrichts hier in die Ausführlichkeit setzen wollte, wofür das akademische Studium zu sorgen hat. Physik und Chemie in ihren Systemen sind die Sache besonderer Berufsbildung.

Zur Unterhaltung der freien Forschung in Verbindung mit dem Erlernten dienen manche physikalische Belustigungen, wie sie in mehreren Schriften angegeben sind.

3) **Naturgeschichte** *). Die Entstehung des Aeußeren aus dem Inneren der Natur, das Werden der Welt, die Zeiten hindurch, die Schöpfung in ihrer Entwickelung zu erkennen, das ist die höchste Aufgabe der Naturkunde. Auch hierzu treibt die sich entwickelnde Vernunft von selbst. Sie will durch alles Einzelne, was vor die Sinne tritt, durch das Licht, wie durch den Schall, den Geist vernehmen, welcher hierin spricht gleich als durch ein Wort; sie will wissen, wie das Innere ein Aeußeres werde und dieses wieder in das Innere zurücktrete; sie will so, indem sie die Entwickelung der Natur schaut, bildend auf ihre Productionen einwirken, und als ihre vollkommene Herrscherin sich mit ihr in Verkehr setzen. Vollendet würde sie in dieser Hinsicht seyn, wenn sie das Werden der Dinge schauete, wenigstens der irdischen, von ihrem Beginne an, als sie durch das Schöpfungswort hervortraten, und wenn sie mit ihrem Blicke auf das Ganze der Natur die einzelnen Naturen zu erkennen und zu behandeln wüßte. Aber welche Vollendung dir Menschheit! Die Erde wäre dann der vollständige und verschönerte Organismus geworden, worin überall der Menschengeist bildend erschiene. Solcher Erkenntniß soll der Unterricht in der Kunde der Natur näher führen.

Obgleich die dahin gehörigen Kenntnisse schon eine ziemliche Entwickelung der Vernunft erfordern, so geben doch die Fragen und Phantasieen des kindlichen Alters genugsam zu erkennen, wie gern sie über die Entstehung der Dinge nachsinnen.

Also zeigt sich auch hier ein freier Gang des Unterrichts. Es kömmt nur darauf an, die Kinder in ih-

*) Ein eignes Lehrbuch hierin für den Schulgebrauch ist uns noch nicht bekannt geworden; wir wünschen eins von G. H. **Schubert**, denn dazu gehört ein so gelehrter, geistvoller und frommer Naturkenner. In manchen Lehrb. der Naturbeschr. und Naturl. kommt übrigens vieles vor, aber es verdiente doch eine besondere Bearbeitung.

rem Hange zum Wunderbaren nicht zu stören, aber sie auch in dem Mährchenhaften nicht festzuhalten, und überhaupt ihnen weder in dem einen noch in dem andern vorzugreifen. Mit ihrer fortgehenden Verstandesbildung, besonders auch in der Naturlehre, giebt sich die Sache von selbst. Ihre Fragen, die man beantworten kann, befriedige man nur kurz, und so, daß man das weitere Nachdenken errege; und kann man sie noch nicht beantworten, so verweise man sie getrost auf die Zukunft, oder frage sie allenfalls selbst. Ein kaum 5jähriger Knabe fragte seine Mutter: „was waren denn die Blumen erst?“ — wie konnte sie darauf antworten? Sie hörte also des Kindes Gedanken über die Sache, welches meinte, sie hätten erst in der Erde gesteckt ꝛc., bis es auf etwas anderes kam. Allmählig kann man ihnen manches erklären, oder vielmehr es sie selbst erklären lassen, z. B. die Entstehung der Quellen, der Flußthäler u. dgl.

So wie man aber mit dem Unterrichte in der Naturlehre an das Ende kommt, so erfolgt von selbst der bestimmte in der Naturgeschichte. Er fängt wohl am besten mit einer Physiologie irgend eines Products an, denn hier ist die Welt im Kleinen, und wer die Entstehung und Entwickelung der Pflanze begreift, hat auch das Weltall begriffen. Wir schlagen gerade die Pflanzennatur hierzu vor, weil das Thierleben dem zärteren Alter noch gewissermaßen zu heilig seyn muß, um es in sein Geheimniß schauen zu lassen. Um so stärker müssen wir uns auch ausdrücklich gegen den Grundsatz erklären, die Physiologie des Menschen auf Schulen vorzutragen. Es gehört in der That schon ein lebendiges Bewußtseyn der idealen Welt und der Vernunftwürde dazu, wenn man nicht durch anatomische und physiologische Untersuchungen des menschlichen Organismus das Bewußtseyn der Menschenwürde sich soll entkräften lassen. Wie sollte jene Reife von dem unreifen Jünglinge zu erwarten seyn? Nicht einmal an das Unheil zu gedenken, daß die so achtungswürdige Schamhaftigkeit zerstört werden würde, wenn man so früh das Geheimniß der Erzeugung aufdecken müßte, welches doch bei der Physiologie des Menschen unvermeidlich wäre. Dafür erkläre man etwa die Beschaffenheit des Auges und andres Einzelne. Endlich führe man ihn zu den Betrachtungen über den Erdkörper und des Weltalls hin.

Da mittlerweile der junge Mensch mehr für den zusammenhängenden Vortrag empfänglich geworden ist, so könnte man ihn wohl hier schon einigermaßen in dieser Form belehren, doch wird es weit bildender seyn, wenn man ihn auch da noch selbst urtheilen, und dieses mündlich sowohl als schriftlich vortragen läßt. Wenn nun der Unterricht in der Naturbeschreibung etwa mit dem 8ten Lebensjahre anfängt, und wöchentlich 2 Stunden bis in das Jünglingsalter fortgeht, so nimmt dann die Naturlehre entweder seine Stelle ein, oder geht neben ihm her, etwa auch 2 Stunden wöchentlich, einige Jahre lang, und hört dann mit dem in der Naturgeschichte auf. Dieser bedarf wohl nicht mehr als ein halbes Jahr; denn das Weitere gehört für die wissenschaftliche Bildung. Also würde etwa im 18ten Jahre der ganze Schulunterricht in der Naturkunde beendigt.

---

3) Menschenkunde.

Wir dürfen auch dieses Fach nicht anders bestimmen als wie es der erziehende Unterricht fordert. Es ist also da keine eigentliche Anthropologie, und weder eine Physiologie noch eine Psychologie zu lehren, sondern nur so viel von dem Menschen und seinen Verhältnissen, als zur Entwickelung des jugendlichen Geistes und zur Vorbereitung für jene Wissenschaften dient, wie auch das, was mit der übrigen Jugendbildung unmittelbar zusammenhängt. Da finden sich denn vorerst manche Kenntnisse über den menschlichen Körper und die Gesundheit, wie auch über die Seele und die sittliche Bestimmung, welche aber kein besonderes Fach bilden, sondern andern, z. B. der Naturkunde und Religionslehre, am füglichsten zugetheilt werden. Dafür eröffnet sich das große Fach der Sprachkunde, das ebenso unerschöpfliche der Geschichte, und hieran schließt sich das nur noch wenig in dem Jugendunterricht, liegende des äußern Menschenlebens in den technologischen, statistischen und politischen Kenntnissen.

A. Sprachkunde.

Die Sprache verbindet geistig die Menschen und entwickelt die Vernunft; sie ist der Organismus der Menschenwelt für das Geistesleben. So ist sie denn auch, wie wir oben sahen, das allgemeine Mittel der Erziehung und des Unterrichts und bildet sich zugleich mit dem Denken. Das geschieht nämlich in der Sprache, welche man mit dem Kinde spricht. Es giebt keine Bildung des Menschen ohne Sprache. Dieser Unterricht ist also von frühem an äußerst wichtig, und je mehr Sprache die Jugend lernt, um desto mehr gewinnt ihr Geist, nur muß das Lernen in den Geist eingehen. Es ergeben sich hieraus zwei Arten für diesen Unterricht, die Entwickelung der Sprache, in welcher man lebt, und die Aneignung einer fremden Sprache. Die erstere ist der Unterricht in der Muttersprache; der in andern lebenden schließt sich demselben an. Die zweite läßt todte Sprachen, hauptsächlich die classischen, erlernen.

---

a) Die Muttersprache.

Wir reden hier von dem Unterrichte in der Deutschen.

Der Anfangspunct liegt in der ersten Thätigkeit der Mittheilung, die wir schon in den frühesten Unterhaltungen des Kindes mit Mutter, Vater u. s. w. finden, in seiner Augen-, Mienen- und Geberden-, und endlich Wortsprache. Wie der Unterricht von hieraus beginnt, sahen wir seines Orts, nun müssen wir seinen zwiefachen Gang bestimmter unterscheiden, wovon der eine viel später anfängt. Da sich nämlich in der Sprache das Innere äußern soll, so muß man auch dem Inneren ganz seine natürliche Aeußerung lassen, und es dazu aufregen; dieses giebt eine Leitung zur freien Entwickelung der Sprache, und da die Sprache auch das Gemeinsame enthalten soll, worin man sich mittheilt, so muß sie auch gewissen Regeln des Verstandes unterworfen seyn, sie muß ihr Allgemeines und Nothwendiges, d. h. ihr Gesetzliches haben; der zweite Gang dieses Unterrichts ist demnach ihre gesetzliche oder grammatische Bildung. Daß nun der erstere Gang früher beginnt, ist daraus klar, weil das Innere früher da ist als seine äußere Formung, und weil zu dem letzteren Gange Reflexion, und zwar auf das Gesprochene erfodert wird, welche viel später eintritt, wenn man nicht die innere Wahrheit zerstören, oder wenigstens gefährden will, wie wir oben bemerkten *).

1) Die freie Entwickelung geschieht erstens durch die freie Mittheilung des Kindes, wobei wir ebenfalls an Obiges erinnern, besonders was bei der Verstandesübung gesagt worden. Es muß also Menschen um sich haben, denen es sich ohne allen Zwang, mit der unbefangensten Offenheit äußern kann und gern äußert, so

*) Wir wiederholen im Folgenden gern einiges, was wir oben bei den Verstandesübungen angaben, weil dieser Gegenstand in der Erziehung noch so wenig, und vielleicht gerade jetzt in unserer Cultur weniger als je beherzigt wird, und was ist wichtiger für die Sittlichkeit als ein wahres Gemüth? Wir verweisen darum auch auf unser System d. Erz. S. 171 fg., und bitten diese Stelle hier nachzulesen.

daß sein Inneres unentstellt aus seinen Augen, Mienen und Worten hervorstrahlt. Damit es aber Bildung sey, so müssen das Personen seyn, an welchen es hinaufschaut, und denen es durch den unbewußten Zug der Sympathie ähnlich zu werden sucht. Je mehr sich die gebildete Mutter freundlich zu ihrem Kinde hinneigt, um desto inniger wird sich dessen Sprache entwickeln. Daher ist es ein Fehler von unaussprechlich schlimmen Folgen, wenn man das Kind nicht sprechen läßt, wie es selbst eigentlich will, sondern wie andre wollen, wenn man es in seinen Worten genirt, wenn man es nöthigt, auf das Wort zu reflectiren und das erst auf die Wagschale zu legen, was frei vom Herzen kommen soll. So unterrichtet man Papageien, und sind es Kinder, so macht man aus ihnen geistig Stumme, höchstens ein Echo, und nicht selten Gleißner und Heuchler; die Wahrheit der Sprache und des Gemüths kann da nicht entstehen *).

Zweitens ist es nöthig, daß das Kind durch die Sprache das Innere des Andern verstehen lerne. Dieses geschieht dadurch, daß die Menschen umher, und gerade die, in welche das Kind sich am meisten hineinfühlt, sich ihm mittheilen, und zwar so, wie es ihnen von Herzen kommt, nämlich über Gegenstände, die in dem Vorstellungskreise des Kindes liegen. Hierzu gehört vornehmlich alles, was in den Sinnengegenständen dem Kinde interessant ist; nur sobald noch nicht Empfindungen, und nie Tändeleien. Man soll dem Kinde das Gemüth mittheilen, also ist keineswegs nöthig, daß es jedes Wort einzeln versteht, vielmehr gilt es um den Eindruck des Ganzen, denn nur darin liegt das Gemüth, und das Einzelne scheidet sich erst nachmals heraus. Wer da meinte, daß man doch erst das Einzelne verstehen müßte,

*) Wir erinnern an das, was wir seines Orts bereits bemerkt haben; so auch an die Entwickelung des Gemüths System d. Erz. 1te Abth.

ehe man das Ganze versteht, der müßte annehmen, daß die Worte dem Kinde erst erklärt werden müßten, ehe man sie spricht, folglich auch die erklärenden Wörter, und so ins Unendliche; indessen kann dem, der sich auf die Natur und ihre organische Entwickelung versteht, so etwas gar nicht in den Sinn kommen. Aber soll dieses Sprechen bildend seyn, so muß es von solchen Personen geschehen, in deren Geiste der junge Mensch sich gern hinaufziehen läßt, indem er darin das Höhere ahndet. Traurig ist es also auch in dieser Hinsicht für das Kind, wenn die Menschen umher kein freundliches Wort, oder nie von Herzen zu ihm sprechen, oder wenn sie in der Meinung, daß sie keine falschen Eindrücke der Sprache verschulden dürften, immer nur nach der Grammatik mit ihnen reden. Wie sich hieraus manche intellectuelle und moralische Verdorbenheiten der Kinder ableiten lassen, welche Französinnen übergeben worden, oder nur ihre Schullehrer, oder unfreundliche, tadelnde, hofmeisternde, zwangvolle, steife Personen um sich hatten, oder die man auch allzusorgsam von ihren Gespielen zurückzog, damit sie nicht etwa Provinzialismen lernten, bedarf keiner weiteren Erinnerung. Wenn das Kind des Landpredigers die Mundart seines Dorfes verräth, aber innig, wahr, offen und verständig spricht, ist es nicht weit lieblicher, als das gezierte kleine Wesen, das seine Worte setzt wie ein Buch?

Drittens ist nöthig, daß man das Kind in solche wechselseitige Unterhaltung mit Andern versetze, worin sich das Innere gegenseitig durch die Sprache austausche. Am besten allerdings, wenn das durchaus nur in freundlichen Verhältnissen geschieht. Das Kind muß also von frühem an unter seines Gleichen seyn, aber das nicht blos, sondern auch unter solchen, die höher stehen, weil der Bildungstrieb immer hinaufgezogen seyn will. In der freien Unterhaltung entwickelt sich das Gemüth lebendig durch die Sprache, und gewinnt die wahrste Bildung der Sprache selbst. Auch der Rohere im Volke hat doch immer so viel Sprache, als er in dem Kreise seines Lebens braucht; wenn aber rein und lebenvoll von Kindheit an die freie Unterhaltung fortgeht, und immer mit der Bildung steigt, so muß die Sprache des jungen Menschen auch der reinste und lebendigste Ausdruck seines Inneren werden, und ihn zugleich zur tieferen Einsicht in das Innere Andrer geleiten. Ein Fehler, welcher hiergegen häufig genug begangen wird, besteht darin, daß die Kinder nur in eine gewisse Sphäre des Sprechens nach dem Belieben Andrer gebannt werden; daher die Conversations-, die Schul-, die Zunft-, die Büchersprache ꝛc., eine so gemüthlos als die andere. Hierdurch geht immer von der inneren Wahrheit des Menschen vieles verloren, und für die Sprache selbst das Wesen ihrer Bildung.

Man sorge also nur so viel möglich dafür, daß um das Kind herum rein und richtig gesprochen, und alles mit dem rechten Worte benannt werde.

2) Mit diesem freieren Gange muß sich nun der Unterricht in dem Gesetzlichen der Sprache verbinden. Da nun ihr Gesetz gleich der Sitte in dem enthalten ist, was sich von Sprache in dem Volke vorfindet, das ihr angehört, so kann sie nur in dieser Hinsicht als etwas äußerlich Gegebenes erlernt werden. Nun fragt sich aber, in welcher Sprache geschieht dieses am ersten? in der Muttersprache, oder in einer alten, oder in einer philosophisch abstrahirten allgemeinen Sprachlehre? Wer von dem Standpuncte der Wissenschaft ausgeht, muß nothwendig diese letzte zuerst setzen, denn er steigt von den allgemeinsten Prinzipien zu dem Besonderen und Wirklichen herab. Allein die Entwickelung der Natur geht in dem Kinde gerade den umgekehrten Weg, nämlich von dem Besondersten zum Allgemeinen. Hier ist das, was allen Sprachen gesetzlich zum Grunde liegt, gerade das letzte, worauf man kommt, nachdem man schon die Gesetze einer

einzelnen Sprache oder mehrerer kennen gelernt hat; und nur die lächerlichste Verkehrtheit könnte den Sprachunterricht mit einer Sprachphilosophie anfangen wollen. Also bleibt kein anderer Weg, als entweder durch die Muttersprache, oder durch eine classische. Welcher ist nun zu erwählen? Die classische hat ihre bestimmten Regeln, sie hat ihre Vollendung in allen Theilen. Durch sie wird also das Gesetzliche und Gebildete der Sprache überhaupt am besten vermittelt. Aber sie kann nicht erlernt werden, ohne eine gewisse Uebung in der Muttersprache, ohne eine gewisse Stufe der Denkkraft, ohne manche Vorkenntnisse, und sie ist auch eine todte Sprache. Dagegen macht die Muttersprache ihre frühesten Rechte geltend. Zwar hat sie nicht jene Bestimmtheit und Vollendung, aber sie hat doch auch ihre Regeln und ihr Bildungsprinzip, und in ihr nur allein hat man die ursprünglichen Anschauungen, Gefühle, Begriffe, und die ganze Lebendigkeit des Gemüths. Auch bedarf es zur tieferen Erlernung derselben keiner großen Lehrmittel, sie liegt jedem in dem Munde. Der grammatische Unterricht wird also der Natur nach zuerst in der Muttersprache ertheilt, wenn gleich diejenigen Schüler, welche eine vollkommnere Sprachbildung erhalten sollen, ihn erst in der classischen Sprache vollenden.

---

a) Die Muttersprache (die Deutsche).

Das Wort führt auf den Begriff, und der Lehrer lenkt die Aufmerksamkeit auf denselben, sodann auf die Arten und Veränderungen der Wörter. Je mehrere auf solche Weise gefaßt werden, desto vollkommener erwächst die Sprachkenntniß. Eben so ist es mit der Redensart, und an ihr werden die Regeln der Sprache wahrgenommen. Dieses alles soll nun allmählig in das Bewußtseyn gebracht und grammatisch behandelt werden. Das geschieht wohl gelegenheitlich bei dem einzelnen Worte, aber in einem geregelten stetigen Gange ist die Reflexion genau auf die Arten und Beschaffenheiten der Wörter, auf ihre Veränderungen, ihre Entstehung, die Regeln ihrer Formung zu lenken; so wird die Etymologie gelehrt. Das Gedächtniß hat hierbei viel zu thun, und der Schüler muß sich vieles einprägen, aber es tritt doch beständig die Verstandesthätigkeit hinzu, und so ist der Sprachunterricht ein vorzüglicher Stoff für die Denk- und Gedächtnißübung. Dann wird eben so die Wortfügung, oder die Syntax, erlernt. Alles dieses geschehe vorerst aufsteigend von dem einzelnen Falle zu der Regel; das umgekehrte Verfahren würde nicht nur überhaupt der Jugendentwickelung widersprechen, sondern auch die grammatischen Begriffe, statt sie aus der Sprache selbst ziehen und finden zu lassen, vielmehr von außen geben, und die Sprache nur beispielsweise hinzufügen.

Die Reflexion, betrachtet also, was in der Sprache durch Schrift niedergelegt worden, zunächst in der Absicht, um den Schriftsteller zu verstehen. Man lasse daher den Schüler keinen andern lesen, als den er jetzt gerade seinem Wesentlichen nach verstehen kann. Uebrigens ist es nicht nur nicht schädlich, sondern sogar in der naturgemäßen Ordnung der Entwickelung, daß noch nicht alles in dem Buche verstanden wird, und daß im einzelnen Satze noch nicht alle Wörter klar begriffen werden. Auch hier muß sich der Lernende das Einzelne nach und nach aufhellen und zum besseren Verständniß immer hinaufziehen lassen; ja es ist sogar öfters ein Reizmittel, wenn der Schüler noch ein Dunkel zu lichten, einen Schatz aus der Tiefe zu Tage zu fördern hat. So führt das Lesen zum Erforschen des Sinnes, also zur sorgfältigen Betrachtung des Wortes, des Satzes, der Rede, d. i. zur Grammatik etymologisch und syntaktisch, beides nach einander, doch so, daß bei der Wortfügung die Wortforschung immer fortgeübt wird. Bei dem Etymologisiren läßt man auch den Sprachgebrauch bemerken, und vermeidet die Einseitigkeit, die bald den letzteren, bald die Wurzelbedeutung zu wenig beachtet. Eine eigene Manier ist es, die Aristoteles lobt *), daß man zuerst Wörter bilden läßt, und dann die Bedeutung hinzufügt.

Indem sich diese beiden Uebungen, die des Anhörens und die des Lesens, fortgehend mehr und mehr verbinden, entsteht die Aufmerksamkeit auf den Geist der Sprache in ihrem Buchstaben, und während man diesen auf solchem Wege erlernt, erscheint jener immer deutlicher. Wie in allem Lernen, so werde auch hier mit dem Auffassen beständig das Ueben verbunden, welches vorerst die Richtigkeit, sowohl die orthographische als die grammatische, sodann die Trefflichkeit des Ausdruckes enthält. Hierin zeigt sich der Stufengang für den Sprachunterricht.

Zuerst nämlich wird das Gehörte und Gelesene mit Reflexion betrachtet, manches auch auswendig gelernt. Die Uebungen des Schülers sind deutliches Aussprechen, auch Schreiben, Erlernen der Wortformen, der Wurzeln, der Wortbildung, der Redetheile und ihrer Wortfügung bis zu einfachen Sätzen. Hierauf folgen die erweiterten Sätze und Perioden; endlich ein zusammenhängender Vortrag. Jede dieser Uebungen sollte zuerst mündlich und dann erst schriftlich angestellt werden; und jede sollte nur Gegenstände haben, die in dem Kreise des Schülers liegen. Man giebt einen Gegenstand als Subject, und läßt das Prädicat dazu angeben, und so umgekehrt; dann läßt man Sätze mit Sätzen verbinden, Gedanken in ganzen Perioden aussagen und aufschreiben, und so beschreiben, wieder erzählen, was sinnlich wahrgenommen und was bei weiterer Geistesentwickelung gedacht wird. Dieser naturgemäße Stoff führt endlich zu Stylübungen **).

---

*) De interpr. I.

**) Auch für diesen Unterricht sind dem Lehrer in den neuesten Zeiten treffliche Hülfsmittel in die Hand gegeben. Seit der Mitte des vorigen Jahrh. wurde der Deutschen Sprache ihr Recht zu Theil,

Es giebt da einen zwiefachen Lehrgang, der eine ist synthetisch, der andere analytisch, beide sind zu vereinigen. Der erstere geht zwar der Natur nach voran, denn das Sprachvermögen spricht, es bringt also zuerst Wort und Rede hervor, aber die Reflexion sucht in dem Gesprochenen und Geschriebenen oder Gedruckten die Formen und Regeln auf, zerlegt also das, was in der Sprache organisch erwachsen ist, wenn sie eine durchgreifende Sprachbildung bezweckt. Dieses Analysiren tritt nach jedem Fortschritte in dem Zusammensetzen der Wörter,

---

Schulgegenstand zu werden. Nicht nur Gottsched durch seine Grammatik, sondern auch der Dichter Klopstock durch seine Anregungen für dieses Studium bewirkten viel, noch mehr Adelung, Campe, Wolke, Radlof, u. A. durch Deutsche Sprachlehren u. Wörterbücher, und so haben in den letzteren Jahrzehnden Mehrere, vornehmlich Heinsius in seinem Teut, od. vollständiges Lehrb. des ges. d. Sprachunterr. 3 Th. 1807, (und weitere A.) u. a. Büchern dieses Lehrfach weiter gebracht, wozu denn auch die Erforschung des Altdeutschen, wie in Grimms, Deutscher Sprachlehre, und die logische Behandlung wie in Bernhardis Sprachwissenschaft weiter führt. Wir besitzen dermalen viele Lehrbücher für diesen Unterricht, sowohl für den elementarischen — von Tillich, Krug, Schneider, Pöhlmann, Zeller, Heyse, Hahn, Splittegarb, Harnisch, Krause, Desaga, u. A., als auch für den weiteren — von Adelung, Heinsius, Wilmsen, Moriz, Roth, Reinbeck, Betty Gleim, Petri, — dabei Hülfsmittel für Materialien und Orthographie von Dolz, Baumgarten, Pölitz (Handb. der Lectüre Deutsch. Class.), Rambach, (Odeum, zu Declamirübungen), u. s. w. Wichtig sind die Wörterbücher, und Eberhards Synonymik; zu wünschen wäre eine vollständige Sammlung von Sprachwurzeln, wozu das Wurzellexicon von Fulda, und manches Idioticon, vieles an die Hand geben. Die Orthographie bedarf bei dem guten Sprachunterrichte weder besondere Lehrstunden noch Lehrbücher. — Wir übergehen noch andere Hülfsmittel, z. B. Zarnack, Deutsche Sprüchw., weil sich mit dem Unterrichte in der Muttersprache sehr viel verbinden läßt, das nach Umständen der Lehrer finden wird, und wir uns hier nur auf das Grammatische beschränken.

Sätze und Perioden ein, und es gehört dazu die Gewandtheit und der Tact des Lehrers, um dieses Eintreten von Puncte zu Puncte zu finden.

So wie man auf diesem Wege bis dahin kommt, daß ganze Perioden mündlich vorgetragen werden, so wird auch das schriftliche Aufsetzen der Gedanken geübt. Durch die Schrift wird alles erst festgehalten, und ganz in seinem Zusammenhange vor das Bewußtseyn gebracht; ohne Schrift giebt es daher keine vollkommene Sprachbildung. Wird die Rede nicht aufgeschrieben, so kann sie sich in ihrem Ganzen und Einzelnen nicht vollenden, und sie läßt leicht Unrichtigkeiten zu, ohne daß man sie bemerkt. Darin liegt der Grund, warum gewöhnlich die Gedanken dem Schreibenden richtiger fließen, als dem Redenden, und warum der Gebildete vieles so meditirt, als schriebe er. Diese Rückwirkung des Schreibens auf das Denken muß so früh benutzt werden, als nur die Hand der Schrift fähig ist; denn vorher hat das Kind schon so viel gesprochen und gedacht, daß es nur um das bestimmte Festhalten gilt. Wollte man das etwa nur durch Lesen bewirken, so würde man mehr von außen geben, als von innen lebendig erzeugen und zu sehr das gedankenlose Lesen begünstigen. Man lasse also die Kinder frühe schreiben, und sowohl Gelesenes und Gehörtes, als auch Eigenes.

Sie schreiben demnach die Sätze auf, die sie aussprechen, und fahren so fort zu schriftlichen Aufsätzen. Hierbei sind zwei sehr gewöhnliche Fehler zu vermeiden. Einmal, wenn man Themen aufgiebt, deren Inhalt noch dem Kinde fremd ist; denn hierdurch entsteht geist- und herzloses Gerede. So gehen aus unsern Schulen sogar Bücherschreiber hervor, welche fertig, auch wohl correct schreiben, aber auch nichts weiter. Der andere Fehler ist, wenn man das Innere, das sich nur natürlich, mithin frei äußern soll, zur gesetzlichen Correctur in Aufsätze bringen läßt; denn das heißt entweder die Herzensergießungen der Schule zum Besten geben, oder eine Verlegenheit des Schreibenden, die endlich mit Mühe etwas Mageres herausarbeitet, folglich ein Aufsatz, der nichts enthält, oder es verleitet zu einem Geschwätze von Gefühlen, die gar nicht da sind, folglich wird der Aufsatz nur um so gemüthloser, je mehr er ein Gemüth heuchelt. Zeigen nicht die meisten Bücher ästhetischen Inhalts die Spuren einer solchen Schule? Schlechterdings verwerflich ist es also, wenn man freundschaftliche Briefe zur Uebung für Schüler aufgiebt, und gar wenn man sie mit Zwang zu solchen Briefen an die Ihrigen anhält. Etwas anderes ist die Uebung in der Briefform, z. B. in Handelssachen. Die Stylübungen werden nun sowohl für die Prosa als für die Poesie fortgeführt; nur respectire man in der letzteren das Poetische, d. h. das Tiefe, und entweihe es nicht durch Schulaufgaben von Gedichten.

Wenn nun der Schüler einigermaßen seine Gedanken schriftlich vortragen kann, so lasse man ihn aus dem Buche, worin er lieset, vorzügliche Stellen, auch von ihm selbst gewählte, ausschreiben und mitunter auswendig lernen; allerdings, und schon früher, auch Poesieen, aber vornehmlich durch das Gehör, damit das Musikalische und Geistige desto besser empfunden werde. Denn es gehört schon viele Bildung dazu, wenn man das bei dem Lesen hineinfühlen will. Nirgends zeigt sich die Rückwirkung der Schrift auf den Leser, oder vielmehr der Sprache des Andern auf die eigene Sprachbildung augenscheinlicher, als wenn man sich, versteht sich unter jenen Bedingungen, auch die Ausdrücke des Andern aneignet *).

---

*) Die Levana enthält auch über Sprache nnd Schrift sehr tiefe Bemerkungen. „Sprache-Lernen ist etwas Höheres, als Sprachen-Lernen; und alles Lob, was man den alten Sprachen als Bildungsmitteln ertheilt, fällt doppelt der Muttersprache anheim, welche noch richtiger die Sprachmutter hieße. — Das Dorfkind

Dieses ist im Wesentlichen die Methode, um in der Muttersprache die rechte Vollkommenheit zu gewinnen, nämlich, wie sie auch die Griechen und Römer verlangten, daß man sie gut verstehe, gut schreibe, gut spreche.

---

b) Fremde lebende Sprachen.

Wenn eine Sprache noch jetzt so gesprochen wird, daß man sie in dem Leben und für das Leben gebraucht, und daß die Kinder in derselben heranwachsen, so fließt sie mit allem Empfinden, Vorstellen, Fühlen, Denken, Begehren zusammen, und kann also auch nur durch alles dieses so erlernt werden, wie es die gegenseitige Mittheilung im Leben verlangt. Daher wird jede fremde lebende Sprache nur nach der Analogie der eigenen, angebornen erlernt; und sie wird es um so besser, je mehr sie gleich

---

stehet dem Stadtkinde blos durch seine spracharme Einsamkeit nach. — Sprecht immer einige Jahre voraus. — Laßt den Knaben noch früher eigene Gedanken aufschreiben, als eure nachschreiben. — Nur werd' er von Schulherren mit Schreibtexten verschont, wie sie sie zu geben pflegen — z. B. mit Lob des Fleißes rc. — Gift jeder Darstellung ist eine ohne lebendigen Gegenstand und Drang. — Ein Blatt schreiben regt den Bildungstrieb lebendiger auf, als ein Buch lesen. — Ich schließe dieses Kapitel, wie jeder Indier sein Buch anfängt: gesegnet sey, wer die Schrift erfand." — Nach Pestalozzi (Wochenschr. für Menschenbildung) geht dem grammatischen Unterrichte eine Elementarverhältnißlehre der Sprache voraus, in folgenden Reihenfolgen: 1) vom einfachen Sprachlaute, als Anschauungslehre der Sprachtöne und ihrer Verhältnisse; 2) als Anschauungslehre des Menschen in seinen Verhältnissen zu sich selbst, zur Natur und zum Leben, durch Benennung der Dinge; 3) als Anschauungslehre der Sprachdarstellung und ihrer Begriffsverhältnisse — ihr Element ist der einfache Satz. — Allein alles dieses sind schon grammatische Uebungen, an welche sich die gemüthliche im Leben nur anschließt. Auch er geht von der Muttersprache aus. — Wir erinnern hierbei an ein Wort eines unserer Dichter:

„Der Deutsche ist gelehrt, wenn er sein Deutsch versteht"

der Muttersprache geübt wird. Sowohl die Pronunciation, die doch immer eine eigene Gewöhnung des Mundes erfordert, als das Grammatische und Logische der Französischen, Englischen, Italienischen und jeder andern Europäischen Sprache wird nur im Leben gut erlernt, um in derselben zu denken, zu fühlen und zu reden. Der Unterricht ist also hier ganz wie der in der Muttersprache zu behandeln, zuerst das Sprechen, dann die Grammatik. Darin liegt die wahre Methode für den Unterricht z. B. in dem Französischen. Mag auch der Schüler ihre Grammatik durch und durch sich angeeignet haben, so muß er doch, wenn er mit dieser Sprache ins Leben tritt, von vorn anfangen, wo das Kind anfängt, von der gegenseitigen mündlichen Mittheilung. Fängt er aber sogleich mit dieser an, so hat er erstlich den Vortheil einer natürlicheren und geläufigeren Aussprache, fürs andere gewinnt er vieles von der Zeit, die zum Grammatischen verwendet wird, und drittens lernt er auch dieses lebendiger, anschaulicher, aufmerksamer und dringt wie in seiner Muttersprache durch das lebendige Wort tiefer in den Geist ein. Wir möchten daher auf die Frage, wie man die Französische oder jede andere der neueren Sprachen lehren solle? als erste Regel aufstellen: „durch Sprechen;" und als zweite: „durch Sprechen, Lesen und Schreiben;" und als dritte: „durch Sprechen, Lesen, Schreiben und Aufsuchen und Einprägen der Sprachregeln bis zu ihren Gesetzen, bis zum Auffinden ihres Genius." Kein Unterricht pflegt schlechter ertheilt zu werden, als den die Sprachmeister, und nicht blos die gewöhnlichen, ertheilen. Soll er recht lebendig seyn, so muß man ihn früh mit dem Kinde anfangen, doch nur nicht mehrere Sprachen in den ersten Jahren zugleich.

Auch kann nur Eine die eigentliche Seelen- und Wahrheitssprache des Kindes seyn; nur in Einer erwacht und erwächst sein Gemüth. Durch sie spricht dann jene holde Morgenzeit durch das ganze Leben hindurch. Wer wollte sie ihm rauben? oder auch nur verkümmern? sein Gemüth in ein Sprachengemisch zertrennen? Ist es doch immer nur Ein Wort, in welchem die Vorstellung unmittelbar hervortritt, wenn sich nur manche bald mit einem Deutschen, bald mit einem Französischen verweben, so würde das Kind z. B. die Freude, welche es dort bei seiner Mutter unter den Blumen hatte, mit einem Deutschen hervorrufen, und dann wieder die Freude, die ihm etwa sein Vater machte, mit einem Französischen. Da wird ihm denn auch, wenn es sich ausdrücken will, bald ein Französisches, bald ein Deutsches einfallen. Und welches störende Besinnen giebt das! Wie wird da nicht der freie Erguß des Inneren gehindert, und die kindliche Einfalt in Getheiltheit zerschlagen. Das gilt schon von den einzelnen Wörtern, wie noch weit mehr von ganzen Redensarten. Indessen läßt es die gute Natur nicht ganz hierzu kommen. Das Kind ergreift doch nur Eine Sprache mit ganzer Seele, wie es nur Eine Mutter liebt, und wenn es in einer andern spricht, so hat es sie darum noch nicht inne, und die ganze Geschicklichkeit ist ein Schein, der mit der Zeit verschwindet. Will man also den natürlicheren Weg einschlagen, so führe man das Kind nur beiläufig zum Sprechen der ausländischen Sprache an, bis man späterhin sie lesen und im Leben üben läßt. Kein Jahrelanger Unterricht auch bei den besten Lehrern im Sprechen und in der Grammatik leistet doch das, was z. B. der Aufenthalt im Auslande schon in einigen Monaten gewährt, wenn nur gehörige Vorbereitung vorausgeht.

---

c) Die alten classischen Sprachen.

Es sind diejenigen, welche in gebildeten Völkern einst lebten, und jetzt nicht mehr, aber eben darum, weil sie todte Sprachen sind, keine Veränderungen mehr zulassen; ihre festen Regeln haben, und eine hohe Vollendung in den hinterlassenen Schriften, den Classikern, darstellen. So bieten sich uns drei Sprachen an: eine classisch zunächst in logischer Vollkommenheit, die Lateinische; eine, die in ihrer eigenen, tieferen und reicheren Fülle, für den Geist, die höchste Vollendung in sich aufschließt, die Griechische; eine, die in kindlicher Einfalt das fromme Gemüth ausspricht, die Hebräische; die Sprache unserer heiligen Schriften *). Die Lateinische ist nicht aus ihrem eigenen Stamme entstanden, sie hat ihre Bildung größtentheils von der Griechischen genommen, und sie hat nur einige Jahrhunderte ihrer Blüthe durchlebt, während die Griechische ein volles Jahrtausend zur Unsterblichkeit aufblühete. Daher ist die höchste Sprachbildung in dem Griechischen zu suchen; sie ist also aus diesem Grunde abgesehen von jenen untergeordneten Gründen der Nutzbarkeit unentbehrlich, um zur höchsten Stufe der Bildung zu erheben. Aber die Lateinische kann leichter umfaßt und begriffen werden; in ihr spricht sich der klare Verstand aus; denn das Ideelle in den Römischen Classikern ist doch meist nur Widerschein von ihren Lehrern, den Griechen. So ergiebt sich die formale Geistesbildung, welche durch diese Sprachen gewonnen wird, und wie sich in ihnen das Sprachstudium überhaupt vollendet. Da sie nicht aus dem Gemüthe des Lernenden hervorgehen, wie die Muttersprache, und da diese dem Schüler noch gewissermaßen zu heilig für die zerlegende Reflexion ist, so eignen sie sich mehr zur Objecti-

*) Die Gesch. d. Erz. I. zeigt das in jenen Völkern; man vergl. damit jenes Urtheil des Pico v. Mir. über die 3 Sprachen I. S. 535. Das Sanskrit würde, wie Kenner wollen, der Lat. und Griech. den Rang streitig machen (I. S. 54.), aber diese Sprache ist bis jetzt noch zu wenig in unsere Cultur eingeflossen; vielleicht nimmt sie in der Folge ihre Stelle in unsern Gelehrtenschulen ein.

vität der Grammatik, und sind ein unerschöpflicher Lernstoff. Die Lateinische Sprache ist zum früheren Erlernen vorzuziehen, weil sie uns näher liegt als Vermittlerin der Griechischen und abendländischen Bildung, obgleich die Griechische die Bildnerin der Lateinischen war, und unserer Deutschen näher verwandt ist. Sie soll indessen sobald angefangen werden, als nur die Etymologie der Lateinischen einigermaßen eingeübt ist.

Die Methode für die beiden classischen Sprachen würde folgende seyn. Für den freien Gang gehört hier das gelegenheitliche Erlernen der Wörter, Formen, Phrasen, Reden, wie auch der Kenntnisse, welche zum Verstehen dienen. Weiterhin die eigene freie Lectüre der Schriften. Aber bei weitem das meiste ist in diesem Unterrichte geregelt. Zuerst müssen die Wortformen tüchtig auswendig gelernt werden; denn ohne diese in dem Gedächtnisse bei der Hand zu haben, würde der Schüler immer im Finstern tappen, die Ungewißheit jedes Schrittes würde ihm alles Lernen verleiden, und er würde immer wieder von den scheinbar gewonnenen Fortschritten zurückgleiten, und bei allem Dünkel von Einsicht doch ewig Anfänger bleiben. Jedoch werde dieses nicht blos als Gedächtnißwerk betrieben, sondern in vielfältigen Anwendungen durch die Urtheilskraft verarbeitet, indem man z. B. bald den Casus, oder die Person in einem vorgelegten Buche aufsuchen, bald zu einem gegebenen Worte angeben, recht viel das Analysiren übt, und mündliche und schriftliche kleine Compositionen damit machen läßt. Man giebt dabei dem Verstande die Bedeutung der Formen an, z. B. des Genitivs, Conjunctivs u. s. w. Zu gleicher Zeit läßt man Wörter auswendig lernen, und zwar vorerst durch lautes Vorsagen und mit Erklärung verbunden; hierauf denn Zusammensetzungen von mehreren Worten, wie etwa eines Adjectivs mit dem Substantive. Die letztere Uebung kann sehr gut zum Behalten der Regeln und Ausnahmen des Genus gebraucht werden, denn auch dieses ist eine frühe zu betreibende Gedächtnißsache. Bei allem diesem, und was weiter im Erlernen der Etymologie liegt, wird der Verstand mit in Thätigkeit gesetzt, und folglich der syntaktische Theil gleichsam im Stillen vorbereitet.

Wenn nun die Formen der Declinationen und Conjugationen und die wichtigsten etymologischen Regeln völlig eingeübt sind, dann erst wird der Uebergang zur Wortfügung gedeihlich seyn. Hier hat nun der Verstand das vorherrschende Geschäft, und das Gedächtniß das begleitende. Zuerst ist der einfache Satz, dann sind die syntaktischen Beziehungen der Wörter auf einander, und endlich die Verbindungen der Sätze zu durchdenken. Man läßt nach den bereits im früheren Unterrichte vorausgegangenen logischen Sprachübungen die natürliche Regel ausdenken, und zeigt nun die Uebereinstimmung oder Nichtübereinstimmung, welche die Lateinische oder Griechische Sprache damit hat. Dieses läßt man mehrmals bemerken, alsdann die Regel aufschreiben, auswendig lernen, und in vorkommenden Fällen anwenden. Hierdurch erhält man den Vortheil, daß die Regeln dem Schüler vielleicht auf Zeitlebens in ihrer Bestimmtheit bei der Hand sind, und dabei so verständlich, daß sie ihm den Genius der Sprache eröffnen. Zu diesem Unterrichte giebt es nun vielerlei Mittel und Abwechselungen, als da sind: eigene Compositionen, Aufsuchen in Büchern, Nachschlagen der Grammatik, Auswendiglernen vieler Phrasen, und vornehmlich das Construiren. Zwar ist die Stellung der Worte in einer Periode, z. B. des Cicero, gerade so wie sie ist, die natürliche, aber nur für Cicero; für den Lernenden, der von außen in die Sprache eintritt, ist der Gang der allgemeinen Regel vorerst der natürliche. Das wäre dann sein Ziel, wenn ihm endlich die Ciceronianische Periode auch ganz die natürliche Wortstellung würde *).

---

*) Seit Meierottos Latein. Gramm. (2 Theile, Berlin

Diese Uebung muß von den einfachsten Sätzen fortgehend zu den zusammengesetzteren in methodischem lückenlosem Stufengange geschehen, bis endlich die verwickelteste Periode klar vorliegt Verstand, Gedächtniß, Einsicht in die Sprache wird so aufs vollkommenste geübt. Verweile man also doch ja lange genug dabei. Es giebt hierin verschiedene Manieren, z. B. beständige Wiederholung des Hauptwortes, um das andere einzeln daran zu knüpfen; oder allmähliges Erwachsenlassen des vollständigen Satzes u. s. w. Gerade diese Uebungen möge der Lehrer recht praktisch erlernen.

Soweit ist dieser Sprachunterricht noch rein grammatisch; das Construiren macht den Uebergang zu dem Interpretiren. Von jetzt an gilt es hauptsächlich um den Inhalt, der immer durch die grammatische Uebung gefunden werden soll. Der Sprachmechanismus ist jetzt dem Schüler zum Organismus geworden, so daß er den Buchstaben durchbrochen hat, um den Geist zu erschauen. Dazu werden die bisherigen Uebungen fortgesetzt, also erhält der Schüler zuerst kleine Aufsätze aus seinem Ideenkreise abwechselnden Inhalts. Das Lesen ist noch durchaus statarisch, damit nicht das schädliche Ueberhineilen entstehe. Die Kenntniß der Sache wirkt nun zurück zur tieferen Kenntniß der Sprache, die Construction wird dabei gewandter, die Etymologie geläufiger, alles greift zusammen, und so dringt der Schüler ganz in den Organismus der Sprache ein. Es wird immer vortheilhaft bleiben, während dessen in gehörigem Stufengange sogenannte Exercitien zu machen, nämlich auch in die Lateinische oder Griechische Sprache aus der Muttersprache zu übersetzen, wie auch: den angegebenen Gedan-

---

1785) haben die Grammatiken mehr für den Verstand gesorgt; an Elementar-Lesebüchern fehlt es auch nicht. Den Lehrern dieser Sprachen brauchen wir weder diese Hülfsmittel noch die Grammatiken und Lexica anzugeben.

ken in jener Sprache auszudrücken. Auch hiermit muß man lange genug fortfahren.

Soweit sind wir noch im grammatischen Stadium, welches in zwei Classen, der etymologischen und der syntaktischen, zurückgelegt wird. Nun folgt das philologische, welches in die Classiker selbst und in ihren Geist einführt, also auch einen mehr herangereiften Geist des Schülers voraussetzt. Wenn der 8jährige Knabe in das erstere eintritt, so verweilt er etwa 2 Jahre in der Etymologie, dann, diese fortübend, 2 Jahre in der Syntaxis, und nun ist er für das zweite befähigt. Zuerst werden ihm da Chrestomathieen in die Hand gegeben, von welchen man zu den Classikern übergeht. Und so ist zu hoffen, daß der Knabe schon in seinem 14ten Jahre einen Julius Cäsar, Cornelius Nepos, Livius, auch bald den Virgilius mit Geist und Gemüth lesen werde. Nur sey es vorerst blos Ein Autor, um nicht zu verwirren, und es werde durch das statarische Lesen und Erklären desselben die Lust zum Privatstudium bei dem Schüler erregt, um für sich zu lesen. In der Regel ist immer ein Prosaiker und neben ihm ein Dichter vorzunehmen. Welche? darüber ist man schon längst so ziemlich entschieden, nämlich mit der Achtung für den sittlichen Sinn und die jedesmalige Reife des Schülers; und bei solcher Wahl hat die Erfahrung genugsam gelehrt, daß das Lesen jener heidnischen Schriftsteller weder der Frömmigkeit noch der Sittlichkeit des Schülers schade *), vorausgesetzt daß der Lehrer das Seinige dabei, und auch sonst die Erziehung das Ihrige thue.

Wenn nun so zwischen dem 9ten und 14ten Lebens-

*) Die Gesch. d. Erz. II. spricht an mehreren Orten davon, wie man in der christl. Kirche von Zeit zu Zeit gegen das Lesen der Classiker sprach, es auch im Mönchthume verbannte, wie dieser Haß aber kein Heil brachte.

jahre, als der eigentlichen Zeit der Gedächtnißübung die Lateinische Grammatik, die schon durch die Muttersprache vorbereitet worden, tüchtig eingeübt ist, durch Decliniren, Conjugiren, Regeln, Wörter, Phrasen, Analysiren, Construiren, Exercitien: so wird in dem folgenden Stadium dieses in vielfältiger Wiederholung immer tiefer und lebendiger eingeprägt, und geht in Stylübungen über. Der Schüler lernt da Lateinisch sprechen, schreiben, denken, und ist eifrig daran, um, wie der Schulmann sagt, seinen Cicero in Saft und Blut zu verwandeln. Eben dieses 2te Stadium nennen wir deßhalb das philologische, weil dabei der Schüler die dahin gehörigen Kenntnisse der Mythologie, Antiquitäten, u. s. w. erlernt, womit sich auch die historischen verbinden. Das Lesen des Autors ist also statarisch, neben demselben tritt aber unter der Hand auch eine cursorische Lectüre ein. Wie in dem Lateinischen, so verfährt man auch im Griechischen, nur daß man mit dieser Sprache etwa ein Jahr nach der Lateinischen Grammatik anfängt, aber allmählig jene einholt.

Zwei Hauptfehler sind es, die häufig bei diesem Unterrichte begangen werden. Entweder will man sogleich den Geist der Sprache lehren, und läßt vorher nicht genug den Buchstaben lernen, nicht bedenkend, daß man in der Sprache durch das Wort zur Idee gelange, und daß hier das Erlernen des Wortes und seiner Form so wie die Befestigung der Regel das Organ sey, wodurch man das tiefer liegende vernimmt. Oder man bleibt bei dem Buchstaben, und vergißt über der Sylbenstecherei den Zweck des Sprachstudiums. In jenem Falle blendet Anfangs die Oberflächlichkeit, besteht aber am Ende mit Schanden: in dem letzteren Falle giebt es, wenn es hoch kommt, pedantischen Humanismus, aber die Humanität geht leer aus. Andre Sünden gegen die allgemeinen Gesetze der Methode brauchen wir nicht besonders zu rügen, ob sie gleich die Lehrer der alten Sprachen häufig genug begehen *).

Die Hebräische Sprache scheint eigentlich später als jene erlernt werden zu müssen, nämlich erst dann, wann der Jüngling seine Aufmerksamkeit darauf richtet, in das Gemüth selbst durch das Wort zu schauen, und nachdem er sich lange geübt hat, die Begriffe in den Worten zu verstehen, nun auch ganze Ideen in einem einzigen Worte verstehen kann. Denn die hohe Kindlichkeit der Hebräischen Sprache giebt beinahe in jedem ihrer Worte ein tiefes Gemüth, und sie enthält ganz vorzüglich das Religiöse. Der Mechanismus dieser Sprache kann ohnehin bald von demjenigen Schüler eingelernt werden, welcher überhaupt schon Sprachen gelernt hat.

B. Die Geschichte.

Sie hat die Kenntniß der Begebenheiten unter den Menschen und hierin das Leben der Menschheit und den Gang der Vorsehung zum Zwecke. Das Merkwürdige, das von Anfang an geschehen ist, soll der Schüler wie vor seinen Augen vorgehen sehen. Das Erste in diesem Unterrichte ist die Aufmerksamkeit auf die Ursachen und Wirkungen menschlicher Dinge, welche sich das Kind ebenfalls im Anfange mythisch denkt. Von hier aus geht der freie Gang dieses Unterrichts. Man läßt auch hier der kindlichen Neigung zum Wunderbaren ihren Spielraum,

---

*) Wir verweisen übrigens auf zwei Hauptschriften zur Belehrung über die bildende Kraft der alten Sprachen und der rechten Lehrart in denselben: Niethammer, Streit des Philanthr. und Humanism. 1808, und Thiersch, über Gelehrte Schulen 1827, übrigens auf die neueste Literatur Gesch. d. Erz. II. S. 444., und den früheren Schulunterricht in diesen Sprachen S. 318 fgg.

und die alte Zeit mag immer von dem Kinde mit Riesen und Ungeheuern, oder mit Engeln und lieblichen Wesen bevölkert werden; auch mag es sich bei solchen Vorstellungen von der Welt eine Odyssee bilden, oder sich erzählen lassen. Allmählig läßt man die wahren Ursachen bemerken. So z. B. zeigt man dem etwa 7 jährigen Kinde den Baum, welchen einer seiner Vorväter pflanzte, und erzählt ihm etwas von dessen Leben und Zeit. Ein andresmal führt man es zu irgend einem öffentlichen Denkmale, und erzählt ihm von dessen Entstehung. So wird es auch manchmal bei den Trümmern eines alten Schlosses, oder bei einer jetzt blühenden Stadt in die Vorzeit geführt. Der Religionsunterricht giebt ebenfalls einiges der Art. Dann werden einzelne Begebenheiten aus der Gegenwart und Vergangenheit erzählt, merkwürdige Menschen beschrieben, zur Uebung im Erzählen und zugleich im sittlichen Urtheile. Ueberhaupt soll das Kind, was es erzählen hört, wieder erzählen. Aber das alles ist noch nicht der Geschichtsunterricht im strengeren Sinne *).

*) Es ist bekannt, wie wenig man noch über die rechte Art die Geschichte zu lehren im Reinen ist. Das kommt daher, weil man den natürlichen Gang, wie der junge Schüler sie in sich aufnimmt, beständig mit dem des Erwachsenen verwechselt, und weil der Lehrer das, was ihm selbst das Interessante ist, auch für das Wichtigste seines Unterrichts hält. Lerne er doch nur erst in die Kindesseele schauen, und das, was jedem Alter gebührt, bemerken, lerne er sich auch selbst verläugnen, was gerade in einem solchen Unterrichte, der das Gemüth begeistert, schwerer ist, dann wird er auch diesen Lehrgegenstand, der allerdings unter die schwierigsten gehört, richtig und erfolgreich behandeln, und dann werden ihm auch die Geschichtbücher dienen, damit er das lebendige Buch sey. Er gebrauche also zu seiner Vorbereitung die classischen Historiker alter und neuer Zeit, und lasse sich dabei von den Handbüchern für diesen Jugendunterricht leiten. Es sind deren viele. Vorzüglich dient hierzu Bredow, merkw. Begebenh. der Allgem. Weltgeschichte, — Erzählungen der wichtigsten Begeb. — Handbuch der A. Gesch. — Tabellen d. Weltgesch.

Dieser nun verlangt eine bestimmte Aufmerksamkeit auf die Begebenheiten der Menschenwelt vom Anfange an in ihrem Zusammenhange. Er hat eine dreifache Richtung, denn er zeigt 1) auf einzelne Menschen in ihrer Bedeutung für das Ganze, 2) auf einzelne Nationen, 3) auf das Menschenganze selbst. Die erste Richtung ist also biographisch; sie stellt den merkwürdigen Menschen in seiner Wirksamkeit für die Welt auf, indem sie ihn so genau wie möglich kennen lehrt. Dazu würde nun freilich die Kenntniß seiner Nation, ja der Geschichte im Ganzen vorausgesetzt, allein da der einzelne Mensch wiederum ein Bestantheil dieses Ganzen ist, und dieses nicht ohne die Bekanntschaft mit den einwirkenden Personen begriffen werden kann, so gehen eben so gut diese historischen Kenntnisse der umfassenden Geschichte voraus. Dieses gleichsam organische Ineinandergreifen des Einzelnen und Ganzen macht auch die Methode für den Geschichtsunterricht so schwierig. Aber warum sollte nicht hier die Analogie mit dem Unterrichte in der Naturkunde entscheiden? oder vielmehr das allgemeine Gesetz der Methode, daß man nämlich von dem Einfacheren und Anschaulicheren ausgehe zur Zusammensetzung des Mehreren? Der einzelne Mensch ist aber immer leichter zu schauen und zu verstehen, als ein historisches Gemälde, welches das will sehen lassen, was aus den Einzelnheiten und den verschiedenen wirkenden Ursachen zusammengenommen hervorgeht. Aber die Person wird hier noch nicht in ihrem ganzen Seyn und Charakter betrachtet, sondern nur so weit, als sie vor der Welt in ihrer Wirksamkeit dasteht. Dieses wird in kräftigen Umrissen dem

---

Becker, Weltgesch. f. die Jugend, nur so nicht, wie dieser Verf. alles herabwürdigt, sondern nach der neuen Bearbeitung, oder vielmehr von dem Lehrer selbst mit einem besseren Geiste zu durchdringen. Schlosser, Weltgesch. Kohlrausch, Geschichte d. Deutschen, Menzel, Gesch. d. D. u. a. haben sich schon im Gebrauche bewährt.

Schüler gezeigt, das tiefere Einschauen wird seinem fortgehenden Studium überlassen.

Die zweite Stufe in dem Geschichtsunterrichte ist die ethnographische Behandlung. Durch die Betrachtung der Personen, welche in einem Volke hervorglänzen, ist der Schüler zur Geschichte dieses Volkes selbst hingeführt; die Nation steht ihm jetzt da als eine Gruppe, deren Hauptpersonen er schon kennt, in ihr erscheint ihm die Menschheit nun höher, als in der einzelnen Person. Daher soll der Schüler zuerst eine Nation kennen lernen, worin ihm die Ideale von den verschiedenen Arten der menschlichen Größe gleich glänzenden Sternen aufgehen, und deren Bildung vor seinen Augen die Unendlichkeit des Vortrefflichen entwickelt. Keines Volkes Geschichte gewährt ihm das, so wie es die der Patriarchen und Israeliten, der Griechischen Völker und der Römer gewährt. Man könnte dann die einiger anderer Völker in ihren wichtigsten Momenten durchgehen, vorzüglich aber auch die unserer eignen Nation, inwiefern sie etwas Erhebendes hat; doch geht sie schon in die allgemeine Weltgeschichte über.

Diese macht den dritten Cursus. Der Schüler soll da die ganze Menschenwelt von ihrem frühesten Werden an bis in die neuesten Zeiten betrachten. Man läßt ihn dazu jene ethnographischen Kenntnisse zusammen ordnen, so viel möglich mit eignem Urtheile. Denn nunmehr soll er anfangen, in den inneren und äußeren Gang der menschlichen Dinge einzuschauen. Nur daß ihm nicht sein Ideal der Menschheit untergehe! Man verweile daher nicht bei den geheimen Intriguen, und wo man auf die Schlechtigkeiten der Menschen stößt, da zeige man sie immer nur als den Schatten zum Lichte und eile wieder zu dem Großen hin, wozu die Menschheit doch überall aufstrebt. Das sogenannte Pragmatische der Geschichte gehört ohnehin für die spätere Reife. Dieser Unterricht sey also zugleich ein Blick in die Vorsehung, er schließe daher mit einer religiösen Uebersicht der Culturgeschichte. So weit führe der erziehende Unterricht; das tiefere und ausführlichere historische Studium liegt weiter hinaus; und dafür ist unser Schüler vorbereitet und belebt.

So wie jener biographische oder erste Cursus in der Geschichte gewissermaßen den letztern voraussetzte, so bedarf dieser letzte eines frühen Unterrichts, nämlich als Gedächtnißsache. Namen und Jahrzahlen muß man sich dabei fest einprägen, sonst zerfällt das Ganze, aber das kann man in diesem Alter nur mit großer Schwierigkeit. Man nehme daher die Materialien zu den Gedächtnißübungen aus der Chronologie, aber setze sie nun bestimmter neben dem eigentlichen Geschichtsunterrichte fort *).

---

*) Der Verf. hat folgendes mnemonische Hülfsmittel hierzu sehr bewährt gefunden. Die beiden Hände werden die linke der Zeit vor Christus, die rechte der Zeit n. Chr. zugetheilt, und hiernach die Finger nach möglichst gleich abgemessenen Zeiträumen und Hauptpersonen bezeichnet, an den Spitzen und Gelenken; nämlich so

Die linke Hand: Daumen: Abraham, 2000 v. Chr., hierauf die
Gelenke: Inachus, 1900.
Oenotrus, 1750.
Goldfinger: **Moses, 1550,**
Gelenke: Sesostris, 1350.
Priamus, 1200.
Kodrus, 1068.
Mittelfinger: Salomo, 1000,
Gelenke: Lykurgus, 888.
Romulus, 754.
Nebukadnezar, 600.
Zeigefinger: **Kyrus**, 555,
Gelenke: Leonidas, 480.
Perikles, 444.
Sokrates, 399.
kleiner Finger: Alexander d. Gr. 333.
Gelenke: Hannibal, 222.
Marius, 111.
Jul. Cäs. 44.

Zu dem freieren Gange des ganzen Unterrichts gehört das eigene Urtheil des Schülers über die Triebfedern. Er muß erweckt werden, um so die Handlungen hin und wieder zu entziffern, auf ähnliche Art, wie man ihn in der Sprachlehre etymologisiren läßt. Aber daß hierdurch noch lange keine Geschichtskunde zu Stande kommen kann, beweisen die historischen Romane der neueren Zeit und — die Natur der Sache. Denn das Meiste in der Geschichte tritt aus dem Ganzen als Zufall hervor, ohne daß es aus dem, was wir wissen, ganz begriffen werden kann; es verhält sich wie mit dem Sprachgebrauche der Etymologie gegenüber, da das Innere der Menschheit nie ganz im Aeußeren ausgesprochen ist, und das Aeußere nur immer in einem kleinen Theile vorliegt. Das Zufällige kann nur erfahren, nicht ausgedacht werden. Der Geschichtsunterricht dringt also auf Lernen im strengsten Sinne des Worts, und auf festes Behalten.

Die natürliche Form hierzu ist, daß der Lehrer er-

Die rechte Hand: kl. Finger: Augustus, 14 n. Chr.
Gelenke: Titus, 79.
Constantin d. Gr. 312.
Romul. Aug. 476.
Goldfinger: Theodorich, 500.
Gelenke: Justinianus, 555.
Muham. 622.
Karl Mart. 732.
Mittelfinger: Karl d. Gr. 800.
Gelenke: Alfred, 880.
Heinr. d. F. 919.
Gottfried v. B. 1099.
Zeigefinger: Innocentius III. 1200.
Gelenke: Rudolph v. H. 1273.
Karl IV. 1346.
Guttenberg, 1436.
Daumen: Luther, 1517.
Gelenke: Gustav Adolph, 1632.
Friedrich II. 1740.

zählt, Anfangs kürzere, nach und nach längere Stücke; weiterhin kann er auch dictiren. Der Schüler erzählt es sogleich nach, wiederholt es morgen, schreibt es dann auch auf, muß öfters darauf zurückkommem, und wird bei Gelegenheit darüber von mehreren Seiten katechisirt und examinirt. Hat er hierin einige Uebungen erlangt, so lese er, und erzähle das Gelesene, mache auch schriftliche Auszüge. Die Hauptsache ist, daß der Schüler die Geschichte der Vorzeit gleichsam selbst durchlebe *).

Jeder dieser drei Cursus wird hiernach, im Durchschnitte wöchentlich 3 Stunden, etwa ein Jahr erfodern; vielleicht auch der erste bei übrigens guter Vorbereitung nur ein halbes; kann täglich eine Lehrstunde darauf verwendet werden, so läßt sich der ganze Geschichtsunterricht vollkommen in 2 Jahren beendigen. Fängt man ihn also mit dem 14jährigen Jünglinge an, so hätte ihn der 16jährige vollendet.

Was die Sprachlehre mehr innerlich ist, das ist die Geschichte mehr äußerlich. In ihr lernen wir in das Ganze der Menschheit schauen, so daß wir erst dadurch ganz in den Stand gesetzt werden, den einzelnen Menschen zu verstehen, und durch sie spricht die ganze Menschenwelt zu uns, so daß wir in Gemeinschaft mit der alten und neuen Zeit zugleich treten. Der vollkommnere Geschichtsforscher muß daher selbst ein tiefes Gemüth haben. Nicht zu gedenken, daß die Geschichte beständig durch die Sprache vermittelt wird und zur tieferen Sprachkunde unentbehrlich ist. So wie nun die Sprachlehre bildet, so bildet auch der Unterricht in der Geschichte am meisten unter allem Materialen, und in Verbindung mit jenem, wodurch er erst seine Vollkommenheit erhält, führt er den Menschen auf die höchste Stufe. Das ist der wahre, der unendliche Nutzen der

*) Ein Gedanke von Fichte in den Reden an die Deutsche Nation.

Geschichte; alles, weßhalb man sie sonst anpreiset, sind gemeinere und untergeordnete Vortheile.

Eben darum gehört dieser Unterricht auch für das weibliche Geschlecht, obwohl in einem minderen Grade der Anstrengung, und mit einer etwas veränderten Auswahl der Personen, Begebenheiten und Ansichten. Ein Buch zum Unterrichte der Geschichte für das weibliche Geschlecht wäre ein großes Bedürfniß, und es fehlt noch ganz; aber es erfodert auch eine Meisterhand, die von männlicher Gelehrsamkeit und weiblichem Gemüthe zugleich geleitet würde.

Die Geschichte ist zwar bildender als alle andre materiale Gegenstände des Unterrichts; aber soll sie es recht seyn, so kann sie der andern nicht entbehren. Ohne die geographischen Kenntnisse fehlte ihr die äußere Basis, ohne die Naturkunde wäre dem Schüler nicht genug der Blick in das Innere geweckt. Eben so würde diesem ohne die mathematische Bildung die Präcision des Verstandes und Sinnes fehlen, ohne die religiöse aber ganz die höhere Ansicht der Menschheit und der Geist für das Innere, und ohne Sprachbildung würde sie nur sehr oberflächlich bleiben. Durch alle diese materialen und formalen Gegenstände erhält sie aber ihren großen Einfluß auf den Geist. Der Geist faßt die Außenwelt auf mit fortgehender Entwickelung seines Inneren, er gelangt, indem er zugleich an Geschmack, Kunst und Geschicklichkeit gebildet wird, zur völligen Freiheit und Humanität. Daß der Geschichtsunterricht meist so unmethodisch betrieben wird, ist also ein großer Mangel in der Jugendbildung.

b) Technologie.

Der Unterricht über die verschiedenen Arten, wie die Menschen sich nähren und in der Civilisation leben, liegt schon in dem geographischen und historischen, er tritt aber als Belehrung über die Gewerbe späterhin hervor, und verbindet sich da mit der Naturkunde. Wir übergehen ihn hier in dem Fachunterrichte, der zur Erziehung gehört, weil er insofern mit unter den ebengenannten Gegenständen vorkommt *).

---

4) Religionsunterricht.

Es verhält sich mit der Religion wie mit der Sprache, welche von innen und außen zugleich ausgebildet wird. So wie das Kind die Sprache seiner Mutter, seines Hauses, seiner Nation lernt, um überhaupt zur Sprache zu kommen, so muß auch die Religion des Menschen durch Tradition vom Vater auf den Sohn hervorgerufen werden; ihre Entstehung ist jederzeit auf positivem Grunde und Boden. Immer müssen hier Aussprüche aus dem Munde des Lehrers kommen, die mit einer gewissen göttlichen Auctorität gesprochen werden, weil sie sonst der kindliche Sinn nicht aufnähme, und sie Reflexion lehrten, nicht Religion. Wir würden es nicht einmal zu bestimmten Sittenlehren bringen, wenn wir nicht Sittensprüche und Sitten hätten, und wenn nicht vorerst eine geheiligte Stimme von außen die göttliche im Inneren aufriefe. Man müßte denn die Zeit des Frühlings vorübergehen lassen und dem heiligsten Triebe das Licht versagen, daß er nicht zum Leben kommen könnte. Nein, von den Eltern muß die Sprache der Tugend und Religion in die Herzen der Kinder eindringen, wenn es gut gehen soll; es muß auf diese Weise etwas von außen gegeben werden; wir verdanken also die positive Religion der Vorsehung als ein wesentliches

*) Als Hülfsmittel dienen dem Lehrer mehrere Bücher, z. B. das obenangef. von Funke, so auch Büsch, Handbuch der Erfindungen; Eckerle, Lehrb. d. Gewerbkunde; und dabei Apparate, Modelle u. s. w.

Stück der Erziehung. Folglich muß der wahre Unterricht in der Religion sich auf die elterliche beziehen.

Zuerst ist dieser Unterricht häuslich. So lange das Kind noch nicht Gutes und Böses unterscheidet, hat es auch noch nichts Religiöses zu denken. Das Erste, was darauf hinführt, sind die kindlichen Gefühle des Vertrauens und des Dankes. Denn in beidem erkennt das Kind schon das Gute an, und strebt in beidem zu dem Wesen mit Liebe hinauf, von welchem ihm das Gute kommt, also zunächst zu den Eltern. So sahen wir die frommen Gesinnungen des Kindes in der Entwickelung seines Gemüthes entstehen *); und so denn weiter das sittliche Fühlen und Denken.

Vertrauen, Gehorsam, Dankbarkeit, Demuth sind die ersten und bleibenden religiösen Gefühle, sie müssen vor allem erweckt und belebt, und durch sie muß das Kind zum Vater im Himmel gezogen werden, wenn der Unterricht in der Religion gründlich, wahr und fest seyn soll. Schon in dem 4ten Lebensjahre fängt das Kind an, über das Sinnliche hinaus zu denken, und es zu verstehen, wenn man ihm von Gott sagt; es denkt ihn als ein geistiges Wesen mit Ehrfurcht, und so wie des Kindes Geist sich entwickelt, betet er auch den Unendlichen mehr an. Wird es nun belehrt, so kann es in seinem 7ten Lebensjahre schon die Begriffe von einem allgütigen, allwissenden, allmächtigen Wesen mit dem rechten Gefühle und Grunde denken, wenn sie gleich erst allmählig deutlich werden. Da es nun zugleich die Vorstellungen von dem Uebersinnlichen bildet, so schließen sich die Begriffe von dem Himmel und der Bestimmung des Menschen jetzt schon an jene von Gott und Gottesverehrung an, und der Unterricht muß auch hierüber belehren. Die Lehren von Gott und Unsterblichkeit sollen also dem

*) Syst. d. Erz. 1te Abth.

7jährigen Kinde nicht mehr fremd seyn *). Das in seiner Einfalt betende Kind hat mehr Religion als der eingebildete Weise. Wollen wir also unsere Kinder zu reinen Gottesverehrern bilden, so müssen wir früh auf den Grund der frommen Gesinnung den Unterricht von Gott mit ihnen anfangen.

Wir nennen daher diesen ersten Religionsunterricht den häuslichen, und ersehen hiermit auch den Gang, welchen er nehmen soll. Vorerst muß das Kind gelegenheitlich etwas von dem Vater im Himmel hören, besonders aber alsdann, wenn es in einer Angelegenheit Beistand sucht, oder wenn es froh über etwas ist. Dann möge ihm die Mutter oder der Vater Gott nennen, der ihr aller Vater im Himmel sey. Dann mögen sie manchmal vor dem Kinde beten, und eben so das Kind selbst etwa beim Schlafengehen beten lassen. Sie dürfen ihm hier nur einige herzliche Worte vorsagen, und es öfters erinnern, daß es diesem Vater alles sagen könne, was es wolle, er höre es und habe es lieb, und könne auch alles thun, was er für gut halte. Die Eltern werden bald Ursache haben, sich über die frommen Gebete ihres Kindes zu freuen, und überhaupt über seine Aeußerungen. Da nun die Phantasie immer ihre Bildnereien treibt, so müssen die religiösen Gefühle des Kindes, welche sich öfters darin äußern, zu Zeiten von den Eltern bemerkt und allmählig geleitet werden, worüber sich freilich außer den oben angegebenen allgemeinen Regeln bei der Einbildungskraft keine besonderen geben lassen **).

---

*) Von Rousseaus aberwitziger Meinung, daß man dem Kinde noch nichts von Gott sagen dürfe, weil ihn das Kind noch nicht begreife, s. Gesch. d. Erz. II. S. 458. Seine Nachbeter frage man nur: „begreift ihr denn Gott?“ und entlasse sie mit dem heiligen Worte: „Werdet wie die Kinder!“

**) Die Levana enthält treffliche Gedanken über die Bildung zur Religion I. 28 Bruchst und so auch manches von Pestalozzi, besonders Wie Gertrud ihre Kinder lehrt.

Nothwendig ist es dabei, daß die Eltern selbst religiös sind und sich die Verehrung ihrer Kinder erwerben, sonst wird auch der beste Religionsunterricht, den weiterhin das Kind erhält, nicht mit seinem rechten Segen begleitet seyn.

Hierauf nun, etwa mit 7 Jahren des Kindes, beginne der bestimmte Unterricht in der Religion. Er zerfällt in drei Cursus Der erste entwickelt jene kindlichen Gesinnungen des Vertrauens ꝛc., zeigt in Gott den Vater aller Menschen, und wie die Menschen Kinder Gottes seyn und ewig selig werden sollen. Dabei enthält er auch Belehrungen über Jesus, als den besten Menschen, der aber vom Himmel gekommen, und durch welchen Gott selbst die Menschen belehre. Das Historische wird ohne weitere Reflexion und Beweis, mit Auctorität gesagt, denn zum tieferen Eingehen darauf ist das Kind noch lange nicht reif, und die vermeinte Wahrheit, die man ihm darüber sagen wollte, wäre doch keine, sondern in der Kindesseele Unwahrheit *); genug wenn sein Herz dieses alles aufnimmt, dann ist es ihm schon jetzt wahr und wird es immer mehr. So wird es wahrhaft in der Wahrheit des göttlichen Wortes geheiligt. Man muß das Kind einzeln vor sich haben, und höchstens eine halbe Stunde damit beschäftigen, oder vielmehr nur so lange, als seine religiöse Stimmung dauert. Denn um diese gilt es dabei hauptsächlich, weil ohne sie die Begriffe leere Formeln und folglich Entheiligung des göttlichen Namens werden würden. So wie sie aber mit dem Herzen gefaßt worden, so lasse man sie in bestimmten Sätzen aussprechen. Mitunter spreche man auch einen Bibelspruch oder einen Liedervers vor, welcher als

*) Wir zeigten das oben bei dem Unterrichte in dem Sprechen, und erinnern hier nur an das wahre Dichterwort:

„Was nicht der Verstand der Verständigen sieht,
Das glaubet in Einfalt ein kindlich Gemüth."

solcher Satz dienen kann, und den nunmehr das kindliche Herz versteht.

Der zweite Cursus, etwa in dem 9ten Jahre, fängt wieder, dem Anscheine nach, von vorn an, indem er alle diese Lehren mehr zergliedert und verdeutlicht, besonders auch die Belehrung über den Erlöser. Auch wird die Sittenlehre ausführlicher behandelt, doch, wie sich von selbst versteht, immer in Beziehung auf die Glaubenslehre, aber alles in der nächsten auf das kindliche Gemüth, seiner jetzigen Entfaltung gemäß. Dabei werden noch mehrere religiöse Sprüche und Poesieen gelernt.

Der dritte Cursus, welcher erst im 12 Jahre anfängt, vereiniget nun den vorhergehenden zur Uebersicht, bringt alles in seinen Zusammenhang, und ist gleichsam eine Wiederholung des ersten, nachdem dieser durch den zweiten ausgeführt worden; er giebt dem gebildeten Ganzen seine Einfachheit.

Die weitere Ausführung dieses häuslichen Unterrichts gehört nicht hierher*); denn wer ihn nach diesem Grundrisse mit religiösem Geiste ertheilen will, muß ihn selbst besitzen, und wird alsdann das Weitere leicht finden. Eigentlich sollte das jeder Vater. Auch kann nur das einzelne Kind, höchstens einige Geschwister zusammen so unterrichtet werden, weil es alles gerade mit seinem Herzen empfangen und auch sein Herz frei äußern muß. Soll dieser Religionsunterricht seinen ganzen Segen erhalten, so müssen sich drei Stücke zusammen vereinigen; die väterliche Belehrung, die mütterliche Herzlichkeit, überhaupt die Liebe der Eltern und der fromme Geist der Familie in der guten Sitte des Hauses. Wo eines dieser Stücke fehlt, wird es an dem Gedeihen der Religion in der

*) Der Verf verweiset auf sein Lehrbuch der Katechetik 1818, worin er glaubt die richtige Anweisung ertheilt zu haben; sie hat sich ihm bewährt.

Regel fehlen; und wodurch könnte solcher Mangel ersetzt werden?

Auf den häuslichen Religionsunterricht folgt der kirchliche. Jenem entsprechend muß sich auch hier ein Dreifaches vereinigen: die Belehrung von dem Geistlichen; der Einfluß des christlichen Geistes in der Kirche, besonders durch die heilige Schrift, und die öffentliche gute Sitte. Die Andachtsstunden in der Familie und die kirchlichen Feiertage sind Mittel der religiösen Erziehung.

Das Kind wird in der und für die öffentliche Religion gebildet. Der Geistliche empfängt es also für die kirchliche Lehre aus den Händen seines Vaters. Da dieser nun, gewissermaßen geistlicher Vater, auch die andern Kinder der Gemeinde empfängt, so ist dieser Unterricht der Natur nach für mehrere Kinder gemeinschaftlich. Auch sind die Kinder durch den häuslichen hierzu vorbereitet und gestimmt. Sie haben nämlich vorher den Entschluß gewonnen, zur Christengemeine zu gehören, und mit allen Menschen umher Gott zu verehren. Diese Stimmung zur religiösen Gesellschaft muß der Geistliche hauptsächlich unterhalten, und während der ganzen Unterrichtszeit, die etwa 2 Jahre dauert, die christliche Gesinnung beleben, so daß bei der Confirmation das Glaubensbekenntniß mit wohlbegründeter und freudiger Begeisterung abgelegt wird. Dafür ist das 15te bis 16te Lebensjahr ganz geeignet. Hierauf aber dauert der Unterricht noch fort, besonders um auf das sorgfältigste über die Bestimmung des Menschen religiös zu belehren. Eigens lebt der Religionsunterricht in dem Ganzen der christlichen Erziehung.

Dritter Abschnitt.

Gesammtunterricht.

Alles das Einzelne im Grund- und im Fach-Unterrichte soll Einheit der Bildung in dem Zöglinge bewirken. Hierzu kommt die Anordnung in Betracht: 1) für den einzelnen Lernenden im naturgemäßen Gange, 2) für mehrere zusammen, 3) für die Verschiedenheit des Geschlechts und der Verhältnisse.

I. Anordnung des Unterrichts für den Einzelnen.

Der Jugendunterricht gehört zum Ganzen der Erziehung; er ist also nach den pädagogischen Grundsätzen zu behandeln, und so bildet er im Einzelnen zu dem Ideale. Je mehr dieses der Erzieher im Ganzen erfaßt hat, um so vollständiger muß auch alles gelehrt werden, was die Kraft in ihrer Entwickelung zur gründlichen, allseitigen, freimachenden, überhaupt zur vollkommenen Bildung verlangt.

Da die Beschaffenheit der Kraft, wie sie von Kindheit auf erwächst, hierin beständig berücksichtigt werden muß, so sind die Lehrgegenstände so zu ordnen, wie sie in der Zeit dieses Wachsthumes nach einander und neben einander eintreten. Die Natur giebt selbst hierzu die

Winke, und die Erfahrung sagt zu. Das erste Jahrsiebend verlangt alles noch mehr in der Einheit und in der spielenden Anstrengung, obwohl zu dem Ernste des Fleißes gewöhnt werden soll, und aus dem Gemeinsamen der Kraftentwickelung einige Hauptzweige hervortreiben, welche zum bestimmteren Unterrichte hinüberführen. Dieser tritt im zweiten Jahrsiebend vollständig ein, so daß für das dritte alle einzelne Zweige des Jugendunterrichts erscheinen, welcher da zu der höheren, künstlerischen oder wissenschaftlichen Bildung übergeht.

Jener frühere wird gewöhnlich als der Elementar-, der folgende als der Hauptunterricht bezeichnet; wir möchten beide etwas bestimmter nennen, den Anfangs- und den Fortgangs-Unterricht, um hiermit ihr Verhältniß zur ganzen Bildung, so wie auch zu einander und dabei das Stetige des Ueberganges genauer anzudeuten. Eben das Stetige läßt kein Abschneiden des ersteren vom zweiten zu, und darum reicht er noch in das 2te Jahrsiebend.

1) Der Anfangsunterricht. Hier wird nur wenig bestimmt gelehrt, und nur gerade das, worin für jetzt und für das Folgende die Kraft gebildet werden soll. Man findet auch, daß Kinder, welche sonst gut erzogen und zu freigewählter Beschäftigung erregt werden, oder die bei den Ihrigen vieles sehen und hören, was sie aufklärt, oder auf die eine erweckende Natur u. dgl. einfließt, gewöhnlich in einer guten Privatstunde mehr lernen, als andere eben so fleißige den ganzen Tag über in der Schule. Das Innere wächst jetzt noch vornehmlich durch den unmerklichen Zufluß, der von allen Seiten einströmt, und die Anstrengung des einfachen Unterrichts verbreitet sich so auf die ganze Empfänglichkeit, dabei zieht sie alle übrigens erhaltenen Eindrücke in Einen Punct der Verarbeitung. Man ertheile daher solchem Kinde täglich nur einige Lehrstunden, man fange schon mit dem 3jährigen an, mit zweimaliger Lection des Ta-

ges, wie sich versteht, nur kurzer, die sich bei dem 4 bis 5jährigen schon bis zu 2 Stunden täglich ausdehnen mögen.

Der Anfangsunterricht beginnt, wie wir seines Orts sahen, da wo noch alles im Keime zusammenliegt, aber Einzelnes sich ausscheiden will, und so findet sich für jeden Lehrgegenstand sein natürlicher Anfangspunct. Der erste Unterricht ist fast blos formal, und besteht in jenen Uebungen, die der Grundunterricht enthält. Er dauert während dieser ganzen Periode fort, aber gleichzeitig treten noch andere Lehrgegenstände ein.

Der freie Sprachunterricht fängt am früheſten an, und mit demselben zu gleicher Zeit die freien körperlichen Uebungen. Die gelegenheitliche Entwickelung der religiösen und sittlichen Begriffe kann ebenfalls dahin gerechnet werden. Etwas später, vielleicht schon im 5ten Lebensjahre, tritt der Unterricht im strengeren Sinne ein, im Zeichnen und Schreiben (im Graphischen) und im Lesen. Etwas später der mathematische, der grammatische, der gymnastische, etwa mit dem 7ten Jahre, nach der oben angegebenen Ordnung. Von jetzt an laufen diese Zweige gleichzeitig neben einander her. Die vollständige Bildung des 7jährigen Knaben erfordert demnach einen Elementarunterricht in 5 Gegenständen, die zwar aus einander gehen und einzeln betrieben werden, aber auch wiederum größtentheils so zusammenfallen, daß der Unterricht zusammengreift und sich auch zu einer gewissen Oekonomie der Zeit so wie im Inneren vereinfacht.

Es scheint da wohl vielerlei zu seyn, aber im Grunde sind diese Gegenstände nichts anderes, als dasjenige, worauf sich die Thätigkeit dieses Alters in ihren natürlichen Richtungen bezieht, und wodurch also gerade die Einheit des Unterrichts bewirkt wird. Die eine Lehre ist meist nur die Wiederholung der andern in einer andern Form, so daß jede ihre möglichste Vollendung und der Knabe die seinem Alter angemessene Vielseitigkeit erhält, bei der Einfachheit, welche nämlich in der Thätigkeit, nicht im Gegenstande liegt; durch sie wird das Kind in dem Meere von Gegenständen festgehalten, so daß es in allen den andringenden Wellen doch nur die Eine Sehkraft, die Eine Hörkraft, die Eine Auffassungs- und Darstellungskraft gewinnen soll. Darauf wirkt denn der Elementarunterricht. Jeder Gegenstand desselben soll die Kraft üben und ihr das Gehörige aneignen, der eine mehr von der einen, der andere mehr von der andern Seite, zum Wissen und zum Können. Was so der lernende Kleine in dem einen Zweige gewinnt, hilft ihm auch in dem andern. Nur das giebt die rechte Vereinigung; nicht aber ist die hier und da beliebte zu billigen, welche zwei oder gar mehrere verschiedenartige Gegenstände, z. B. Schreibenlernen und moralische Lehren sich einprägen, in Eine Lection zusammenzwängen will. Das zertheilt nur die Kraft, und es kommt nicht einmal etwas Halbes heraus.

Dagegen würde eine Lücke entstehen, die selbst auch dem Unterrichte eines jeden einzelnen Gegenstandes nachtheilig wäre, wenn man einen weglassen wollte. Man gebe dem Knaben z. B. keine Anleitung zum Zeichnen, so wird der natürliche Trieb Figuren zu machen in geschmackloses Gekritzel und gedankenloses Spiel ausarten; man halte ihm den Leseunterricht zurück, so wird er für die Sprachbildung viel verlieren, entbehrt er aber den früheren Sprachunterricht, so leidet zunächst seine Verstandes- und Gedächtnißbildung, auch leidet diese, wenn man die Formen- und Größenlehre zurücksetzt; ohne gymnastische Anweisung wird die Ungeberdigkeit begünstigt, die Gesundheit gefährdet, u. s. w. So zeigt sich von jedem der obigen Gegenstände sein Zusammenhang mit den übrigen. Sie liegen genau in der Sphäre jenes Alters, sie entwickeln sich zusammen, und weit entfernt, daß sie den Schüler zerstreuen, halten sie ihn vielmehr an den gemeinsamen Mittelpunct der Thätigkeit fest. Sie beschäftigen ihn fröhlich im Spiele, wie in der ernsten Lehrstunde. Dabei geben sie ihm die nöthige Abwechselung, so daß der eine Unterricht gleichsam die Erholung nach dem andern ist. Durch ihre Vereinigung erhält die Kraft als ein ungetrenntes Ganzes ihre naturgemäße Bildung, folglich wird gerade dadurch der Unterricht vereinfacht.

Die Anordnung würde hiernach ungefähr folgende seyn:

1) Kinder von 3 Jahren werden täglich zu verschiedenen Zeiten in der Sinnenthätigkeit, in Leibesbewegungen, im Sprechen regelmäßig geübt.

2) Kinder von 4 und 5 Jahren im Zeichnen, Schreiben, Lesen, in zwei Lectionen täglich, wobei jene nebenbei fortgehen; im Ganzen 2 Stunden des Tags.

3) Von 6 bis 9 Jahren dieses fortgesetzt in das Mathematische, Grammatische, Gymnastische übergehend, täglich 2 bis 4 Stunden.

Würde man nur erst dieses einmal irgendwo veranstaltet haben, es müßten sich bald die erfreulichsten Erscheinungen zeigen. Die kleineren Kinder würden dann nicht so oft klagen, was sie treiben sollen, und die größeren würden, statt auf abgeschmackte Neckereien u. dergl. zu verfallen, immer etwas zur Hand haben, was ihnen und andern eine angenehme Beschäftigung gäbe. Da sieht man dort in der Familienstube die 4jährige Henriette ihrer Puppe vorsingen, die 6jährige Alwina schöne Bewegungen in freien Tänzen entfalten, und beide lassen sich von der 12jährigen Emilie etwas Schönes angeben; während dessen sitzt Karl und zeichnet freie Gedanken, Julius schreibt etwas, ein Paar andre Knaben vertiefen sich am Schachspiele in mathematisches Nachdenken u. s. w. Wie reich würde vollends das Leben der Kinder in der freien Natur werden, wenn ihr Inneres frei in allen Richtungen entwickelt wäre, so daß sie für alles, was sie fassen können, ein gebildetes Organ hätten! da würden uns die schönsten Blüthen ihres Geistes und Talents überraschen! Zu den Unarten könnte es da kaum kommen, und die Kinderwelt würde uns nur erfreuen, nie belästigen; Mißtöne, wie Schelten, Keifen, Strafen würden verbannt fast wie jetzt die Blatternpest. Ja Väter und Mütter, ihr werdet den erziehenden Unterricht segnen, wenn ihr durch denselben vom Anfange eure Kinder bildet *).

Der vollständige Elementarunterricht belohnt sich noch durch etwas von weiterem Erfolge; das Naturell und die Anlage des Kindes offenbart sich nirgends entschiedener als da, und auf keine Weise wird der junge Mensch so frühzeitig in den Stand gesetzt, sein Rechtes zu ergreifen. Denn seine Kraft wird in allen ihren Richtungen frei, und es ist nicht der Vorzug der einen und die Schlechtigkeit der andern Lehrweise, was sie für oder wider einen Gegenstand bestimmt, wie es jetzt gewöhnlich der Fall ist, denn jede ist die richtige und die der Natur der Kinder angemessene; es ist also genau ihr Inneres, was für den einen oder den andern den Ausschlag giebt, und zwar so, daß sie doch keinen vernachlässigen. Wir dürfen hier einige Vermuthungen wagen.

1) Kinder, welche überhaupt die seelenvolleren Gegenstände vorziehen, z. B. die Musik, das freie Zeichnen, das Natürliche der Sprache, haben ein mehr weiches Naturell, welches sich überall mehr zu dem freien Un-

*) So zeigt es sich schon in gebildeten Familien, die in edler Harmonie leben, wenn sie etwa auch das Glück haben, einen würdigen Hauslehrer zu finden. Eben diese Lehrer sollten daher mit dem Anfangsunterrichte völlig vertraut seyn. Aber die neueste Zeit hat nun auch die herrliche Erfahrung an den sogenannten Kleinkinderschulen. Verf. dieses weiß von einem Augenzeugen, daß in den Infants-schools in England, worin sich doch manchmal Kinder unter 2 Jahren befinden, kein Schreien gehört wird, daß alle munter und frohthätig sind, daß der fromme Sinn dieser Kinder ungemein glücklich erweckt, und daß von Leib und Seele alles Verderbende abgehalten werde. Solche Anstalten sind doch wohl den Schutzpocken zu vergleichen? Wenn nun das frühe Lernen da recht methodisch wird, wie viel läßt sich da hoffen!

terrichte hinneigt. Bei Kindern von dem innigen Naturell läßt sich schon zum voraus mehr auf den strengeren Theil des Unterrichts rechnen.

2) Der Knabe, welcher das Gymnastische mit Vorliebe ergreift, also auch von dem Militärischen angezogen wird, verräth eine mehr nach außen wirkende Natur, als der, welcher mehr das Grammatische, Graphische, Musikalische liebt; das Mathematische steht gleichsam in der Mitte, doch wird der von in sich gekehrter Natur wahrscheinlich lieber rechnen, als der erstere.

3) Die mathematische und gymnastische Tendenz vereinigt kündigen in ihm eine nach außen wirkende männliche Natur an, welche etwa einen künftigen Kriegsmann erwarten läßt.

4) Die mathematische und graphische oder auch musikalische Tendenz vereinigt verkündigen das Talent zum Künstler.

5) Die grammatische Tendenz deutet auf die Anlage zum inneren Forschen, und je nachdem sie mehr blos grammatisch ist, mehr zum auffassenden und zerlegenden, oder je nachdem sie dabei mit einer andern vereinigt ist, den producirenden Denker. Platon hatte offenbar diese letztere Anlage, Pythagoras vielleicht noch mehr, bei Spinoza möchte ich sie ebenfalls voraussetzen. bei Leibnitz war sie sehr entschieden, so auch bei Newton, auch bei Kant u. A. m., bei jedem in anderer Verbindung und mit eignen Anlagen.

6) Die blos mathematische Richtung deutet zwar auf einen Mathematiker, aber noch nicht gerade auf den tieferen. Denn dieser muß noch etwas mehr in seinem Gemüthe haben, als die bloße Form und die bloßen Verhältnisse.

7) Wer in dem Elementarunterrichte überhaupt keine rechten Fortschritte macht, es sey nun, daß er wenig faßt, oder lückenhaft springt, verräth irgend einen Mangel im Gemüthe, und nicht blos Verstandesschwäche.

Denn auf methodischem Wege muß der Verstand fortschreiten, wenn gleich etwa langsam, sofern er sich nur in gesundem Zustande befindet. Manchmal möchte wohl solche Düsterheit oder Verworrenheit auf jenes geheime Laster hindeuten, welches geistig, wie körperlich zerstört; manchmal könnte es auch anzeigen, daß schon irgend eine bösartige Neigung von seiner Seele Besitz genommen; wo aber alles dieses nicht gefunden wird, hat man Grund, etwas von Geisteskrankheit zu vermuthen. Dagegen verkündigen die Fortschritte bei gutem Unterrichte Gesundheit der Seele und fröhliches Gedeihen, je nach der Verschiedenheit der Anlagen *).

---

2) Der Fortgangsunterricht. Er befaßt theils die fortgesetzte Uebung der ersten Gegenstände, theils die weitere Belehrung in denselben, wie sie angegeben worden. Gymnastik, Graphik, Grammatik, Musik sind Uebungen, welche, wie wir es sahen, in den frühesten Lernjahren beginnen und die ganze Jugendzeit hindurch fortgehen; so werden sie zur andern Natur, zu Geschicklichkeiten, wie die gewöhnlichen der allgemeinsten Lebensbewegung. Der junge Mensch trägt seinen Körper in schöner Haltung, ist stark und gewandt im Gebrauche seiner Glieder, lieset, schreibt, zeichnet, singt ꝛc., so gut wie er steht, geht, spricht, hört, sieht, und so fertig, als wenn ihm das alles zu natürlichen Organen gegeben worden, er hat seine Anlagen hierin völlig ausgebildet. Das ist das Ziel, welches sich dieser Unterricht setzt. Die weiteren Gegenstände gehen theils schon von selbst hieraus hervor, theils dienen sie zur vollständigen Geistesbildung,

*) Krummachers Kinderwelt erhebt Eltern und Erzieher poetisch zu Ideen; auch sind beschreibende Gedichte, z. B. Thomsons Jahreszeiten, von ihnen zu lesen, um für die aufwachsende Kindesnatur auch den Bildungsblick zu beleben.

und so läuft der Unterricht in denselben nicht nur neben jenem her, sondern vereinigt sich auch vielfältig mit ihm, wie der Stoff mit der Form.

Die mathematischen Lehrgegenstände sind augenfällig nur eine höher geführte Formen-, Größen- und Zahlenlehre; es bleibt also hier dieselbe Lehrstunde. In den graphischen bleibt die Schreibübung noch so lange eine für sich bestehende, bis die Hand ihre Fertigkeit und Festigkeit gewonnen hat, d. i. bis gegen das 15te Jahr hin, wöchentlich etwa nur 2 Stunden in den letzten Jahren, dann dauert sie blos als Mittel bei den andern Lehrgegenständen fort, weil da viel geschrieben wird; das Zeichnen aber bleibt fortwährend nur in der Regel wenigerere Stunden die Woche. Der grammatische Unterricht hat die eignen Lesestunden mit dem 9ten bis 10ten Jahre beendigt, weil nur das Lesen fast in allen andern mehr als irgend etwas geübt wird, so verbindet sich auch das ausdrucksvolle Lesen und declamirende Vortragen mit andern Lehrgegenständen. Dafür tritt der Sprachunterricht in seinen eignen Lehrstunden ein, und bedarf vom 9ten Jahre an täglich 2 zunehmend bis zu 4 Stunden im 15ten Jahre, denn er ist nunmehr Hauptsache. Zugleich soll die Geschichte, die Erd- und Himmelskunde und die Naturkunde gelehrt werden. Das möchte sich wohl am besten so ordnen, daß vom 10ten Jahre an die Geographie vorzugsweise, also täglich eine Stunde, vom 12ten, wo sie auf 2 Stunden wöchentlich zurückgeführt wird, die Naturkunde, und vom 14ten, wo auch diese ebenso zurücktritt, die Geschichte als Hauptgegenstand gelehrt wird, welche indessen schon mit dem 9ten Jahre gleich der Naturkunde jede zu 2 wöchentlichen Stunden begonnen hat. Eigentlich erhalten auch jene zurücktretenden Gegenstände die gleichmäßige Fortbildung, denn sie vereinigen sich vielfältig, und der Lehrer kann in dem Geschichtsunterrichte vieles aus der Erdbeschreibung, und ebenso in der Naturkunde, wiederholen und weiter ausführen. Die Gewerbkunde und das Statistische ist meist nur eine Fortsetzung von allem diesem und bedarf etwa von dem 14ten Jahre an wöchentlich kaum 2 Stunden. Und so verlangt der Fortgangsunterricht für den täglichen Fleiß, da er den früheren Uebungen auf jeden Tag zwei Stunden läßt, für die verschiedenen Gegenstände zusammen des Tages 4 zunehmend bis 6 Lehrstunden. Es ergiebt sich hieraus folgende Anordnung für die Kinder, welche mit dem 9ten Lebensjahre den oben angegebenen Anfangsunterricht völlig erhalten haben.

Im 9ten und 10ten Jahre Lehrstunden wöchentlich für den Religionsunterricht 6

—	für das Mathematische	6
—	für das Schreiben	6
—	für das Zeichnen	2
—	für das Lesen	2
—	für die Sprachübung	6
—	für die Erdkunde	6
—	für die Naturkunde	2
—	für die Geschichte	2
—	für die musikal. Uebungen	6
—	für die gymnast. Uebungen	6
	zusammen Lehrstunden	50

Es kommen also auf den Wochentag im Durchschnitte etwas über 8, oder vielmehr im 9ten Jahre, wo für die Erdkunde nur 2 Stunden, eben so viel für die Naturkunde und noch keine für die Geschichte zu bestimmen sind, 7 Stunden täglich, oder die Leibes- und Musikübungen abgerechnet, nur 5 Stunden zum Sitzen und geistiger Anstrengung, sie vermehren sich bis gegen Ende des 10ten Lebensjahres zu 9täglichen Lehrstunden.

Im 10ten, 11ten, 12ten, 13ten Lebensjahre:

wöchentlich	für die Religion	6
—	für die Mathematik	6

wöchentlich	für die Musik	6
—	für die Gymnastik	6
—	für die Sprachen	18
—	für Schreiben und Zeichnen	4
—	für Geschichte, Naturkunde, Erdkunde	10
	zusammen	56

Die Vertheilung des Sprachunterrichts ergiebt sich aus dem, was seines Orts darüber bedacht worden, nämlich 6 Stunden für die Muttersprache und 12 Stunden für die alten classischen Sprachen; eben dahin verweisen wir auch für die Vertheilung der Geschichte ꝛc.

Von dem 13ten bis ins 19te Jahr wird dieses im Allgemeinen fortgesetzt, indem nur die Technologie hinzukommt, und manches aufhört, oder weniger Stunden bedarf, so daß in der Regel 8 Lehrstunden täglich statt finden. Allein die besondere Berufsbestimmung macht viele Abänderungen in der Zeit und dem Inhalte des Unterrichts, gewöhnlich mit dem 15ten Lebensjahre, nöthig.

Das Erlernen fremder Sprachen kann leicht, wo es in der früheren Periode schon verlangt wird, eingeschoben werden. Manche Geschicklichkeiten z. B. in Papparbeiten, im Gartenbau ꝛc. schließen sich an Lehrgegenstände an, und dienen zugleich zur Erholung. So ordnet sich der Unterricht zu dem Ganzen der Erziehung harmonisch und in einander greifend zusammen.

Wie sich während des ganzen Jugendunterrichts, wenn er in jedem Fache gut ertheilt wird, Naturell und Anlage ziemlich entschieden zeigen, erhellet aus dem, was oben bemerkt worden; ein Anhang wird Einzelnes noch erläutern.

II. Anordnung für mehrere Schüler zusammen.

So wie das Kind heranwächst, tritt es auch mehr in die geselligen Verhältnisse, und der Unterricht mit seines Gleichen wird ihm Bedürfniß. Manche Lehrgegenstände werden allerdings von dem einzelnen Zöglinge besser gelernt, z. B. die religiösen in dem ersten Cursus, so auch überhaupt das Meiste in dem Grundunterrichte. Aber schon das Zusammenseyn mehrerer Kinder in der Familie macht hier einen Uebergang. Nun fragt sich aber, wie ordnet sich die methodische Belehrung mehrerer Kinder? wie ordnet sie sich, wenn sie gleiches Alters gleich stehen? und wie bei irgend einer Ungleichheit? Da durch die Mehrheit der Schüler das Subjective mehr in ein Objectives übergeht, so fragt sich eigentlich, wie wird von dem ersteren so wenig wie möglich für das zweite aufgeopfert, oder vielmehr, wie gewinnt noch das Persönliche durch die Objectivität?

1) Die Kinder stehen gleich in Alter und Fähigkeit. Es werden also z. B. 4jährige Kinder zusammen in den Elementen unterrichtet. Auch hierin zeigt die Natur ihr Gesetz, sie führt das Kind nach und nach zu seines Gleichen, und erst nur zu einem oder ein Paar andern Kindern. So wollen schon die 4jährigen manches mit einander lernen, und erregen sich gegenseitig; das ist aber noch in den Gegenständen, die, wie bei ihren Spielen, mehr die äußere Thätigkeit auffordern, also in den körperlichen Bewegungen, in dem Zusammensprechen, in den Handbeschäftigungen, wo sie sich freuen nur mit andern zusammen zu sitzen und sich manchmal mitzutheilen. Wie man die Kinder sieht den Ball werfen, auf dem Eise glitschen rc., gemeiniglich in einer kleinen Gesellschaft, wie die Knaben selten einzeln den Reif treiben, die kleine Mädchenschaar im Kreise tanzt, so werden auch die geregelten Leibesübungen mit mehr Eifer von mehreren zu-

gleich erlernt, bis etwa zum 8ten Jahre von einer nur kleinen Zahl, die sich möglichst gleich stehen, dann aber von immer mehreren, bis zu Spartanischen Haufen, auch solchen, die einander nicht mehr gewachsen sind, damit der Stärkere den Schwächeren aneifere, und dieser jenen ermuthige, die Verschiedenheit aber vielseitiger errege. Auch das Lesenlernen wird in der Regel, wie unsere Elementarschulen beweisen, von mehreren Kindern zugleich am besten erlernt, die aber mit einander von demselben Anfangspuncte bis so weit fortgeführt werden, wo etwa die Verschiedenheit in den Fortschritten zu groß würde; Anfangs nur 2 bis 3, bald 10 bis 20 Kinder zusammen. Das Gemeinsame in dem Hinsehen nach der Wandtafel, in dem Aufmerken in den Fibeln, und noch mehr in dem Aussprechen, wirkt außerordentlich zum tieferen bleibenden Eindrucke und zu früherer Fertigkeit; besonders dann weiter bei dem Lesen im Tacte, so daß man Hunderte von Kindern zugleich unterrichten kann, und besser als ein einzelnes. Das Zusammensprechen im Chore und das nach Aufruf sylbenweise rc. Aufeinanderfolgen, sammt den mehrfachen Abwechselungen hierin, hat sich in den neuesten Zeiten immer entschiedener bewährt *). Ebenso, nur in anderer Weise, das gemeinsame Schreiben, das Suchen und Zeichnen in der Formen- und Größenlehre, im Rechnen, in mancherlei Sprachübungen. Die meisten Lehrgegenstände, auch im Fachunterrichte, werden auf solche Art mit erprobtem Vortheile gesellig erlernt. Nur muß das Gesetz der Stetigkeit sowohl in der zunehmenden — bei manchen Gegenständen, z. B. in den Sprachen, auch wieder abnehmenden Zahl, als in der Ungleichheit des Alters und der Fähigkeiten beobachtet werden. Der gesellige Unterricht hat sein Leben durch den Trieb der Sympathie und der Nachahmung, aber auch des Kraft-

---

*) Die Lehrer haben hierzu in neuester Zeit das sogenannte Commando eingeführt.

und Ehrgefühls, und der Geselligkeit überhaupt. Dafür muß der Lehrer genug Pädagog seyn, um jene Triebe in den Gränzen eines edlen Wetteifers zu erhalten, sie bei dem einen Individuum mehr, bei dem andern weniger zu erregen, um im Ganzen in diesen Reizmitteln so ab- und zuzuthun, daß es kein Verderbungs-, sondern ein Erziehungsunterricht sey. Wie nützlich das Lernen mit andern Kindern wirkt, sieht man aus der Vielseitigkeit und Gewandtheit, woran man diejenigen, die in der Schule gelernt haben, bald vor denen erkennt, die nur Privatstunden hatten; wie nachtheilig er aber auch öfters ist, weil er unpädagogisch behandelt wird, sieht man an bei weitem häufigeren Beispielen, und wie bei manchen Individuen das Einzellernen besser wirkt als das Gesammtlernen, bezeugt ebenfalls die Erfahrung.

2) Schüler, die ungleich im Alter, oder in der Fähigkeit, oder in beidem zugleich sind. Was diejenigen betrifft, die es blos im ersteren sind, so haben wir so eben gesehen, wie sie recht gut zusammen lernen können, doch unter der Hauptbedingung, daß der zurückstehende ältere Schüler nicht innerlich gedrückt werde durch den jüngeren, und dieser nicht äußerlich durch jenen, daß keiner den Muth des andern niederschlage oder überhebe, sondern daß alle sich ihn gegenseitig fröhlicher und kräftiger machen. Schüler, welche in der Fähigkeit ungleich sind, sey es nun der ermangelnden oder besseren Vorbereitung, sind in der Regel nicht zusammen zu unterrichten; denn sie stören, wenigstens hemmen einander die Aufmerksamkeit, die Lust, die Liebe, und die Fortschritte, welches am meisten da der Fall ist, wo sie auch im Alter nicht gleich stehen. Ob indessen der eine oder der andere in solcher Gesellschaft ein neues Reizmittel finden möge, wird der Pädagog nur durch die genauere Kenntniß desselben beurtheilen; vielleicht kann auch mancher durch Privatunterricht den andern so nahe gebracht werden, daß er nun desto besser mitlernt. Gebietet die

Noth einen Gesammtunterricht, so muß der Lehrer diejenigen Lehrgegenstände, so weit es geht, vorziehen, worin viele auch bei Verschiedenheit der Kräfte beschäftigt werden können, z. B. Formen- und Größenlehre, Leibesübungen ꝛc. Je mehr heuristisch das Lehren seyn kann, um so eher lassen sich die ungleichen Schüler vereinigen, und je jünger, je talentvoller, je aufmerksamer, je gutartiger der Zögling ist, um so leichter ist sein Lernen in den regelmäßigen Gang mit Andern einzulenken. Aber ausgezeichnetes Talent macht dagegen auch Trennung und Privatunterricht nöthig. Kurz, es lassen sich hier kaum Regeln geben, und es wird von der pädagogischen Kunst des Lehrers gefordert, daß der Naturanlage und Individualität ihr Recht werde, um ihre möglichste Ausbildung zu erhalten.

III. Verschiedenheiten.

Sie sind theils natürliche, theils zufällige. Die ersteren sind theils die der Anlagen, theils die der beiden Geschlechter. Nur von diesen ist hier noch einiges zu sagen, da von jenen so eben und vorher gelegenheitlich das Nöthige angegeben worden Wir haben seines Orts bemerkt, wie sich die beiden Geschlechter in der Entwickelung für die Besonderheit der Bildung unterschieden. Denn obwohl die allgemeine für das weibliche mit demselben Rechte wie für das männliche verlangt wird, so hat es doch seine besondere Bestimmung, welche manchen Lehrstoff zurücklassen muß, um Zeit für seinen eignen zu gewinnen; es hat aber auch seine eigne Art zu lernen, und bedarf einer etwas verschiedenen Lehrform, wenigstens bei den meisten Gegenständen. Zwar ist der Unterricht in denjenigen, welche vor dem 8ten Lebensjahre vorkommen, noch ziemlich gleich, auch in manchen wohl noch etwas weiter hinaus, indessen fordert doch die Natur schon bald nach dem ersten Jahrsiebend eine Scheidung, und muß sowohl in dem Stoffe als noch mehr in der Form bei dem Mädchen anders als bei dem Knaben ertheilt werden, wenn er jedes nach seiner Bestimmung wahrhaft bilden soll.

1) Lesen, Schreiben, Rechnen, Formen- und Größenlehre, Muttersprache, Naturkunde, Geschichte, sind die gemeinsamen Gegenstände für beide Geschlechter, und die ersteren können auch eine Zeitlang gemeinsam gelehrt werden. Aber doch findet sich auch da bald einiger Unterschied. Der Knabe macht lieber die Formen nach seinen Begriffen und Regeln, das Mädchen nimmt sie lieber aus der Natur und seinem Sinne; das Mathematische ist mehr für den Knaben, das Aesthetische mehr für das Mädchen, und sein Auge wird nicht gern lange bei den Winkeln sich halten lassen, sondern vielleicht verstohlen zu den Schönheitslinien wegeilen, und die Hand und den Sinn gehen lassen, um auf sie einzulenken. In der Regel gehört also nicht die weitere Mathematik für die weibliche Bildung, indessen kann doch von manchen unbeschadet derselben Geometrie und Arithmetik streng wissenschaftlich studirt werden, und für manche sogar als Festigung und Stärkung der Seele dienen *). Ebenso verhält es sich mit dem Rechnen. Wenn gleich das Weib leichter im Kopfe und im Leben rechnet, so ist ihm doch eine strenge Uebung im Zifferrechnen zuträglich. Auch der grammatische Unterricht ist auf dieselbe Weise verschieden, und nützlich. Das Mädchen sucht mehr das Leben in der Sprache als den todten Buchstaben, aber es bedarf

*) Der Verf. urtheilt jetzt hierin anders als früher, da er nicht nur durch Erfahrungen eines Besseren belehrt ist, sondern auch einsieht, wie sein ehemaliges strenges Zurückweisen der Mathematik aus der Mädchenbildung nur einen gewissen Pedantismus der Lehrform hätte treffen sollen.

eben darum oft ein Gegengewicht gegen das Ueberhingleiten, und ein Festhalten an das Wort und die Regel, um den Verstand zu schärfen und in seinem Leben mehr walten zu lassen. Und so ist die Erlernung der Lateinischen und Griechischen Sprache keineswegs der Weiblichkeit zuwider *), die letztere sogar einer höheren Bildung derselben zuträglich; nur fehlt es an Zeit und Sinn dafür, weil die weiblichen Arbeiten und häuslichen Geschäfte beides vorzugsweise in Anspruch nehmen, jene Sprachen aber beides fast ganz verlangen, wenn sie recht erlernt werden sollen Die lebendigen Sprachen lernt das Mädchen oft leichter als der Knabe. Die Geschichtskunde entspricht sogar dem weiblichen Geiste, welcher die Menschen gern durchschaut und beurtheilt, und also um so mehr durch einen guten Unterricht in derselben von dem Splitterrichten, dem Verkleinern, dem sogenannten Raisonniren, und von Gemeinheiten, wie auch von einer gewissen Bitterkeit, dieser bei ihm so leicht Wurzel greifenden Krankheit, und der nicht minder herrschenden Sucht der Romanenleserei zurückgehalten, dagegen zu der wahren Achtung der Menschheit erhoben, und überhaupt zu höherer Beschäftigung und reinerem Geschmacke gebildet werden kann. Dazu gehört denn eine schickliche Auswahl der Sachen und Personen, wie auch ein dem weiblichen Herzen angemessener Ton; der Geschichtsunterricht für Mädchen erfordert eine eigne Lehrkunst. Dasselbe erfordern die übrigen Lehrgegenstände, die wir durchgegangen haben.

---

*) Auch hierin hat der Verf. seine Meinung aus denselben Gründen, wie bei dem Unterrichte in der Mathematik, etwas geändert. Doch würde er nicht sohin beistimmen, wenn man das Erlernen der Latein. Sprache für Deutsche Frauenzimmer — denn für Engländerinnen und mehrere andere Europäerinnen ist sie eine gründlichere Erlernung ihrer Muttersprache — als wesentliches Bildungsm.ttel fordern wollte. Auch kann er der Levana nicht beistimmen, wenn sie meint, die Mädchen könnten nicht genug schreiben.

Der Unterricht des weiblichen Geschlechts bezieht sich vornehmlich auf das häusliche Leben. Er muß also mancherlei Geschicklichkeiten lehren, Händefertigkeiten einüben, ökonomische Kenntnisse mittheilen, und den gesunden Hausverstand recht in Thätigkeit setzen. Stricken, Nähen, Sticken, Zeichnen, Singen und Klavierspielen, aber hauptsächlich für die Familie — Gartenarbeiten, Kochkunst, u. dergl. sind zur ächten Bildung des Weibes nothwendig. Daher muß auch viel Zeit auf alles dieses verwendet werden, so daß für das, worauf der Knabe und Jüngling seiner männlichen Bestimmung gemäß etwa seine ganze Jugend verwenden muß, nur etwa die Hälfte Zeit dem Mädchen vergönnt bleibt. Der oben angegebene Lectionsplan könnte etwa bis zum 10ten Lebensjahre derselbe seyn, aber dann sind die ganzen Stunden zum Theil in halbe, zum Theil in die Hälfte der Zahl wöchentlich zurückzuführen.

Der Religionsunterricht behauptet indessen auch bei dem weiblichen Geschlechte seine ungeschmälerte Wichtigkeit, wie sich von selbst versteht, und soll hier noch mehr in dem Ganzen der Erziehung leben.

Unter den zufälligen Verschiedenheiten verstehen wir alles, was den Unterricht nicht aus der Idee der Erziehung, sondern aus irgend einem andern Zwecke bestimmt. Wie nun dieser Zweck ist, so wird auch gelehrt. Man will den Schüler entweder in etwas unterrichten, das seine äußern Verhältnisse fordern, und ist durch diese genöthigt, die vollständige Bildung für ihn aufzugeben, oder man will ihn aus Eitelkeit in gewissen Kenntnissen und Geschicklichkeiten vor der Zeit hervortreiben. Die gebietenden Lebensverhältnisse machen den ersten Fall zum allgewöhnlichen. Da bleibt nur das Pflicht, daß man diejenigen Gegenstände, welche zur allgemeinsten Bildung des Volkes gehören, vor allem lehre, und dann, so wie es die Umstände mit sich bringen, das, was der besondere Beruf verlangt. Religion, Lesen, Schreiben, Rechnen, auch Singen macht unsere Europäische Cultur jedem im Volke nothwendig, er mag nun für den Pflug oder für ein Handwerk, für Dienste im Hause, oder auf dem Felde, oder für sonst einen geringeren, versteht sich des Menschen würdigen, Lebenszweig bestimmt seyn *). Der andere Fall kommt mitunter vor, vielleicht mehr in den Wünschen der Eltern, als in der Ausführung; denn sie oder die Lehrer möchten gern in den Vorzügen der jungen Leute glänzen, und das verleitet zu Lehrkünsten oder Kunststücken, welche wir aber

Pädagogische Sünden

nennen, und das mit vollem Rechte und Ernste. Denn man thut dabei etwas wider die Bestimmung des Kindes und also des göttlichen Willens nach eigenem Willen. Man giebt der Kraft des Zöglings irgend eine einseitige Richtung in solcher egoistischen Absicht, und setzt dazu jede Triebfeder in Bewegung, die zum Zwecke führt, wenn sie auch die schlechteste sey. Ehrgeiz und Habsucht, selbst Sinnengenuß bis zum niedrigsten herab, werden da in der Seele des Zöglings gehegt und gepflegt, oft sogar absichtlich in sie gepflanzt, und so weit es irgend zweckdienlich scheint, entflammt. Wie viel man damit ausrichten kann, sagt die Geschichte auf allen Blättern, und zeigt die Jugend in allen Ländern, und auch unter uns in manchen Schulen und Häusern. Ja, es wird wahrscheinlich die Zeit kommen, — denn das liegt in den Fortschritten der einseitigen Verstandescultur, — wo man Unterrichtskünste zeigen und bewundern wird, welche die eines Ratich bei weitem überschreien; und man wird sie vielleicht suchen und bezahlen. In dieser Hinsicht müssen

*) Man vergleiche, was die Gesch. d. Erz. I. von dem Unterrichte bei den alten Völkern; den Kasten der Inder, Aegypter rc., der Erziehung der Stände bei den Persern, der gemeinsamen in Sparta, u. s. w. sagt, um sich den Zusammenhang mit dem ganzen Volksleben vor Augen zu legen.

wir einiges von solchen Kunststücken angeben, nicht um Sünder zu lehren, sondern zu bezeichnen, und um würdige Erzieher und Lehrer auch auf diese ihnen gefährliche Klippen aufmerksam zu machen *). Das allgemeine Mittel ist, daß man Unarten, die dem Zwecke nicht im Wege stehen, gehen läßt, damit man nicht das Pädagogisiren zertheile, und die Kraft, die sich ganz für diesen Zweck concentriren muß, irgend nach außenhin ableite, daß man vielmehr diejenigen Unarten benutze, welche demselben dienen, z. B. Grobheit gegen Andere, Zurückdrängen der Mitschüler, Selbstgefälligkeit, Verachtung der andern Gegenstände, Gemüthlosigkeit, u. s. w. So findet sich, daß das Capitel von den Fehlern und Verdorbenheiten der Zöglinge im vorigen Bande sich hier in ein Capitel von den Verdorbenheiten der Erzieher umgestalten müßte.

Geringere Vergehungen sind folgende:

Das Kind muß frühzeitig eine fremde Sprache zum Nachtheile der Muttersprache reden. Es läßt sich hierin weit bringen, wenn man es nichts oder wenig anders

---

*) Der Verf. war in Versuchung, hier ausführliche Recepte für solche pädagogische Kunststücke hinzuschreiben, wobei er als zuverlässig versprechen könnte, daß z. B. der 12jährige Knabe geläufig Latein schreiben und reden werde u. dergl., ja, was noch mehr ist, daß er, und sogar das Mädchen, über Kirche und Staat nicht nur schwatzen könne, sondern auch gegen das Positive in der Religion und Politik Einwürfe vorbringe, trotz dem erklärtesten Oppositionssprecher. Zwar könnte der Verf. kein probatum est darunter setzen (außer etwa einigen geschichtlichen Nachweisungen), denn dazu hätte er noch etwas ganz anderes besitzen müssen, als man z. B. Hand- und Fingergewandtheit zu Gaukeleien und Taschenspielereien besitzen muß, weil hier noch etwas ganz anderes nöthig ist, als dergleichen für eine übrigens unschuldige Unterhaltung; Charlatanerie und noch etwas Schlimmeres ist bei demjenigen vorauszusetzen, dem die Künste die Jugend unter blendendem Scheine zu verderben gut von statten gehen und Gold und Ehre einbringen sollen. Er hätte fast Lust, einige versiegelt seinen Kindern, die davon, wie jeder seiner Zöglinge, nichts wissen, zu hinterlassen, um sie in der Zeit zu eröffnen, wo dergleichen öffentlich auftreten wird.

hören läßt, und zum vielen Sprechen in derselben erweckt. Setzt man das im Lesenlernen u. s. w. fort, so kann schon das 7jährige sich z. B. Französisch unterhalten; nebenbei hat es denn doch so viel Deutsch gelernt, daß es auch spricht und versteht, was umher vorkommt. Ebenso kann weiter auch selbst eine alte Sprache gelehrt werden, wenn man nur alle Zeit z. B. auf die Lateinische verwendet, und allen Eifer aufbietet, um die Grammatik, um überhaupt dieses Lernen methodisch, aber ausschließlich zu betreiben. Der 10jährige Knabe muß da schon einen schweren Autor übersetzen, auch regelrichtig Lateinisch schreiben und sprechen können. Von dem Genius der Sprache kann da freilich noch nicht die Rede seyn.

Die Formen- und Größenlehre kann bis zum 8ten Lebensjahre so eingeübt seyn, daß man den Knaben auf dem weiteren methodischen Wege bald bis in die höheren mathematischen Wissenschaften einführen wird, wenn man ebenfalls diesen Gegenstand zur Hauptsache macht, und jede Triebfeder bei ihm in Bewegung setzt. Ist er 12 Jahre alt, so muß er im Stande seyn, die schwersten Beweise zu führen, und Formeln für Curven u. dgl. zu erfinden. Ebenso in dem Rechnen, wie ohnehin das Arithmetische mit jenem in Verbindung tritt.

Auch läßt sich auf solchem Wege noch mehreres mit einander erreichen. Der 12jährige Knabe muß die Mathematik nicht nur so weit erlernt haben, sondern auch die Lateinische Sprache, daß er seine mathematischen Lehren und auch anderes in derselben vortragen kann. Dazu ist Zeit genug vorhanden, um das zusammen zu erlernen, und zwar unbeschadet seiner Gesundheit. Der Unterricht in der Geschichte läßt sich auf gleiche Weise in jenen Jahren sehr weit bringen. Man hat dabei nur viel dem Gedächtnisse einzuprägen, und zugleich das Denken und Vortragen zu üben. Der 12jährige Schüler, auch das Mädchen, muß die Hauptbegebenheiten bestimmt mit

Jahrzahlen und Namen erzählen können; ja bei einigem Talente läßt sich auch das zugleich mit dem Lateinischen und Mathematischen, wie eben angegeben worden, erreichen. Und so noch mehreres, bei größeren Fähigkeiten und verstärkten Triebfedern. So ist es nicht als ein Wunder anzusehen, wenn der 12jährige Knabe so weit ist, daß er, wie man gewöhnlich den Maßstab hat, die Universität beziehen kann. Der Geist freilich, die Reife des Urtheils, das innere Leben, die durchdringende Vernunft, ist da keineswegs zu suchen, und weil man den Knaben doch dafür gelten läßt, und er sich selbst dafür hält, so ist, abgesehen von mancher Verwahrlosung in seinem Innern, seine Bildung von einer Lüge durchdrungen *).

Daß einige andere Gegenstände, namentlich Erdkunde und Naturbeschreibung, noch leichter erlernt werden können, und selbst neben allen eben angegebenen, bedarf keiner Erinnerung.

Schwerere Vergehungen werden in folgenden Lehrgegenständen an dem Kinde begangen.

---

*) Denn man darf nicht übersehen, daß in dem Geiste sowohl als in der Fertigkeit das Gesetz der Zeit waltet. Ohne daß sich Jahre lang etwas in der Seele bewegt und mit vielem verwebt, kommt es nicht zur Einheit im geistigen Leben. Das ist es, was wir seines Orts als den Vorzug des Menschen bemerkten, daß er eine lange Jugend hat. Wenn ein Franzose unlängst Staunen erregte, daß er in 24 Stunden das Lesen lehren wollte, so sind wir Deutsche hierin über das nil admirari hinaus, denn wir kennen die wahre Methode, nach welcher ein Kind wirklich in Einem Tage die Laute, die Buchstaben, die Zusammensetzung und Aussprache lernen, d. h. nach einander sehen, vernehmen und versuchen kann, aber es wahrhaft lernen, d. h. eine Fertigkeit im Lesen haben, dazu gehört viele Uebung, öfteres Lesen, ziemliche Zeit, und gut Ding will auch hier Weile haben. Sonst müßte man an jenen Trichter glauben, oder vielmehr nächstens der Aufstellung einer Dampfmaschine in den Elementarschulen entgegen sehen.

Wenn zu Seiltänzer- und Kunstreiter-Geschicklichkeiten das Kind mißbraucht wird, wie man oft genug sieht, und leider bewundert. Man kennt die Mittel, und doch preißt man laut solche Opfer. Wer sein Kind zu einer Tanzpuppe dressirt, opfert es nur mit schönerem Scheine.

Wenn man das Kind im Sprechen abrichtet. Man läßt es Worte und Phrasen lernen, die in der Conversation der Erwachsenen gelten, man schärft auch seine Aufmerksamkeit durch tüchtig angeregte Eitelkeit auf dergleichen, so daß es die modischen Redensarten mit den Ohren aufschnappt, wie andere mit diebischer Hand die Leckerbissen, und bei der nächsten Gelegenheit aus seinem Munde so schön wiedergiebt, daß die ganze Gesellschaft das artige Kind anstaunt. So haben wir manches altkluge gehört, das mit 7 Jahren wie ein Buch sprach, freilich dann mit 18 in seiner Leerheit und Unwahrheit dastand.

Endlich wenn man das Kind in der Religion nur mit Worten unterrichtet. Man kann es mittelst der Katechisirkunst unglaublich weit bringen. Wir haben 8 bis 10jährige gehört, welche von der Allmacht, Heiligkeit, von Recht und Pflicht u. s. w. die Begriffe angeben, auflösen, erklären konnten, daß man ihren Verstand hierin nicht genug bewundern kann, und alles für Entwickelung der Vernunft hält, welche alles ehemalige im Religionsunterrichte bei weitem übertrifft. Daß es aber Worte um Worte sind, und daß dieses sogenannte Erklären nichts anderes als eine Art Kopfrechnen ist, daß diese Wortmacherei eher mit dem blauen Dunste der ehemaligen Betrüger in der Goldmacherei verglichen, als eine Belehrung in dem Christenthume genannt werden mag, brauchen wir unsern Lesern nicht weiter bemerkbar zu machen. Aber übersehen werden sie auch nicht das Unheil, das durch solche Lüge in das kindliche Gemüth gepflanzt wird, wenn es bei allem seinem Red- und Antwortgeben über die Gottheit und Rechtschaffenheit Gott weder vor Augen noch im Herzen hat, und nur seiner Eitelkeit im Mißbrauche der heiligen Worte dient. Nein übersehen dürfen wir nicht dieses Unheil in dem Lehrwesen unserer Zeit.

Dritter Theil.

Pädeutik.

Das Ziel alles Unterrichts ist Eins und dasselbe mit dem, wozu wir die Jugend erziehen, es ist das höchste Ziel der Menschheit. Jedes Kind, das uns von der Vorsehung übergeben ist, soll dazu geführt werden, daß es das göttliche Ebenbild in sich aufstelle. Nur so wird auch der Unterricht wahre Bildung, wenn er das in allen Zweigen ausführt, dann ist er Eins mit der wahren Erziehung. Diese Einheit müssen wir noch nachweisen, und so hat diese letzte Abtheilung das Pädeutische in dem ganzen Lehrwesen vorzulegen. Das geschieht füglich in drei Abschnitten: der erste zeigt das erziehende Princip in der Bildung des Einzelnen, der zweite bezieht es auf die Volksbildung, der dritte auf das Menschenganze. Alles dieses haben wir sowohl an den Unterricht, der bisher betrachtet worden, als an die Grundsätze, die der vorige Band enthält, und zunächst an die letzte Abtheilung desselben anzuschließen.

Erster Abschnitt.

Der Unterricht erzieht den einzelnen Menschen; oder das Pädagogische.

Wie die verschiedenen Lehrzweige aus dem Begriffe der Erziehung hervorgehen, und wie das erziehende Wesen in jedem derselben wirke, hat die vorige Abtheilung gezeigt, wir haben das also nicht sowohl zu wiederholen, als vielmehr zusammen zu stellen, und das gemeinsame Princip, welches darin leben will, hervor zu heben.

Was ist es, das in der ächten Bildung lebt? Das Gemüth des jungen Menschen, hierin seine Wahrheit, hierin seine Vernunft; nichts anderes. Und das Aufleben, das Aufblühen dieser Bildung ist die Tugend, das Wesen der Tugend aber die Liebe, eben sie, welcher eigentlich der Name gebührt, die Liebe, die von Gott kommt und zu Gott führt. Nur sie bildet wahrhaft, denn sie schafft das Ebenbild Gottes in dem Menschen, und indem sie es mit seiner Kindheit heraufwachsen läßt, erzieht sie ihn. Eben diese Liebe ist aber Frömmigkeit und Sittlichkeit, das reine Leben in, mit und vor Gott, zu dessen Kinde wir das uns anvertraute Kind alsdann erziehen, wenn wir dieses höhere Leben in ihm hervorrufen. Das aber geschieht unmittelbar durch die religiöse Erziehung, und darum bemerkten wir oben dasjenige in dem Religionsunterrichte, was nicht blos Lehrgegenstand ist, sondern im Ganzen der Erziehung liegt, welches aber allerdings nur von der christlichen gilt, und sie zugleich zur einzig wahren macht. Das nun haben wir jetzt noch genauer anzusehen, und das von zwei Seiten, von der innern und der äußeren. Zuerst von jener.

Das Leben der Religion ist in dem Kinde das, wobei wir ausrufen: „ein Engel!“ — es ist in der weiteren Jugendentwickelung das kindliche Gemüth, das sich in seinen Tugenden entfaltet, dem Ideale entgegen strebt, und Gott im Geiste und in der Wahrheit anbetet. Aber vom frühesten an durch den weltlichen Hang, durch den Egoismus in der Herrschaft des Sinnlichen getrübt und zurück gedrängt, bedarf es der Sorgfalt und Pflege, die in dem Ganzen der Erziehung liegt. Denn jede Unart ist ein Schaden für den religiösen Sinn, weil sie das Gemüth verdirbt, und wie leicht schleicht sie sich ein. Wer nicht zum Höheren steigt, sinkt zum Niederen, und entweder wendet sich der Mensch zu Gott oder zur Welt, denn seine Kraft ist eine beständige Wirksamkeit, die nie stehen bleibt. Nun ist aber das Wesen der Religion jenes Aufwärtsstreben zum Göttlichen, folglich wird es durch alles gestört, was den Geist abwärts zieht. Sinnlichkeit, Ungehorsam, Dummheit, Bosheit, was nur dahin führt, ist wucherndes Unkraut, welches über die edelste Pflanze hinauswächst, und das um so verderbender, je früher es einwurzelt. Da in der Kindheit alles noch in Einem ist, so durchdringt auch da die einzelne Unart das ganze Gemüth, z. B. der Ungehorsam gegen die Eltern macht gewissenlos und gottlos. Es steht also der Grundsatz fest: gegen Unarten wachen heißt die Religion in dem Kinde beschützen. Zwar ist das nur ein negativer, aber mit der Befolgung desselben ist doch schon viel gewonnen. Denn unerachtet die Erziehung so wenig die Religion dem Kinde geben kann, als sie ihm sein Gemüth giebt, so kann sie denn doch gegen das Böse schützend ihr Aufleben wirklich fördern. Aber sie kann noch mehr, sie kann auch positiv dazu wirken. Denn alles, was zu der Bildung führt, das dient auch der Religion, weil in ihr das Edelste entwickelt wird; und so sehen wir überhaupt in der Erziehung das religiöse Leben frei werden. Kommt ja doch von innen heraus alle wahre Bildung, und was ist mehr das Innerste als eben dieses Leben? Eine Erziehung, die nicht davon ausgeht und es nicht herausbildet, ist daher nur eine glänzende Lüge. So ist es die gute, welche in der Religion mittelbar bildet, aber auch unmittelbar, indem sie die frommen Gefühle, die Andacht, das Gebet *), und die tugendhaften Gesinnungen erweckt, hegt und pflegt und verstärkt. Von der äußeren Seite, d. i. von der Lehre aus angesehen, zeigt sich ebenfalls, wie die Religion der Geist der Erziehung sey.

Zwar scheint es, als ob das Innerste und Heiligste nicht gelehrt werden könne, allein da es zugleich in Erkenntniß übergeht, so macht es auch eine Belehrung nothwendig, wenn es zur reinen Ausbildung kommen soll.

Diese Lehre führt in ihrem Stufengange dahin, daß das Kind Gott anbetend erkennt, und Einsicht in alles erhält, was zur Anbetung Gottes gehört. Was etwa

---

*) Was die Levana (Th. I.) in einem eigenen Capitel über die Religion der Kinder gesprochen hat, verdient hier nochmals erwähnt zu werden, besonders die Aeußerung über das Gebet, daß man „nicht mit den Kindern, sondern vor den Kindern beten, d. i Gott laut denken müsse, und daß Kindergebete leer und kalt seyen.“ Wahr ist es allerdings: „eine verordnete Erhebung und Rührung ist eine entweihete; — ein Tischgebet vor dem Essen muß jedes Kind verfälschen.“ Aber nicht jedes Beten mit Kindern ist ein verordnetes, und oft verlangt es das gerührte Herz des Kindes, daß man ihm nur die Worte gebe. Aber wohl ist zu warnen gegen jede Unwahrheit, die im Beten so leicht kommt, man lasse da die Worte nur gebrauchen, daß sie das wirklich vorhandene Gefühl andeuten, wenn sie auch noch lange nicht im Sinne des Erwachsenen verstanden werden; die Wahrheit des Gemüths macht sie doch wahr. Wir verweisen auf unser Syst. d. Erz. S. 580 fg.

noch nebenbei gelehrt werden mag, z. B. von kirchlichen Gebräuchen, ist nur dann zum Religionsunterrichte gehörig, wenn man es mit der Gottesverehrung in Zusammenhang bringt.

Dieser Unterricht ist diejenige Seite der religiösen Erziehung, welche sich zunächst an den Verstand wendet, jedoch so, daß sie beständig das Gefühl erregt, zur Andacht stimmt, und die Vernunft zur höchsten Idee erhebt. Bleibt der Religionsunterricht kalt, und klärt er blos den Verstand auf, ohne das Herz zu bessern, so ist er nichtig, mag er noch so gründlich und wahr scheinen, er ist es doch weit weniger, als der vielleicht geringer geachtete, welcher bei schwächerer Erkenntniß doch Frömmigkeit einflößt, und die Klarheit der Begriffe ist im Grunde keine, sondern nur ein Wortschein *). Der Verstand entwickelt sich während der ganzen Jugend hindurch bis zu seiner Reife. In gleichem Stufengange geht der Religionsunterricht. Ganz andere Begriffe kann hier der 7jährige Knabe, und andere der 16jährige Jüngling fassen. Nicht etwa so, daß man in einer Reihenfolge von fremden Begriffen fortginge, bis endlich der Begriff Gott zum Vorscheine käme, wie man es verkehrt genug gemeint hat. Vielmehr muß in dem allerersten Begriffe dieses Unterrichts schon an Gott gedacht werden, weil es keine Religion ohne ihren Gegenstand giebt, und weil hier alle Erkenntniß nur dann eine wahre ist, wenn sie zugleich Verehrung ist. Allenfalls könnte man glauben, vorbereitende Begriffe diesem Unterrichte vorausschicken zu müssen; aber auch das ist nicht einmal richtig. Denn was sollen das für Begriffe seyn, die nicht schon im allgemeinen Verstandesgebrauche vorkämen? Nun soll sich aber die Religionserkenntniß mit dem Verstande selbst entwickeln, sie soll also in jeder Stufe nur nach Maß-

*) Hier und im folg. vergl. System d. Erz. S. 368 fgg. 391 fg.

gabe dessen, was er jetzt fassen kann, ertheilt, und es soll da keine Lücke, keine leere Zeit gelassen werden. Zu dem, was heute gelehrt werden soll, bedarf es weiter keine Vorbereitung, als den Verstand, der heute da ist, und so gestern und vorher jeden Tag. Der Unterricht hat diese Lehren nur in immer weitere Beziehungen, immer tiefer in die Lebensverhältnisse auszuführen.

Er sollte zuerst hauptsächlich vom Vater ertheilt werden und nie von der Herzensbildung getrennt seyn, auch sollte das Kind seine religiösen Gefühle und Gedanken gegen seine Eltern zu äußern gewöhnt werden, dann wäre er wahrhaft ein Theil der Erziehung. So ist auch dieser Unterricht in seiner Art heuristisch, ähnlich dem in der Formenlehre, wo man das freie Spiel der Kinder zum Rechten leitet. Vielleicht wird das Kind meist unvorhergesehen sich damit äußern, wenn es manchmal mit einem seiner lieben Menschen allein ist; so z. B. die Kinderfrage: „Wie groß ist der Vater im Himmel?" oder die Kindersehnsucht nach dem Lande jenseits der Berge. Wir haben oben gesehen, wie diese Vorstellungen der Kinder, so wunderlich sie auch seyn mögen, nicht geradezu berichtigt werden dürfen, sondern wie man sie in ihrer Natürlichkeit erhalten müsse. Wenn sie z. B. in abgeschmacktes oder gedankenloses Spiel übergehen, so suche man auf etwas anderes die Aufmerksamkeit zu lenken. So berichtigen sie sich von selbst am besten, und das aus innerster Wahrheit; und wie sich der Geist mehr entwickelt, werden sie immer vernünftiger.

Allein zu gleicher Zeit wird auch der Verstand durch bestimmte Lehren unterrichtet, und davon reden wir hier. Diese enthalten Begriffe, die theils das göttliche Wesen, theils die menschliche Bestimmung dem jungen Menschen immer deutlicher zu machen suchen, Begriffe, welche ihm sowohl sein religiöses Gefühl aussprechen, als die Anwendung desselben in den Lebensverhältnissen zeigen, so wie es nur seiner Fassungskraft gemäß ist, und diese Belehrung ist es, welche in die ganze Bildung gleich dem schöpferischen Hauche in die Natur einfließt.

Vorerst ist hier eine formale Geistesbildung wohl zu bemerken, ob man gleich viel zu wenig daran denkt. Die Kinder, welche Unterricht in dem Christenthume erhalten, werden dadurch weit mehr vernünftig als alle diejenigen, welche solchen Unterricht entbehren. Es ist da ein Schwung der Seele, der sie stetig wie mit Adlersflügeln emporhebt zu den höchsten Gedanken, zu welchen kein anderer junger Mensch gelangt, und in dem höchsten Gedanken, bis in die Unendlichkeit hinauf. Dieser Unterschied der christlichen Jugend von der heidnischen, auch selbst im alten gebildeten Athen und Rom, würde sich uns auffallend genug zeigen, wenn wir jene Jugend mit der unsrigen zusammenstellen könnten, und in die Seelen schaueten. Wie herrlich vollends für diejenige Jugend unter uns, welche den ächten Religionsunterricht genießt! Darin allein erwächst uns und unsern Kindern die reine Vernunft. Und eben diese Krafterregung im höchsten Sinne des Wortes haucht aller Geistesthätigkeit eine Stärke ein, zu welcher sie sich sonst nie emporschwingen würde. Die Aufmerksamkeit bis ins Kleinste hin, bekommt durch sie einen höheren Grad, die Denkkraft wird selbst in der Sinnenerkenntniß und im Mathematischen schärfer und gewandter, alles Lernen des Verstandes wird leichter und eifriger, denn es ist überall dieselbe Vernunft, und ihr Lichtquell ist in seinem Tiefsten eröffnet. Das ist der unerkannte, obwohl gefühlte Vorzug derjenigen, die in der christlichen Kirche erwachsen, und die ächte Belehrung im Christenthume von früher Jugend auf erhalten. Es giebt da eine reine Durchbildung, eine Harmonie in dem Geiste, eine Stetigkeit im Denken und Streben, eine gewisse Einfachheit im ganzen inneren Leben, die man anderswo auch bei vielem Wissen und geistigem Treiben vermißt, und weßhalb derjenige, dem das zu Theil geworden, vorzugsweise den Namen des Gebildeten verdient.

Wir wollen nicht noch besonders erwähnen, wie schon der Knabe durch die Belehrung über seine Pflichten zum Fleiße angetrieben, und wie durch die Religion das Gewissen geschärft wird. Auch muß da das sittliche Gefühl schon vor aller Reflexion zu der höchsten Anstrengung den Bildungstrieb der Jugend beständig anfeuern. Nur auf diesen inneren Organismus wollen wir noch etwas weiter aufmerksam machen, wovon die Religion die Seele ist, und worin so wahrhaft der Geist Gottes wirkt. Die Entwickelung und Mittheilung der Vernunft geschieht mittelst der Sprache. Wäre das unter reinen Vernunftwesen, so wäre auch das Medium ungetrübt, wie man sich das Sprechen der Engel als ein Schauen von Geist in Geist poetisiren mag: so aber, wie es bei uns Menschen ist, giebt jeder nur seine Vorstellung dem Andern, und dieser faßt sie mit seiner Vorstellung auf, die oft sehr verschieden sind, obgleich beide meinen, einander zu verstehen. Diese Meinung ist meist eine Täuschung, und da man sie doch für Wahrheit hält, so entspinnt sich darin eine gewisse allgemeine Lügenhaftigkeit der Sprache. Nur die gleichen Gemüths sind und in gleicher Bildung erzogen sind, verstehen sich, und doch kaum selbst solche Freunde, die bei den Alten zwei Seelen in Einem Körper hießen. Was nun sichert gegen dieses Unwahrseyn, als im Sinnlichen die Anschauungswelt, im Uebersinnlichen die Gottesidee? Diese ist das Licht der Seele, ohne sie giebt es keine Wahrheit in unserer Vernunft, und in unserm Sprechen von Gegenständen aus ihrem Gebiete. Eine zweite Stufe der Unwahrheit in der Sprache ist die, daß man sich die Begriffe beliebig macht, und dann mit Worten stempelt, welche von Andern ganz anders gebraucht und verstanden werden. So bilden sich manche ihre Urtheile, Schlüsse, Systeme, und glänzen damit sogar als Wahrheitsmänner, wie die Geschichte in vielfältigen Belegen der Sophistik und Scholastik zeigt, und es ist doch alles ein Spinnengewebe von Abstractionen und leeren oder falschen Worten, nur nach gewissen Regeln gesponnen und verwebt*). Das werden die Leute in dem Grade ärger treiben, als sie von der Selbstsucht getrieben, im Dienste einer geheimen Leidenschaft festgehalten, von dem Leben in Gott entfremdet sind. Je mehr dagegen Sinn und Gedanken auf das ewige Wesen gerichtet sind, um desto mehr läutert sich das Gemüth, um desto reiner wird der Blick in das Wesen der Dinge, um desto freier das Urtheil, um desto richtiger der Schluß, um desto heller die Wahrheit; aber auch um desto heimischer wird in solcher Seele die Wahrheitsliebe. Also ist es auch gegen dieses Verderben die Religion, was der Sprache und dem Gemüthe die Wahrhaftigkeit giebt, aber nur dann unverfälscht giebt, wenn sie von früher Jugend auf der Seele einwohnt. Soll sie daher in allen Wahrheiten gebildet werden, so muß sie durch jene höchste geheiligt seyn.

Eben das zeigt sich drittens für den Unterricht in der Geschichte. Dieser soll doch nicht eine bloße Chrono-

*) Man höre nur den häufigen, und oft nicht wenig stolzen Gebrauch der Worte Rechtwollen, Rechthandeln, Rechtschaffenheit, und frage nur vorerst nach der Worterklärung, so hört man da ein Gespinnst von abstracten Begriffen, das keinem unbefangenen Blicke den Zirkel, worin sie herumtreiben, verdecken kann; fragt man nun nach der Sacherklärung, d. h. was eigentlich diesen Sprechern in dem Herzen steht, so sieht man bald, wie das liebe Ich, wie die geheime Leidenschaft jedem sein Recht macht, und da wird man an jenen alten Ausspruch erinnert: „einen jeden dünkt sein Weg recht zu seyn, aber Jehovah macht die Herzen gewiß.“ Das Recht und die Wahrheit sucht einen viel tieferen Grund als in der bloßen Denkthätigkeit, die an sich bei dem Schelme und Bösewichte oft am stärksten seyn kann, weil sie nichts ist als ein Rechnen, wenn sie der höheren Idee entbehrt. — Dahin mochte wohl Scaligers Meinung bedeutungsvoll zielen, daß auch die religiösen Streitigkeiten gewöhnlich von Mangel der Sprachkunde kämen. — Vgl. Syst. d. Erz. S. 368 fg.

logie seyn, sondern das Leben der Menschheit aufschlagen, und zwar um durch alle die Sümpfe und Wildnisse, worin mehr Bestialität als Humanität, wenn nicht gar Diabolität, zu schauen ist, hindurch immer das Göttliche zu finden, das in dem Großen und Herrlichen erscheint, und in dem Ganzen sich der Zeit nach entwickelt. Das erfordert einen Glauben an die Menschheit und eine lebendige Idee, daß wir göttlichen Geschlechts sind: woher anders kann uns aber diese Idee kommen, und dieser Glaube festgehalten werden, als durch den Gottesglauben, diesen Quell einer unerschöpflichen Menschenliebe? So wie nur die religiöse Ansicht der Gefühle diesen Gesichtspunct hat, so flößt auch die fromme Gesinnung fortwährend das rechte Interesse an dem Geschichtsstudium ein, und schärft den Wahrheitssinn, um das Edle unter dem Schlechten der Menschen herauszuscheiden, und für die göttliche Bestimmung unsers Geschlechts zu begeistern. Wer überall nur Egoismus sieht, ist selbst ein Egoist und befestigt sich darin, wer nur ein heilloses Treiben von niedrigen Triebfedern, und auch in dem, was als herrlich erscheint, nur Jammer und Elend sieht, thut ja besser, er studirt die Geschichte gar nicht; und wozu sollte unsere Jugend sie lernen? Da lasse man sie allenfalls nur Jahre und Namen auswendig lernen, der Nachfrage halber, und um die Zeit besser anzuwenden, verwandle man die Geschichtsstunde in eine Rechenstunde für angewandte Exempel der Vortheils-Praktik.

So ist es auch mit der Naturkunde und allen übrigen Gegenständen. Aller dieser Einfluß der Religion auf die Erlernung der Kenntnisse, auf die Erweckung des Bildungstriebes, auf die Kräftigung der Vernunftthätigkeit, auf die Reinigung des Wahrheitssinnes, überhaupt auf das beste Gedeihen des Unterrichts aus dem besten Grunde von innen heraus, ließe sich bis in alle Zweige und Momente zeigen, und wird von jedem tüchtigen Lehrer, der in diesem Geiste unterrichtet, zuverlässig erfahren.

So wie nun eben dieser Geist der wahren Religion als das erziehende Princip in allen Gegenständen des Jugendunterrichts erkannt wird, so vereinigt er auch die Zeitfolge hindurch alles was erlernt wird, zu einem Ganzen der harmonischen Bildung. Und das ist ja doch sein Ziel. Es mag wohl auch ohne dieses Princip viel gelernt, und mancher Jüngling bis zum Gelehrten gebildet werden, aber sehen wir auf den inneren Menschen, auf die Vernunftherrschaft und Seelenreinheit, so werden wir auf dieser Höhe keinen erblicken, der in Selbstsucht oder auch in einer Begeisterung, deren Säugamme eine Leidenschaft war, seine Wissenschaft oder Kunst errungen hat; oder wollen wir einen Gorgias einem Sokrates, einen Muhamed einem Pythagoras vorziehen? wollt ihr — um aus der Fabelwelt statt aus der wirklichen umher, wo das alles jedem in die Augen fällt, zu reden, — in eurer Tochter lieber eine Penelope, oder eine ihrer Mägde, in eurem Sohne einen der Freier oder einen Telemachos erziehen?

Wo jenes göttliche Princip die Bildung durchdringt und gestaltet, ist weder Ueberbildung noch Verbildung zu erwarten, denn es weiset jedem seine Bestimmung an, die ihm Gott in seiner Lage und seinen Verhältnissen gegeben hat, und macht Kinder und Eltern zufrieden damit, aber auch eifrig alles zu lernen, was zu derselben gehört. Es macht also innerlich und äußerlich frei, allseitig und trefflich, und darin erkennen wir überall die wahre Bildung. So wird jene Seelenharmonie und Selbstbeherrschung, wohin die Griechen zu führen suchten *), nicht nur gewonnen, sondern übertroffen. Denke man sich doch nur einen Menschen, der von Jugend auf an den Umgang mit Gott gewöhnt ist, und mit Gebet seinen Geist weihet, ob er nicht das Ziel noch höher er-

*) Die höchste παιδεία μουσική; vgl. Gesch. d. Erz. I. S. 404. 514.

reicht, als jene Weisen es steckten. Wird er nun in christlicher Denkart völlig zu leben gewöhnt, so wird er in Geistesfreiheit sich durchaus vervollkommnen. Wer dagegen nicht an Gott glaubt, glaubt an Menschen, bleibt nicht frei von Vorurtheil, und er mag es treiben wie er will, er wird doch der Menschen Knecht. Wir wollen nicht die Erfahrung läugnen, die uns oft genug entgegen tritt, daß entweder der Weltverstand, oder eine ausgezeichnete Anlage es auch bei einem unfrommen Gemüthe den andern zuvorthut, und es sogar bis zu einer glänzenden Bildung bringen kann, aber wir reden von der reinsten und höchsten, deren jeder junge Mensch fähig ist, und diese ist nur möglich, wenn der Geist der Religion alles durchdringt. Weil nun bei keinem Zöglinge dieses vollkommen durchgeführt wird, sondern fast überall etwas Gemischtes, Gestörtes, Halbes statt findet, so sind die Erfahrungen höchst selten, die der wahre Bildner wünscht. Wie es jetzt ist, so müssen wir froh seyn, wenn wir nur etwas thun können, um sich der Idee einer Pädeutik möglichst anzunähern. Wir geben hierzu noch einige Bemerkungen und Winke.

Mit dem ächten Unterrichte wird die Erziehung erst vollständig, und es erschließen sich neue Kräfte. Wenn nämlich auch nur Ein Gegenstand recht eigentlich gelernt ist, so wirkt das schon ein Gefühl des Besseren und eine Begeisterung, welche, wie wir oben sahen, den ganzen Charakter veredelt. Geschieht nun dieses durch mehrere Gegenstände, und geschieht es naturgemäß mit der frühesten Entwickelung, so ist nicht zu berechnen, wie weit dieses führt; die Kraft wird dann in ihrem Innersten ergriffen, in ihrem Streben verstärkt, in ihrem Triebe gehoben, und je früher dieses geschieht, desto mehr werden die hindernden Unarten in ihrem Keime zerstört, und desto reiner erwächst die gute Saat. Gewiß wird dieses die Folge von dem verbesserten Unterrichte seyn. Denn warum ist doch der größte Theil der Menschen roh und gelangt nicht zu seinem Ziele *)? Warum wird doch überall über den größeren Theil der Schüler geklagt? Warum ist die Trägheit schon in dem Kinde so übermächtig? Ihr werdet doch nicht sagen, das liege in diesen Menschen selbst? Welcher Stolz auf Eure Vorzüge! Ihr wäret nicht besser als sie, wenn Ihr nicht glücklicher gewesen wäret: seyd Ihr wirklich besser, so macht sie glücklicher. Legt überall der Jugend alles, was sie zur wahren Bildung erregt, nur nahe genug, dann werdet Ihr erst das Göttliche in der Menschheit sehen. Oder bedürft Ihr noch der augenscheinlichen Beweise, so sehet nur, was der jetzige Elementarunterricht bei Kindern aus allen, auch ganz vernachlässigten, Volksclassen leistet. Läßt sich nun so Großes schon in einem Stücke für sich bewirken, so dürfen wir die kühnsten Hoffnungen nähren von dem Erfolge, wenn alles geschieht, was der Unterricht vom frühesten an thun kann. Dann dürfen wir erst eigentlich von Erziehung reden, und dann erst ehren wir sie als ein göttliches Werk.

Durch den erziehenden Unterricht gelangt der junge Mensch zu seiner Vortrefflichkeit, jeder andere ist mehr

*) In Deutschland studiren auf Universitäten dermalen wenigstens 10,000 Jünglinge, und jährlich erscheinen wenigstens 6000 Druckschriften; denken wir nun noch die vielen Schulen hinzu, so müßte ein Geistesreichthum in unserer Bildung erscheinen, der nur erfreuen könnte Gleichwohl nehmen die Klagen über schlechte Beamten und Geistliche, über die Sittenlosigkeit in den gebildeten Ständen, über Irreligiosität u. s. w. eher zu als ab Da muß also doch der Grund in einem Hauptfehler der Jugendbildung liegen. Wir haben ihn genugsam angedeutet. Wären z. B. unsere Gelehrtenschulen pädagogisch besser, so würden nach Verhältniß der vielen Schüler nicht so viele geistig und sittlich verkümmern, und kaum der 10te Theil, statt etwa des 3ten, zurückbleiben; auf jeder Quadratmeile würden wenigstens einige musterhafte Männer aus dem Stande der Literaten gefunden werden. Die Sache ist wahrlich der ernstlichsten Erwägung werth; denn die Folgen für das Volksganze sind die wichtigsten.

oder weniger ein Abrichten. Daß auch durch dieses viel gelernt werde, wollen wir nicht läugnen, aber das Erlernte ist weder ein wahres Eigenthum des Schülers, noch ist er dadurch mehr Mensch geworden *). Das beste ist da noch, wenn der Lehrer sich nicht für viel mehr giebt, als für einen Lohndiener. Denn was sind die Sprach-, Tanz-, Musikmeister — wir wollen gern nicht an Hof- Schul-Zucht oder meinethalben auch Spielmeister denken — gewöhnlich anders? man bezahlt ihre Billets, und so sind sie bezahlt. Sie könnten wohl was anderes seyn, wie es jetzt einmal ist, muß man zufrieden seyn, wenn die Lehrer solcher Gegenstände sich nur in den allgemeinen Bildungsplan als untergeordnete Menschen, gleichsam als Handlanger, anstellen lassen. Ist aber alles darauf angelegt, daß man die Anlagen des jungen Menschen allseitig und so entwickelt, wie man ihn seinem Ideale entgegen führt, so kann es auch nicht fehlen, daß er sich nicht bald in demjenigen auszeichne, worin er eigentlich der Welt am meisten dienen wird, und wodurch er nun zugleich sein äußeres Fortkommen findet. So bewirkt der wahre Unterricht Vortrefflichkeit und Brauchbarkeit zugleich.

*) Und, setzen wir noch hinzu, die wenigsten finden so ihr wahres Selbst und ihren rechten Platz. Montesquieu sagt von Karl XII., daß er nicht war, was er zu seyn wünschte, Alexander d. Gr. daß er aber der beste Soldat desselben gewesen wäre; und Herder sagt von Peter d. Gr.: „Wenn ein Monarch den Namen des Großen verdient, so ist es Peter I. Er war Selbsteinrichter und Haushalter seines Reiches, ein allenthalben umher wirkender Genius, der hier anordnete, schuf, lenkte, dort anregte, lohnte, strafte, überall aus unermüdlichem Triebe.“ Das führt zu Betrachtungen auch über die Erziehung großer Naturen. Karl XII. würde gewiß der Abentheurer nicht geworden seyn, hätte er den rechten Unterricht in der Geschichte und die rechte Richtung seines Herzens bei seiner Bravheit erhalten. Es ließe sich viel davon reden, wie die wahre Erziehung die Menschen in allen Ständen ihre wahre Stellung und edelste Wirksamkeit würde einsehen lassen.

Da nun einmal der vollkommene Unterricht nicht leicht zu finden ist, so müssen wir uns so gut wie möglich in die Lage der Dinge fügen, und dürfen unsere Forderungen nicht überspannen. Von Seiten der Lehrer bleibt immer noch vieles zu wünschen übrig, und eben so von Seiten des Schülers, und wäre es auch nur in dessen frühester Behandlung. Der Lehrer kann da zwar bald merken, worin vorher gefehlt worden, aber es macht ihm doch jetzt Noth. Hatte man den Knaben zu strenge behandelt, so wird er jetzt mehr oder weniger Abneigung gegen die Lehre, vielleicht auch gegen den Lehrer verrathen: hatte man ihm zu viel nachgegeben, so scheut er jetzt die Anstrengung und hat nicht die rechte Achtung gegen den Lehrer. Auf Universitäten und Schulen läßt sich hiernach meist sehr genau das frühere Lernwesen des Jünglings beurtheilen. Ja diese Kennzeichen lassen sich auf die ganze Generation anwenden. Z. B. unsere Väter ließen in ihrem Festhalten an gründliche Kenntnisse, aber auch in ihrem finsteren Ernste, die Schulstrenge, worin sie erzogen waren, durchblicken, unsere Jünglinge aber zeichnen sich jetzt schon durch Leichtigkeit und Zwanglosigkeit aus, und die ehemals finsteren Schulstuben sind jetzt manchmal Spielstuben der munteren Jugend. Wo also jetzt ein Lehrer eintritt, da wird er hier und da ab- oder zuzuthun haben, jedoch meist mehr Ernst in sein Geschäft bringen müssen: was er auch in dem Tone zu verbessern habe, so thue er es allmählig, und denke auch hier an das Gesetz der Stetigkeit, welches wir oft in der zarten Pflanze bewundern, die durch das dürre Blatt hindurchsticht und den harten Stein hebt, ja sprengt blos durch ihr ununterbrochen und sanft fortwirkendes Hervortreiben *).

---

*) Das ist noch weit mehr als jenes mechanische: Gutta cavat lapidem, non vi, sed saepe cadendo. Daher ist auch das zu lange Aufhalten in den Elementen ein großer Fehler;

Auf mehrfache Weise wird da der Lehrer ab- und zuthun müssen. Bei Schülern von vorzüglichen Anlagen kann er unbedenklich einen eigenen Weg einschlagen, wie die Geschichte so manchen großen Mannes, und auch der Autodidakten beweiset; manchem muß er den Weg sauer machen, weil uns das schwer Errungene lieber wird; u. d. m., das nur der pädagogisch gebildete Lehrer richtig treffen kann. Ueberall sucht die Methode in den Weg der Natur zurück zu lenken und diese mit der Cultur zu versöhnen. Das aber ist eine Aufgabe, die nur in der sich entwickelnden Menschheit durch Annäherung gelöst wird.

Aus allem diesem lassen sich noch einige Folgerungen ziehen.

1. Viel gelernt haben ist noch bei weitem kein Beweis für einen guten Unterricht. Denn der Schüler kann es einer einseitigen Gedächtniß- und etwa auch Verstandescultur verdanken, ohne daß übrigens aus ihm geworden ist, was aus ihm werden konnte. Weit entfernt also, daß gerade darum der Lehrer ein besonderes Lob verdient, hat man ihm vielleicht sogar ein Verderben des Zöglings vorzuwerfen, es sey nun daß dieser einseitig geworden, oder an seinem Herzen Noth gelitten. Mancher andere Knabe des Alters hat vielleicht weniger gelernt, aber regsamer ist sein Verstand, vernünftiger sind seine Urtheile, wärmer seine Aeußerungen; der Lehrer von diesem verdient offenbar vor jenem den Vorzug, denn sein Unterricht bewirkte wahre Bildung. Hiernach stelle man also das Examen an, hiernach würdige man die Lehrer, und hiernach sey man auch in Beurtheilung der Jugend gerecht. O wie oft giebt es da harte Kränkungen, woran man kaum denkt!

---

wie Ernst d. Fromme, Herz. v. S.-Gotha, klagt, daß ihn sein Informator, den er im 5ten Jahre bekommen, mit den sogenannten Instrumentalwissenschaften so überladen, daß er die Hauptsache versäumt, und kaum Lateinisch gelernt.

2. Auch eine geübte Denkkraft giebt dem Unterrichte noch nicht gerade sein Lob. Besser wohl als ein aufgesammelter Haufe von Sätzen, die als Antworten auf Fragen passen, aber es kann doch blos noch einseitige Verstandesbildung seyn, wobei der Lehrer wegen der Herzlosigkeit seines Schülers anzuklagen ist, und auch seine Vernunft in Fesseln schlug. Es ist sehr wohl möglich, daß ein Knabe im Kopfrechnen und in der Euklideischen Geometrie die bewundernswürdigste Gewandtheit der Denkkraft hat, und zu einem sittlichen Urtheile doch so wenig aufgelegt ist, wie ein Dummkopf, oder weder Kraft noch Muth besitzt, sich zu einem Ideale zu erheben: eben so wie der Fall nicht selten seyn mag, daß der Knabe im Denken sogar spitzfindig grübelt, aber nicht bemerkt, was um ihn herum vorgeht, und ihn zum besonnenen Handeln auffordert. Falsch ist also auch die Prüfung, die man ehedem lobte, daß man dem Knaben nur mancherei zur Beurtheilung vorlegen solle; sie ist zwar besser als die vorhergehende, aber für sich allein führt sie doch auch sehr leicht zu einem ungerechten Urtheile.

3. Eben so wenig entscheidet der Witz, die Erfindungsgabe, oder der im Uebrigen vordringende Geist des Lehrlings für den Unterricht. Denn dieses alles kann Naturanlage seyn, und man ist noch ungewiß, ob sie durch die Lehre genugsam gefördert oder wohl gar gehindert worden. Oder es kann an richtiger Urtheilskraft, gesunder Vernunft und guten Einsichten fehlen. Der Anschein von Genialität blendet leicht, lebhafte Phantasie wird gern dafür genommen, und was der Lehrer dabei zu thun hat, fällt oft, weil es in dieser Hinsicht beschränkend seyn könnte, am wenigsten in die Augen. Von den besonderen Uebungen des Witzes und Scharfsinnes, oder auch des Geschmacks, kann man für sich allein nicht viel Erfolg erwarten, wenn nicht die vereinigende formale Bildung der Geisteskraft die Hauptsache ist. Nur unter dieser Be-

dingung wird z. B. die Auflösung oder Erfindung der Räthsel, das Ausfrage- oder Vergleichungsspiel, die Betrachtung der Kunstwerke u. dergl. den Zweck ganz erreichen. Denn diese einzelnen Vorzüge sind entweder die Blüthen der allseitigen Kraft, oder sie sind zweideutige Naturgeschenke.

4. Die Hauptprobe bleibt also für den allgemeinen Unterricht: ob der Schüler an Humanität gewonnen hat, und für den einzelnen Gegenstand, ob er diesen ganz in seinen Geist aufgenommen hat. Der gutgebildete 14jährige Knabe wird vermuthlich noch wenig wissen, aber was er weiß, wird er recht wissen, er wird sich bescheiden äußern, er wird bei allem, was in seiner Sphäre vorkommt, ein richtiges Urtheil fällen, er wird wißbegierig forschen, für sich selbst nunmehr vieles lernen, auf neue Gedanken kommen, und einen guten Geschmack verrathen, ohne jedoch noch ein Kunsturtheil zu besitzen; seine weitergehende Bildung wird täglich mehr sein eigenes Werk seyn. Der Schüler, welcher die Lateinische Sprache recht gelernt hat, hat die Regeln derselben in Saft und Blut verwandelt, und zeigt dieses im Uebersetzen, Schreiben und Reden, ohne daß er dabei am Gedächtnisse, oder am Verstande, oder am Gefühle, oder an der Phantasie im mindesten gelitten, im Gegentheile muß sein Beobachtungsgeist, sein Geschmack und sein Sinn für das Gute nur dadurch gewonnen haben. Nur alsdann war der Unterricht gut, denn er half zur wahren Bildung. Spricht sich nun das Christenthum in derselben aus, so krönt das Ende wie der Anfang das Werk.

Zweiter Abschnitt.

Das Erziehende im Unterrichte auch für das Volksganze, oder das Politische.

So wie der Einzelne nur durch das Ganze besteht, das Ganze aber durch die Trefflichkeit des Einzelnen gedeiht, und so wie das Kind nur durch Vernünftige zur Vernunft gelangt, in ihm aber die Menschheit sich weiter für die Mitwelt und Nachwelt entwickeln soll, so wie das überhaupt Grundidee der Erziehung ist: so wird auch der Unterricht erst alsdann der rechte seyn, wenn er nicht blos den einzelnen Schüler für sich bildet, sondern ihn für seine Verhältnisse unter den Menschen umher, durch deren Wohlthat er erzogen wird, für die Seinigen, für sein Volk, für die Welt heranreifen läßt, so daß in seinem ganzen Lernen die Menschheit selbst gewinnt. Nimmt der Unterricht keine Rücksicht darauf, so widerspricht er der Bestimmung des Kindes und überhaupt der Jugend, und ist also nicht erziehend. Die alten Gesetzgeber sahen mehr auf diese Einheit in der Bildung des ganzen Volkes, die neue Zeit giebt mehr dem atomistischen Egoismus in der Bildung des Einzelnen nach *). Indessen wird doch das Rechte fortwährend gefühlt, und auch mehr oder weniger in Ausübung gebracht; nur bedarf das ei-

*) Zur Erläuterung wird dienen, was die Gesch. d. Erz. II. S. 489 fgg. über diese moderne Tendenz des Lehrwesens enthält.

nen Plan so weit im Allgemeinen, daß dadurch der Unterricht im Ganzen angeordnet, aus dem wahren Principe abgeleitet, und der des Einzelnen mit der Volksbildung im Einklange gefördert werde. Er steht also insofern in unmittelbarer Verbindung mit dem gemeinen Wesen, und welche Verfassung das auch habe, er gehört von dieser Seite mit zur Gesetzgebung und Regierung der Staaten, und das ist das Politische, was für den erziehenden Unterricht in jedem civilisirten Volke in Betracht kommt. Wir müssen den Rechtsgelehrten und Staatsmännern die genauen Begränzungen und Bestimmungen hierin überlassen, aber auch wünschen, und das aus dem rechten Principe, aus der Erziehungsidee, da unser Zeitalter daran steht und es bedarf, aber die öffentlichen Verhandlungen noch viel mit Unklarheit der dahin gehörigen Begriffe zu kämpfen haben. Man hört da noch nirgends nur erst einen bestimmten Begriff von Unterrichte, weder von dem allgemeinen, wohin z. B. alle Gesetze, Verordnungen, kirchliche Einrichtungen u. dgl. gehören, noch von dem besondern, z. B. wie es sich mit dem öffentlichen, d. i. dem in den Schulen, und mit dem, der den Privatbelehrungen zugestanden werden muß, verhalte, und wie also hierin die Familienrechte mit den Rechten der Staatsgesetzgebung, wie die Pflichten der Eltern mit den Pflichten der Regierung etwa collidiren, sich aber einigen sollen, u. s. w. Dazu bedarf es aber wahrlich mehr als der bloßen Jurisprudenz, oder gar der Volksrednerei *). Wir möchten hier an die Gesetzgeber des

*) Das Zauberwort „Freiheit" führt bei einer großen Partei alsobald in den öffentlichen Verhandlungen irre, wenn die Freiheit des Unterrichts mit lautem Geschrei gefordert wird. Versteht man denn, was diese Worte sagen? Bei allen, was wir von solchen Reden in neuester Zeit gelesen haben, müssen wir das sehr bezweifeln. Und besteht denn eine Freiheit ohne Gesetzlichkeit? Bedarf nicht die Freiheit der Person, des Lebens ꝛc. der Sicherung durch Gesetze? So gut der Kindermord, der Kinderverkauf u. dgl. strenge

Alterthums erinnern, indem wir nachdrücklich auf dieses dringende Bedürfniß unserer Zeit aufmerksam machen, und vor allem jedem, der dazu mitzuwirken sich berufen fühlt, den Plutarchus vorerst zu lesen empfehlen.

Als Grundsatz wird feststehen: die Freiheit des Unterrichts für jeden Einzelnen; also soweit die des einen mit der eines jeden andern bestehen kann. Es giebt also allerdings Beschränkungen, welche zugleich die ganze Volksbildung berücksichtigen müssen. Aber auch das muß als Grundsatz feststehen, als der positive zu jenem negativen, daß alles auf das Ideal der Bildung hinwirke. Da wir von diesem Gesichtspuncte, von der Erziehungsidee, ausgehen, so haben wir auch hiernach die Grundlinien für den Unterricht hinsichtlich der Volksbildung anzuzeichnen. Er bezieht sich theils auf das Volksganze, theils auf die jungen Leute, welche gebildet werden, und so leiten zwei Richtungen in der Verzeichnung dieser Grundlinien. Die Ausführung selbst wäre ein eignes Werk.

---

1) Volksbildung.

Die Menschheit soll im Ganzen des Volkes leben und sich entwickeln; hierzu soll das Unterrichtswesen ab-

---

verboten ist, so muß auch verboten seyn und bleiben, die Kinder etwa im Stehlen zu unterrichten, und ist nicht der Seelenmord der Kleinen etwas, das die Obrigkeit, welche doch auch das heiligste Recht der Kinder, ihr Menschheitsrecht, sichern soll, mit der schärfsten Sorgfalt verhüten muß? Wie könnte auch der Staat bestehen, wenn seine heranwachsende Jugend verdorben, vielleicht gar zu Verbrechen erzogen würde? Und das könnte sogar unter dem Namen von Religionsvereinen geschehen; die Geschichte mag uns auch hierin Lehrerin der Wahrheit seyn. Aber ebenso auch gegen die Anmaßungen, die unter dem Namen des Staates oder der Kirche gegen die heiligen Rechte der Eltern oder Kinder vorkommen können. Die Sache gehört unter die wichtigsten, und ist der Erwägung der Weisesten werth.

zwecken. Es muß also die Bildung so hoch gebracht werden, als es nur irgend möglich ist, das aber setzt eine fortwährend bildende Macht voraus, und diese kann nur in einem Gelehrtenstande bestehen. Somit giebt es in dieser Hinsicht zwei Classen im Volksganzen, welche zwar beide der Bildung bedürfen, und in derselben leben, aber so daß die eine ihrem Berufe nach die bildende ist, ohne welche es keine gebildetete geben könne. So tritt also ein Gelehrtenstand in jedem civilisirten Volke hervor *). Er begreift alle diejenigen in sich, welche den Beruf haben, in dem Staate für das Ziel der Menschheit unmittelbar zu wirken, also nicht blos die Lehrer an sich, sondern auch die Richter, die Gesetzgeber, die berathenden, ordnenden, verwaltenden Behörden, die Beamten, die Naturkundigen, die Aerzte, die Gottesgelehrten, die kirchlichen Lehrer, u. s. w. — alle diejenigen, von welchen das gemeine Wohl nach dem jedesmaligen Culturzustande ausgeht. Jeder muß also in seinem Fache alles das wissen, was man bis dahin weiß, und genau verstehen, was zu thun sey, also ein Gelehrter in seinem Fache seyn, wenn es um das gemeine Wesen möglichst gut stehen soll. Daher auch die allgemeine Bezeichnung aller der dahin gehörigen Personen, mit einem Namen wie etwa literati. Daß sie aber wirklich das Volk unterrichten, wenn sie gleich kein lehrendes Wort sprechen, der Arzt so gut wie der Richter, ließe sich

*) Wir erinnern auch hier an die Stände der alten Völker; sie machten Kasten aus, und hatten geschlossene Bildung: wir sind so glücklich in freigegebner zu leben, aber darum müssen doch Stände seyn. Sollten sie es nun recht seyn, so müßte jeder, da er den seinigen frei erwählen darf, auch wahrhaft den seinigen erwählen, also aus innerem Triebe nicht nur, sondern nach seiner Fähigkeit und äußerer Lage. Darum hielt es Platon in seiner Republik so wichtig, daß man von frühem an die Tüchtigen kennen lerne; wir aber müssen es ohne Platonische Rep. für das wirkliche Leben für wichtig halten. Vgl. Syst. d. Erz. S. 416.

leicht augenscheinlich zeigen; und noch mehr fällt es in die Augen, daß die Gesetze und Verordnungen, und ebenso alle kirchliche Einrichtungen, ein wahrhaft öffentlicher Unterricht sey. Alle diejenigen, die zu dem gelehrten Stande gehören, sind also unter die bildende Classe zu rechnen. Je mehr er selbst gebildet ist, um desto höher steht die Bildung des Volkes, und nicht mit Unrecht pflegt man nach ihm dieses selbst zu bemessen: in dem Grade dagegen, als es an ihm fehlt, muß das ganze Volk sinken, sowohl innerlich, als im Verhältnisse zu den andern, wie es schon den alten Spartanern vorausgesagt wurde. Es ist also die Pflicht eines Volkes gegen sich selbst, für seinen Wohlstand nicht nur, sondern überhaupt schon für sein Bestehen, einen Gelehrtenstand zu unterhalten.

Wie nun das richtig geschehe, darauf weiset ebenfalls die Erziehungsidee hin. Es sind Bildungsanstalten für den Gelehrtenstand nöthig. Aus der Natur der Sache ergeben sich zwei, die dazu nothwendig sind: die eine in objectiver, die andere in subjectiver Hinsicht, jene zunächst für die Wissenschaft, diese für die Jugend, jene die Akademie (Universität), diese die Hochschule*) (Gelehrtenschule); beide verdienen vorzugsweise den Namen der Studienanstalten, so wie diejenigen jungen Leute,

---

*) Die bekannte Modesucht, die nach Deutschen Worten haschte, unbekümmert, ob sie der Wahrheit im Verstehen entsprechen, hat die Benennung Hochschule für Universität jetzt so allgemein gemacht, daß ein Schriftsteller es kaum noch wagen darf, das ältere Wort zu gebrauchen. Der Verf. indessen bleibt auch hier auf dergleichen Gefahr hin seiner Ueberzeugung und seiner Offenheit getreu; er muß diesen Sprachgebrauch mißbilligen, und besorgt, man werde ihn bereuen. Denn die Hochschulen können nichts dadurch gewinnen, die Universitäten aber nur verlieren. Ueber das Wesen von diesen belehrt uns die Geschichte derselben, und wir verweisen auf Gesch. d. Erz. II. S. 31. 37 fgg. vgl. I. S. 159 fg. 483 fgg. aber noch genauer einige neuere Schriften: Schleiermacher, gelegentl. Gedanken über Univers. 1808. Steffens, über die Idee der Univ. 1809. Meiners, und einige A.

welche sich dem Gelehrtenstande widmen, den Namen der Studirenden.

Die Akademie ist für die Cultur der Wissenschaften, wie auch der Künste, an sich bestimmt, und besteht also aus einer Corporation von Gelehrten, sey es nun einzelner Fächer, oder der Gesammtheit des menschlichen Wissens, nach seinen Facultäten. Wenn in dem letzteren Falle sie zugleich eine Anstalt des Unterrichts für die herangereifte Jugend ist, so heißt sie Universität. Die Studien auf derselben sind für diese jungen Männer nicht mehr erziehender, sondern eigentlich wissenschaftlicher Unterricht. Weil jedoch alle diese Anstalten zur Bildung des bildenden Standes gehören, so durften sie in der Geschichte der Erziehung nicht übergangen werden. — Die Hochschule dagegen ertheilt den erziehenden Unterricht für eben diese Jugend während ihres Heranreifens, und das schon von frühem an. Denn es giebt da vieles zu lernen, und mit manchem, z. B. den classischen Sprachen, müssen die Knaben frühzeitig anfangen. Hierauf beruht die Eintheilung in das Pädagogium und in das Gymnasium, jenes die vorbereitende, dieses die eigentliche Gelehrtenschule *).

Beide Studienanstalten sind in einem wohlbestehenden Staate, besonders in dermaliger Europäischer Cultur, nothwendig, nämlich nicht gerade so, daß sie jeder Staat selbst besitzen müsse, aber doch so, daß sie für diejenigen aus seinen jungen Leuten, welche sich dem Gelehrtenstande bestimmen, erreichbar seyen, und er keine in diesen Stand aufnimmt, welche nicht ihre Studien gemacht und die Prüfung ausgehalten haben. Denn das Recht und die Pflicht, nur solche aufzunehmen, liegt in jener Pflicht des Gemeinwesens gegen sich selbst, oder

*) Thiersch, über gelehrte Schulen rc. 1826 entwickelt eine solche Abtheilung aus dem Wesen der Sache, mit manchem belehrenden Winke.

man müßte es als gleichgültig ansehen, ob Räuber, Mörder, Betrüger, Verführer rc. rc. die künftigen Beamten, Lehrer, Führer des Volks seyen; auf diese ärgste aller Demagogie führt folgerichtig die sogenannte Freiheit des Unterrichts hinaus. Aber es versteht sich, daß die Freiheit der Bildung in allen diesen Anstalten nicht gefährdet werden soll, und also auf der Akademie die wissenschaftlichen Forschungen und Mittheilungen unabhängig von Geistesfesseln bleiben, von jedem psychologischen und anderm Zwange; eben darum aber auch von dem geheimen, den die Machthaberei einzelner Gelehrten manchmal anlegt Auf ähnliche Weise soll das Princip der erziehenden Bildung bis zu ihrer vollkommensten Stufe die obere und niedere Gelehrtenschule regieren, und so sollen die ächten Gymnasialstudien den akademischen vorausgehen. Wären sie nur immer die ächten, d. h. die den Jüngling zu edlern Wesen bildeten, wie viel besser würde es auf den Universitäten aussehen! Die Verlegenheit über die Disciplin in diesen höchsten Studienanstalten wird nur dann aufhören.

Ob nun diese und die Gelehrtenschulen blos Privatunternehmungen zu überlassen, und etwa nur zu begünstigen seyen, haben wir hier nicht zu untersuchen, aber dabei müssen wir bestehen, daß die Idee der Erziehung sie für den Staat und also unter Umständen auch von ihm verlangt.

---

2) Jugendbildung.

Die Kinder wachsen in das Volk herein, aber sie fordern auch von der älteren Generation ihre Erziehung. So will es Gottes Wille. In der christlichen Kirche ist derselbe anerkannt und in Ausübung gebracht; daher hat sich auch gerade in ihr das Schulwesen entwickelt.

Im Allgemeinen ist die Schule *) eine Lernanstalt für die Jugend durch gemeinsamen Unterricht. Die Kinder, Knaben, Mädchen, Jünglinge, lernen da, mehrere zusammen, machen also hierzu eine Gesellschaft aus. Und so unterscheidet sich die Schule von dem Privatunterrichte. Im bestimmteren Sprachgebrauche versteht man weiter unter Schule die öffentliche Lernanstalt der Art zum Unterschiede von solchem Privatinstitute. Der Staat soll nämlich, wie aus dem Obigen ebenfalls folgt, für die Bildung seiner Jugend sorgen, und zwar so, daß kein Kind sie entbehre und im Unterrichte verwahrloset werde: er hat also für Schulen zu sorgen **). Er hat sie auch in der Regel anzuordnen und zu unterhalten, oder wenn das nicht nöthig wäre, im Falle daß durch die Eltern selbst, oder Privatunternehmungen genugsam für die Jugend gesorgt wäre, so hat er doch davon sich zu überzeugen, auch sie zu beaufsichtigen, um versichert zu seyn, daß die Jugend nicht verdorben werde, übrigens aber zu begünstigen und bestens zu unterstützen. Aus diesem Grunde soll auch der Staat für Lehrer und ihre Bildung z. B. durch Seminarien sorgen, nur würdige zulassen, sie also prüfen ꝛc. Doch für die weitere Ausführung dieser Rechte und Verhältnisse ist übrigens hier nicht der Ort. Wir nehmen also hier die Schule als öffentliche Anstalt für die Bildung der Jugend im geselligen Verhältnisse. Und so sehen wir die zwei Hauptarten derselben: die eine, welche sich auf den bildenden Stand, also für das Volksleben im Ganzen, bezieht, die andere, welche alle Einzelne an der allgemeinen Bildung Theil

*) Σχολή, schola, kommt von Alters her in sehr verschiedenen Bedeutungen vor; Gesch. d. Erz. I. S. 511.

**) Wenn z. B. die Ver. Nordamerik. Staaten Schulen und Universitäten noch zur Zeit nicht zur Sache der Regierung machen, so wird es doch am Ende dazu kommen müssen; denn jetzt wirkt noch die vorhandene Bildung zu deren Errichtung, wie aber, wenn das abnähme, oder sich verirrte?

nehmen läßt, jene die eben vorher bezeichnete Gelehrtenschule, diese die Volksschule. Wir haben von beiden hier ebenfalls nur die Grundlinien hinzuzeichnen.

---

a) Die Gelehrtenschule.

Sie ist die Anstalt des erziehenden Unterrichts für diejenigen Knaben und Jünglinge, welche sich dem Gelehrtenstande widmen und zur Universität, als der höheren Studienanstalt, vorbereiten. Mögen immerhin auch von Andern die Gymnasialschulen besucht werden, sie müssen doch für jenen Hauptzweck eingerichtet seyn. Dieser besteht darin: der Schüler soll in das Alterthum so weit eingeführt werden, daß er in seinem künftigen Gelehrtenfache alles dasjenige erlernen könne, was man in diesem Fache weiß, und daß also das gemeine Wesen in der Classe seiner Gebildeten, die bildend einwirken, die Männer besitze, welche sich die Schätze der Menschheit, die bis jetzt darin gewonnen worden, angeeignet haben. So hoch müssen wir nämlich das Ziel stecken, wenn es auch gleich nur noch ein Ideal bliebe. Sollen nun die Gelehrtenschulen dahin führen, so sind die alten classischen Sprachen ihre Hauptsache, nächst denselben die Geschichte; aber, wie sich von selbst versteht, dürfen die übrigen Gegenstände um so weniger fehlen, weil derjenige, welcher auf der höheren Stufe des bildenden Standes stehen will, alles das was zur allgemeinen Bildung gehört, und von jedem Andern verlangt wird, unerläßlich besitzen muß. Daß aber die alten classischen Sprachen zu jenem Zwecke unumgänglich nothwendig sind, wird man aus dem schon ersehen, was wir seines Orts in der Didaktik darüber angaben. Man suche nur ein Surrogat dafür, welches man wolle, und man wird nichts finden, das zu einer Bildung des bildenden Standes so führt, welche ihn von der allgemeinen, die sich jeder im

Volksleben selbst erwerben kann, unterscheidet und zu jener verlangten Stufe erhebt. Eben hieraus folgt auch, daß weit mehr Zeit und Anstrengung des Schülers auf die Gelehrtenschulen verwendet werde; allerdings nicht mehr als die Kraft verträgt, aber eine Kraft, welche sich dieser höheren Geistesstufe widmet, soll auch mehr vertragen, sonst soll sie von Gott und Rechtswegen zurückbleiben. Also sind zunehmend dem etwa 8 bis 9jährigen Knaben bis zu dem Jünglingsalter von 18 Jahren täglich 8, bis 9, bis 10, bis 11, bis 12 Stunden zuzumuthen, nämlich überhaupt Studienstunden. Anfangs sind alle seine Arbeiten in den Schulstunden, dann wird er gewöhnt sich vorzubereiten u. s. w., überhaupt für sich zu arbeiten, und je weiter er kommt, um desto mehr Privatarbeit im Verhältnisse zu den der Lehrstunden, endlich etwa = 6 oder 8 : 4. Die ganze Zeit dieser Schulbildung ist im Durchschnitte auf 10 Jahre zu berechnen, wovon 6 auf das Pädagogium, 4 auf das Gymnasium kommen. Allein es ist zu erwarten, daß bei der rechten Methode auch der langsamere oder mittelmäßige Kopf in 8 Jahren das ganze Stadium zu vollkommener Befriedigung durchlaufen werde; und da billig nur die besseren Köpfe diese Bestimmung ergreifen sollen, so wird die Zeit noch kürzer ausfallen. Indessen giebt es da ein Minimum, denn gut Ding will Weile haben. Um alles recht einzuüben, und die alten Sprachen, wie sich die Lateinische selbst ausdrückt, in Saft und Blut zu verwandeln, dazu gehört eine ziemliche Zeit, und um für die akademischen Studien vorbereitet zu seyn, dazu gehört eine ziemliche Reife. Der Zeitraum möchte sich nur im seltensten Falle bis auf 6 Jahre zusammenziehen, und die Geistesreife nicht leicht vor dem 19ten Lebensjahre da seyn. Der Eintritt in die Gymnasialschule wird in der Regel mit zurückgelegtem 14ten Jahre statt finden, wenn die Vorbereitung auf das vollkommenste gelungen ist, so daß nun jene höhere die eigentlich philologische

Schule sey, nachdem die niedere sich als die grammatische recht tüchtig bewiesen hat.

Ein guter Lehrplan für die Gelehrtenschule hat auch hier das Gesetz der Stetigkeit zu beachten *). Wenn etwa in jeder, in der niederen und in der oberen, zwei Classen anzuordnen sind, so wird die oberste in jener die unterste in dieser so berühren, daß die geübtesten Schüler in einem continuirlichen Fortschreiten bleiben. Noch sind Unterabtheilungen nöthig, und um so schärfere oder mehrere, je jünger oder je weiter unten noch die Schüler sind; denn die Geübteren lernen schon mehr durch sich, ohne daß sich der Lehrer auf jeden so sehr einzulassen braucht, und lernen oft gerade so eifriger durch eigene und gegenseitige Erregung. Die Lateinische Sprache beweiset sich als den schicklichsten Maßstab für die Classification, und wenn alles methodisch eingerichtet ist, so kommt wohl nur selten der Fall vor, daß man in andern Gegenständen den Schüler in andere Classen setzen müßte. Nach diesen Grundlinien und mit Rücksicht auf die oben angegebene Folge und Verbindung der Lehrgegenstände läßt sich leicht ein Plan für die Gelehrtenschule entwerfen. Wir würden da als äußere Abtheilung vorschlagen: für das Pädagogium Klein-Quarta, Groß-Quarta; Klein-Tertia, Groß-Tertia; für das Gymnasium ebenso

*) Deutschland hat das Glück, jetzt mehrere Lehrer an Gelehrtenschulen zu besitzen, die auch gute Pädagogen sind; und man sollte keinen Philologen mehr an solchen Anstalten anstellen, der nicht ebenso hoch in der pädagogischen Bildung stünde; das erfordert die Zeit, und man hat auch jetzt die Wahl unter vielen tüchtigen jungen Männern. Ein guter Director ist hoch zu halten, denn selten ist der Mann, der alles das in sich vereinigt, was dazu gehört; unsere Zeit verlangt sehr gründliche und umfassende Schulkenntnisse von ihm, aber noch weit mehr — eine vorzügliche Erziehungsgabe und eine fromme Gesinnung. Die Gelehrten-Eitelkeit der Sprachkundigen u. dgl. kann sich nicht lange mehr an solchen Stellen behaupten. Auch beweisen so manche neue Schulplane die Verbesserung dieses Schulstandes.

Klein- und Groß-Secunda, Klein- und Groß Prima; hierzu noch eine Selecta als Uebergang zum akademischen Studium.

Es ist also nöthig, daß man sehr strenge in der Aufnahme der Schüler sey. Nie ist es ein Vortheil für diese, wenn sie unvorbereitet eintreten, und die ganze Schule leidet dabei. Der Lehrgang muß da rein und ungestört bleiben. Denn jeder Schüler ist hier ein Mitarbeiter an dem gemeinsamen Werke, jeder muß Kräfte genug mitbringen, um die Sache durchzuarbeiten, jeder muß den andern erwecken und stärken. Der Anblick eines vollendeten Gymnasiums nach dieser Idee müßte in der That etwas Herrliches seyn. Der eine Schüler exponirt seine Aufgabe, der andere wird zu einer Bemerkung aufgefordert, der dritte muß sie berichtigen, der vierte wird auch befragt, der fünfte bringt von selbst seinen Beitrag, und endlich werden sie alle daran gewöhnt, versteht sich sine ira et studio, bei Einer Stelle zusammen zu arbeiten, einander zu berichtigen, Ideen mitzutheilen — es wird ein gegenseitiges Erregen und Erregtwerden, und in frischem und frohem Leben geht das Werk vorwärts (fervet opus). Gerade diese Schule ist dazu gemacht; hier ist alles wahrhaft gymnastisch *). Ein tüchtiger Lehrer, der aber durchaus nicht bloßer Humanist seyn darf, bei dem pädagogische Kenntniß und Kunst unerläßliche

*) Schleiermacher, über Univers. 1808, erklärt ebenfalls die Schulen für „ganz gymnastisch, und die Kräfte übend, so daß sie ihren fremden Namen mit Recht besitzen. Sie übernehmen den Knaben von besserer Natur und hervorstechenden Gaben; aus dieser Ursache sind mit Recht Grammatik und Mathematik (doch auch Geschichte) die Hauptgegenstände auf Schulen, ich möchte sagen die einzigen, welche mit einem Anklange von Wissenschaftlichkeit können vorgetragen werden. Sie geben in den öffentlichen Prüfungen eine Ausstellung, die ganz gymnastisch ist, und nur zeigen kann, wie weit die intellectuellen Kräfte für das Wissen geübt sind."

Bedingung ist, kann sich so diesen Unterricht zum angenehmsten und gedeihlichsten Geschäfte machen.

Hieraus folgt, daß zu starke Frequenz eines Gymnasiums nicht gerade zu seinen Vorzügen gehört. Sie wird von selbst zu ihrer beschränkteren Zahl zurückgehen, sobald man mit Festigkeit jene Grundsätze bei der Aufnahme befolgt. Es sind auch immer nur wenige junge Leute zum Gelehrtenstande nöthig; desto besser, wenn man nur die rechten aufnimmt. Eine heilsame Folge ist es dann auch, daß man alle jene leidigen Treibmittel, und fast gar keine polizeiliche Zucht bei solchen Schulen nöthig hat. Jeder treibt sich selbst und wird von allen andern getrieben, und Alle treibt die Sache; dabei sind sie immer in die Sache vertieft und in voller Beschäftigung. Wer nun da noch zurückbleibt, so daß strengere Mittel nöthig wären, den darf man kühnlich entfernen, der Gelehrtenstand, der aus den Edelsten an Geist und Herz bestehen soll, verliert nichts an ihm, und noch weniger das gemeine Wesen. Der Lehrer kann es also mit allen Freuden versprechen, daß jeder seiner Schüler sein Ziel erreichen, oder bei Zeiten zurückgewiesen werde. Freilich, wo der Lehrer vom Katheder herab docirt, wo er seine Gelehrsamkeit leuchten läßt, oder wo er zankt, oder wechselsweise ärgert und geärgert wird, wo der eine Schüler gähnt, der andere Muthwillen treibt, und unter den vielen nur Wenige die Begünstigten sind, die meisten halb verloren gehen, wo nur selten einer zum Exponiren u. dergl. kommt, da sollte man dieses Getreibe wenigstens nicht Gymnasium nennen.

Ueber die Methode, wie auch über die Lehrform, den Lehrton und den Lehrgang ist nach allem Obigen nicht besonders zu reden. Die Lehrmittel sind in einer speciellen Betrachtung der Gelehrtenschule, welche aber nicht hierher gehört, von Wichtigkeit *). Hier müssen

*) Man lege nur nicht zu viel Werth auf grosen Apparat und

wir nur noch über die Einrichtung des Ganzen die Grundzüge weiter angeben, nachdem wir schon die Abtheilung der Classen bemerkt. Es ist klar, daß gerade für diese Schule mehrere Lehrer nöthig sind, theils weil jedes Fach seinen Mann erfordert, und es ein überspanntes Zutrauen wäre, in Einem Manne Alles vereinigt zu finden, theils weil die mehreren Classen mit ihren vielen Lehrstunden auch mehrere Lehrer verlangen. Und so möchten wohl für das Pädagogium, wie es nach obiger Angabe seyn soll, wenigstens 4, für das Gymnasium wenigstens 6 Lehrer nöthig seyn. Außer dem ist für jede dieser Schulen ein Director nothwendig. Denn obwohl das Ganze collegialisch betrieben werden soll, so muß doch Einheit da seyn, diese aber erfordert eine Leitung und einen Mittelpunct, damit es nicht ein Aggregat einzelner Schulen, sondern Eine, eine im vollen Organismus gedeihende, eine erziehende Bildungsanstalt sey. Es ergeben sich weiter zwei mögliche Haupteinrichtungen, das Classensystem und das Fachsystem. Das erstere übergiebt die ganze Classe Einem Lehrer, der alle Fächer zu lehren hat, und, wenn es ganz strenge ist, auch jeden Schüler in jedem Fache bei dieser Classe hält. Das Fachsystem übergiebt demjenigen Lehrer, der in seinem Fache sich auszeichnet, den Unterricht in demselben in allen, oder mehreren Classen, z. B. in der Mathematik, worin es am räthlichsten ist; in seiner ganzen Ausdehnung gilt es auch für die Schüler, so daß jeder fast in jedem Lehrzweige in seine eigene Classe gehen kann. Dieses Letztere ist wegen der unendlichen Störungen am wenigsten anwendbar; übrigens hat jedes seine Einseitigkeiten und auch seine Vortheile. Jene lassen sich verhüten und diese sich gewinnen, wenn man beide Hauptsysteme auf gewisse Art vereinigt, wie das die Erfahrung

die Menge der Schulbücher. Melanchthon war der Meinung, die sich wohl noch jetzt behaupten möchte, man brauche nur wenige.

in manchen Gymnasien trefflich beweiset. Je niederer die Classe, um so mehr das erste System, da Ein Lehrer den erziehenden Unterricht, der da noch mehr statt findet, am besten besorgt. Das Fachsystem für die Schüler verliert sich bei gutem Unterrichtsgange von selbst.

Das Lernen mit Lohn oder Strafe treiben zu wollen, ist gerade in diesen Schulanstalten am widersinnigsten, weil da der Lehrer wie der Schüler mit ganzer Seele die Sache suchen soll. Indessen giebt es doch mitunter Schüler, besonders durch frühe Vernachlässigung, bei denen das Lernen noch nicht so ganz Zweck geworden, und schon viel gewonnen ist, wenn sie es nur erst als Mittel angreifen. Mit der Zeit lieben sie dann den unmittelbaren Gewinn desselben, und ihre Anstrengung selbst. Noch weniger darf man das Certiren um einen Preiß verwerfen; es wäre nur da verwerflich, wo man es zum Mittel des Ehrgeizes machte, aber zur Abmessung der Kräfte gegen einander, und zur öffentlichen Anerkennung hat es auch seinen pädagogischen Nutzen bei Jünglingen, und mag als Nachbildung der gymnastischen Kämpfe bei der Jugend in Sparta und Athen, auch zur Vorbereitung auf die Kraftbeweise im bürgerlichen Leben dienen.

---

b) Die Volksschule *).

Sie ertheilt den Unterricht der Jugend aller Volksclassen, so weit sie nur an demselben Antheil nehmen können; sie eröffnet die Bildung jedem, so weit er sie nur sucht, und sie bietet den Eltern und Verpflegern der Kinder das dar, was die Erziehung von dieser Seite verlangt. Weil nun der Staat die Rechte der Kinder

*) Wir besitzen eine reiche Literatur mit vielem Trefflichen über diesen wichtigen Gegenstand; die Hauptschriftsteller sind Gesch. d. Erz. II. von S. 493. an, bemerkt.

schützen, zugleich auch sein eignes Gedeihen in der heranwachsenden Jugend sichern soll, so hat er die Pflicht und das Recht, für ein öffentliches Schulwesen durch Volksschulen zu sorgen. Daraus folgt, daß alle Kinder schulpflichtig sind, welches aber nichts anderes sagt als: jedes Kind soll unterrichtet werden, dem Culturzustande des Volkes gemäß, und keines soll des Unterrichts zur allgemeinen Bildung verlustig gehen. Darauf hat der Staat zu achten. Wenn also die Eltern selbst auf irgend eine Weise den allgemeinen Unterricht für ihre Kinder besorgen, so steht ihnen das frei, und nur diejenigen, welche das vernachlässigen, können dazu gezwungen, so wie die schulfähigen Kinder, welche sonst keinen Unterricht erhalten, mit obrigkeitlichem Zwange zur Schule müssen genöthigt werden. Die Gränzen des Elternrechts sind hiernach gesetzlich zu bestimmen; indessen liegt das nicht in dem Bereiche der Unterrichtslehre. Eben so wenig haben wir uns hier auf die Rechte der Kirche über die Schule, und das Verhältniß derselben zu denen des Staats einzulassen, also auch nicht über die sogenannten Communal- u. Parochial-Schulen zu sprechen. Unser Gegenstand ist die Volksschule an sich als die Anstalt zur allgemeinen Volksbildung durch den Jugendunterricht. Dieser fängt mit dem Knaben- und Mädchenalter an, und endigt mit der Reife, dauert also eigentlich von dem zurückgelegten 6ten Lebensjahre an bis gegen das 19te hin; nur kann er im Allgemeinen nicht so lange als Schulunterricht fortdauern, weil die jungen Leute nach Maßgabe ihrer Bestimmung im Leben selbst fortlernen müssen, im Hause, in der Werkstätte, auf dem Felde, u. s. w. Wegen dieser bestehenden Verhältnisse in unserm Volksleben kann die Zeit der Volksschule nur höchstens bis in das 16te, gewöhnlich aber bis zu dem zurückgelegten 15ten Lebensjahre gesetzt werden. Während dieser Zeit soll sie allen den Unterricht ertheilen, der in allen Ständen verlangt wird.

Sie hat dem jüngeren Alter gemäß vorerst den Grundunterricht, hierauf den angewandten für die allgemeine Bildung zu besorgen; und so zerfällt die Volksschule in die beiden, in die Elementar- und in die Real-Schule*). Für jede haben wir ebenfalls die Grundlinien zu ziehen.

1. Die Elementar- oder Vorbereitungsschule. Wir wollen hier nicht wiederholen, was über den Unterricht oben gesagt worden, und beziehen uns hier insbesondere auf die dort angegebene Anordnung der Lehrgegenstände. Die allgemeinen nothwendigen sind Lesen**), Schreiben, Rechnen, dabei der kirchliche der Religion,

*) Nicht Landschulen und Stadtschulen; denn die Bewohner des Landes haben dasselbe Recht auf die allgemeine Volksbildung, als die Städler, und wenn es recht gut im Staate steht, so haben die Dorfschulen alles so gut wie die sogenannten Bürgerschulen; jetzt hindert das nur noch die Noth.

**) So weit ins Alterthum hinauf sich Schulen finden, ist Lesen der allgemeinste Unterricht. Ganz natürlich. Durch das Lesen steigert sich die Gedankenmittheilung und die Sprache; es ist eine der ersten Stufen der Humanität. Wir finden daher auch die Verbesserung des Leseunterrichts in unsern Volksschulen von offenbarem Einflusse auf die allgemeine Bildung; man vergleiche nur das verbesserte Aussprechen bei dem gemeinen Manne jetzt in Deutschland gegen die vorige Generation. Der berühmte Englische Redner und Rhetoriker Sheridan schrieb auch über die Kunst zu lesen, und lehrt darüber geistreich. Seine Vergleichung der neuen Sprachen, nach den 3 Momenten, Melodie, Harmonie, Ausdruck, ist seiner Muttersprache mehr günstig, als jene von seinem früheren Landsmanne Milton, der jedoch nur das Aussprechen tadelt; er setzt sie der Griechischen, welche Stärke, Schönheit und Grazie vereinige, am nächsten, und sieht ihr Symbol im Apollo von Belvedere. Die Französische dagegen findet er einem ihrer geputzten Hofleute ähnlich; der Deutschen giebt er den Farnesischen Herkules, wegen ihrer erhabenen Größe und Stärke, dem nur die Anmuth fehlt; die altrömische sieht er in der Büste des Antinous, weil sie mehr schön als männlich (?) sey, die Italienische, wegen ihrer Schönheit, Grazie und Eurhythmie, dabei aber Weiblichkeit, der Mediceischen Venus. — Geht man diesen Gedanken für die Leseübungen in den verschiedenen Sprachen nach, so führen sie zu höherer Verbesserung.

und so besonders in dieser Hinsicht der Gesang. Aber zur Vollkommenheit der Schule gehören auch alle übrigen oben verzeichneten Gegenstände, so auch die gymnastischen Uebungen und Handfertigkeiten.

Der Plan ist auch in der Elementarschule auf den Mittelgrad der Fähigkeiten zu berechnen, etwa auf 4 Jahre; gewiß aber werden viele Schüler in früherer Zeit in allem fertig werden, und von denen, die schon mit 6 Jahren eintreten, möchte wohl der größere Theil schon mit 9 Jahren die Vorbereitungsschule verlassen können. Es darf keiner aufgehalten werden, und so muß jeder sogleich in eine höhere Ordnung eintreten, wie er nur in seiner bisherigen fertig ist. Daher sind mehrere Abtheilungen auch in der Vorbereitungsschule nach den Fortschritten eines jeden nothwendig, wornach man die Schüler so zusammen ordnet, wie sie gerade zugleich auf Einer Stufe stehen. Alle befinden sich in einem stetigen Wachsen, rücken also insgesammt mit jedem Tage zu einer höheren Stufe fort; indessen bleiben doch manche zurück, und manche schreiten schneller vorwärts, während, wie im Strome des Flusses, das Ganze in Bewegung ist und vordringt. Man wird daher die Ordnungen immer so machen müssen, wie die Schüler sich selbst von den andern abscheiden, und folglich manchmal mehrere, manchmal wenigere. Bei einer zahlreichen Schule würde es z. B. in der Formen- und Größenlehre vielleicht mehr als 6 solcher kleineren Ordnungen geben, aber ein Lehrer mit einem oder einigen Gehülfen können bequem Alle in Einem Zimmer in bester Thätigkeit unterhalten, so daß ein wechselseitiger Unterricht sich von selbst macht. Wer fortschreitet, kann auf diese Art täglich und stündlich in die höhere Ordnung eintreten; nur sey man nicht zu voreilig damit, daß man ihn nicht etwa wieder zurück versetzen müsse, und dann auch, daß man das Hinaufrücken nicht etwa als ein Prämium behandle, weil bei dem rechten Lernen der Schüler nur da seyn will, wo er lernen kann, und weil es ihm nur um das Lernen gilt. Aus demselben Grunde findet auch in der kleineren Abtheilung selbst keine Rangordnung ihrer Schüler statt, da alles darin beständig wechselt. Daß übrigens ein Schüler bei einem Gegenstande in einer höheren, bei einem andern in einer niederen Ordnung seyn kann, versteht sich von selbst. Im Ganzen genommen wird aber diese Verschiedenheit nie groß seyn, da wo man alles gut lehrt.

2. Die Anwendungsschule ist die Anstalt zum Unterrichte für das gebildete Leben. Sie heißt darum auch Realschule, denn sie hat alle die Kenntnisse und Geschicklichkeiten zum Gegenstande, welche für den gebildeten Menschen überhaupt gehören, wie wir sie oben verzeichnet haben, und wornach sich der Lehrplan leicht entwerfen läßt. Da nun immer nur Ein Gegenstand die Classification entscheidet, so möchten wir diesen, wie es bei der Gelehrtenschule die Lateinische Sprache ist, für die Volksschule in der Muttersprache finden, und hiernach zwei Classen abtheilen: die untere, die zur Erlernung des Deutschen, die obere zur Uebung im Ausdrucke und Style. Die übrigen Lehrgegenstände schließen sich sehr gut an, weil die Sprachbildung zugleich Verstandesbildung ist, und mit den Sachkenntnissen gleichen Schritt hält. Jede Classe zerfällt in Ordnungen nach den oben angegebenen Cursus, also in bestimmtere, als in der Vorbereitungsschule. Auch vereinigen sich allmählig diese Gegenstände, wie wir oben sahen; z. B. der geographische Unterricht wird für den physischen, und sammt diesem für den historischen benutzt xc. Und so bedarf man im Ganzen 3 bis 4 Jahre für die Realschule. Auch hier wird der Uebergang nicht gerade ein scharfer Abschnitt seyn, schon in der vorhergehenden wird der höchste Unterricht manches von dem untersten in dieser enthalten. Wenn sich nun der Schüler durch gute Fortschritte auszeichnet, so hat er zwar nicht einen Vortheil der Zeit in der Nacheinanderfolge, aber einen desto größe-

ren im Nebeneinanderseyn. Er kann nämlich dann mehreres in sich aufnehmen, als die andern, und es besser verarbeiten. Die Lehrgegenstände haben wir in der Didaktik angegeben, und so auch das Uebrige, worauf wir hier nur verweisen *). Lehrmittel, Locale, und alles was sonst für die Volksschulen nöthig ist, ist nur bei einer speciellen Betrachtung dieser Anstalten zu erkennen. Die Zahl der Lehrer richtet sich nach der Zahl der Schüler und der Fächer.

Auf die Realschule kann die polytechnische folgen, welche einigermaßen der wissenschaftlichen akademischen zur Seite steht, so auch die Kunstschule (nach Göthes bekannter Idee), die Handelsschule, die Militärschule, und jede andere höhere Bildungsanstalt, welche jenen allgemeinen Unterricht voraussetzt. Wir sagen voraussetzt; denn das ist z. B. nicht bei der Gelehrtenschule der Fall, weil in sie frühe, sogleich nach der Elementarschule, der Schüler eintreten und sie also die Realien der allgemeinen Bildung in ihren Lectionsplan so viel wie möglich aufnehmen und gleichzeitig lehren muß. Es war ein ungedeihlicher Mißgriff der neueren Zeit, daß man jene Schule wollte vorausgehen lassen, und erst nach derselben den, also etwa 14jährigen, Schüler der Gelehrtenschule zuschied. Ueberhaupt erscheint erst durch die neuesten Fortschritte in der Unterrichtslehre das Nebeneinanderseyn dieser Anstalten, und ihr reines Verhältniß zu einander deutlich und für die Anwendung richtig gestellt **).

---

*) Das oben angeführte Werk von Denzel stellt den Unterr. in den Volksschulen trefflich dar; auch das angef. von Zerrenner belehrt darüber ausführlich.

**) Schon seit den Niederländischen und Italienischen Schulen bei der Wiederherstellung der Wissensch. Geschichte d. Erz. II. S. 225 fgg. bestimmter seit Trotzendorf, Sturm, den Jesuiten (S. 318 fgg. 332 fg.) u. s. w. fühlte man das, aber wie lag noch alles unklar in den Schulplanen! Seit der Sächsischen, Würtember-

Da wir uns durchaus hier auf den erziehenden Unterricht beschränken müssen, so übergehen wir noch so manche Anstalten, ob sie wohl mit demselben in Verbindung zu setzen sind, z. B. die Industrieschulen. Findelhäuser, Waisenhäuser, Armenanstalten ꝛc. erfordern ihre eignen Einrichtungen, und hiernach bestimmt sich ihr Unterrichtswesen. Allerdings verdient das alles ein eignes Studium *).

Die Schulen verlangen öffentliche Prüfungen, theils um der Schüler, Lehrer und Eltern willen, theils wenn sie öffentliche sind, um sich auch öffentlich von ihrem Zustande zu überzeugen. Auch das ist ein eignes Capitel in der Lehre von dem Schulwesen.

Fassen wir nun das Volksganze in das Auge, so wird für dasselbe eine durchgängige Erziehung der Jugend verlangt. Dazu gehören folgende Anstalten: 1) für die kleinen Kinder, welche der Aufsicht ihrer Eltern entbehren — die sogenannten Kleinkinderschulen, oder besser, Aufsichtsanstalten, auch Spielschulen, dieser oben bemerkte wichtige Fortschritt unserer Zeit; 2) für die verwahrlosete Jugend, die sogenannten Rettungsanstalten, ebenfalls einer der wichtigsten Fortschritte unserer

---

gischen u. a. Schulordnungen sieht man, wie es sich da nach und nach scheidet, und die Schulplane heller werden, deren Treffliches man deßhalb um so weniger verkennen darf, wie z. B. die Einrichtung der Würtemb. von dem berühmten Reformationslehrer Brentius. Wir konnten in unserer Geschichte der Erz. nicht so in das Specielle eingehen, um dieses und mehreres anzuführen. Der Verf. hat in den Jahrb. f. d. Volksschulen Jahrg. 1828. 1s u. 2s Heft. die wichtigsten alten Schulordnungen mitgetheilt; sie dienen zum Belege.

*) Die Gesch. d. Erz. besonders seit der Reformation gehört wesentlich zu der Einsicht in das Schulwesen; wir haben daher dort möglichst dabei verweilt, und erinnern zunächst für das Obige an II. S. 500 fgg. Der Verf. hat es demnächst vor, das Ganze der Schule aus seinen bearbeiteten Materialien in einem eignen Werke zu behandeln.

Cultur; 3) die Erziehungsanstalten, welche den Unterricht mit dem Ganzen der Erziehung in einem Zusammenleben verbinden, zwar nicht neu, aber seit einigen Generationen erst zu der Vollkommenheit gebracht, daß der Gewinn für die Bildung in die Augen fällt. Zwar möchte man wohl noch die sogenannten Lancasterschulen *), d. h. die des wechselseitigen Unterrichts, in diese Reihe setzen, allein so wichtig auch diese neue Erfindung für diejenigen Völker oder Volksclassen ist, worin das Schulwesen noch darnieder liegt, so machen sie doch nicht eine eigne Art aus, sondern sind wahre Volksschulen, und nur in der Form des Unterrichts besteht ihr Eigenthümliches. Der geübtere Schüler ist da zugleich Lehrer mehrerer minder geübten, und Schüler noch geübterer, und so geht es durch die ganze Schule durch in dem regesten Leben. Ein einziger Lehrer kann das Ganze leiten, und sich also der Schüler selbst zu Gehülfen bedienen. Diese Form hat in manchen Gegenständen ihr Gutes, und ist bei solchen auch in unsern Volksschulen anzuordnen, allein in den meisten ist sie doch nur Nothbehelf. Alles dieses, und was über die beiden erstgenannten Anstalten zu sagen ist, muß eigens in einer ausführlichen Belehrung über das ganze Schulwesen betrachtet werden; wir verweilen nur noch etwas bei der dritten.

Von Mädchenschulen reden wir ebenfalls hier nicht besonders, theils weil im Obigen das vorliegt, was zu dem Unterrichte in denselben gehört, theils weil in der Einrichtung derselben sehr vieles auf die Natio-

---

*) Gesch. d. Erz. II. S. 505 fg. Sie haben sich in einigen Ländern sehr vermehrt; in England, wo es indessen nicht unbemerkt blieb, daß sie der Intelligenz nachtheilig seyen, gab es im Jahr 1817 überhaupt 8 Lancasterschulen mit 557 Schülern, im J. 1823 gab es schon 727 mit 151,637 Schülern.

nalität ankommt, und sie also nur in einer ausführlichen Darlegung des Schulwesens zu bestimmen sind.

Diejenige Einrichtung, welche den Unterricht mit der Erziehung vereinigt, und zwar mit durchgängiger Rücksicht auf die Individualität des Zöglings, heißt Erziehungsanstalt. Sie unterscheidet sich also von der Schule. An sich betrachtet hat sie auch offenbar Vorzüge. Denn sie läßt sich auf die ganze Bildung des Menschen und gerade dieses Menschen ein, während die Schulanstalt nur einen Theil dieser Bildung besorgt, und zwar fast für einen Schüler wie für den andern, wenigstens ohne sein Eigenthümliches so zu beachten, wie das nur in der elterlichen Erziehung geschehen kann. Allein damit ist noch nicht ihr Vorzug für alle Kinder entschieden. Denn mancher Knabe bedarf nun gerade der Schule, und hat sich dabei doch einer guten häuslichen Erziehung zu erfreuen. Auch hat jede Erziehungsanstalt mit ihren eigenen Schwierigkeiten zu kämpfen. Bald lassen sich nicht die Lehrer alle so finden, wie man sie nöthig hat, bald wird sie zu kostspielig, bald wird der Erzieher zu abhängig von dem Urtheile solcher, die es nicht verstehen, bald wird die Anzahl der Knaben zu groß, bald bleibt sie zu klein. Daher erhebt sie sich selten zu einer anerkannten Vortrefflichkeit und Dauer, und noch seltener bleibt sie dem Bedürfnisse der Zeit angemessen, oder vielmehr sie muß, wenn sie recht blühen will, vor dem Zeitgeiste niederfallen und ihm huldigen.

Da es nirgends die wahre Erziehung giebt, als in der Familie, so darf die Anstalt auch nichts anders seyn, als eine erweiterte häusliche Gesellschaft. Sobald sie diese Gränzen überschreitet, es sey nun durch eine größere Anzahl von Zöglingen, oder durch schul- oder gar polizeimäßige Behandlung der Kinder, statt der Wirksamkeit väterlicher und mütterlicher Liebe, so verfehlt sie ihren Zweck, und ist eine Halbheit. Es sind daher gewöhnlich zwei Hauptfehler bei solchen Anstalten zu bemerken: die eine neigt sich zu viel zur Schule, die andere zu viel zum Familienleben hin *); und diejenigen, welche etwa in der Mitte zu stehen scheinen, sind darum doch noch nicht ganz, was sie seyn sollen. Denn gemeiniglich werden da die Kinder nach allgemeinen Grundsätzen der Pflege und Diät, der Zucht, Sitte und Lehre behandelt, womit man vor jedermann sich zu zeigen gedenkt, und womit man sich oft verantworten muß. Da wird alles zu viel Schein, und die Herzlichkeit, die individuelle Behandlung, die innere wahre Bildung, leidet dann immer mehr oder weniger. Gerade die Institute, die man so rühmt, sind oft am wenigsten gut. Die Welt sieht vor allem auf das Aeußere, der brave Erzieher vor allem auf das Innere. Wie selten ist der Mann, welcher mit tiefem Blicke genug Einsicht und kindlichen Sinn zu diesem Geschäfte verbindet, und der bei allen dem Heiterkeit und Selbstgefühl genug besitzt, wenn er der Welt Undank erfährt! Und wie selten sind die Eltern oder Versorger, die eigentlich das Gute für ihre Kinder wissen zu suchen, und die, wenn sie es gefunden haben, dem Erzieher ihr Zutrauen erhalten, auch wenn sie nicht gerade das Ziel ihrer Wünsche erreicht sehen! Daher sind die Erziehungsanstalten in der Regel am besten Privatunternehmungen, die aber der Staat beaufsichtigt und begünstigt. Es bleibt mit allen viel Unvollkommenes, so wie freilich auch mit den Schulen, mit den Haus- und Privatlehrern, und mit allen menschlichen Dingen, besonders in dem Erziehungswesen. Es giebt keine wahre Erziehung ohne Unterricht, denn dessen bedarf die Bildung für den Charakter und für das

*) Wir geben nur diesen Unterschied an; ihn nach zufälligen historischen Erscheinungen annehmen, würde nur verwirren. Deßhalb hat das Wort Philanthropin für uns weder einen schlimmen noch guten Nebenbegriff; der Etymologie nach hat es freilich den besten, aber da dürfte man mit Recht auch eine gute humanistische Schule ein Philanthropin nennen. Von dem ersten dieses Namens, dem Basedowschen zu Dessau, s. Gesch. d. Erz. II. S. 462.

Leben. Aber eben so wenig giebt es wahren Jugendunterricht ohne Erziehung, denn erst durch sie wird das Lernen ächte Bildung. Die vollkommene Verbindung von beidem führt den Menschen zu dem gediegenen Charakter und auch zu der äußeren Vortrefflichkeit; und die Vernachlässigung des einen oder des andern hat jederzeit ihre schlimmen Folgen. Bald wird die Gesundheit des fleißigen Schülers aufgeopfert, bald seine Tugend und Frömmigkeit; oder er wird ein Schwächling, der sich nicht körperlich oder nicht geistig anstrengen gelernt hat, und etwa bei allem guten Willen ein Mensch, den man zu nichts recht brauchen kann. Es giebt einen unmittelbaren Einfluß der Lehre auf das Herz und des Willens auf die Lehre, denn das richtige Handeln, die Auffassung guter Grundsätze und die Anerkennung des Vortrefflichen, beruht größtentheils auf Erkenntniß. Die Richtigkeit des Sinnes, die Klarheit des Verstandes, der Reichthum des Gedächtnisses, das Feuer der Phantasie, und in allem die harmonische Bildung des Geistes — erhebt das Selbstgefühl und bringt das Beste des Menschen zum Bewußtseyn. So wird er einsichtsvoller und besser zugleich, er gelangt zur Weisheit. Der Weg zu dem Herzen geht durch den Kopf, indem zu gleicher Zeit der Weg zum Kopfe durch das Herz geht; denn nur da, wo Verstand, Wille und Gefühl Eins sind, dort in der tiefsten Wurzel der Menschheit, da beginnt der heilige Trieb in seinem innersten Leben, von da aus geht das göttliche Werk der Bildung von statten. Heil dem Lehrer, Heil dem Erzieher, der von diesem Puncte aus sein Geschäft mit frommer Begeisterung und thätiger Besonnenheit vollführt! und Heil seinem Zöglinge! Darin läßt sich das Bild einer Erziehungsanstalt ausmalen.

Viel Treibens giebt es, das man Erziehen und Lehren nennt, vieles preißt man an, vieles glänzet, und doch ist es eitel. Das, welches sich als das Wahre bewährt, wird nicht so häufig gefunden und nicht so leicht erkannt. Denn dieses zeigt sich erst, wenn das Kind zur Reife des Menschen herangewachsen ist. Wenn aus ihm ein vortrefflicher Mensch geworden ist, der nach seiner göttlichen Bestimmung lebt und wirkt, dann erst hat die Erziehung ihren Preiß erhalten.

So sehen wir, was im Ganzen die Jugendbildung bedarf, um zugleich Volksbildung zu werden. Bestimmen wir diesen Begriff genauer, so ist er der der Nationalerziehung. Hier tritt nicht blos der erziehende Einfluß der Familie ein, als das erste und nothwendigste, und nicht blos der Unterricht, als das nothwendig hinzukommende, sondern auch die Bildung der Familien selbst, und die ganze öffentliche Anordnung der Schulen*) und andern Anstalten, sondern auch die Bestimmung der Nation in ihrem Wesen und in ihren Verhältnissen. So wie die Individualität des Einzelnen, eben so gut soll die Eigenthümlichkeit des Volkes beachtet werden, wenn man es wahrhaft bilden will. Da muß man in den Geist der Nation tief genug einschauen, um die Bestimmung zu sehen, welche ihr Gott gab, um die Vollkommenheit, wozu sie es bringen kann, deutlich zu erkennen, und zwar in der Einheit des Ganzen mit den Einzelnen.

*) Gewiß sind da die Volksschulen eine Hauptsache. Daher sind Ideen, wie sie in folgenden Schriften vorkommen, als wichtige Anregungen und Beiträge zu würdigen: J. F. W. Himly, Was hat zu aller Zeit als geleistete Erziehung gegolten, und wie möchte jeder erzogen seyn? 1813 —, von der Verdunkelung des Erziehungsganzen, 1814. Hein, Plan zur Einrichtung der Volkssch. rc. 1816. Strack Vorschule rc. Hüffel, der Staat, die Kirche und die Volksschule rc. 1823. Krummacher, die christl. Volkssch. 2te A. 1825. Schlachter, das alte und das neue Deutsche Volksschulwesen, 1825. C. L. Roth, Verf. über Bildung durch Schulen christl. Staaten rc. 1825 u. a., die zum Theil in der Gesch. d. Erz. genannt sind.

Nur dann ist man im Stande, über die Bedürfnisse der verschiedenen Stände, über ihr gemeinsames Fortstreben, über ihre jetzigen Mängel und künftigen Vorzüge mit vollkommener Richtigkeit zu urtheilen; und um zu allem dem nun auch die besten Mittel zu finden, wie überall verbessert, veredelt, verherrlicht werden könne. Das heißt dann ein Volk nach Gottes Willen bilden. Giebt es eine größere Aufgabe? In ihr will die Politik mit der Pädagogik ihr Höchstes erreichen.

Das war die Aufgabe der Bildner im Alterthume *). Sie schauten den Geist ihrer Nation, und darnach gaben sie die Gesetze, um denselben in ihrer Nation aufs Beste auszubilden. So von innen heraus verstanden sie zu organisiren. Dazu ist es aber nicht genug, daß man Schulen nach gewissen Planen einrichtet, wären es auch ächt pädagogische Plane, denn noch andere Verfügungen, die Sitten und das ganze Leben des Volkes betreffend, müssen damit zusammengreifen. Indessen sind die Schuleinrichtungen eins der wichtigsten Geschäfte zur Nationalerziehung. Gedeihlich sind sie aber nur dann, wenn sie aus dem Geiste des Volks und der Methodik oder vielmehr der Pädagogik zugleich hervorgehen. Man hat also durchaus auf das Eigenthümliche der Provinz, des Ortes, und der Individuen Rücksicht zu nehmen, so daß ein allgemeiner Schulplan für ein ganzes Land immer eine äußerst schwere und höchst bedenkliche Sache bleibt.

*) Wir verweisen hierbei auf die ganze Erste Abtheilung der Gesch. d. Erz.

Dritter Abschnitt.

Der Unterricht erzieht für die Menschheit; oder sein Kosmopolitisches.

Es hat sich in der neuen Zeit die Idee eines Kosmopolitismus erzeugt, welche den einzelnen Menschen als losgerissen von Familie und Vaterland blos als Weltbürger hinzustellen geneigt ist, und also dem egoistischen Erziehungssysteme besonders willkommen war. Das Wahre in dieser Idee ist das Große, daß jeder einzelne Mensch, und so auch das armseligste Kind, der Menschheit angehöre, und sowohl für sich selbst als für das Ganze leben und erzogen werden solle. In diesem Sinne ist es zu verstehen, wenn wir sagen: die Erziehung kennt kein größeres Ziel, als das Kind zu einem guten Menschen zu bilden; ob man gleich dabei jenen Ausspruch gelten läßt, daß die Bildung etwas Höheres kennen muß als den Menschen, nämlich, wie wir seines Orts zeigten und oft wiederholten, das göttliche Urbild *). Der gute

*) Steffens spricht in der oben angef. Schrift über Univers. (5te Vorles.) gegen den Seelenzwang, den man Kindern anthue, wenn man ihnen ein endliches Ziel setze, und daß man das Gemeinsame aller Geister ihm deßhalb mittheilen solle; wobei Strenge und Zusammenhang des Unterrichts nothwendiger sey, als die Masse von Kenntnissen. „Die höchste Kunst des Erziehers ist die innigste Verknüpfung des Unterrichts mit der sittlichen Ausbildung, und daher mit dem ganzen Daseyn." Ueberhaupt findet man dort treffliche Winke über den Unterricht, die wir auch oben seines Orts mit benutzt haben.

Mensch ist aber derjenige, welcher das Ebenbild Gottes in sich aufstellt in reiner Liebe zugleich gegen seinen Nächsten, gegen die Mitwelt und Nachwelt, in Tüchtigkeit und edler Anstrengung seiner Kraft, um seine Stelle, so hoch oder so niedrig sie auch sey, würdig auszufüllen, und in seinem Lebensganzen das Beste zu thun, was er nur zu thun vermag. Nicht der also ist es, der sich von der Stelle, die ihm die Vorsehung angewiesen hat, oder von ihren Pflichten losreißt, und etwa so im Unbestimmten herumtreibt, nicht der, welcher die heiligen Bande der Natur, die ihn an Familie und Volk knüpfen, zerreißt, um dem Irrlichte einer Weltbürgerlichkeit nachzuschweifen, nicht der undankbare Sohn, nicht der Revolutionär, nicht der Abentheurer, nicht der Zigeuner oder der sonst als Wildling lebt, mag dieses alles auch als Genialität oder Kraftadel und unter sonst irgend einem schönen Namen, sogar als ausgezeichnete Bildung erscheinen. Der ächte Weltbürger ist der ruhige Mann, der seine ersten Pflichten im Hause und in der Heimath erfüllt, damit aber seine allgemeinen Menschenpflichten verbindet, und nur dann jene aufgiebt, wenn es ihm die Vernunft durch einen höheren Beruf gebietet. Dazu sollen wir erziehen und unterrichten; unsere Zöglinge sollen als wahrhaft gute Menschen in der Welt ihre Lebensaufgabe lösen.

Es wird vergeblich seyn, die Idee der ächten Weltbürgerlichkeit zu begründen und auszuführen, ohne die Idee von einem Ziele der Menschheit, zu welchem sie sich unter der Vorsehung entwickelt, ohne das Bewußtseyn zu haben, daß wir in dem Reiche Gottes leben und wirken, und ohne dem Christenthume anzugehören *). Denn

*) Daher folgt natürlich, was wir in unsern Tagen hin und wieder vernehmen, daß der sogenannte reine Monotheismus sich entweder dem der Braminen, die dem Volke den Glauben an Götter nothwendig halten — wie vor einigen Jahren eine Deutsche Schrift die Wiedereinführung eines Heidenthums empfahl! — oder dem der Muhamedaner zuneigt; wir werden vielleicht bald ein

sonst müßten wir nur an die sich immer wiederholende große Tragödie erinnern, und alles Thun und Treiben auch der Erziehung, auch der Geistesbildung ꝛc. wäre eitel. Da suchten die Menschen nur viele Künste, um sich so gut wie möglich fortzubringen, und die Eltern könnten nichts besseres thun, als ihr Kind recht rechnen, d. i. nur denken zu lehren, und so zum klügsten Egoisten zu bilden; freilich darauf hin, daß doch ein anderer oder zehn, oder hunderte ihn überflügeln würden, und er dann in Trostlosigkeit gleich jenem Chinesischen Greise auf seinem Todtesholze versänke. Hilf Himmel, welches Elend der sogenannten Menschenbildung, wenn wir kein Christenthum hätten! Ohne den Glauben, daß unsere Wirksamkeit ihres hohen Zieles im Ganzen nicht verfehlen werde, wäre unser ganzes Erziehungswesen eine Eitelkeit der Eitelkeiten: in der Ueberzeugung aber, daß wir im Gottesreiche ein göttliches Werk betreiben, wird auch alles erziehende Unterrichten ein göttliches Geschäft, und bildet die ächten Weltbürger.

Sehen wir in das Alterthum zurück, so finden wir da kaum noch die Idee von Kosmopolitismus. Alles ist da in Volksganze vereinzelt, alles Sittliche ist die Volkssitte, alle Tugend ist in dem und für das Volksleben, alle Religion Volksreligion; und in allem diesem zeigt sich Großes. Denn der Egoismus wurde damit in Schranken gehalten, als aber jene Bande mürbe wurden, die allerdings auch mehr oder weniger Geistesfesseln waren, da brach er auf allen Seiten los, und würde in seiner Unbändigkeit die ganze cultivirte Welt zertrümmert

Bedauern für die Aufklärung (!) vernehmen, daß die Waffen des Arabers im Mittelalter ihre Eroberungen nicht weiter verbreiten. Das hängt mit der Ideenlosigkeit zusammen, welche nur die Einzelnheiten, die Ich, in sogenannte Vereine sich gesellen läßt, als ein Scheinbild von Idee, so denn auch Staat und Kirche, wo freilich alles mehr aus jenem Rousseauschen Phantom als aus der Natur und Vernunft erwächst.

haben, wenn nicht die heiligste Macht eingetreten wäre. Darum müssen wir auch hier noch zum Schlusse wiederholen: die Bildung findet ihr Heil nur im Christenthume. Darum steht ihm aber auch jedes Erziehungssystem des Egoismus feindselig gegenüber. Die neue Welt hat dieß nicht mehr, was die alte hatte, ihn zu bändigen, und ist verloren*), wenn sie nicht das festhält, was ihr statt dessen geworden, was aber ein unendlicher Ersatz ist und das Herrlichste leistet. Wir können also nicht anders, wir müssen auf der christlichen Erziehung für den Einzelnen, für das Volk, für die Menschheit bestehen; und sie gerade vereinigt das Pädagogische, Politische und Kosmopolitische zur ächten Pädeutik.

Aus diesem Standpuncte betrachten wir denn auch die Völker in ihrem bildenden Einflusse; und so mußte uns diese Idee in der Geschichte der Erziehung leiten. Als Bildungsvolk der alten Welt sind die Griechen allgemein anerkannt, und in der jetzigen Welt sind es die Europäer in ihrer gemeinsamen Cultur; den Deutschen insbesondere wird die Ehre einer vorzüglichen Bildungsnation bleiben. Hiermit geht auch dem Nachforschen über diese große Angelegenheit mehr Licht auf, um die wahre Nationalbildung zu erkennen. Jedes Volk soll die rechte erhalten, dann ist es ein aufgeklärtes, und das ist ein herrliches Lob. Es ist dann ein Volk, unter welchem Wahrheit, Recht und Tugend wohnen; es ist in sich selbst wahr, weil es in Denkart und Sprache mit seinem Gemüthe übereinstimmt, und es ist gegen Andere wahr, weil es in seiner rechten inneren Kraft feststeht; es ist gerecht in seinen Gesetzen und im Leben unter einander und gegen jeden fremden Staat; es ist weise, weil es in Gottesfurcht lebt, und nur das Sittlichgute gelten läßt. Eine große Aufgabe für die Hirten, Lehrer, Redner der Völker! Und sie kann nur nach dem Natur-

*) Dann wird die Cultur tanquam gladius in manu furiosi.

gesetze der Stetigkeit durch Entwickelung des Guten, durch wahre Volkserziehung gelöset werden. Hiernach begreift es sich auch, was eigentlich das Volk aufklären heiße. Gewiß nicht im Worte, Vorstellungen, Meinungen, Reden, durch einander hinwerfen, die es nicht aus dem rechten Grunde faßt *); das heißt nur Vorurtheile aussäen, wären es auch dem Gebildeten Wahrheiten, die oft um so mehr Vorurtheile dem Volke sind, je mehr der Schein der Vernunft und des freien Denkens über sie hingeworfen wird. Das ist es, was man mit dem Worte Aufklärerei bezeichnet, und was bei Einzelnen auch unter andern zu der sogenannten Verbildung oder Ueberbildung führt. Nein, die ächte Aufklärung hat nur Wahrheit, keinen Blendschein, und sie ist und bleibt das wesentliche Bildungsmittel der Völker. Ihr richtiger und gesegneter Gang ist die Erziehung, und darum macht sie auch das Schulwesen so vollständig, daß es an keiner Anstalt fehle, und die Bildung die ganze Jugend und das ganze Gemeinwesen durchdurchdringe. Da eröffnen sich Blicke in Lichtgegenden der Nachwelt; wir möchten sie zeichnen, aber die Kunst versagt sich dem erfüllten Gemüthe.

---

*) Wir verweisen auf das, was wir an mehreren Orten über das Wesen der Wahrheit im Gemüthe, in der Sprache, im Verstehen hinsichtlich der Erziehung entwickelt; so verhält es sich auch im Ganzen des Volks mit der Aufklärung. Sie verlangt wahre, d. i. methodische Belehrung. So lehre man nur in allen Volksschulen, was zur Bildung dient, und man wird kein Unheil stiften. Hätte man in den Schulen in Frankreich vorlängst schon z. B. die Geschichte gelehrt, aber auf die rechte Weise, schwerlich wäre die Revolution so ausgebrochen; und eine Corday hätte den Marat nicht ermordet, wenn sie die Römische Geschichte, besonders von Brutus, dem Mörder des Jul. Cäsar, recht verstanden hätte. In allem soll nur das Rechte auf die rechte Weise gelehrt werden, sonst erwächst nicht die wahre Bildung.

Anhang.

Belege

zu der

Erziehungs- und Unterrichtslehre.

I. Entwickelungsgeschichten.

1.

Eine Mutter von mehreren Kindern hatte eine vorzüglich gesunde, heitere Schwangerschaft. Nur 8 Tage vor der Entbindung wurde sie in Angst und Unruhe versetzt, weil sie schon Wehen zu bemerken glaubte. Einen Knaben hatte man seit den letzten Monaten vermuthet, weil die Mutter das Leben des Kindes schon zu Ende des 4ten Monats empfunden, und wenig Beschwerden gehabt hatte, und ein rother Streif von der Magengegend bis zum Nabel immer deutlicher wurde.

An einem heiteren Frühlingsmorgen im Jahr 1803 wurde, nach einigen Stunden Wehen, der Knabe zwischen 10 und 11 Uhr geboren. Die Geburt erfolgte regelmäßig und schnell. Mit dem Gesichte abwärts, und die Arme nach der Erde ausstreckend, als hätte es Furcht zu fallen, so wurde das Kind auf der Amme Schoos empfangen. In demselben Augenblicke strich ihm diese durch den Mund den Schleim weg. Sogleich stieß es einen ziemlich starken Schrei aus. Die Augen waren offen. Es harnte alsobald sehr viel.

Man sah bald, daß die Augen blau waren, mehr dunkel als helle. Die Oberhaut war nur wenig mit Schleim überzogen, das Haupthaar beinahe einen Zoll lang und blond, die Nägel an den Fingern und Zehen waren vollkommen, und sogar etwas überwachsen, nämlich rückwärts gebogen, doch etwas mehr an den Fingern, das Scrotum war groß und roth; nach dem Waschen war die ganze Haut röthlich. Die Physiognomie war der sehr ähnlich, die eine nunmehr 9 Jahre alte Schwester bei ihrer Geburt gehabt.

Beim Unterbinden und Abschneiden des Nabelstrangs kein Zeichen von Schmerz. Als man das Kind hierauf sogleich auf das Bette hingelegt hatte, lag es ruhig, stille, und die Augen schauten umher; hierauf wurde es mit lauem Wasser gewaschen, und dabei bewegte es sich unruhig als vor unangenehmer Empfindung.

Es wog 6 Pfund (Eisengewicht), und war vom Scheitel, da wo sich die Haare wirbeln, bis zur Fußsohle über den Rücken herab, mittelst einer genau in alle Vertiefungen und Erhöhungen angelegten Schnur, 18 Pariser Zoll und 8 Linien lang, vielleicht aber besser ausgestreckt 19 Zoll. Alles war ausgebildet. Der Kopf war nach hinten durch die Geburt etwas spitzig und länglich, die Stirntheilung daran sichtbar, die Fontanellen fühlbar.

Die Gesichtsmiene war heiter, als hätte sie schon einen Ansatz zum Lächeln, worauf es sich dann wieder zum Ernste umkehrte.

Der Kopf wurde sogleich von der Amme, gegen die Regel, doch nur sanft gedrückt. Nach dem Waschen zog man ihm ein weißes Hemd von feinem Linnen an, und wickelte es locker ein, doch blieben die Arme frei.

Bald darauf, etwa eine halbe Stunde nach der Geburt, schlief das Kind; vermuthlich von der neuen Erregung ermüdet. Es hatte die Hände an das Gesicht gelegt, und die Finger etwas zusammen geschlagen, und zugleich die Mittelgelenke aus einander gespreitet, doch veränderten sie ihre Lage leicht, und waren also auch im Schlafe etwas reizbar. Sie lagen beinahe immer einer wie der andre, die Vorderarme aufwärts gebogen. So waren sie also im Mutterleibe gewöhnt. — Auch bewegten sie sich bei Anregungen meist gleichförmig, erst aus einander, dann zusammen; zuweilen war dieses Zusammenschlagen plötzlich; vielleicht dieselbe plötzliche Bewegung, die man vor der Geburt an ihm zu Zeiten verspürt hatte. — Die Händchen hielten den hineingegebenen Finger sogleich fest, doch nicht lange.

Jede Berührung des Körpers schien zu reizen, und zwar schmerzlich; denn die Gesichtsmienen verzogen sich dazu, am meisten in einem Zuge des Ernstes über den Augen bemerkbar. So veränderte sich also schon den ersten Tag die Gesichtsmiene ein wenig; überhaupt war sie heiter.

Das Kind hatte sogleich nach der Geburt, so wie es nur gewaschen war, gegen die Regel, einen Zulp in den Mund bekommen, und es sog augenblicklich daran. Doch hatte es ihn nur ein Paar Minuten im Munde, und konnte kaum ein Paar Tropfen Zuckermilch davon einsaugen, nachher bekam es ihn nie wieder. Nun legte man es aber, etwa 4 — 5 Stunden nach der Geburt, an der Mutter Brust, und es sog herzhaft, und mit offnen Augen; auch schrie es nicht bei dem Wegnehmen. Ueberhaupt schrie es wenig.

Die Gewöhnung an das Säugen erschien schon in den ersten Tagen. Denn das Kind brachte die Finger an den Mund, und eröffnete ihn, um zu saugen, dabei bewegte es unruhig Kopf und Arme. Kam es an die Brust, so machte es dieselben Bewegungen noch unruhiger, konnte aber die Brust nicht recht finden; doch begehrte es sie nicht mit Ungestümm. Es bewegte überhaupt die Arme und Hände viel.

Schon bei dem ersten Waschen wehrte es sich, bei dem zweiten, 8 Stunden nach der Geburt, schrie es auch, und machte jene Bewegung, wie bei dem Geborenwerden, als fürchte es zu fallen.

Die Augen richteten sich schon in den ersten Lebensstunden auf das Helle, und wendeten sich einigermaßen nach dem vorgehaltenen hellen Gegenstande, und weilten dabei; auch zeigte sich in dem Hinsehen etwas davon, was nachmals Aufmerksamkeit verrieth. Oft lag das Kind ruhig da, und sah sich munter um.

So zeigte sich schon in der ersten Lebensstunde Freithätigkeit.

Gegen Abend ging, ohne daß man etwas äußerlich an ihm bemerkte, viel Kindspech ab. Auch in der Nacht, worin es ruhig fortgeschlafen hatte, war viel abgegangen; und so auch den folgenden Tag.

Den 2ten Tag waren alle Thätigkeiten lebhafter. Es sah, wie es schien, in die Augen seines Vaters. Sein rechtes Auge war zugeschworen gewesen, denn es hatte gerade damit nach der helleren Seite gelegen. Die 2te Nacht war ebenfalls ruhig.

Den dritten Tag war alles noch lebhafter und kräftiger. Die Farbe der Haut wurde derber. Noch viel Abgang von Kindspech. Die 3te Nacht war unruhiger. Es waren Bauchgrimmen zu vermuthen. Der Abgang war nunmehr dünn und gefärbt.

Den 4ten Tag war es aber nicht mehr unruhig; der Abgang blieb so, und erfolgte häufig; gegen Abend wurde er mehr gelb und dicklich. Der Urin war vom Anfange häufig abgegangen. — Auf eine vor die Nase gehaltene Hyacinthe schien das Kind niesen zu wollen. Also zeigte sich der Geruchnerve reizfähig. Die 4te Nacht ruhig.

Den 5ten Tag der Abgang wie bisher. Die Reinigung des Darmkanals war also vollendet, und die Muttermilch nährend; und da das Kind überall Behaglichkeit und Gedeihen zeigte, so war es gesund. Die Milchfieber der Mutter, die gelind gewesen waren, fingen sich bereits an zu verlieren. Alles war in der besten Ordnung.

Die Augen bewegten sich nach Gegenständen hin, z. B. nach gelben Blumen und grünen Blättern. Eine blaue vor die Nase gehaltene Hyacinthe schien seine Aufmerksamkeit zu fixiren, jedoch nicht stärker als andre helle Gegenstände; es war so einige Bewegung von Niesen dabei zu bemerken. Durch diese Anspannungen schien das Kind ermüdet zu seyn; es gähnte mehrmals.

(Sollte wohl der Geruchnerve im Anfange zur Erregung der Aufmerksamkeit dienen? Etwa so, daß die Reizungen auf ihn das Kind mitten im Hinsehen anhalten, und daß es also seinen Blick starr hinhält und fixiren lernt? Unterscheidung der Gerüche ist übrigens eine spätere und die dem Geruchsinne als solchem eigenthümliche Verrichtung, die auch aus diesem, aber erst allmählig hervorgeht. Hier bedurfte es nur eines Reizes auf den Nerven als Nerven.)

Die Pupille hatte sich etwas erweitert, beim Saugen erschien sie am weitesten. Aber noch immer senkte sich der Augapfel mehr abwärts, so daß man oben das Weiße sah. Doch erhub er sich, wenn das Kind den Blick auf etwas fixirte. Ruhig und aufmerksam suchten die Augen immer umher.

(Schon eine Art Unterricht, den die gewöhnliche Lage der Dinge von selbst giebt! Das Kind bedarf der Reize für die Sehkraft, und diese ihm nicht geben, würde die Denkkraft im ersten Beginnen schwach und träge werden lassen. Aber diese Reize ihm zu lange vorhalten, würde es so, als wenn man sie ihm zu stark geben wollte, überreizen. Das ist ja überall der wahre Unterricht, welcher diese zweifache Art der Schwächung verhütet.)

Da es sonnenhelle Tage waren, so blieb das Kind in dem gemilderten Lichte einer Kammer, wo es aber frische gesunde Luft genoß.

Während des Saugens hielt es manchmal stille mit einem leichten Seufzen. Das kam vermuthlich von zu starkem Zuströmen der Milch, der Athem ward dadurch momentan gehemmt, und darauf mußte ein gewaltsameres Ausstoßen der angehäuften Luft aus den Lungen erfolgen.

(So ist das erste Seufzen, so wie das erste Schreien, die Wirkung eines zu stark, nicht eben schmerzhaft, angreifenden Reizes; und so nachmals immer, es erfolgt daher gemeiniglich bei starker Aufmerksamkeit der Kinder; auch der Schmerz ist ein Reiz der Art.)

Die 6te Nacht war etwas unruhig. Das Kind verlangte öfter die Mutterbrust. Man gab ihm, nicht ganz mit Recht, Windpulver, aber es schien nicht zu wirken. Nach einiger Zeit erfolgte guter Schlaf. Der Abgang war wieder etwas grünlich.

Die 3te und 6te Nacht war also das Kind zuerst in einem krankhaften Zustande. Gegen Abend bis zur Mitternacht hin war es jeden Tag am unruhigsten; vermuthlich daher, weil die Kraft in ihm durch den Lichtreiz den Tag über erregt, und dann am stärksten in Thätigkeit war.

Den 7ten Tag Ruhe, helles Umschauen, Achtsamkeit auf vielerlei Gegenstände, auch von schwächerem Grade der Hellung, und Hinschauen in die ansehenden Gesichter. Die Pupille schien sich beim scharfen Sehen zu verengern. Wenn es auf dem Bauche lag, wie nach dem Waschen, so befand es sich behaglich; es richtete dabei den Oberleib rückwärts in die Höhe. Von Gehör- und Geruchs-Perceptionen noch keine Spur. Die Bewegungen der Hände unter einander mannigfaltiger.

An diesem Tage wurde das Kind in der Kirche getauft. Es wurde nicht unruhig dabei, und schien überhaupt nicht durch die Luft im Freien unangenehm afficirt zu werden. Es schlief meistentheils. Die Vormitternacht wieder unruhig.

Der 8te Tag. Wie bisher. Die Erweiterung und Verengerung der Pupille bei schwächerem und stärkerem Lichte merklich; auch merklich das genaue Ansehen eines Gegenstandes; dabei zwei senkrechte Runzeln über der

Nase. Die Physiognomie hatte sich im Ganzen etwas verändert, besonders hatte sich die Nase mehr geformt.

Schon in den ersten Tagen bewegten sich die Füße unruhig, wenn man die Sohle kitzelte, doch ohne Veränderung der Gesichtsmiene.

Als es in einer Mulde gewogen wurde, und diese sich mit dem Kopfe etwas abwärts senkte, so machte es wieder jene Bewegung mit plötzlich und gleichförmig aus einander schlagenden Armen, als befürchte es zu fallen.

(Diese Bewegung, womit wir uns gegen den Fall sichern wollen, ist also offenbar instinctartig und angeboren, wie dem Thiere der Gebrauch seiner Vertheidigungswerkzeuge; und eben diese ist die erste, folglich die natürlichste Geberde des Erschreckens.)

Das Kind wog $7\frac{1}{2}$ Pf., und maß 20″ 2‴; es hatte also in den ersten 8 Tagen zugenommen

an Gewicht $1\frac{1}{2}$ Pf., d. i. um $\frac{1}{4}$ seines anfänglichen Gewichts;

an Länge $1\frac{1}{2}$ Zoll, d. i. um beinahe $\frac{1}{18}$ seiner anfänglichen Länge.

Entschieden hatte sich in den ersten 8 Tagen die Anlage eines lebhaften Naturells, zugleich die Andeutung vorzüglicher Denkfähigkeit und ernster Gemüthsart*).

Am 9ten, 10ten, 11ten, 12ten Tage wie bisher. Das Kind schlief viel, schrie wenig, sog fleißig, doch nie mit Ungestümm, wurde selten unruhig, bewegte aber dann die Arme stark, und schien es angenehm zu vermerken, wenn es aufgenommen wurde.

---

*) Der junge Mann hat dieses wirklich, wie seine ganze Jugend hindurch, so in seiner Reise bewiesen; sein Naturell zeigte sich in der Vereinigung des lebhaften mit dem festen, aber durch das innige gemildert.

Vom 11ten Tage an bekam es etwas Ausschlag um den Mund und an den Vorderarmen; vermuthlich daher, weil die Mutter gesalzene Speisen gegessen hatte. Am 12ten Tage wurde es Vormittags in einem durchlüfteten Zimmer mehrere Minuten lang dem Luftbade ausgesetzt. An demselben Tage ging die Mutter zum erstenmale wieder aus dem Hause.

Die Augen schienen manchmal nach starkem Sehen die feste Haltung zu verlieren, so wie bei dem Schielen; übrigens bekam sie das Kind mehr in seine Gewalt. Sie wurden freier und offener, und man sah das Weiße darin weniger. Auch konnten sie mehr Licht vertragen, ohne zu blinzeln; indessen hielt man das Kind doch an den sonnigen Tagen fast immer in der minder hellen Kammer.

Als ihm der Vater seinen Namen sanft ins Ohr rief, bald ins rechte, bald ins linke, so bewegte es augenblicklich den Kopf und die Augen gerade nach demselben Ohre hin. So hatten also die Gehörperceptionen nunmehr begonnen.

Im Schlafe bewegte es zuweilen den Mund zum Saugen; ein dunkler Anfang von Träumen; folglich waren die Vorstellungen während des Wachens schon stark ausgeprägt.

Als es einmal ein Paar Tropfen Wein an den Mund bekam, verzog es ihn, und in dem ganzen Gesichte erschienen die Zeichen des Widerwillens, wie sie gewöhnlich Ausdruck des Unmuthes sind, besonders um die Augen. Die Miene des Verdrusses ist demnach die Wirkung eines Reizes, der unangenehm erregt.

Bis zum 14ten Tage zeigte sich deutlich, daß es mit Behagen fühlte, wenn man es aufnahm, denn es wurde ruhig bei dem Tragen, oder bei dem Liegen auf der Mutter und Schwester Schooße. Besonders liebte es das Liegen auf dem Bauche. Dieses alles hatte sich schon in den ersten 8 Tagen geäußert. Man ließ es nun manchmal liegen und schreien, wenn man nämlich kein Bedürfniß vermuthete, daß es etwa naß lag, oder nach der Mutterbrust verlangte; dann wurde es bald ruhig.

Deutlich offenbarte sich Verdruß in seiner Miene, bei solcher Gelegenheit. Aber dagegen trat nun auch die Miene des Frohseyns zuweilen helle hervor bei freundlichem Ansehen und Anreden.

Es hatte sich einigemal im Gesichte blutig gekratzt, ohne etwas mehr als nur einen Ansatz der Verdrußmiene zu zeigen.

Also wirkte der unangenehme Hautreiz nicht so stark als der unangenehme innere Reiz, wenn sein erregter Trieb ohne Befriedigung gelassen worden. Sollte diese stärkere Wirkung etwa durch einen Einfluß der Sympathie kommen, da das Kind die Behandlung des Menschen insgeheim doch am meisten fühlt?

Am 17ten und 18ten Tage hatte das Kind Verstopfung, ohne daß man doch Unbehaglichkeit an ihm bemerkte *). Auf ein beigebrachtes Seifenzäpfchen erfolgte alsbald Oeffnung.

Bis zu Ende der 3ten Woche immer wie bisher gutes Gedeihen. Es konnte nun die Arme zusammen und einzeln stärker bewegen, und den Kopf eine Zeit lang festhalten. Wenn es schlief, hatte es gemeiniglich eine Faust am Ohre. Die Augen sahen verständiger aus, und bemerkten die sprechende Mutter. Manchmal schien es zu hören. Damit schien nun die Aufmerksamkeit entschieden zn seyn. Es hielt den Blick fest auf den Gegenstand mit der Miene des Horchens.

(Man vermuthete also jetzt, daß in diesem Kinde

*) In den weiteren Jahren hat der Jüngling öfters daran gelitten.

seine gute Anlage der Denkkraft sich zu fester Aufmerksamkeit und festem Denken bestimmen würde *).)

Da es schon von seinem 10ten Tage an ziemlich kühl gewaschen wurde, so äußerte es jetzt fast gar kein Widerstreben dagegen, außer einem kurzen Wimmern nur manchmal. Indessen schien denn doch die Natur nicht genug befolgt zu seyn, daß man es nicht noch bei dem lauwarmen Wasser gelassen.

(Man glaubte hierin eine Stimmung zur Folgsamkeit zu finden.)

In der 4ten Woche zeigte sich wahres Lächeln auf seinem Angesichte. Denn jene Miene des Frohseyns trat in allen Zügen deutlich hervor, und zwar da es der Mutter in ihr freundliches Auge sah. Das erste Lächeln ist also die erste deutliche Aeußerung der Liebe, deren Elemente Frohseyn und Zuneigung sind. Vielleicht wurde es durch folgenden körperlichen Zustand etwas früher als gewöhnlich herbei geführt. Das Kind hatte wieder einige Tage Verstopfung, und vermuthlich also auch Bauchgrimmen, vielleicht eine Folge des kalten Waschens, mit welchen jene Verziehungen der Gesichtsmuskeln wie bei dem Lachen verbunden zu seyn pflegen, wahrscheinlich bei dem Nachlassen der Krämpfe. Brachte nun dieser Zustand in der Gesichtsmiene dieselben Bewegungen hervor wie bei dem Lächeln, und war es, wie zu vermuthen ist, dem Kinde dabei behaglich, so wurde durch den sympathischen Reiz der Freundlichkeit, wovon das Auge der Mutter glänzte, dieselbe Bewegung sammt der inneren Behaglichkeit verstärkt, und das Kind war gerade so recht gestimmt, um diesen Reiz aufzufassen. Frohseyn und sympathische Zuneigung flossen in seiner Miene zusammen, und bildeten jene Züge zu dem lieblichen Ausdrucke.

(Deutete das aber nicht überhaupt eine liebevolle

*) Das hat sich wirklich bestätigt.

Stimmung des Kindes an *)? Denn im entgegengesetzten Falle würde es, von den Bauchgrimmen erschlafft, nicht auf die Mutter geachtet oder von dem krankhaften Reize widrig gestimmt geblieben seyn. Ein liebevolles Gemüth wächst unter angenehmen und unangenehmen Reizen, wenn ihm nur freundliche Menschen entgegen kommen. Man sieht wenigstens, wie die glücklichsten Associationen durch die liebevollen Blicke der Mutter entstehen.)

Die Verstopfung wurde jetzt nicht sogleich durch jenes Reizmittel gehoben. Es blieb wohl 24 Stunden bei dem Kinde, bis auf ein zweites nun sogleich Oeffnung erfolgte, wo das erstere gänzlich aufgelöset war. Man hatte während der ganzen Zeit nicht die mindeste Unbehaglichkeit an dem Kinde bemerkt. Es bewies also bei diesem wiederholten krankhaften Zustande, der vermuthlich von der Mutter, welche dazu geneigt war, herkam, dennoch eine gute Natur.

Das Kind hatte zu Ende der 3ten Woche gewogen $8\frac{1}{4}$ Pf.; gemessen 20″ 8‴;

nun, zu Ende der 4ten Woche, wog es $8\frac{3}{4}$ Pf., und maß 20″ 11‴.

In der ersten Woche hatte es zugenommen $1\frac{1}{2}$ Pf. an Gew., und $1\frac{1}{2}$ Zoll an Länge;

in den beiden folgenden $\frac{3}{4}$ Pf. an Gew., und 5 Linien an Länge;

und in der 4ten Woche $\frac{1}{2}$ Pf. an Gew., und 3 Linien an Länge.

In der 2ten und 3ten Woche zusammengenommen, hatte es in Vergleich mit der ersten zugenommen

halb so viel an Gewicht, und nur beinahe halb so viel an Länge;

*) Diese zeigte sich gerade nicht so im Charakter, obgleich eine wohlwollende, doch zum Aerger geneigte, welches aber durch Gereiztheit kam.

und in der 4ten ein Drittel an Gew., und ein
Sechstel an Länge;
also hatte sich die Zunahme in dieser Woche wieder etwas verstärkt.

In dem ersten Monate nach seiner Geburt hatte es zugenommen

2 ¾ Pf. an Gew., und 2″ 3‴ an Länge;
mithin beinahe um 3 Achtel seines anfänglichen Gewichts (eigentlich wie 24 : 35), und 1 Eilftel seiner anfänglichen Länge; (eigentlich = 224 : 251.)

Mit der 5ten Woche hatte der Schlaf merklich abgenommen. Die Aufmerksamkeit zeigte sich bestimmter in dem Hinhören bei dem Hinsehen, wo der Schall des Zurufs herkam. Auch äußerte sich das Lächeln mehr und mehr bei dem freundlichen Blicke und Sprechen der Mutter. Und nun gab das Kind selbst Laute — man hatte sie schon vorher schwach vernommen -- milde und geformte Laute von sich, und zwar im Zustande der Behaglichkeit. So fing das Lallen an. — Also war schon einige Anlage zur Mittheilsamkeit in dem Kinde bemerkbar; in Verbindung mit den schon entschiedenen Anlagen weissagte man in ihm einen denkenden, frohsinnigen, freundlichen Menschen, der gern mit andern in liebevollem Gedankenverkehre steht *).

In den letzten 3 Tagen dieser Woche wieder Verstopfung, dießmal aber mit sichtbarer Unbehaglichkeit, bis sich die Natur selbst half. Ueberhaupt schien dieses Uebel auf die Gesundheit des Kindes keinen weiteren Einfluß zu haben, denn es war doch gesund; es war

---

*) Auch das hat sich an dem Erwachsenen bestätigt, nur fehlte oft der Frohsinn, aber mehr aus krankhaftem Zustande des Unterleibes.

nicht unruhig, schrie wenig und nur aus Hungerbedürfniß, wie es schien, und bei dem Waschen fast gar nicht; am meisten munter und begierig zum Saugen war es Abends; die Nacht durch schlief es ruhig.

So oft das Kind sich äußerte, als wolle es gern herumgetragen seyn, hielt man das für Naturbedürfniß, und trug es herum. Dann beschäftigte es sich mit ernstem Sehen, und hielt dabei den Kopf fast immer gerade und fest. Die feuchte, kühle Witterung hielt es indessen meist in der Stube.

So war es in den letzten Wochen des 2ten Monats. Bis zu Ende der 8ten Woche hatte sich folgendes entschieden:

1) Das Lächeln. Es erfolgte beim freundlichen Anblicke und Reden nicht nur der Mutter, sondern auch des Vaters und der Geschwister, ja im behaglichen Daliegen, ohne äußeren Anreiz, wenn es gereinigt, gesättigt und frei für sich lag, besonders auch des Morgens nach dem Erwachen.

(Manchmal zog sich bei dem Lächeln sein Gesicht auf der rechten Seite etwas mehr zusammen; manchmal schien es dabei zu ermüden, die Augen wurden dann feucht, und das Gesicht ging in die Miene des Schreiens über; manchmal war auch einiger Laut dabei zu hören.)

2) Das Aufmerken und Hören. Das Kind fing an die Stimme der Mutter zu verstehen, horchte aber auch auf andre Stimmen, die sich zu ihm wandten, sah hin, fixirte das Gesicht des Sprechenden, und sein Hinsehen endigte sich gemeiniglich in Lächeln.

(So scheint also das erste Hören eine durch das angereizte Hörorgan verdoppelte Achtsamkeit auf den Gesichtsgegenstand zu seyn; und eben diese Verdoppelung der Achtsamkeit ist das, was wir Aufmerksamkeit nennen.)

3) Der Blick war besonders verständig. Er suchte umher, fixirte, unterhielt sich, und das mit unbewegten, minder hellen Gegenständen nicht minder als

mit glänzenden und bewegten; dabei war die Miene ausdrucksvoll und die der ruhigen Betrachtung.

4) Die Lust am Bewegtwerden. Das Aufnehmen und Herumtragen war ihm angenehm, noch angenehmer das Schaukeln auf den Armen, welches es immer noch fortzusetzen strebte.

5) Es fing an Gegenstände zu betasten, d. h. mit den Händen nach manchem, was es sah, zu greifen, daran ein Spiel mit den Händen zu versuchen, und die Aufmerksamkeit darauf hin zu wenden. Dieses alles war also eine durch den Reiz der stärkeren Aufmerksamkeit erregte Bewegung. Doch war diese ganze Erscheinung noch selten und schwach.

6) Wenn das Kind eines von seinen Eltern sah, strebte es ihnen entgegen, vorwärts mit dem Kopfe, dann auch mit den Armen, und mit dem ganzen Oberleibe, so daß sich die Brust etwas einzog — kurz, mit der Geberde des Sehnens.

(Aus allem diesem bestätigte sich, daß es dem Kinde nicht an Innigkeit fehle.)

7) Das Lallen. Schon unterschieden sich mehrere Laute darin.

Hingegen noch nicht konnte man an dem Kinde bemerken eine Unterscheidung

1. der Farben und der Formen, überhaupt der Umrisse in dem Gesichtsfelde;
2. der Laute; nur allenfalls der bekannten Stimmen;
3. des Geschmacks und Geruchs; das Kind hatte bisher blos die Milch seiner Mutter genossen, und auch bei deren Verschiedenheit, da die Mutter z. B. Sauerkraut gegessen, nicht die mindeste Unbehaglichkeit verspürt; doch schien eine stark riechende Blume einmal seine Aufmerksamkeit zu fixiren.

Körperliche Zunahme während des 2ten Lebensmonates:

Zu Ende der 5ten Woche wog das Kind 9 ¼ Pf., und maß 21″ 3‴;

zu Ende der 7ten Woche wog es 9 ¾ Pf., und maß 21″ 8‴;

in der 9ten Woche wog es 11 Pf., und maß 22 Zoll.

Es hatte also zugenommen in der 5ten Woche ½ Pf. an Gew., und 4‴ an Länge;

in den beiden folgenden Wochen zusammen ½ Pf. an Gew, und 5‴ an Länge;

in der 4ten und einige Tage weiter 1 ¼ Pf. an Gew., und 4‴ an Länge;

im 2ten Monate überhaupt 2 ¼ Pf. an Gew., und 1″ 1‴ an Länge;

in den 2 Monaten nach der Geburt zusammen 5 Pf. an Gew., und 5″ 4‴ an Länge,

also das anfängliche Gew. zum jetzigen = 6 : 11;

die anfängliche Länge zur jetzigen = 28 : 33;

vom Anfange des 2ten Monats bis Ende das Gew. = 35 : 44;

vom Anfange des 2ten Monats bis Ende die Länge = 251 : 264.

Das Verhältniß der Zunahme des ersten Monats zum 2ten am Gew. = 11 : 9, an der Länge = 27 : 13; (d. i. etwas weniger als halb so viel in dem 2ten Monate.)

Man sieht, daß der Wachsthum des Kindes weit weniger zunimmt als das Gewicht, und daß die Zunahme des letzteren viel ungleichförmiger ist, vermuthlich weil die Ernährung und das Gedeihen mehreren Zufällen des Wechsels unterworfen ist.

Während des 3ten Monates entwickelten sich seine Gesichtsmienen mannigfaltiger und bedeutender. Durchhin herrschte Fröhlichkeit. Noch unterschied das Kind keine Farben, noch weniger Töne; doch achtete es stärker auf ein rothes Blatt, und merkte bei dem Sprechen mehr auf.

Es spielte mehr mit der Stimme, die schon mancherlei Beugungen angenommen hatte, das Sehnen nach dem Aussprechen gab dieser den Laut von einem Krähen. Seine Geberden zum Fortstreben waren häufig. Auf die Gesichter fing es an scharf zu achten, und so wie es ein bekanntes erblickte, wurde es im höchsten Grade freundlich, bis zum Lachen; doch geschah das auch manchmal bei ganz unbekannten.

(So ging denn nunmehr das Lächeln öfters in lautes Lachen über; ganz natürlich, da die Stimmübung, welche dem Kinde angenehm war, zugleich mit erregt wurde. Das Lachen ist also ein durch verstärkten Reiz erregter höherer Grad von Frohseyn mit Ausstoßen von Lauten verbunden.)

Bei dem Zurufen, welches nicht gerade mit dem Namen zu geschehen brauchte, suchte das Kind umher, besonders bei bekannten Stimmen, selbst während des Saugens. Nie zeigte es ungestümmes Begehren, obwohl einige Heftigkeit. Als man ihm den Mund mit Weine letzte, war keine Spur des Widerwillens zu sehen.

Mit Anfange des 3ten Monats weinte es zum erstenmale, d. h. mit den Zügen des Schmerzes, die ausdrucksvoller waren als sonst, und mit dem Schreien hatten sich Thränen über den Augapfel ergossen. Es war bei dem Erwachen; die Veranlassung dazu mußte also im Schlafe gewesen seyn. Thränen hatten sich schon vorher, schon in den ersten Tagen, in die Augen ergossen, aber ohne Zeichen des Schmerzes, selbst nachmals gewöhnlich beim Lächeln. Hier aber hatte sich alles zum eigentlichen Weinen vereinigt.

Der Körper hatte an Stärke so viel gewonnen, daß der Hals oft gerade gehalten wurde, und einigermaßen auch schon der Oberleib.

Zu Ende der 11ten Woche wog es 11 $\frac{1}{4}$ Pf., und maß 22'' 3'''.

Zu Ende der 13ten Woche wog es höchstens 11 $\frac{3}{8}$ Pf., (es war dießmal nicht ganz genau bemerkt,) und maß 22'' 7'''.

Es hatte also in dem 3ten Lebensmonate zugenommen in der ersten Hälfte an Gew. $\frac{1}{4}$ Pf., und an Länge 3''';

in der 2ten Hälfte an Gew. höchstens $\frac{1}{8}$ Pf., und an Länge 4'''.

Während des 4ten Monates war das Kind mit seiner Mutter verreiset, wobei sich letztere sehr wohl und heiter befand, ohne Sorgen war, und viel Vergnügen genoß. Das Kind war durchaus gesund und in gutem Gedeihen. Seine Zunahme zeichnete sich dießmal aus,

denn zu Ende dieses Monats wog es 12 $\frac{3}{4}$ Pf., und maß 23'' 6''';

es hatte also zugenommen an Gew. beinahe 1 $\frac{1}{2}$ Pf., und an Länge beinahe 1 Zoll.

also beinahe 6 mal mehr an Gewicht, als in dem vorhergehenden Monate, und beinahe das Doppelte an Länge.

(Diese Zunahme ist zu auffallend, als daß man nicht bemerken sollte, wie günstig für die Entwickelung des Säuglings eine heitere, vergnügte Lage der Mutter sey. Diese sollte während der ganzen Zeit, als sie säugt, fortdauern, wenn es die häuslichen Verhältnisse zulassen; vermögende Personen sollten darauf mehr denken, als auf das Besuchen der Bäder. Allein der frohe und freie Genuß der Freundschaft ist es, nicht das Suchen, Treiben, Rennen nach Vergnügungen, und nicht das Zwangsleben der großen Welt. Freilich würde die Zunahme nicht jeden Monat alsdann so stark seyn, weil der Unterschied der Lebensart nicht so stark wäre, allein sie müßte doch, im Ganzen genommen, viel gewinnen. — Zu vergessen ist nicht, daß die Mutter eine ganz besondere Geschicklichkeit hatte mit dem Kinde zu sprechen. So wurde es denn immer zur Freundlichkeit von ihr selbst ermuntert. Aber das thaten auch die vielen andern umgebenden Personen; und deren hatte es auf dieser Reise noch mehrere um sich. Es ging von einem liebenden Arme auf den andern, und von einem freundlichen Gesichte sah es zum andern.)

Die Miene des Kindes war in allem dem überaus hold und vergnügt. Zu Ende des 4ten Monats lachte es zum erstenmale völlig laut, mit angehaltenem Athem. Seine Augen waren beständig beschäftigt; es sah ernst auf alles hin, was ihm vorkam, suchte sich selbst Gegenstände und schien innerlich vergnügt dabei. Oft brach es dabei in hüpfende Bewegungen, in Laute und in Lächeln aus. Blumen unterhielten seinen Blick, auch wenn sie ruhig vor ihm standen, er schien sich in der Menge der Farben zu verwirren, bis er an den gelben kreisförmigen festhing; es war die orangenfarbene Ringelblume, welche bei mehreren Versuchen immer die Aufmerksamkeit des Kindes am meisten auf sich zog; ihre Farbe erinnerte wohl das Kind unter allen am meisten an den Lichtglanz, besonders der Kerze. Manchmal griff es auch in das Blumengewühl, aber die starkriechenden, die man ihm vor die Nase brachte, schienen noch immer nur mit einem geringen Reize auf die Nerven zu wirken. Ob der Gegenstand sich bewegte oder nicht, machte wenig Unterschied. Daß es nunmehr anfing Formen aufzufassen, war daraus wahrscheinlich, weil es lange an Gegenständen weilte, welche sich nicht gerade durch Glanz und Farbe auszeichneten, und weil es doch im Sehen gewiß nicht träge war; es mußte also noch etwas anderes als den Lichtschein daran aufzufassen suchen, das konnte aber nichts anders seyn als die Form. Diese Vermuthung wurde dadurch bestätigt, daß es bei Gegenständen, z. B. bei einem vorgehaltenen Stocke, wiederholt auf und nieder sah, mithin offenbar in dem Durchlaufen der einzelnen Lichtpuncte ein Ganzes zu construiren sich bemühte; dadurch aber erhielt es nothwendig die Vorstellung von Bild und Form. Hierzu kam noch, daß es den Kindern bis zu einer ziemlichen Ferne nachsah, wenn sie sich vor ihm bewegten; es hatte also doch einige Vorstellung von Gestalt. Dabei wurde es sympathisch zum Lächeln und Hüpfen erregt. Umgekehrt machten schwarze Gestalten und ein Gedränge von fremden Gesichtern einen traurigen Eindruck auf das Kind. Dieses zeigte sich insbesondere, als es in eine enge Stube gebracht wurde, wo viele schwarzbekleidete Bäuerinnen versammelt waren. Unerachtet mehrere das Kind mit Freundlichkeit empfingen, und auch seine Mutter zugegen war, so muß es doch der Totaleindruck sehr hart angestoßen haben, denn es verzog augenblicklich den Mund erbärmlich; nur kam es noch nicht zum Weinen, und es beruhigte sich bald. Als aber nachher die Leute ein plötzliches Gelächter aufschlugen, brach es in völliges lautes Weinen aus, welches ohne Zweifel von dem Grellen des Schreies herkam. Die Empfindung des Grellen enthält den Keim zur Empfindung des Grausenvollen, und hat für das Kind etwas, das die ganze Natur wie zur Verzweiflung erschüttert.

So schien es nunmehr mit dem Sehen bald ins Reine zu kommen, daß nämlich der Lichtreiz durch den Reiz der Farbe, der Bewegung, und der Form gemildert wurde, und die Kraft in dem Sehen mehr in Freiheit gesetzt worden. Sein Sehen war jetzt mehr selbstthätig und auffassend. Dadurch mußte es nun auch Bilder in sich selbst gleichsam abdrucken, und überhaupt mit dem Gesehenen in sich bilden. Die Einbildungskraft trat von jetzt an in ihrer Thätigkeit hervor, und das Sachgedächtniß begann.

Das Aufmerken des Gehörsinnes war häufig und geübt, aber noch schien es bei Musik und Gesang gleichgültig zu bleiben, auch bemerkte man noch nichts von

Unterscheidung der Töne. Nur die Menschenstimmen wirkten als etwas Bekanntes. Vielleicht ist die Menschenstimme dem Gehöre, was das Menschenauge, worein das Kind sieht, seinem Gesichte ist, Anreiz zur Unterscheidung, hier des Lautes, dort der Form. Die Stimme der Mutter kannte und unterschied es von weitem, wohl auf 50 Schritte, und auch durch ein Zimmer hindurch, ohne sie zu sehen. Keine andere Stimme brachte diese Bewegung und Freudigkeit in ihm hervor; so wie es durch keinen Anblick so froh bewegt wurde, als durch den Anblick seiner Mutter. Es kannte sie, oder vielmehr die Menschen überhaupt durch das Hinsehen, wohl auf 50 Schritte weit.

Hiermit verband sich die feste Haltung des Kopfes zu einem freien Umsichschauen. Und nun versuchte das Kind auf seinen Füßen, die es bisher in mancherlei Bewegungen geübt hatte, gerade und fest zu stehen, wenn man es darauf hielt. Es hatte diese Uebung sehr gern, aber man nahm sie selten vor, weil die Gliedmaßen noch zu schwach waren. Die Bewegungen der Arme waren sehr mannigfaltig und lebendig geworden.

Das Kind lallte (krähete) sehr viel, bei dem geringsten Anreize; auch fing es an, seine Fäuste, und was man ihm gab, in den Mund zu bringen, wenn es mit Wohlgefallen nach etwas hinsah. Vermuthlich fing jetzt der Zahnreiz an.

Es hatte bisher immer ruhig geschlafen, jetzt in den heißen Hundstagen war es einige Nächte ziemlich unruhig, und mehr als sonst nach der Mutterbrust begierig. Auch fühlte es wohl, ob es bei der Mutter lag oder in der Wiege allein; im letzteren Falle ward es unruhig und schrie, bis es die Mutter zu sich nahm, welches sie aber doch nicht immer that, um es nicht an das Commandiren zu gewöhnen.

Man konnte jetzt manchmal ein unartiges Schreien, d. i. aus Unwillen, wenn es ihm nicht nach seinem

Sinne ging, unterscheiden; doch kam das nur selten vor. Einmal, gegen Ende des 4ten Monats, wachte es Morgens mit Schreien auf, und hatte Thränen in den Augen. Das war zum zweitenmale, daß es eigentlich weinte; und auch jetzt war ihm der starke Eindruck im Schlafe mit dem Erwachen gekommen. Es wurde bald ruhig, nachdem es sich umgesehen hatte. Nur von einem Traume konne das kommen; vielleicht daß alsdann, wenn der äußere Sinn geschlossen ist, die inneren Anregungen tiefer greifen, und daß vielleicht hier eine schmerzhafte oder den Athem hemmende Erregung in ihm vorgegangen war, wobei es nicht sogleich durch das Licht aufgemuntert wurde.

Alle Thätigkeiten waren jetzt durch ihre Verflechtungen in einander mannigfaltiger, und das Kind lebenvoller und verständiger.

Wenn man es abhielt, und ihm mit einem gewissen Zurufe zusprach, so harnte es. Dieser zufällige Versuch wurde mehrmals, wenn man gerade das Bedürfniß vermuthete, wiederholt, und jedesmal mit Erfolge; und so bildete sich in ein Paar Tagen eine Association, welche den Grund dazu legte, um die natürlichen Ausleerungen dem Willen und der Ordnung zu unterwerfen.

Während des 5ten Monates wurde dieses alles noch mehr erkennbar. Daß das Kind nunmehr Farben unterschied, sah man deutlich daran, daß es unter mehreren Blumen von einerlei Form, bald auf die blaue, bald auf die rothe, bald auf die gelbe mit Aufmerksamkeit hinsah, und sie, wenn man ihre Ordnung veränderte, wiedersuchte und wiederfand. Auch unterschied es genau die Gesichter neben einander, und sah die bekannten heraus, die es dann anlächelte. Nun konnte es doch diese an nichts anderem als an der Form ihrer Züge erkennen, denn ihre Farbe, zum Theil auch der Augen, und ihre Freundlichkeit war gleich. Rief man eines seiner Geschwister mit Namen, so suchte es manchmal mit seinen Augen. Ein ähnliches Suchen war es, wenn man ihm mit seinem eigenen Namen rief; seine Mutter, wenn diese die Rufende war, auch seine Schwester, fand es dann gewöhnlich gleich, nicht so leicht seinen Vater; wen es aber fand, dem lächelte es freudig zu, als wäre sein Verlangen erfüllt. Wenn es sich im Grünen befand, so schien es munterer zu seyn.

Ungeachtet das Kind mit reger Aufmerksamkeit hörte, so hatte doch der Gesichtssinn noch die Oberhand. Dieses konnte man unter andern daraus abnehmen, daß es nicht auf das helle Klingen eines Glases, womit es sich doch sonst gern unterhalten ließ, achtete, wenn gerade ein Gegenstand seinen Blick gefesselt hatte. Auch andere Töne und Zurufungen machten in solchem Falle höchstens eine vorübergehende Erregung. Diese Versuche wurden oft unter mancherlei Umständen wiederholt: immer dasselbe Resultat.

Es aß jetzt fast täglich, bald Suppe, bald Brei, den es aber so vorzog, daß es keine Suppe mehr annehmen wollte. Wein nahm es nicht ohne Verziehung des Mundes, aber es leckte doch immer nachher, wie es schien, mit Wohlgeschmack. Der Geschmacksinn fing also an zu unterscheiden.

Die Empfindung des Kitzels konnte jetzt an den Fußsohlen, an dem Bauche, und noch mehr über der Magengegend, wenn der Vater es daran sanft mit seinem Kopfe rieb, über welchen es gehoben wurde, erregt werden.

Es brachte seine Hände bei dem mindesten Anreize zum Munde, und kauete eifrig daran. Der Zahnreiz mochte also eingetreten seyn. Hätte es die Sachen recht zu fassen gewußt, so würde es sie in den Mund gebracht haben, aber das gelang ihm noch nicht. Noch nicht nach allem, was es sah, griff es; seine Hände blieben bei dem Sehen oft ruhig.

Ueberhaupt zeigte es immer mehr ein heiteres, sanft-lebhaftes Naturell *). Es schrie fast gar nicht, lächelte jedes Angesicht an, lachte manchmal laut, und seine Freundlichkeit war unzerstörbar. Als ihm in der Mitte dieses Monats die Schutzpocken, wegen der Blatternseuche in der Nähe, eingeimpft wurden, überstand es sie, ohne weitere Beschwerde, als ein Paar Tage Fieberbewegungen. Ueberhaupt nur 10 Tage brachte es mit diesem kleinen Uebel hin. Einige Tage nachher hatte das Kind wieder einmal Hitze und Unbehaglichkeit, wobei es zuweilen schrie, doch aber, sobald man es ansah, wieder lächelte, bis zum Verziehen in das Weinerliche. Die Unpäßlichkeit, vermuthlich die Folge einer Verkältung, dauerte kaum 24 Stunden, wo sie sich ohne irgend ein Arzneimittel verlor.

Diesen ganzen Monat hindurch hatte übrigens das Kind mit seiner Stimme nicht so viel gespielt, sondern bei aller seiner Freundlichkeit war es stiller und ernster. Nach überstandenem Blatternfieber hatte es öfter und ungestümmer nach der Brust verlangt.

Zu Ende des 5ten Monats wog es $13\frac{1}{2}$ Pf., und maß 24'' = 2 Pariser Fuß.

Es hatte also in diesem Monate zugenommen an Gew. $\frac{3}{4}$ Pf, an Länge 4''.

Es kannte nunmehr manche Gegenstände beim Anblicke, und manche Personen an der Stimme alsobald, und wurde freudig, oft mit Lebhaftigkeit, wenn es sie sah oder hörte. Auch wußte es die Mutterbrust leicht zu finden, und erkannte sie von weitem mit sichtbarem Verlangen. Doch war seine Begierde nie ungestümm, und bei dem mindesten Zurufe, oder wenn jemand ihm auch nur von der Seite in die Augen fiel, sah es sich um und ließ die Brust, so daß die Mutter sich oft mit ihm ganz

*) Das Naturell bestimmte sich nachher mehr zum innigen und empfindlichen, wo Trübsinn mit Munterkeit wechselte.

allein an einen stillen Ort setzen mußte, um es nur ungestört saugen zu lassen. Hierdurch und durch mehreres der Art zeigte es offenbar viel leise Erregbarkeit, doch konnte man noch nicht bemerken, daß sie vorherrschend werden wollte, denn es hatte auch einen sehr festen Blick und viel Ernst. Die Lebhaftigkeit bewies sich indessen immer mehr, doch im gemilderten Verhältnisse, als Hauptzug des Naturells.

In dem 6ten, 7ten, 8ten und 9ten Monate entschied sich alles dieses bestimmter. Es beschäftigte sich überaus gern mit Sehen von Gegenständen, die es denn auch leicht behielt, und darum ging es sehr gern zum Vater, der ihm manches zeigte und nannte, wovon sich schon so die Association gebildet hatte, daß es so, wie es der Vater nehmen wollte, auch sogleich nach den Sachen hinsah. Der Vater wurde also dem Kinde in seinem dunkelen Gefühle sein erster Lehrer. Die Lernbegierde des Kindes kündigte sich durch seine Freude darüber und durch seine ernste, unermüdete Aufmerksamkeit unverkennbar an. Es verrieth täglich mehr Hang zum Ernste, so freundlich es auch war, und die Physiognomie hatte sich schon ganz darnach gebildet; damit nun dieser nicht zu viel ernährt würde, beschäftigte sich die Mutter mehr spielend mit ihm. Allein seine Natur verlangte immer nach ernsterer Unterhaltung. Es horchte leise auf, aber immer war ihm der Laut stärkere Erregung zum Sehen. Auf Musik schien es zu hören, und auch das Tactmäßige zu empfinden, wenn man mit ihm dabei solche Bewegungen machte. Indessen angenehmer war es ihm, wenn man es zum Klaviere brachte, und es selbst durch Schlagen auf die Tasten Lärmen machen konnte; was es auch gern an Gläsern u. dergl. that. Sehr ernsthaft und eifrig wurde das Knäbchen, wenn es nur etwas in seine Hände bringen, damit schlagen und es betrachten konnte. Darüber vergaß es alles; und so beschäftigte es sich Viertelstunden lang auf der Erde, wohin man es setzte, und wo es zu kriechen anfing, bis es durch den Anblick irgend einer bekannten Person an das Aufnehmen errinnert wurde. Oft richtete es sich jetzt schon an den Stühlen auf und hielt sich eine Zeitlang; fiel es etwa, so fiel es vorsichtig, und blieb unverdrossen. Es äußerte in dieser Beschäftigungsperiode seine Stimme weniger als sonst. An das eigentliche Rutschen wollte es noch nicht kommen. Sobald es in die Nähe des Spiegels kam, und man ihm seinen Namen nannte, sah es hinein, und wenn es sich nun erblickte, so lächelte es, weil man es nun einmal darauf aufmerksam gemacht hatte. Dunkel wurde freilich durch die Vermittelung seines Namens bei dem Anblicke des Kindes im Spiegel das Gefühl seiner Person erregt; der neue Gegenstand schien es indessen am meisten zu interessiren.

Allmählig äußerte sich ein Hang zur Empfindlichkeit in ihm; es fing an zu zanken, wenn man ihm etwas nehmen wollte, und gegen das Ende dieser Zeit zeigte es wahren Zorn, im unfreundlichen Anblicke, Auffahren und Losschlagen nach der Person, und das ziemlich anhaltend; dabei stieg auch Röthe ins Gesicht. So sehr dieß in seinem lebhaften Naturell lag, so hätte doch vielleicht die jetzt unverhältnißmäßig stärker gewordene Erregbarkeit durch eine sorgfältigere Behandlung mehr im Gleichgewichte gehalten werden können. Indessen war man immer freundlich mit ihm, so daß doch auch vieles von dieser Empfindlichkeit in dem Kinde lag. Der Zahnreiz mochte auch wohl dazu wirken.

Gegen das Ende des 10ten Monats wurde das Kind abgewöhnt, als der erste Zahn, einer der unteren mittleren Schneidezähne, erschienen war. Die Entwöhnung ging leicht für das Kind von statten, da es vorher schon mehr an Speisen als an die Mutterbrust gewöhnt war; in 24 Stunden war die Brust vergessen, und auf keine Art fand man es unbehaglich, unerachtet es die Mutter um sich sah. Noch immer ging es gern zu ihr, aber dann sog es an seinem Daumen, und das wurde ihm zur starken Gewohnheit; zugleich zum Ausdrucke seiner Zuneigung gegen diejenige Person, bei deren Anblick es den Daumen an den Mund brachte. In den ersten Tagen litt es etwas an Verstopfung, dann bekam es Diarrhöe, und nun erschien der 2te mittlere Schneidezahn unten. Auch bekam es einige Tage lang mit seinen übrigen Geschwistern Brustübel mit Husten; woran wohl die feuchte Witterung des Januars Schuld war. Diese Unpäßlichkeiten überwand das Kind ohne Arzneimittel bald. Allein seine Reizbarkeit war während dieser Zeit sehr vermehrt, und seine Freundlichkeit fast ganz erloschen. Es zankte und schlug zornig um sich, noch mehr als vorher, und schrie ungeberdig. Merkwürdig war es indessen, daß, wenn es auch einmal gegen seines Vaters Angesicht losschlagen wollte, der ihm, wie die Andern mit Freundlichkeit zuvor kam, es sich augenblicklich gleichsam besinnend, faßte, inne hielt, und bei des Vaters ernster Miene nun etwas wie Beschämung zu fühlen schien; dann sah es wieder lernbegierig nach den Kupferstichen an der Wand, die es schon kannte, und wurde gutes Muthes. Hier hätte viel in dem Kinde verdorben werden können, wenn man entweder seinen Spaß an dem kleinen Zorne gehabt, oder das Kind angefahren, wohl gar geschlagen, und also vollends widrig überreizt hätte. Das Kind hatte bisher auch manchmal geweint, und das mehrmals, wenn es Andre weinen hörte: überhaupt war die Sympathie sehr stark bei ihm.

Was zu vermuthen war, zeigte sich in dem 11ten Monate. Als sich die Unpäßlichkeit verlor, war die alte Freundlichkeit, Fröhlichkeit und Liebe zu den Menschen wieder in dem Kinde da. Sie war also nur durch den krankhaften Zustand unterdrückt gewesen; und fällt die Ursache weg, so ist auch die Wirkung nicht mehr da. Von dem Rutschen war das Kind die Zeit über ganz abgekommen. — Es konnte nunmehr scharf im Geschmacke unterscheiden, und suchte z. B. in dem gekochten getrockneten Obste die Rosinen heraus. Es sah jetzt von fern Menschen, Thiere, Bäume mit großer Aufmerksamkeit, eben so den Mond. Als es Musikanten hörte, so war doch sein Gesicht mehr damit beschäftigt, sie zu fixiren. Als man ihm ein sogenanntes Chinesisches Schattenspiel des Abends zeigte, so kam es ganz außer sich, und schrie Anfangs angstvoll, dann aber konnte es nicht aufhören hinzusehen, und brach sympathisch in eifrige Laute aus. Sein Gesichtssinn war also vorzüglich thätig, wovon es Beweise genug gab, und darin auch nunmehr seine Phantasie. Im Ganzen hatte sich das lebhafte Naturell bestätigt, sein Hang zur Empfindlichkeit entschieden, aber auch seine vorzügliche Denkthätigkeit, seine ernste Aufmerksamkeit und Lernbegierde mit einer freundlichen Stimmung und starker Gefühlsanlage. Es könnten sich wohl Talente in ihm entwickeln, und zwar hauptsächlich von Seiten seines Gesichtssinnes. Leichtsinnig und flatterhaft wird der Knabe gewiß nicht *).

Die körperliche Zunahme des Kindes war:

zu Ende des 6ten Monats 14 Pf. an Gew., und 24″ 7‴ an Länge;

es hatte also in dem 6ten Monate zugenommen ½ Pf. an Gew., und 7‴ an Länge;

im 7ten Monate hatte es zugenommen ¾ Pf. an Gew., und ungefähr 1″ an Länge;

*) Das bewies sich alles in seinem Leben; kein Talent hat sich aber weiter entwickelt, als in der Naturkunde mit Tiefe der Denkkraft, philosophirender Phantasie und eifrigem Fleiße. Auch machte er solche Poesieen, z. B. in einem Gedichte, die Wage: — „Will Gott uns aus den Sternen winken — So muß die Sonne niedergehn, — Und alle Sterne müssen sinken, — Will uns die Sonne wiedersehn rc.“ Und so mehrere Gedanken, die schon der 5jährige Knabe ankündigte, wenn er z. B. sagte: „Nicht wahr, Gott hält das Wasser, daß es nicht herunter fällt? Da legt er sich auf die Erde, da legt er sich ins Wasser; der hälts auch bei Nacht.“

im 8ten und 9ten Monate zusammen 1¼ Pf. an Gew., und 1″ 4‴ an Länge.

Zu Ende des 10ten Monats wog es 17¼ Pf., und maß 27″ 2‴.

Es hatte also im 10ten Monate zugenommen ¼ Pf. an Gew., und 1″ an Länge; also an Gewicht eben so viel, wie in den vorigen beiden Monaten, unerachtet es jetzt abgewöhnt, und nicht ganz wohl war.

Da die Muskeln jetzt voller wurden, über welche an dem Rücken herab genau die Schnur angelegt wurde, so kam wohl daher die jetzige stärkere Zunahme an Länge.

Uebersicht der ganzen Zunahme dieses Säuglings:

In dem ersten Vierteljahre an Gew. = 6 : 11⅜ Pf.; an Länge = 216‴ : 271‴.

In dem 2ten Vierteljahre an Gew. = 11⅜ : 14 Pf.; an Länge = 271‴ : 288‴.

In dem 3ten Vierteljahre an Gew. = 14 : 16½ Pf.; an Länge = 288‴ : 304‴.

Also zu Ende des ersten halben Jahres hatte es zugenommen, so daß es an Gew. 2⅓ die Schwere, und an Länge 1⅓ die Länge hatte, als bei der Geburt.

Und zu Ende des 10ten Monats hatte es an Gew. beinahe das 3fache der anfänglichen Schwere; an Länge beinahe die Hälfte der anfänglichen Länge mehr.

In dem ersten Vierteljahre war die Zunahme an Gewicht und Länge die stärkste, im 2ten Vierteljahre war sie geringer, und im 3ten Vierteljahre ließ sie ferner etwas nach, aber nicht so viel nach Verhältniß als im vorhergehenden.

Der Knabe wurde gegen Ende des 11ten Monats einige Wochen an einem Schwären krank. Zu Ende des 1ten Lebensjahres wog er 16¾ Pf. und maß 28″ 9‴;

auf den Füßen frei stehend war seine Perpendicularhöhe 26" 9'''. Bis dahin hatte sich noch keine Spur von Geruch gezeigt; erst in seinem 7ten Lebensjahre wurde sie bemerkt, als er bei der Blüthe des schmalblätterigen Wegericht, die er vor der Nase hielt, ausrief: „ach, wie süß!" Sein Geruchsinn zeigte sich späterhin besonders in der Chemie vorzüglich scharf.

2.

Wir fügen hierzu noch den Auszug einer andern Beobachtung *).

Der Knabe, an welchem sie gemacht wurde, war den 23sten Aug. 1781 geboren.

1ster Tag. Richtung der Augen (und immer nach dem Erwachen wieder) zum Lichte.

2ter Tag. Saugen an dem Finger der Wärterin, schmatzend, am Zulpe auch anhaltend. Richtung der Augen nach allen Seiten, als suchten sie Gegenstände, und Haften an bewegten (ob das letztere richtig beobachtet worden)? „Hier, dünkt mich, sagt Hr. T., liegt schon der Charakter der Menschheit in der Kinderseele; das Thier achtet nur auf das, was seine physischen Bedürfnisse befriedigt. — Auch sieht man es sonst nichts mit den Augen anhaltend verfolgen. Der Mensch hingegen, zu höheren Einsichten bestimmt, sucht Beschäftigung und

---

*) Von einem unserer vorzüglichsten Psychologen, dem sel. Prof. Tiedemann zu Marburg, in den Hessischen Beiträgen (im 6ten St. 1786) mitgetheilt, und mit trefflichen Bemerkungen begleitet. Sie gab dem Prof. der Arzneik. Posewitz zu Gießen Veranlassung zu tieferen und vollständigeren Belehrungen über die Entwickelung der Seelenkräfte (S. dessen Journ. für Medicin, Chirurgie und Geburtshülfe 1stes Heft 1799), wo jene Beobachtungen ebenfalls so im Auszuge stehen, wir wir sie hier geben.

findet Beschäftigung auch da, wo sinnliche Begierden ihn nicht treiben. Der Grund liegt wohl in nichts anderem, als im höheren Grade von Thätigkeit und reger Selbstthätigkeit rc. Der Knabe war gern frei, widerstrebte bei dem Wickeln — doch nichts Absichtliches in der Bewegung. — „Bewegung des Körpers lindert meistens den Schmerz, weil sie die Aufmerksamkeit von dessen Empfindung abzieht, auch liegt selbst im Mechanismus des Körpers alsdann ein unwiderstehlicher Trieb zur Bewegung rc.“

3ter Tag. Empfindung von Kitzel war nicht vorhanden; auch keine Geschmacksperceptionen, denn das Kind nahm sehr unangenehme Arzneien ohne Widerwillen.

6ter Tag. Miene des Lachens, ohne Absicht und Gefühl, wie öfters Kinder dieses Alters im Schlafe sie machen.

14ter Tag. Sichtbarer Widerwille gegen Arzneien. (Darum aber noch nicht gerade Geschmacksperceptionen, wie der Beobachter glaubt, sondern blos das Ungewöhnliche, und was dem Speisetriebe im Ganzen genommen widrig war.) Ausdruck der Gesichtsmienen von Vergnügen und Schmerz, verschiedene Arten des Weinens (besser, des Schreiens); bei manchem half Zureden.

19ter Tag. Alles dieses bestimmter. Er schwieg, wenn er anders gelegt wurde, oder eine weiche Hand im Gesichte fühlte, und suchte die Brüste. Also Spuren von Associationen. Er kratzte sich bis zu Schmerzen: also mangelhafte Unterscheidung seines Körpers, und gar keine Vorstellung von Entfernungen.

Am Ende der 5ten Woche. Schlug und kratzte sich nicht mehr so oft: also — meint der Beobachter — einige Kenntniß von Entfernungen. Aber was war es anders als eine dunkele Association von Ursache und Wirkung? Richtiger die Bemerkung, mit Cheselden, daß das Gesicht allein von Entfernungen nichts lehre, indem alle Gegenstände wie auf dem Auge erscheinen, daß also das Gefühl zu Hülfe kommen müsse. — Abnahme des Schlases; und darin ein abermaliger Beweis der ursprünglich größeren Thätigkeit der Menschenseele. Lächeln aus Seelenempfindung, denn es wurde durch Vorsprechen und Mienen Anderer erregt, woran die Sympathie Antheil haben mußte. „Der Nachahmungstrieb entwickelt sich früh, und scheint in einem Mechanismus seinen Grund zu haben, dem Ideenassociation zu Hülfe kommt rc. Dieß gründet sich theils in der Organisation selbst, indem die Organe, welche zur lebhaften Vorstellung wirken, sich gerade in die Lage setzen, worin sie seyn müssen, um die Sache zu verrichten, theils auch in der Ideenassociation, indem die Vorstellungen von Handlungen auch die Handlungen selbst zu unmittelbaren Begleiterinnen haben, und deren erste Anfänge sind. Dadurch werden Kinder, die schon Töne hervorzubringen gelernt haben, und die Stimmorgane zu bewegen wissen, unabsichtlich zu Nachahmung der Töne gereizt. Eben das enthält auch den ersten Grund der Sympathie rc." (Doch erklärt es dieser Grund allein nicht; tiefer noch liegt das Streben der Menschheit darin.)

Einige Tage hernach. Widerwille gegen die Arznei; (aber doch immer noch kein vollgültiger Beweis von Geschmacksperceptionen.) Ausstrecken der Hände nach den Dingen; (wie sollte aber das, wie der Beobachter meint, schon ein Beweis seyn, daß er die Dinge von sich unterschied?) Langes Verfolgen der Dinge mit den Augen, und sichtbares Bestreben, die Bilder recht aufzufassen.

Am Ende der 8ten Woche. Das Schlagen und Kratzen hatte aufgehört. Nur neue Gegenstände (nur? das ist zu bezweifeln) wurden lange verfolgt. Die Geberden der mit ihm Sprechenden beachtete er mit Theilnahme. Lebhafteres Gegenstreben gegen das Unangenehme. (Der Beobachter wollte auch Zorn bei dem Kinde finden, welches Hr. Prof. Pos. tadelt, als ein ungegründetes Uebertragen einer solchen Gemüthsstimmung der Erwachsenen auf das Kind; ein „zorniges" Kind ist es zwar in dieser Periode noch nicht zu nennen, denn ganz qualificirt kann der Zorn da noch nicht seyn, aber das Element desselben ist doch manchmal unverkennbar.)

Schärferes Unterscheiden der angenehmen und unangenehmen Empfindungen; Freude über den Anblick des Lichtes nach der Dunkelheit, und bei den abwechselnden Bewegungen des Körpers lautes Lachen. Erst jetzt Kitzel, doch nur am Bauche. „Ein Beweis, daß auch diese Sensation, gleich andern, um in ihrer Eigenheit empfunden zu werden, Vergleichung und Ausbildung“ (eigentlicher: Ausscheidung) „anderer erfodert, und daß das Angenehme sowohl als das Unangenehme Anfangs nicht unterscheidend und bestimmt gefühlt wird.“

In der 12ten Woche. Die Zähne fingen an einzuschießen. Jetzt wurden die Hände mehr gebraucht, um alles zum Munde zu bringen, da sie vorher noch nicht die Aufforderung hatten, etwas lange fest zu halten, und nach dem Begehrten der ganze Körper sich vorwärts beugte. Jetzt lernte das Kind mit den Händen festhalten.

Nach Verlauf des ersten Vierteljahres. Spielen mit den vor ihm liegenden Dingen. Der Knabe wußte die Brust zu finden; sah er jemand trinken, so machte er eine sympathische Bewegung mit dem Munde. (Er sah also jetzt unstreitig Formen.) Von Träumen jetzt erst die wahrscheinliche Spur in der saugenden Bewegung des Mundes während des Schlafes.

Zu Ende der 14ten Woche. Sehnen nach entfernten Dingen. Doch wußte das Kind noch nicht deutlich, daß es sie eher mit der Hand als mit dem Munde erfassen konnte. Jetzt hörte es zum erstenmale auf dem Klaviere spielen, und bezeigte sich ungemein freudig und munter; „also die Töne selbst, ohne Kenntniß der Melodie, oder der dadurch ausgedrückten Empfindung, machen angenehmen Eindruck.“ (Dieser Beobachtung, beinahe die einzige, welche über den Gehörsinn vorkommt, fehlt es an Genauigkeit. Waren es die Töne als Töne? Das ist aber zu bezweifeln, wenn der Knabe nicht etwa eine ganz außerordentliche musikalische Anlage hatte. Oder waren es die Klänge blos als auffallend heller Schall? Oder hüpfte man mit dem Kinde?)

Bis Ende des 4ten Monats. Es wurde nichts von Erheblichkeit wahrgenommen. Beim Herabheben von einer ungewöhnlichen Höhe schien es sich mit den Händen gegen das Fallen sichern zu wollen. Die Arme und Hände lernten sich besser bewegen. „Von schwarz gekleideten Personen wendete er sich weg, mit sichtbaren Zeichen des Widerwillens; schwarz folglich als die Farbe der Finsterniß, muß etwas von Natur Unangenehmes haben, welches auch daraus erhellt, daß fast überall diese Farbe bei unangenehmen Vorfällen zu Kleidungen gebraucht wird. Aus Gewohnheit fühlt man das Unangenehme hernach weniger, und überredet sich zuletzt, es sey gar nicht vorhanden.“ — Von Entfernungen noch keine richtige Vorstellung. Das Singen machte allemal aufmerksam, und erregte Hüpfen; das Pfeifen wurde nicht beachtet. Die Geschmacksperceptionen schärfer; der Arznei widersetzte sich das Kind, Wein und mehreres nahm es gern. — Ein neuer Beweis der erweiterten Thätigkeit war die Langeweile, wenn alle anziehende Empfindungen fehlten; etwas Neues machte ihn dagegen sogar der oft heftigen Zahnschmerzen vergessen. (Woher wußte man von diesen?) — Uebung in Hervorbringung von allerlei Tönen, auch ohne aufgefordert zu seyn, doch ohne absichtliche Nachahmung. (Also wahres Spiel damit.) — Jetzt bemerkte man erst, daß der Knabe allemal das Gesicht richtig nach der Gegend wendete, wo der Schall herkam, auch das Hören mit dem rechten Ohre oder linken unterschied.

Bis Ende des 5ten Monats. Zunahme der Thätigkeit. Beständige Bewegung während des Wachens. Freude beim Anblicke der Brüste, wie auch der Wärterin, wenn sie den Mantel nahm, um mit dem Kinde auszugehen.

Im 7ten Monate. Bekanntschaft mit Sachen und Personen. Stärkerer Ausdruck der Empfindungen, besonders auch der Verwunderung, (eigentlicher, Vergnügen über das Neue.) Unterscheidung des Tons, um die Gemüthsstimmung der Personen zu bemerken.

Im 8ten Monate. Absichtliches Articuliren der Töne, und Versuche, z. B. die Sylbe ma auszusprechen.

Anfang des 10ten Monats. Zeichen von Zuneigung gegen bestimmte Personen, z. B. Weinen, wenn man den Schein annahm, als schlüge man die Mutter. Kenntniß mehrerer Dinge, die das Kind mit den Fingern bezeichnete u. s. w.

3.

Diese Beobachtungen und die obigen können sich gegenseitig ergänzen, und zugleich einigen Unterschied unter den beiden Knaben bemerkbar machen. So entwickelte sich z. B. bei jenem die Sprache nicht so frühe, wie auch bei seinen Geschwistern der Fall gewesen war. Er hatte 2 Brüder und 2 Schwestern vor sich, und einige wurden nach ihm geboren, zunächst eine Schwester, 1895 an einem milden, schönen Frühlingstage, Nachmittags 3 Uhr, zwar mit einer leichten Entbindung, aber noch etwas mehr beschwerlicher Schwangerschaft; dießmal war auch nicht jener rothe Streif in derselben zu bemerken gewesen, aber das Leben des Kindes war eben wohl frühe verspürt worden. Die Mutter hatte wirklich ein Mädchen erwartet. Es schlief bald nach der Geburt 8—9 Stunden lang, indem es mitunter die Händchen zum Munde brachte, endlich aber unruhiger wurde und noch stärker als vorher schrie, bis es die Mutter anlegte, etwa erst 10 Stunden nach der Geburt, wo es herzhaft sog. Sein erster Schrei bei der Geburt war stärker als der von seinen nächstvorhergehenden Geschwistern, überhaupt kündigte sich eine gewisse Energie in seinen ersten Lebensverrichtungen an, da auch schon vor dem Anlegen an die Brust viel Kindspech abgegangen war. Es wog 14 Stunden nach der Geburt 5 ½ Pf., und maß 6'' 6'''. Während des Waschens war es meist ruhig. Das Mädchen hatte dunkle Augen, dunkles, langes Haar, seine Stirn war breit, so wie sein Gesicht, vermuthlich durch seine vorige Lage, denn das Verhältniß änderte sich bald; es hatte bei vollen Backen ein Grübchen im Kinne; seine Miene war ernst, aber heiter. Gleich nach der Geburt sah es um sich, da es aber zu hell im Zimmer war, so litten die Augen etwas, und hielten sich mehr geschlossen; am folgenden Morgen sahen sie hell heraus und fixirten Helles, wendeten sich auch freithätig bald hierin, bald dahin.

Auch dieses Kind zeigte weiterhin, gleich seinen andern Geschwistern ein Naturell zwischen dem festen, lebhaften, das bei einigen mehr durch das innige, bei einigen mehr durch das sanfte gemäßigt war.

4.

In einer andern Familie brachte an einem hellen Wintertage eine Mutter nach mehreren bald auf einander folgenden Wochenbetten einen Knaben zur Welt, den sie auf den Fall erwartete, daß die Entbindung nicht 8 Tage später erfolgte; das hatte sie bei ihren vorigen Kindern, Knaben und Mädchen, so erfahren. Das Kind schrie alsobald herzhaft, und sah auch sogleich nach der Lichtgegend des Zimmers hin. Bald darauf fuhr es mit seinen Händchen nach dem Munde, und machte einige Bewegung zum Saugen. Es lag stille da, schlief meist, hatte ein gesundes Ansehen und zeigte sich durchaus kräftig; sein Gewicht war den Tag nach der Geburt fast 8 ½ Pf., und so war auch seine Länge etwas mehr als die gewöhnliche. Der Knabe wuchs zu einem ziemlich starken, und großen, blühenden Jünglinge heran. Nach 2 Monaten hatte er das Gewicht von 11 ¾ Pf., und die Länge von 23″, nach 3 Mon. 13 ½ Pf. und 24″ 5‴.

Ein Mädchen in einer andern Familie maß nach 4 Wochen 22″ 6‴; es wuchs zu einer mittleren Größe heran.

Nach Beobachtungen des Dr. Friedländer zu Paris (Körp. Erz.) schwankt die Länge der neugeb. Kinder zwischen 8″ — 24″, und das Gewicht sogar zwischen 1 Pf. — 10 ½ Pf., nämlich nach Untersuchungen v. J. 1801 — 1806 fand sich unter 7077 Kindern das Gewicht

von	34	zu	1	bis	1 ½	Pf.
—	69	—	2	—	2 ½	—
—	164	—	3	—	3 ½	—
—	396	—	4	—	4 ½	—
—	1317	—	5	—	5 ½	—
—	2799	—	6	—	6 ½	—
—	1750	—	7	—	7 ½	—
—	463	—	8	—	8 ½	—
—	82	—	9	—	9 ½	—
—	3	—	10	—	10 ½	—
	7077	—	45	—	50	

Das empirische Mittel 6 ½ Pf.
Das arithmetische — 5 —

Nach des Dr. Wichelhausen, Gemälde von Moskwa sind dort die Kinder von vorzüglicher genetischer Lebenskraft, die sie durch ihr heftiges Schreien und lebhafte Bewegungen verrathen; ihr Maß ist gewöhnlich 15 Werschocke, und 18 — 24 Russ. Pfund.

II. Seltenheiten.

1. Beispiele von Frühreife.

a) geistiger.

1) Das stärkste Beispiel der Art, zugleich auch der Verkehrtheit in der neueren Cultur, wie sie damals herrschte, ist wohl das von dem sogenannten Lübecker Wunderkinde. Dieses, Chr. H. Heineken, wurde geb. den 6ten Febr. 1721. Sein Vater war ein Maler. Die Mutter mußte eine Säugamme nehmen. Es war ein schönes, niedliches Kind. Sein allzufrüh hervordringender Geist zeigte sich bald, denn gegen das Ende des 10ten Mon. bemerkte man, daß es nach den Figuren an der bemalten Wand und an dem weißen Ofen mit der größten Aufmerksamkeit hin- und hersah. Man sagte ihm da die Namen dieser Figuren, Katze, Thurm ꝛc., und schon den andern Tag, als man es auf die Katze, den Thurm ꝛc. fragte, deutete es genau darauf hin, ja es bemühete sich sogar, diese Worte nachzusprechen. Dabei sah es dem Redenden unverwandt nach dem Munde, und versuchte sich so lange, bis es das Wort herausbrachte.

Nun aber, wie man diese vorzügliche Fähigkeit bemerkte, beging man die Thorheit, dem Kinde sogleich einen ordentlichen Lehrer zu geben, und dieser hat den Unverstand, die biblische Geschichte mit ihm anzufangen. „Ehe es noch ein Jahr alt war, hatte es fertig alle die vornehmsten Historien in den 5 Büchern Mose nach der Ordnung gelernt. Und von der Schöpfung konnte es ziemlich vernehmlich folgende Verse hersagen: Den ersten Tag wards Licht ꝛc." Hätte man es lieber dieses Lichts der Natur und der Schöpfung selbst froh werden lassen!

Im 13ten Monate lernte es die übrigen bibl. Gesch. aus dem Alten Test. und in dem 14ten hatte es schon alle aus dem N. Test. gefaßt. Es wollte keine Speise als nur seine Ammenmilch genießen. Die Leibeskraft mußte freilich durch dieses Uebertreiben der Geisteskraft geschwächt, und von der Natur abgelenkt werden. Wenn man es auch an den Tisch setzte, so lernte es nur, statt zu essen, und fragte, wie die Gerichte hießen, woher sie kämen ꝛc. Doch blieb es fröhlich, nur wenn man seine nun einmal lüstern gewordene Wißbegierde nicht befriedigen wollte, betrübte es sich, so daß es mager davon wurde.

In seinem 15ten Mon. fing sein Lehrer die Weltgeschichte mit ihm an, und wie es 2½ Jahr alt war, wußte es auf alles, was man es aus der Geschichte der Hebräer, Aegypter ꝛc. fragte, schnell zu antworten! Auch in der Geographie wußte es die Eintheilung der Länder, Städte, Flüsse, Merkwürdigkeiten ꝛc. in aller Ordnung herzusagen. Ja sogar, als es einmal sich an dem Todtentanze, den man ihm in der Liebenfrauenkirche zeigte, herzlich vergnügte, brachte man ihm die Anatomie bei!

Dabei hatte es mehr als 8000 Lateinische Wörter behalten, da es in jeder Woche wenigstens 150 lernte. Der Orbis pictus des Comenius wurde sein Lieblingsbuch. Von seiner Amme lernte es plattdeutsch, und wenn es ihm besonders wohl zu Muthe war, sprach es so mit ihr.

Eigentlich krank war dieses Kind bisher noch nicht gewesen; aber freilich mußte seine Lebenskraft nunmehr schon im Innersten geschwächt seyn. Im xten Monate seines 2ten Jahres wurde es sehr krank, erst nach einigen Monaten genas es wieder. Und nun eilte man die Institutionen!! und die Dänische Geschichte mit ihm anzufangen! Damit kam es auch noch vor Beendigung seines 3ten Lebensjahres völlig zu Ende. „Daß es auch Religion aus dem Lübecker Katechismus gelernt, verstehet sich ohnehin." Ja wohl! und daß man mit diesem Kinde, das man zum Himmel beförderte, ein wahres Menschenopfer brachte.

Deutsch und Lateinisch lesen hatte es nun auch gelernt, und zwar ohne ABC-Buch. Die Genealogieen der Europ. Regenten konnte es nach der Schnur hersagen, ebenfalls vor dem Ende des dritten Jahres. Doch man lese nur die weitere Entwickelung dieses Kindes, welches endlich im 5ten J. überreif starb, in der natürlich nur kurzen Biographie; jene Verkehrtheit ist beinahe belehrender, als ein musterhaftes Beispiel.

---

2) Ein auf höhere Weise außerordentliches Kind, kraftvoller an Geist und Leib zugleich, war der berühmte Italiänische Classiker Torquato Tasso. Er gehört doch immer zu den großen Dichtern, die nahe an die Muster des Alterthums reichen; auch wurde er zu Rom feierlich mit dem Lorbeere gekrönt. Er war eben so stark und schön von Leibe, als geistvoll, aber durch sein unruhiges, empfindliches Wesen hatte er sein Schicksal gegen sich erbittert; er verfiel durch das allzu lebhafte Spiel seiner Phantasie in Krankheit und Geisteszerrüttung; nach seiner Genesung war sein Geist geschwächt und ruhig, und nur seine Güte leuchtete hervor. Seine unglückliche Zeit hatte mit dem Aufenthalte an dem Hofe zu Ferrara angefangen, nach seinem 30sten Jahre. In seinen letzten Lebensjahren soll er sich oft mit einem Geiste unterredet haben, wobei, wie man sagt, seine Freunde manchmal Zuhörer waren. Einer seiner Biographen, Heinse, drängt seine Geschichte in folgendes treffende Gemälde zusammen: „Sein Geist ging so rein und schön wie die Frühlingssonne auf, zog mit seinen heißen Stralen ein Gewitter um sich her, das er in seiner Mittagshöhe kaum durchbrennen konnte, wurde dar-

auf verschlungen und verfinstert, und ging, als ob er seine Kraft verloren hätte, in leichten rosenfarbnen Wolken unter, die Bewohner einer besseren Welt zu erfreuen.“

Um desto interessanter ist es uns, daß wir die Kindheitsgeschichte dieses eben so genialen als charaktervollen Mannes besitzen. Er war das zweite Kind vorzüglicher Eltern. Der äußere Adel seines Vaters wurde durch den inneren der Bildung, des Geschmacks, der Geschäftstreue und der edlen Charaktergröße erhoben; seine Mutter, ebenfalls von vornehmem Geschlechte, war eine der schönsten, gebildetesten und liebenswürdigsten Frauen ihrer Zeit. Beide liebten sich mit der zärtlichsten Treue, und Torquato war im wahren Sinne ein Kind der Liebe.

Er wurde den 11ten März (nach andern im Apr.) 1544 geboren, zu Surrento unweit Neapel und dem Meere, in dem Landhause seiner Mutterschwester, in einem Paradiese, mitten unter den Herrlichkeiten des Frühlings. Die liebevollsten Menschen empfingen das Kind. Nie konnte eins freundlicher auf der Welt bewillkommt werden.

Unter Naturschönheiten und Nachtigallengesängen entwickelte sich die außerordentlich hervordringende Geisteskraft dieses Kindes sehr frühe und lieblich. Denn alle seine Biographen stimmen darin überein, daß es im 6ten Monate schon alle Wörter seiner schönen Muttersprache ausgesprochen und verständige Antworten gegeben habe.

Aber was that man! Sogleich eilte man mit dem Kinde nach Neapel, in die Stadt, in den Schulstaub, zu den Buchstaben; und, nur mit Schmerz können wir so was nachschreiben, von seinem dritten Jahre an legte sich das Kind so stark auf die Erlernung der Grammatik (!), daß sein Lehrer es mit eben so viel Strenge von den Büchern zurückweisen mußte, als womit man andre dazu hintreibt; da hatte man es freilich schon zu weit kommen lassen. Jetzt las und schrieb er schon Italiänisch mit dem größten Vergnügen. In seinem 5ten oder 6ten J. (nach andern gar im 4ten) brachte man ihn in die Jesuitenschule, und in seinem 7ten oder 8ten Jahre schrieb und sprach er die Lateinische Sprache so classisch, als es nur einem Neueren möglich ist; hielt Reden und machte Gedichte in derselben; auch las er die Griechen, und lernte Griechisch wie seine Muttersprache (?) verstehen. In seinem 12ten J. bezog er die Universität zu Padua!

O der Entheiligung des Göttlichen in diesem Kinde! War es etwa die kirchliche Finsterniß des Zeitalters, welche nicht sehen ließ, daß die herrlichste Natur von der Gottheit selbst diesem Kinde zur Erzieherin angewiesen war? Am Ufer des wogenrauschenden Meeres sitzen, und zurück in die blühenden Fluren oder nach dem rauchenden Vesuv hinauf sehen, oder auch nach der schön gebauten Stadt; dann in das Dunkel des Donnergewölks schauen, oder in die heilige Nacht, oder in die rosige Morgenröthe — das sollte der Knabe Tasso, wenn ihn die Liebe der freundlichen Eltern in der freien Natur fröhlich bis dahin erzogen hatte. Vielleicht wäre er dann dem ersten der Dichter nahe wenigstens für sich zur Seelenharmonie gekommen. Oder ist die Macht des Buchstaben gegen den hervordringenden Geist größer, als die der frischen Natur, so daß er sogleich wie zur Lüsternheit reizt und fesselt, und also kein Homerus mehr erwachsen kann?

Sein Vater sagt in einem Briefe von seinem Kinde, es habe nie geweint. Das mochte wohl schon auf den tiefen Ernst seines Lebens hindeuten; wie auch einer seiner Biographen sagt, daß man von seinen ersten Jahren an auf seinem Gesichte einen ausgezeichneten Ernst mit Trauerblässe (tristezza e palidezza) bemerkt habe. Als ob das Tragische seines Charakters und seiner Lebensschicksale, worin er alles Fröhliche hinopferte, darin schon angezeichnet gewesen. Auch möchte man darin beinahe schon den tapferen Widerstand lesen, den er als

Mann bewies, z. B. als er gegen mehrere zugleich sich mit dem Degen wehrte.

---

3) Baratiers, geboren d. 19. Jan. 1721 zu Schwabach in Franken, wo sein Vater Pfarrer war, konnte in seinem 3ten Jahre lesen, im 4ten Französisch und Deutsch sprechen, im 5ten auch Lateinisch, im 8ten die Bibel in den Grundsprachen, die er verstand; im 13ten Jahre schrieb er eine Franz. Uebersetzung eines Rabbinischen Buches*); dann wurde er Mathematiker und Rechtsgelehrter; im 18ten Lebensjahre war er ein Greis, im 20ten eine Leiche.

4) Malkin, der 1802 zu Hackney in England als 6jähriger Knabe starb, las und schrieb nicht nur vollkommen Englisch, sondern verstand auch Lateinisch und Französisch, Geographie rc., und zeichnete sehr schön. Er faßte alles ungewöhnlich schnell. Bei seinem Tode bewies er nicht minder eine seltene Geistesstärke.

Noch eine Reihe solcher, denen man ein ingenium praecox beilegt, ließe sich aufstellen, unter welche auch Joh. Pico von Mirandola, Melanchthon und Hugo Grotius gehören.

---

b) Körperliche Frühreife.

Man hat darüber mehrere Berichte aufbewahrt; meist aus Frankreich.

Im J. 1695 soll zu Claude ein Knabe in seinem 4ten Jahre schon zeugungsfähig gewesen, im 7ten einen Bart bekommen, und im 10ten seinen Wachsthum zur gewöhnlichen Größe vollendet haben. — Im J. 1735 fand sich in Frankreich ein Knabe, der 11 Monate alt

*) Voyages de R. Benj. de Tudele traduit de l' Hebreu et enrichi de notes etc., s. Formey, Franz. Biogr. des Uebers. Utrecht 1742.

schon die Größe über 4 ½ Fuß erreicht hatte, und auch sehr dick war, jedoch noch nicht recht sprechen konnte. — Im J. 1736 befand sich in der Normandie ein Knabe von 6 Jahren, der beinahe 5 Fuß groß, dabei auch sehr stark war; er war schon außerordentlich groß auf die Welt gekommen, und wuchs von jener Zeit an nur noch etwas bis in sein 13tes Jahr. — Im Jahr 1753 soll ein Knabe zu Cahors, der in gewöhnlicher Größe geboren war, so schnell an Wachsthume, auch an der Stimme zugenommen haben, daß er 3jährig einem 30jährigen Manne geglichen; 5jährig war er über 4 Fuß groß; und schon im 5ten Jahre liebte er mannbare Mädchen, so kindisch er übrigens war; er konnte bald mehrere hundert Pfund in die Höhe heben. — Im J. 1708 sah man zu Carcassonne im 3ten Lebensmonate einen Knaben mit den äußeren Zeichen der Mannbarkeit, und im 5ten Lebensjahre 4 ½ Fuß groß und völlig am Körper ausgebildet. — Im J. 1756 soll zu Vernon ein Mädchen sogar mit allen jenen Zeichen geboren worden seyn, und im 4ten Monate menstruirt haben. Eben dieses letztere wird auch von einem 2 ½ jährigen Mädchen in Frankreich berichtet.

Auch in andern Ländern hat man dergleichen aufgezeichnet. Vom J. 1693 wird aus Böhmen von einem Knaben gemeldet, der 3 Jahre alt die schwersten Bauernarbeiten verrichtete, und einen Bart bekam, und im 13ten J. erwachsen war. — In einer westphälischen Gegend soll ein Mädchen gewesen seyn, das in seinem 2ten Lebensjahre menstruirte, und im 9ten Mutter wurde, aber von einem sehr kleinen Kinde. — Vor nicht vielen Jahren wurde in Deutschen Städten ein Mädchen gezeigt, welches 4 Jahre alt die völlige Größe und eine fast übermäßige Corpulenz der Erwachsenen hatte, und dabei nicht gerade am Geiste zurück war.

c) Andere Abnormitäten *).

Man weiß von Zwergen, die kaum 2 Fuß hoch und vollkommen ausgebildet waren. Bebe, der Zwerg des Königs Stanislaus, wog bei seiner Geburt nur 24 Loth, man trug ihn auf einem Teller zur Taufe, seine Wiege war ein Holzschuh, seine ersten Schuhe wie Nußschalen, wurde gegen 2 ¾ Fuß hoch; er zeigte wenig Vernunft, aber heftige Leidenschaften. — Die Zwergin Stöber in Deutschland war körperlich und geistig wohlgebildet.

Auch kennt man Riesen, über 8 Fuß hoch; Gili aus Trient war 8 ½ Fuß; man zeigt in Tyrol das Bild von einem Manne, der sogar 12 Fuß Rheinl. maß. Riesinnen von 7 F. hat man ebenfalls gesehen. Ganze Völkerschaften haben sich als riesenhaft ausgezeichnet, und dahin rechnet man die Patagonen. Dagegen sind die Polarmenschen unter der Mittelgröße.

Wir führen keine Beispiele von ungewöhnlicher Leibesmasse an, verweisen aber auf die seines Orts angegebenen von außerordentlicher Leibesstärke. Dahin gehört der berühmte Gottfried von Bouillon, der i. J. 1099 Jerusalem eroberte. Er durchhieb einst einen geharnischten Saracenen quer so, daß der untere Theil auf dem Pferde sitzen blieb. — Ums J. 1534 lebte in Frankreich ein Mann, der mit leichter Mühe ein Hufeisen zerbrach, und ein Pferd auf seine Schultern nahm. — Der König August der Starke von Polen, Churf. v. Sachsen, zerbrach einst ein Hufeisen nach dem andern in der Schmiede, und konnte ausgestreckt auf jeder Hand einen Mann halten.

Die Gemüthskrankheiten verdienen auch in pädago-

---

*) Man hat mehrere gedruckte Sammlungen von dergleichen, als Curiositäten, oder in physiologischer u. a. Hinsicht; in pädagogischer genügt es, durch einige Beispiele nur zu bemerken, daß es auch solche Regellosigkeiten giebt.

gischer Hinsicht eigens studirt zu werden, um dadurch ihnen früher auf die Spur zu kommen, und zu begegnen. Wer weiß, wie vieles da schon in den Kinderjahren geschehen könnte. Man hat z. B. bemerkt, daß sich bei manchen körperlichen Uebeln, wie Würmerreiz, erhöhete Geistesthätigkeit einstellte, daß manchmal ein mittelmäßiger, oder der gar für einen Schwachkopf gehalten wurde, mit Fähigkeiten überrascht, daß umgekehrt ein sehr fähiger umschlägt, u. dgl. m., welche Beobachtungen den Psychologen weiter führen können.

Die Beispiele von Kindern, die außer der menschlichen Gesellschaft aufgewachsen, dürfen wir nicht ganz übergehen. So wird von einem Mädchen erzählt *), das von der frühesten Kindheit auf unter den wilden Thieren in den Wäldern von Litthauen gelebt, und sich von Kräutern und Thieren zu ernähren, dabei schnell zu laufen gelernt hatte. Man fing es ein, und machte es, nicht ohne große Mühe, zahm; endlich gewöhnte es sich an menschliche Lebensweise, lernte sprechen, erwachte zur Vernunft, hatte aber da seinen ganzen vorigen Zustand vergessen. — Etwas Aehnliches wird von einem Mädchen in Champagne erzählt. — Ganz neue Zeitungsnachrichten sagen von einem solchen verwahrloseten Jünglinge, der in einer völligen Abgeschiedenheit von Menschen herangewachsen. Solche Beispiele können noch manches über die Entwickelung der Menschenkraft aufschließen.

---

d) Seltenes Gedächtniß.

Das Alterthum redet von manchen Beispielen eines außerordentlichen Gedächtnisses, nur bei einigen durch die

*) Histoire de l' Acad. R. des sciences, de l' a. 1703. Rudolphi Physiol. bemerkt, daß alle, von denen man weiß, wie das Mädchen in der Champ., Peter v. Hameln, die Knaben von der Insel Baren ꝛc. auf 2 Füßen gingen.

mnemonische Kunst verstärkt. Xerxes konnte in seinem großen Heere, doch von mehr als Hunderttausend, jeden Soldaten mit Namen nennen. Aehnliches wird von Scipio Africanus und von dem Kaiser Hadrianus gesagt. — Hortensius konnte, wenn er des Tags über bei einer Versteigerung gewesen, Abends alle Sachen, Preiße und Käufer angeben. — Cineas, der Gesandte des Pyrrhus, konnte den Tag nach seiner Ankunft zu Rom alle Senatoren und viele andere Bürger mit Namen grüßen. — Seneca erzählt von sich, daß er in seinen früheren Jahren 3000 Wörter in der Ordnung, wie man sie ihm vorgesagt, habe wiederholen können. — Drusus konnte den Homerus auswendig hersagen. Dasselbe rühmt Sallastius von dem Demosthenes. — Simonides, der Erfinder der Gedächtnißkunst, soll noch in seinem 80sten Jahre alle darin übertroffen haben. — Durch eben diese Kunst zeichneten sich auch aus: Charmides, der ganze Bücher habe auswendig hersagen können; Metrodorus; Lucullus, bei einem guten natürlichen Gedächtnisse; Portius Latro, von welchem Seneca rühmt, er habe Geschichten und Reden wie ablesend hergesagt.

Weiterhin zeigten vermittelst jener Kunst ein großes Gedächtniß: Thomas v. Aquino, Petrarcha, Joh. Pico v. Mirandola, Papst Clemens VI., u. A., in neuester Zeit Brunner in Nürnberg als 12jähriger Knabe, und sein 60jähriger Vater. — Von einem Corsikaner seiner Zeit erzählt Muretus als Augenzeuge, daß seine Mnemonik Wunderbares geleistet habe.

Mehr von Natur hatten ein außerordentliches Gedächtniß: Leibnitz, der durch fleißiges Lesen des Virgilius in seiner Jugend diesen Dichter noch im Alter Wort für Wort hersagen konnte; — der Mathematiker Wallis, welcher im Bette mit verschlossenen Augen die Cubikwurzel einer Reihe von 30 Ziffern ausrechnen konnte, und sie einmal auf solche Art innerhalb 20 Tagen von

53 Ziffern auszog; — ein gewisser Marcel zu Paris wiederholte die Namen von einem ganzen Bataillon Soldaten, nachdem sie vorgelesen waren, und zeigte noch Größeres darin; — ein Engländer, der im Nebenzimmer Voltaire hörte eines seiner Gedichte vortragen, neckte ihn damit, daß er es ihm Wort für Wort declamirte; — ein andrer Engländer, Crichton, konnte die Reden, die er anhörte, auch wenn sie eine Stunde dauerten, wörtlich genau, und sogar mit Nachahmung der Mienen und Geberden hersagen; er war auch übrigens an Geist und Gelehrsamkeit außerordentlich; — u. A. m., die sich auch durch die andern Geisteskräfte auszeichneten, z. B. der berühmte Physiolog von Haller.

III. Bemerkungen zu der Zeichenlehre, oder pädagogischen Semiotik und Diagnostik.

1) Aus Huarte *).

Er theilt die Seelenkräfte ein in Verstand, besonders als Urtheilskraft, in Einbildungskraft, besonders als Phantasie, und in Gedächtniß; jeder weiset er gewisse Wissenschaften an. Er rechnet zu den Gedächtnißwissenschaften die Grammatik, die Theorie der Jurisprudenz, die positive Theologie, die Kosmographie und die Arithmetik; zu den Verstandeswissenschaften die scholastische

*) Huarte Examen de Ingenios etc. Leyde, 1652. Siehe Gesch. d. Erz. II. S. 380 fg. Die Eintheilung der Seelenkräfte giebt das 8te Cap. in entendimiento, imaginativa, memoria. An Tiefblick fehlte es diesem Spanier weniger als an richtigen Kenntnissen. Sinnreich erklärt er, warum die Grammatiker in Spanien gewöhnlich so viel Dünkel hätten; so daß das Sprüchwort entstanden: Grammaticus ipsa arrogantia est.

Theologie, die Theorie der Medicin, die Dialektik, die philosophische Moral, und die Philosophie überhaupt, wie auch die praktische Jurisprudenz (Advocatie); zu den Wissenschaften, welche eine vorzügliche Einbildungskraft erfordern: die Poesie, Beredsamkeit, Musik, Predigerkunst, praktische Medicin, alle mathematischen Wissenschaften, die Astrologie, Staatskunst, Kriegskunst, Malerei, Zeichnungs- und Schreibekunst, die Geschicklichkeit gut zu lesen, und sich äußerlich gefällig zu machen, die Gewandtheit ꝛc., kurz alles, was sich auf Form, Ebenmaß, Harmonie und Proportion bezieht.

Wer in die scholastische Theologie eindringt, hat einen vorzüglichen Verstand. Weil nun zur Lateinischen Sprache ein vorzügliches Gedächtniß erfordert wird, dieses aber sich nicht mit jenem Verstande zusammen verträgt, so erklärt sich hieraus, warum die großen scholastischen Theologen schlechte Lateiner waren, und dieses immer noch zu seyn pflegen. Der Papst Pius IV. ließ einen Spanischen Theologen kommen, der sich vorzüglich wacker auf dem Tridentinischen Concilium gehalten hatte; wie groß war aber seine Verwunderung, als er das barbarische Latein des tiefdenkenden Mannes hörte.

Keine Anlage ist weiter entfernt von der vorzüglichen Gedächtniß-, wie auch Verstandesanlage, als die poetische, denn sie gründet sich auf vorherrschende Phantasie. In einem gewissen Grade der Wärme geht dabei der Verstand sogar zu Grunde. Dahin gehört die Anekdote aus Aristoteles, daß ein Syrakusaner, Namens Marcus, ein vortrefflicher Poet war, so oft er den Verstand verlor. Und daher machte Cicero so schlechte Verse, so daß der Satyriker Juvenalis sagt, wenn er darin seine Philippica gegen den Antonius gehalten hätte, für sein Leben keine Noth gewesen wäre. Auch Plato meint, daß sich Besonnenheit nicht mit Poesie vertrage. Sokrates, der weiseste Mann in der Welt nach dem Ausspruche des Apollischen Orakels, hatte die ganze Poetik gelernt, und konnte doch keinen Vers auf die Beine bringen. Wenn also ein Knabe poetische Anlage zeigt, so halte man ihn für die Lateinische Sprache, die Dialectik, Philosophie, Medicin, scholastische Theologie, und alle die Künste und Wissenschaften, die vorzüglich Verstand oder Gedächtniß erfordern, so gut wie verdorben. Daher lieben solche auch die Schauspiel- und Romanenlectüre so sehr. Vollends aber sind die Musiker am weitesten von der Sprachkunde und jenen andern Wissenschaften entfernt.

Schönschreiben ist auch ein Zeichen von vorherrschender Einbildungskraft, denn es giebt nicht leicht Menschen von großem Verstande, die schöne Buchstaben machen, und die Copisten sind gewöhnlich eben keine große Geister. Wenn daher ein Knabe z. B. gern zeichnet, ein hübsches Pferd macht, oder zierliche Schnörkel, so thue man ihn nur sogleich zu einem Maler.

Eben so offenbart sich in der Lesefertigkeit eine eigne Art der stärkeren Phantasie. Man soll nur solche Kinder nicht zu den Wissenschaften bestimmen, sondern etwa für die gerichtlichen Geschäfte.

Eine andre Art der Einbildungskraft ist die der artigen Gesellschafter, die immer viel und fein zu reden wissen; diese besitzen nun gerade am wenigsten das Lesetalent. Ihr Lesen wird immer holpricht und stockend seyn.

Die Gewandtheit im Spiele, im Ausspähen möglicher Fälle ꝛc. zeigt ebenfalls vorherrschende Einbildungskraft an. Dabei kann man auch im Spiele den Charakter erkennen. Die Geschicklichkeit im Schachspiele verräth nicht minder jene Anlage. Ein tief gelehrter Theolog spielte oft mit seinem Bedienten Schach, und da der fast immer gewann, so glaubte der Herr, es ginge mit dem Teufel zu. Er hätte nur denken sollen, daß sein Bedienter bei weniger Verstande und Gedächtnisse vielleicht mehr Phantasie besaß.

Die jungen Leute, die ihre Bibliotheken und andre

Sachen so gar ordentlich haben, verrathen wenig Verstand und Gedächtniß, nur Einbildungskraft. Und wenn ein junger Mensch immer so nett und so gar ordentlich geht, daß er keine Faser und keine Falte an dem Rocke leiden kann, so sagt das nichts anders.

Menschen, die viel und witzig zu schwatzen und zu kurzweilen wissen, werden nie zur Grammatik, Logik ꝛc. taugen, denn auch bei ihnen ist die Einbildungskraft überwiegend. Besitzen sie Schlauheit und Gewandtheit, so kann man etwa gute Advocaten, Handelsleute ꝛc. in ihnen erwarten. Daher irrt man sich sehr, wenn man von gemeinen Leuten, bei welchen man diese Eigenschaften bemerkt, glaubt, sie würden sich in den Wissenschaften ausgezeichnet haben.

Schüler, die ihre Lectionen richtig hersagen, ohne in einem Wörtchen zu fehlen, verrathen viel Gedächtniß, aber wenig Verstand.

Eitelkeit und Dünkel, sorgfältiges Halten auf Form und Ceremonien ist ein sicheres Zeichen von Verstandesmangel; denn es kommt von einem wärmeren Grade der Einbildungskraft her. Damit kann immer ein gutes Gedächtniß, also etwa Sprachgelehrsamkeit bestehen. Dagegen ist natürliche Bescheidenheit ein untrügliches Zeichen von vortrefflichem Verstande, bei einem geringen Grade von Phantasie und Gedächtniß.

Viele Worte ist ein Zeichen von Geistesarmuth; denn wer kann mit alle dem Wortwerke deutliche Begriffe verbinden!

Zum Redner und Staatsmanne wird viel Einbildungskraft, zum theoretischen Rechtsgelehrten viel Gedächtniß und zum Theologen vorzüglicher Verstand erfodert.

Man findet weiter noch eine Menge Bemerkungen der Art, mit Anführung vieler dahin gehörigen Stellen aus Platon, Cicero, Gallenus und andern Alten. Nur schadet die Eintheilung in jene drei Gemüthskräfte.

Man kann aber vieles leicht berichtigen, und also immer noch wenigstens als Winke benutzen.

---

2) Nachträgliche Winke.

Die Alten waren auch hierin aufmerksamere Beobachter, als man vielleicht jetzt ist. So sah Cicero in dem jungen Lucullus Vorzeichen von Geist und Sittsamkeit *).

Hier müssen wir noch bei einer Stelle aus Platon verweilen, welche der Zeichenlehre, die er doch sonst behauptet, eben nicht das Wort redet. Als Menon und Sokrates darüber einig waren, daß die Tugend nichts, was die Natur giebt, sey, setzt dieser Folgendes hinzu: Wenn die Guten es durch die Natur (Geburt) wären, so müßte es ja wohl Leute unter uns geben, welche die edeln Naturen erkennten; und solche Kinder würden wir sogleich, wie sie uns von jenen Kennern angezeigt wären, nehmen, und auf unserer Burg viel sorgfältiger verwahren, als Gold, damit sie ja niemand verdürbe, sondern, wenn sie zur Reife des Alters gekommen wären, zum Besten des Staats auftreten könnten." Sokrates scheint hiermit keine Zeichenlehre, die in dem Kinde das Bleibende der Tugend erkennen will, für möglich zu halten; allein man darf nicht übersehen, daß er dort von der Tugend als Naturell spricht, und mit Recht sie nicht als solches gelten läßt, aber eben damit in dieser Stelle als gewiß zugiebt, daß das Naturell am Kinde allerdings erkennbar sey; daß dort immer von dem Staatsbürgerlichen die Rede ist und in dieser Hinsicht die Begriffe von der Tugend doch sehr einseitig bleiben mußten; daß hiernach

---

*) De Fin. III. 2. Multa mihi dat signa puer et pudoris et ingenii. — So hatten sie auch das Sprüchwort: Urit mature, quod vult urtica manere; besser das Deutsche: „Was eine Lilie werden will, sticht früh hervor;" aber schlechter: „Was ein Häckchen werden will, krümmt sich bald."

die Erziehung der Kinder ebenfalls sehr einseitig war, und man vielleicht gar nicht daran dachte, das Reinmenschliche in ihnen zu beobachten und aufzufassen, denn immer hatte man den Zweck des Staats vor Augen; hierzu kam noch der Mangel an anthropologischen Kenntnissen, und endlich jene große Einseitigkeit in der Erziehung, daß die weibliche Hälfte so sehr zurückgesetzt und verwahrloset war; und so war es fast unmöglich, daß dort die Eltern das Kind genau in seiner Entwickelung beobachteten. Dieser Ausspruch jenes Weisen wird uns also vielmehr an die Wichtigkeit solcher Beobachtung unserer Kinder erinnern, und, indem wir immer noch die Schwierigkeiten bei derselben erkennen, uns eher dazu aufmuntern, als davon abschrecken. Denn die Bewunderung des Alterthums müßte uns doch gegen die Fortschritte unsrer Zeiten blind gemacht haben, wenn wir nicht die erweiterten Einsichten in die Kenntniß und Behandlung des Menschen, so wie in der Naturkunde überhaupt, bemerken wollten, so viel sich auch gegen unsere Psychologieen, und was davon abhängt, einwenden läßt *).

Und daß die Alten dachten, man könne wohl in dem Kinde den künftigen Menschen weissagen, haben wir bei Chaldäern, Aegyptern, u. a. in der Geschichte der Erziehung gesehen. Daher gab man auch viel auf das Außerordentliche, das man in den frühen Schicksalen, oder bei der Geburt, auch oft vor der Geburt eines wichtigen Mannes bemerkt hatte, und das man wohl noch mythisirte, wie von Romulus, Servius Tullius, Kyrus, Perikles, Platon, Alexander d. Gr. **).

---

*) Wir bringen hier noch die Erinnerung an ein Buch nach, worin sich jene Fortschritte dem Pädagogen dankenswerth darbieten, J. Ch A. Grohmann, Ideen zu einer Gesch. der Entwickelungen des kindl. Alters; psycholog. Untersuchungen 1817.

**) Welches in der Gesch. d. Erz. I. bei jenen Männern bemerkt worden. — Die Mutter des Perikles, Agariste, träumte

Hier noch einige Winke zu unsern an mehreren Orten angegebenen Merkmalen der verschiednen Naturelle.

Ein Knabe, der etwas ganz aus sich selbst unternimmt und durchsetzt, verspricht einen kräftigen Mann, der es nicht bei dem Gewöhnlichen läßt. Besteht er fest auf Recht und Wahrheit, so bedarf er einer Leitung, die ihn zugleich Selbstverläugnung lehrt, um einst wohlthätig aufzutreten. Rechthaberei, Umsichschlagen, Ausbrüche des Zorns, Veränderlichkeit, deuten nur überhaupt die männliche Natur an. Zeigt sich dabei boshafte Neckerei, Tyrannisiren der Kleineren, Verschwendung oder Eigennutz u. dgl., so schlägt es schlimm aus, gut dagegen, wenn der Knabe sich tapfer, edelsinnig, großmüthig, hülfreich ꝛc. beweist.

Manche Züge, wie Thierquälerei, heimliches Erschnappen z. B. von Obst im Garten ꝛc., sind an sich nicht gerade schlimme Ankündigungen, es kommt nur auf das an, was sonst in dem Knaben ist, das allerdings etwas Schlechtes, manchmal auch viel Gutes seyn kann.

Man hüte sich darum ja, keinem Kinde durch übereiltes Urtheil Unrecht zu thun, und beobachte es also im Ganzen, und das fortwährend. Eben das gilt von dem Beurtheilen der geistigen Fähigkeiten.

---

einige Tage vor seiner Geburt, sie habe einen Löwen zur Welt gebracht. Die Träume der beiden Eltern Alex. d. Gr. vor seiner Geburt erzählt Plutarch. Vit. Alex. 2, 3. Ueber Platons Apollinische Abkunft ꝛc. s. Olympiod. Vit. Plat. vergl. Hieronym. adv. Jov. I. Der Homer. Vers, den Olymp. dabei anführt, daß Bienen Honig in den Mund dieses Kindes trugen, welche Anekdote auch Cicero de divin. 1, 56. erzählt, war jener über Nestor: „Von seiner Zunge floß die Rede süßer als Honig.“ Fast dasselbe erzählt Pausanias von dem Dichter Pindarus.

3) Züge aus der Jugend merkwürdiger Männer *).

1. Augustinus (geb. 354 in Numidien) bekennt von sich selbst, daß er als Kind ergrimmt sey, wenn ihm seine Eltern nicht den Willen gethan; in der Schule sey er zum Lernen geschlagen worden; er habe gern gebetet, ob man ihn gleich ausgelacht (seine Mutter war eine Christin, sein Vater ein Heide). Nur die Göttergeschichten lernte er gern. Seine Naschhaftigkeit mit seinem Ehrgeize verbunden, verleitete ihn dazu, seinen Vater zu bestehlen; seine Geistestalente zeichneten ihn aus; er gerieth in grobe Ausschweifungen. Endlich siegte sein Besseres, und er ergab sich ganz dem Erforschen der Wahrheit, was sich schon in seinem Knabenalter gezeigt hatte, wobei seine lebhafte Phantasie immer im Spiele war. Er wurde ein berühmter Lehrer und Kämpfer der Kirche. Was würde nicht erst durch eine gute Leitung in seiner Jugend aus diesem tiefen und zugleich energischen Menschen geworden seyn!

2. Moses Ben Maimon (geb. zu Cordova 1131) von seinem Vater unterrichtet, mit geringem Erfolge daher als ein Dummkopf verachtet, wurde er dennoch ein vorzüglicher Gelehrter.

3. Albertus Magnus (geb. zu Lauingen in Schwaben zwischen 1193 und 1205) soll Anfangs viel Stumpfsinn gehabt haben, so daß er den Wissenschaften absagen wollte. Aber auf einmal seyen ihm des Nachts vier wunderschöne Matronen erschienen, und hätten ihn von seinem Entschlusse abgehalten. Auch habe ihm die Jungfrau Maria seine Geistesarmuth abgenommen, und ihm verheißen, er solle ein großes Licht der Kirche werden. (So daß auch das Sprüchwort entstanden: Alber-

*) Von den nächstfolgenden s. Gesch. d. Erz. II. S. 67. f. 73. I. S. 228. II. S. 211. Den Traum des Greg. v. Naz. s. II. S. 83.

tus subito ex asino philosophus. — Es läßt sich sehr leicht denken, daß bei einem so großen, tiefschauenden Kopfe, der, wie seine Schriften beweisen, gern in die Geheimnisse der Natur blickte (er schrieb unter andern: de secretis mulierum), und der einer der tiefsten Denker war, so etwas vorgegangen. Er hatte wohl ein in sich gekehrtes Wesen, das niemand verstand, und das sich sehr übel unter dem damaligen schlechten Unterrichte ausnahm, so daß erst mit dem Jünglingsalter sein Vortreffliches aufglänzte, und sich unter den Bildern damaliger Zeit durch das Spiel seiner Phantasie im Traume ihm ankündigte; wie dem jungen Menschen sein Genius wohl erscheinen mag.

4. Hieronymus Cardanus (geb. zu Mailand 1508) wurde von seinem Vater sehr hart behandelt, so daß er fast unsinnig wurde; sein Unterricht war auch sehr verkehrt. Schon als Knabe glaubte er mit Geistern im Umgange, und besonders mit einem Genius in Freundschaft zu stehen; wurde überhaupt ein sonderbarer, auch mitunter ausschweifender Mann. Er schrieb viel über Chiromantie rc., und wollte die Geheimnisse der Natur ergründen. Was wäre nicht aus ihm geworden, wenn ihn die rechte Erziehung zu seinem Genius geleitet hätte.

5. Jakob Böhm (geb. zu Altseidenberg bei Görliz 1575) lebte als Hirtenknabe in der Einsamkeit, ohne allen Unterricht; aber die Eindrücke der Natur erweckten seinen aufflammenden Geist, und stimmten ihn zu frommem Gefühle und hoher Contemplation. Wäre ihm z. B. nur durch einige Bildung Sprache gegeben worden, so hätte sich seine tiefe Natur gewiß weit mehr in Vernunft gestaltet, und statt seiner Aurora rc. stünde vielleicht ein classisches Werk der Philosophie jetzt da.

6. Pascal (geb. zu Clermont den 29. Jan. 1623) hatte einen Mathematiker zum Vater, der sein einziger Lehrer war. Als Kind schon gab er Proben seines außerordentlichen Verstandes, und lernte frühzeitig die Ma-

thematik sehr gut. Dabei las er mystische Schriften mit vieler Liebe, zog sich gern in das innere Leben zurück, wurde ein tiefer contemplativer Denker, voll frommen Sinnes, und darum weihete er sich in seinem 24sten Jahre dem geistlichen Stande. (Gerade die Beispiele der Mystiker sind sehr instructiv, weil sie eine Verirrung der tieferen, dabei etwa feurigen, Naturen aufzeigen, die durch wahre Erziehung wäre verhütet worden; so daß sie dann vielleicht große Philosophen oder Religionslehrer geworden wären.)

7. Arouet Voltaire (geb. im Febr. 1694) kam als ein so kleines und schwächliches Kind auf die Welt, daß man jeden Augenblick seinen Tod erwartete. Er erhielt deshalb die Nothtaufe, aber bald darauf die öffentliche. („Es war an einer zu viel;" sagte er einmal, zweideutig genug.) In seinen ersten Lebensjahren zeigte er schon einen sehr lebhaften Geist und ein treffliches Gedächtniß. Als 3jähriger Knabe konnte er lange Gedichte auswendig behalten, und so hatte er besonders eins gegen die himmlische Sendung des Moses gut im Gedächtnisse — (wie doch die leiseste Spur verrätherisch ist). Von seinem 10ten Jahre an kam er in die Jesuitenschule; hier zeigte er sich als einen ausgezeichneten Kopf von vielem Fleiße, und erwarb sich die Zufriedenheit seiner Lehrer, machte ihnen aber mit seinen Fragen und Einwürfen zu schaffen. Besonders hatte sein Lehrer in der Religion viel Noth mit ihm, so daß er ihn einmal anfuhr, und ihn schüttelte, mit den Worten: „Bube, (garçon) du wirst einmal der Herold des Deismus in Frankreich!" (Ob es wohl zu allen dem gekommen wäre, wenn er von frühem an mit vorzüglicher Liebe und mit kräftiger Erweckung für seinen Geist wäre behandelt worden?) — In seinem 12ten Jahre machte er ein Gedicht an den Dauphin, wodurch er der berühmten Ninon de Lenclos bekannt wurde, die seine vortrefflichen Anlagen erhob, seine Arbeiten verbesserte, ihn den Gelehrten em-

pfahl, und ihm eine Summe zu Büchern vermachte. Als er aus der Schule kam, wollte sein Vater, ein Advocat, auch aus ihm dasselbe machen, da der ältere Bruder als Theolog sich mit theologischen Zänkereien viel beschäftigte: aber alles Zwanges unerachtet machte Arouet immer Verse. Als Jüngling las er die Classiker in Uebersetzungen. (Hätte man ihn durch tüchtiges Sprachstudium auf classischen Boden geführt, so wäre auch ein anderer Mann aus ihm geworden!) Er machte seinen Oedipus nach Griechischer Form, aber das Stück gefiel ihm nicht, weil der Liebeshandel fehlte — „o, den zettle ich überall an;“ sagte er, und brachte auch wirklich einen Liebeshandel hinein, und so fand denn auch das Stück seinen Beifall. Als ihm der alte, ehrwürdige Fontenelle bemerkte, daß er zu viel unzweckmäßige Jugendhitze darin fände, erwiederte er diesem: „um mich von diesem Fehler zu entwöhnen, werde ich Ihre Idyllen studiren.“ Das Urtheil berühmter Gelehrten suchte er nur aus Eitelkeit. (So mußte ihm das Ideal der Schönheit freilich im Französischen Hofcostüme erscheinen, und sein Genius verdarb in dieser Eitelkeit.)

8. Chr. Fürchteg. Gellert (geb. 1715 in Sachsen) hatte einen liebevollen, rechtschaffenen Vater und eine fromme Mutter, wobei er den Unterricht vorerst von einem Hauslehrer, dann in der Stadtschule genoß. Er mußte sich in den beschränkten Vermögensumständen seiner Eltern behelfen lernen, aber dennoch scheint seine schwache Gesundheit dabei gelitten zu haben. An die Strenge, wodurch er zum Entbehren und zu häuslichen Geschäften gewöhnt worden, erinnerte er sich zwar immer mit Dankbarkeit, denn er hatte ein frommes Gemüth; aber seine Geistesbildung ging dadurch etwas langsamer von statten. Als 10jähriger Knabe schrieb er gerichtliche Documente ab, um sich etwas für Bücher u. dergl. zu verdienen. Er zeigte frühe Anlagen zur Poesie (auch sein Vater hatte zuweilen Gedichte gemacht); sein erstes Gedicht war auf

den Geburtstag seines Vaters, und bald nachher schrieb er einer Freundin, wo er zum Besuche gewesen war: „Als ich von dir Abschied nahm, — Immer ging und wieder kam ꝛc.“

Mit seinem Jünglingsalter kam er auf die Fürstenschule zu Meißen. Hier wurde er zwar in der Lateinischen und Griechischen Sprache unterrichtet, aber nach damaliger Art, so daß er dennoch den Geist der Classiker nicht so schauen lernte, als sein Geist ihn würde erschaut haben; und wie viel höher und freier würde sich der fromme Jüngling an jenen Mustern entwickelt haben, statt an Günther, Neukirch ꝛc. Er lernte nur die Alten in einem düsteren Schulstaube kennen, als Feinde seiner Muttersprache und als Hindernisse des guten Geschmacks, sonst wäre der seinige noch reiner geworden, und er noch geweiheter als Verbesserer der Deutschen Sprache aufgetreten. Noch lieblicher würde die Sprache in den Herzensergießungen seiner Briefe dahin geflossen seyn, hätte er sich nicht, wie er selbst klagt, durch sein Abschreiben von Kaufbriefen ꝛc. manches von dem Canzleistyle angewöhnt, dessen er sich nur mit Mühe entschlagen konnte. Zwar führt so etwas auch oft den besseren Geist zu größerer Feindschaft gegen das Schlechte, und erweckt ihn gerade zu einem desto kräftigeren Reformator: allein die schlechten Eindrücke werden doch einmal nie ganz vertilgt, sie klingen immer als Mißtöne nach, und lassen den Begeisterten nie zu der Reinheit gelangen, um ganz sein edelstes Selbst auszusprechen. Selbst an Gellerts Kränklichkeit, woran er in seiner Jugend schon litt, hatte wahrscheinlich die Schule auch einige Schuld. So kam seine himmlische Natur, die sich frühe ankündigte, und noch wohlthätig unter uns fortwirkt, dennoch, aus Mangel der rechten Bildung, nicht zu ihrer vollendeten Erscheinung.

9. Karl von Linné, (Lindenbaum, wovon seine Voreltern den Namen hatten) der berühmte Naturkundi-

ger, besonders Botaniker, (geb. den 24sten Mai 1707 in Schweden), war der Sohn eines Landgeistlichen, der sich viel mit Blumenpflanzen beschäftigte. Der Vater beschenkte seine Frau, als sie mit diesem Sohne schwanger war, oft mit Blumen, bestreute die Wiege des Kindes mit Blumen, und Blumen wurden des Kindes erstes Spielzeug. Er lernte frühzeitig im Garten arbeiten, hatte da sein eignes Beet und nun durchstrich er als 9jähriger Knabe die Gegend, um wildwachsende Pflanzen für dasselbe zu suchen. Sein Vater hatte ihn ebenfalls zu einem Geistlichen bestimmt, und darum kam er mit 10 Jahren auf das Gymnasium zu Wexjö. Hier machte er öfters Excursionen, studirte auf dem Felde, und bald wurde man mit seinem Lernen so unzufrieden, daß ihn sein Vater wollte Schuster werden lassen. Ein Arzt nahm sich hier noch glücklicher Weise seiner an, und machte, daß er den Naturwissenschaften gewidmet wurde. Aber seine Mutter suchte dafür den jüngeren Sohn von dem Garten abzuhalten. Sein Vater hatte freilich, ohne es zu wissen, das in seinem ersten Daseyn schon erweckt, was ihn zu einem großen Manne machte, aber wäre nicht der einsichtsvollere Arzt dazu gekommen, so gelangte er doch nicht zu seiner wahren Bestimmung. Auch ist das merkwürdig, daß ein Auftrag, der ihn nach Lappland auf einige Zeit führte, ihn nöthigte, sich nur mit der dortigen kärglichen Vegetation, mit den Flechten rc. zu unterhalten, und gerade dieser dürftige Anfang machte ihn zu dem großen Botaniker. — Auch von dem Botan. Jacquin verdient bemerkt zu werden, daß ihn der Cactus speciosus, den er zu Leyden blühen sah, zu diesem Studium erweckte; mit einem Büschel Pflanzen kam er nach Oesterreich, und da fand er seinen Beruf.

10. G. Friedr. Händel (geb. 1685) hatte schon als Kind einen unwiderstehlichen Hang zur Musik. Sein Vater, ein Wundarzt, hatte ihn zu einem Rechtsgelehrten bestimmt, und war daher unwillig über diesen Hang

des Knaben. Er verbannte von ihm alle musikalischen Instrumente. Demungeachtet wußte sich der Knabe — es war noch vor seinem 7ten Jahre — heimlich ein Clavier zu verschaffen. Zu seinem Glücke wurde er noch in seinem 7ten Jahre von einem Herzoge von Weißenfels bemerkt, der den Vater bewog, ihn Musik lernen zu lassen. Und so wurde aus diesem Knaben einer der reinsten, tiefsten und herrlichsten Tonkünstler.

11. Mozart, der Vater, zeigte schon als 3jähriger Knabe sein musikalisches Talent; mehr aber noch Mozart, der Sohn, geb. zu Salzburg 1756. Dieser suchte schon in seinem 3ten Lebensjahre Accorde auf, im 4ten spielte er schwere Stücke fehlerlos auf dem Claviere ab, nach etwa einer Stunde Einübung, im 5ten fing er an zu componiren, und sein Vater schrieb seine Composition nieder, die er zur Ausführung zu schwer fand, worauf ihm aber das Kind entgegnete, dafür sey es auch ein Concert. In seinem 6ten Jahre gingen seine Eltern mit ihm auf Reisen, im 7ten spielte er zu London die schwersten Compositionen von Bach vom Blatte weg, im 13ten hörte er zu Rom das Miserere, das niemand abschreiben durfte, er aber ganz ins Gedächtniß faßte; der Papst machte ihn da zum Ritter vom goldenen Sporn; im 14ten componirte er seine Oper Mithridates; im 20sten war er vollkommener Meister. Er starb 36 Jahre alt, 1791, unmittelbar nach Vollendung seines berühmten Requiem, als habe er es sich selbst componirt.

12. William Crotch zu Norwich, der Sohn eines Zimmermanns, der sich eine Orgel verfertigt hatte, ließ sich als Kind, ehe er noch sprechen konnte, zu derselben hintragen, und er spielte ganze Stellen aus bekannten Liedern. Als 3jähriges Kind (1777) ließ er sich schon auf der Orgel hören, und konnte alles, was er hörte, nachspielen, oft mit Variationen. Seine kindische Freude hatte er auch an den Tönen der Maultrommeln so gut wie der Katzen.

13. Der frühe blindgewordene Flötist **Dulon** zeigte erst in seinem 8ten Jahre Liebe zur Musik, im 9ten componirte er, und ließ sich hören. Er war gewöhnlich heiter, und wünschte nur in vorübergehenden Momenten sein Gesicht wieder.

So zeigte sich bei vielen berühmten Musikern ihr Talent frühe, auch bei **Schulz**, dem beliebten Melodieendichter. — So war es auch bei **J. Amad. Naumann**, der 1741 zu Blasewitz unweit Dresden von armen Eltern geboren, schon als Knabe auf seinem elenden Claviere vor einem Schwedischen Tonkünstler so spielte, daß ihn dieser nach Italien mitnahm, wo er sich bildete, und nach 8 Jahren als trefflicher Componist in seinem Vaterlande auftrat. — Auch **Beethoven**, geboren zu Bonn, 1772 componirte schon im 13ten Jahre Sonaten als fertiger Clavierspieler.

14. **Raphael Sanzio von Urbino**, dieser Fürst der Maler (geb. 1483, gest. 1520), hatte einen Maler zum Vater, der aber von geringer Geschicklichkeit war, aber das Talent in seinem Sohne entdeckte, und ihn deßhalb dem berühmten Pietro Perugino als Schüler übergab. Schon als Jüngling malte er im Vatican, und entwikkelte bald jene Höhe seiner Kunst, welche das Epigramm auf sein frühzeitiges Grab vom Card. Bembo preißt:

Ille hic est Raphael, timuit quo sospite vinci
Rerum magna parens, et moriente mori.

15. Der berühmte Maler **Raphael Mengs** wurde von seinem Vater mit Gewalt, sogar durch Hunger und Schläge, zu seiner Kunst angehalten. Er hat etwas Vortreffliches darin geleistet, und hatte gewiß große Anlagen dazu. Allein es war von seinem Vater eine verkehrte Weise, wie er diese Anlagen erwecken wollte, denn so hätte ihm beinahe die Kunst verhaßt werden müssen, deren Erwählter er doch war.

Bei manchen Künstlern in dem Malen, z. B. bei

Le Brun, und im Kupferstechen zeigte sich auch dieses Talent frühzeitig, indessen hat sich nach den bisherigen Beobachtungen das musikalische gewöhnlich am frühesten angezeigt. Möchte man nur mehr Züge aus der Kindheit großer Menschen gesammelt haben, und möchten nur die Eltern selbst auf die natürlichen Aeußerungen ihrer Kinder aufmerksam seyn!

16. Shakespeare war der Sohn eines Wollkämmers zu Stratford, und zeichnete sich als Knabe durch Muthwillen aus. Einst wurde er von dem dortigen Gutsbesitzer Lucy wegen eines Wilddiebstahls hart gezüchtigt, worauf er einen Vers mit witzigem Wortspiele auf den Namen dieses Herrn (Lucy is lousie) an das Parkthor heftete, darüber aber flüchten mußte, nach London kam, auf das Theater ging, erst als Lichtputzer, dann als Schauspieler, dann wurde er der große dramatische Dichter.

17. Ein Knabe von 12 Jahren in England, welcher daher den Namen Roscius erhielt, spielte tragische Rollen meisterhaft.

Doch diese wenigen Beispiele aus verschiedenen Zeiten, Nationen und Gaben seyen genug, um nicht nur zu bemerken, was sich manches durch Vorzeichen frühe ankündigt, sondern auch auf die Wichtigkeit der Erziehung hinzuweisen. Denn auch bei den großen Menschen läßt sich zeigen, daß sie bei einer angemesseneren Erziehung noch vortrefflicher geworden wären, bis zur vollendeten Entwickelung ihres Inneren. Der nichtigste unter allen Einwürfen ist daher der, daß die vorzüglichsten Menschen ohne alle Erziehung, oft unter den ungünstigsten Umständen, dennoch zu ihrer Höhe herangewachsen wären. Wenn sich das Gewächs auch im schlechten Boden empor arbeitete, so beweiset das einen starken Trieb, aber überall werden sich doch die Spuren seines verkümmerten Wachsthums finden lassen: wie frisch und schön würde es sich aber, welches in seinem Keime lag, ausgebildet haben, wenn es auf dem ihm zugehörigen Boden in seinem freundlichen Klima gedeihen konnte. Gerade da, gerade bei den Menschen von großen Anlagen, hat die Erziehung ihr wichtigstes Geschäft, damit sie, die so leicht sich und andern zum Schicksale werden, sich selbst und der Menschheit zum Heil erwachsen*); und worin hat sie mehr ihre Studien als im Leben?

---

*) Biographieen sind daher für den Pädagogen besonders wichtig, so z. B. die Denkwürdigkeiten aus dem Leben Alfieris von ihm selbst beschrieben, übers. v. L. Hayn 1812, welche manche Bestätigung unserer Semiotik enthalten.

Uebersicht der ganzen Erziehungslehre, und Schlußwort.

Erster Band.

Geschichte der Erziehung.

Zweiter Band.

System der Erziehung.

Dritter Band.

Unterricht der Erziehung.

---

1) Da die Anordnung von dem Inneren der Menschheit in ihrer Entwickelung ausgehen mußte, diese aber zunächst in einzelnen Völ-

kern erscheint, welche dann auf andere fortwirken, so konnte die Geschichte der Erziehung nicht anders als ethnographisch behandelt werden, jedoch so viel möglich in chronologischer Folge der Völker nach einander. Jenes Princip ordnete dabei nach dem Hauptmomente diesen Zweig der Culturgeschichte in die vorchristliche Bildung, und in die christliche selbst, weil wir in dieser die eigentliche, das Wesen und die Bestimmung der Menschheit entwickelnde erkennen. Indessen wirken in dem verschlungenen Getriebe der Länder und Völker auch Nebenmomente ein, die, wo sie bedeutend scheinen, angemerkt sind. Ein bedeutendes, die Einwirkung der Araber mit ihrem Muhammedanismus, mußte als eine Episode mitten in die christliche Welt eingeschoben werden. Unbequemlichkeiten finden sich immer für jede Art der historischen Anordnung, und wie wäre es möglich, sie alle zu vermeiden? So weit sie dem Leser in der vorliegenden den Blick in den Zusammenhang stören möchten, bitten wir ihn nur, das oft weit auseinander Getrennte, theils nach der Zeitfolge, theils nach dem Inhalte zusammen zu reihen, wozu vielleicht die gelegentlich gegebenen Hinweisungen, wie auch die Register dienen mögen. Für einige Hauptpuncte stehe hier nur folgendes: 1) das Chronologische betreffend. Bei den Indern kommt S. 59 bis 63 mehreres aus jetziger Zeit vor; bei den Chinesen ebenfalls S. 67—75; so auch bei den Japanesen S. 76. Bei den Persern läuft die Geschichte aus der alten Zeit bis in die neue fort, und so auch bis in die christlichen Zeiten S. 95—103. Bei den Persern S. 93. Anm. und den Skythen S. 127 fg. ist der ältesten Germanen erwähnt, welches also an die Geschichte im 2ten Theile S. 104 anzuknüpfen wäre. Die Geschichte der Israeliten zieht sich S. 184 u. 211—230 bis in die christlichen Jahrhunderte und bis in die neueren Zeiten herein; die Geschichte der Griechen S. 412 bis in die Römische Zeit, und die der Römer bis in die christliche, bis zum Ende des Röm. Reiches im 5ten Jahrh. von S. 471—513. Die christliche Bildung ist nach der Episode von der Arabischen S. 28—34, welche von 622 bis in die neuere Zeit reicht, so an einander zu reihen, daß auf S. 28 das Weitere S. 34—36, sodann mit Uebergehung der Geschichte der Universitäten, S. 71—150 anschließe, dann das Folgende vom Schulwesen ꝛc. überschlagen werde, bis von S. 223 an wieder alles in der Ordnung fortläuft. Hiernach ist denn die Geschichte der Universitäten und Schulen, wie auch der verschiedenen Völker, leicht synchronistisch einzuordnen.

2) Dem Inhalte nach giebt es natürlich vielerlei Verbindungspuncte. Sie sind in der Geschichte in zwei Hauptpuncte gefaßt, Bildung, Erziehung. So ist es bei den Völkern der alten Welt ausdrücklich angegeben, bei den Israeliten, Griechen und Römern

fließen sie schon mehr in einander über, und bei den Völkern in dem Christenthume konnten sie nicht mehr so aus einander gehalten werden. Doch wird hier dieser Typus durchscheinen, indem vorerst die höheren Bildungsanstalten, dann die Erziehung im Leben, d. i. der Familien und des Volkes, und hierauf das Vermittelnde in dem Schul- und Lehrwesen angegeben worden. Je mehr die Bildung frei wird, um so unmittelbarer ist sie zugleich Erziehungsleben, und so mußte unsere Geschichte die Aussicht auf die Einheit von dem Erziehungs- und Schulwesen, hiermit wie in den folgenden Bänden gezeigt wird, auf die organische Vereinigung der Familien- National- und weltbürgerlichen Erziehung eröffnen. Dieses alles liegt in dem Christenthume und nur in ihm; daher spricht sich in ihm, so wie durch dasselbe die Bildung der Menschheit völlig frei geworden, auch die Erziehungsidee vollständig aus, und man wird der festen und lebendigen Ueberzeugung des Verf. es vergönnen, daß er immer hierauf zurückkommt.

Es begreift sich hiernach, wie die höheren Bildungsanstalten vorerst der alten Völker Th. I. (man sehe den Schluß des Ueberblicks S. 160, ferner 221 fgg. die Rabbinischen, ferner die Griechischen und Römischen S. 483 fgg.) — hierauf in der christlichen Zeit Th. II. 11—70 dahin wirken mußten, daß ein Encyklopädismus, ein Trivium und Quadrivium entstand, daß also von außen durch Unterrichtsgegenstände die Bildung mehr und mehr eindrang, bis sie im Inneren ihr Leben empfing, um mit ihrer eigenen Kraft herauszuwachsen, und daß also zuerst das gelehrte Studium durch die wiederauflebende classische Literatur diesen geistigen Lebensproceß erregen mußte, bis es das innerste, das christliche Lebensprincip, in seine volle Wirksamkeit rief. Es begreift sich ferner, wie sich dieses Princip vorerst mehr nach dem Objectiven der Lehranstalten, dann nach dem Subjectiven der Erziehung, dann nach der Synthesis von beidem bewegte, und wie man in der Ersten Zeit nur strebte und suchte, um diese Einigung zu finden, wie also diese Zeit neue Methodiker und hierauf neue Pädagogiker aufrief, wie dann diese weiter in die Consequenz von gewissen Hauperziehungssystemen geriethen, bis die Reflexion selbst auf den Vereinigungspunct kam. Und hiermit beginnt die zweite Zeit — wie es S. 493 statt des aus Versehen gewählten Wortes Periode heißen soll — welche sich mit der Aussicht schließt, die das Christenthum tröstend der Tragödie der alten Zeit entgegen stellt.

Andere Verbindungen des Inhalts z. B. der Schulen unter den verschiedenen Völkern der alten und neuen Zeit, der Erziehungsweisen, der Lehrgegenstände u. dergl. müssen wir dem Leser ganz überlassen, und können nur in dem Register dazu an die Hand gehen.

Indem der Verf. bei Fertigung des Registers das Werk nochmals genau durchgegangen, und sich mehr in den Standpunct eines andern Lesenden versetzt hat, findet er noch zwei Erinnerungen an sich und den geneigten Leser nöthig. Die erste ist, daß er überhaupt um Nachsicht bitten muß, wenn eine literärische Arbeit, welche das weite Fach der Erziehung im Ganzen und Einzelnen zu behandeln hatte, und dabei die Collectaneen aus einer vielfachen und vieljährigen Lectüre zusammenstellen mußte, manches wiederholt, manches übersieht*), manches nicht genau ordnet; und jeder Leser wird das billig finden, am meisten der gelehrte vom Fache. Die zweite betrifft seine entschiedene Erklärung für das christliche Erziehungsprincip. Es ist der reine Gewinn, welchen der Verf. aus seinen theologischen und pädagogischen Studien, aus seiner ganzen Lebens- und Amtsthätigkeit gewonnen hat, ein Gewinn für ihn selbst, mit welchem er freudig das Leben hienieden verläßt, sobald Gott ihn abruft; aber auch etwas, das er dem nachlebenden Geschlechte hinterlassen möchte, um hiermit seinen Beitrag in der Entwickelung der Erziehungsidee zu entrichten. Daß er also nach Verhältniß viel von jener religiösen Bildung gesprochen, und mehreres von ihrem Einflusse wiederholt hat, soll ihn nicht reuen, auf die Gefahr hin, daß es auch mancher zustimmende Leser zu viel fände; denn das Leben, für welches er lehrt, wird auch diese Hervorhebung rechtfertigen. Er hat zugleich, besonders gegen das Ende hin, den Zeitgeist mit Unwillen angegriffen; auch das darf ihn nicht reuen, auf die Gefahr hin dessen Unwillen in der Art zu erfahren, wie der christliche Lehrer und Erzieher ihn stets mehr oder weniger bitter zu erfahren hat. Freimuth ist hier nothwendig, und sollte man es mit allen Parteien, die gerade auf dem Schauplatze sich geltend machen, verderben. Aber wenn man ihm darum irgend eine Bitterkeit zutrauen wollte, so würde man ihm sehr unrecht

---

*) Daß der Verf. das wichtige Werk: Lehrbuch der Anthropologie von Dr. J. Chr. A. Heinroth 1822. nicht benutzt hat, bedürfte einer Entschuldigung. Aber lieb ist es ihm darum, daß er da, wo er nicht mit diesem geistreichen Natur- und Seelenforscher übereinstimmt, z. B. in der Temperamentslehre, so wie da, wo er im Hauptpuncte mit demselben zusammentrifft, in dem Christenthume, desto unbefangener aus sich gesprochen hat, da er sich sonst auf mehreres hätte einlassen müssen, wozu er sich mit mehreren die nächste Gelegenheit in seinem Buche über die Schule vorbehält. Denn gerade dieses physiologische System berührt seine Ideen vielfach.

thun, ihn verkennen und gänzlich mißverstehen. Er wollte das Verderben, dem die wahre Bildung gerade jetzt für die nächste Generation entgegen wirken soll, so scharf wie möglich erfassen, überzeugt, daß das bereits Viele thun, die es gern recht genau ins Auge fassen, um ihm ernstlich entgegen zu wirken. Sollte er hier und da mißverstanden oder falsch beurtheilt werden, so wird er die Gelegenheit ergreifen, sich besser zu erklären, und sich auch mit Gegnern, die er nur als billige Beurtheiler voraussetzt, freundlich zu verständigen. Und so übergiebt er seine Erziehungslehre unserm erziehenden Zeitalter, das ein besseres in dem Reiche Gottes heraufführen will, in heiterer Aussicht für die Nachkommen.

Register.

(Die Römische Ziffer zeigt den Band an: I, II, III. und bei dem ersten unterscheiden die Buchstaben a und b den 1ten u. 2ten Theil.)

1) Alphabetisches Register der Schriftsteller, welche in diesem Werke, meist unmittelbar, benutzt worden; einige sind vielleicht übersehen, obwohl gerade nicht bedeutende; manche sind zugleich oder blos in dem folgenden Inhaltsregister bemerkt. (Das: und an andern, od. vielen andern Orten ist durch die Anfangsbuchstaben bezeichnet.)

*) Der 2te Theil v. D. Krögers angef. Archiv f. die Waisenh. ist i. J. 1828 gefolgt.

Alphabetisches Inhalts- oder Wort- und Sachregister.

A.

B.

C.

D.

E.

G.

*) Nachträglich bemerken wir noch die Gelehrtenschulen im Großherzogthum Baden, welche dadurch in den von uns I, b. gegebenen Verzeichnissen übersehen worden, weil sie in den uns vorliegenden gedruckten fehlten: Constanz, Donaueschingen, Freiburg, Heidelberg, Karlsruhe, Mannheim, Rastadt, Werthheim; und haben hier nur im Allgemeinen von der Stiftung derselben zu sagen, daß sie meist aus geistlichen Anstalten, und zwar der verschiedenen Confessionen erwachsen sind, mehrfache Veränderungen erfahren haben, und erst seit 1807 eine zeitgemäße Einrichtung erhielten.

H.

*) Nachträglich aus der Dissert. Antiquitates Oscensium

litter. v. J. A. Emmrich 1798, daß Sertorius aus Griechenland oder Rom Lehrer nach Osca in Spanien kommen ließ, um die Wissensch. unter die Iberier zu bringen, und hierzu Besoldungen und Ehren bestimmte; die Söhne der Vornehmen mußten da studiren, und so gab es bald gebildete Spanier, z. B. Seneca und Lucanus, die Dichter. Eine Sage läßt den P. Pilatus da studiren; wenn anders die Anstalt noch nach des Sertorius Tode fortbestand.

M.

*) Es ist dort nur nicht ausdrücklich bemerkt, was allbekannt ist, daß bei der Taufe der Vorname gegeben wird; so fand auch mit der Aufnahme in das Klostergelübde eine neue Namengebung statt.

O.

P.

Q.

R.

S.

*) Weßhalb auch II. 472. daran gedacht werden muß.

Z.

Verbesserungen.

Nachträglich zum ersten Bande, erste Abtheilung.

Seite 359 Zeile 1 in der Anm. statt I. lies L.
— 394 — 5 in d. Anm. st. a. lies A.
— 424 — 6 v. u. st. dielektische l. dialektische.
— 468 — 6 st. Liebhaberinnen l. Liebhaber.

Zum zweiten Bande.

Seite 490 Zeile 8 v. u. in der Anm. ist nach Duvillard zu setzen: bemerkt.

Zum dritten Bande.

Seite 25 Zeile 16 st. Kraftregung l. Krafterregung.
— 45 — 6 v. u. st. Declamation l. Declination.
— 89 — 11 st. zur l. zum.
— 161 — 1 in der Anm. muß heißen 2te:
— 179 — 3 — — — st. da l. die.
— 183 — 12 st. it l. in.
— 206 — 10 v. u. fällt die Ueberschrift: a) die Muttersprache ꝛc. weg.
— 211 — 3 st. ein l. einen.
— 270 12 st. Gefühle l. Geschichte.
— 304 3 v. u. in der Anm. st. Verf. l. Versuch.
— 333 8 st. konne l. konnte.
— 341 5 st. Wegericht l. Wegerich.

Kolibri 360 GmbH
Ferdinand-Jühlke-Straße 7
99095 Erfurt, Deutschland
produktsicherheit@kolibri360.de